GRUNDLAGEN DES
ISLAMISCHEN GLAUBENS

GRUNDLAGEN DES ISLAMISCHEN GLAUBENS

M. Fethullah Gülen

Übersetzung: Wilhelm Willeke

Fontäne-Verlag 2006

3. überarbeitete Auflage

Erschienen im Fontäne-Verlag

Korrespondenz:
Dreieichstr. 3a
64546 Mörfelden-Walldorf
+49 610 597 93 36
www.fontaene-verlag.de

Ins Deutsche übersetzt von Wilhelm Willeke

ISBN 3-935521-05-7

Druck: Caglayan A.S.
Izmir - Türkei
Januar 2006

INHALTSVERZEICHNIS

ÜBER DEN AUTOR

WERDEGANG

Muhammed Fethullah Gülen ist ein islamischer Gelehrter und Denker, ein produktiver Autor und Dichter. Er wurde 1941 in Erzurum, Türkei, geboren und von unterschiedlichen namhaften muslimischen Gelehrten und spirituellen Meistern unterrichtet. Gülen studierte auch die Prinzipien und Theorien der modernen Sozial- und Naturwissenschaften. Dank seiner außergewöhnlichen Begabungen und seines intensiven Selbststudiums ragte er schon bald unter den Jugendlichen seines Alters hervor. Schon in jungen Teenagerjahren begann er seine Lehrtätigkeit, was ihm auf Grund seiner akademischen Leistungen und seiner offenkundigen intellektuellen Auffassungsgabe nicht schwer fiel.

1959 erhielt er nach einem Abschluss mit Auszeichnung die Lizenz, als staatlicher Prediger zu arbeiten. Nach kurzer Zeit wurde er auf einen Posten in Izmir, der drittgrößten türkischen Stadt, befördert. Dort widmete er sich der Aufgabe, seine Lebensziele zu definieren und den Kreis seiner Zuhörer zu erweitern. In seinen Reden und Vorträgen legte er großen Wert darauf, soziale Themen anzusprechen; denn er beabsichtigte, junge Leute dazu zu ermuntern, intellektuelle Aufklärung mit weiser Spiritualität und fürsorglichem, menschlichem Handeln zu verbinden.

Gülen beschränkte sich nicht darauf, nur in der Stadt zu lehren. Er reiste in die Provinzen und hielt Vorträge in Moscheen, Gemeindezentren und Kaffeehäusern. So erreichte er einen sehr repräsentativen Schnitt der Bevölkerung und kam auch mit Studenten und Lehrern in Kontakt. Die Themen seiner Vorträge variierten: Er sprach z.B. über Religiöses, Bildung, Wissenschaft, Darwinismus, Ökonomie und soziale Gerechtigkeit. Obwohl sich seine Vorträge auf ein so breites Spektrum an Themen erstreckten, besaßen sie eine außergewöhnliche Tiefe und Qualität. Dies beeindruckte die akademischen Kreise und trug ihm deren Respekt und Aufmerksamkeit ein.

GÜLENS IDEALE

In seinen Vorträgen und Schriften spornt Gülen sein Publikum an, ein Gleichgewicht zwischen materiellen und spirituellen Werten herzustellen und auf diese Weise nach der Wahrheit zu suchen. Nur so können sich die Menschen Gelassenheit bewahren und wahre Glückseligkeit erlangen. Gülen war und ist stets darum bemüht, die positiven Wissenschaften mit der Religion zu versöhnen, die Differenzen zwischen diesen beiden Polen zu beseitigen und die Philosophien des Ostens und des Westens einander näher zu bringen.

Gülen glaubt, dass das 21. Jahrhundert Zeuge der Geburt einer spirituellen Dynamik werden wird, die lange brachliegenden moralischen Werten neues Leben einhaucht. Gülen kündigt ein Zeitalter der Toleranz, des Verständnisses und der internationalen Zusammenarbeit an, das letztlich eine einzige gemeinsame Zivilisation hervorbringen wird, die auf interkulturellem Dialog und dem Teilen von Wissen gründet. Um selbst zum Erreichen dieses hehren Ziels beizutragen, gründete er wohltätige Organisationen in und außerhalb der Türkei. Außerdem inspirierte er seine Mitstreiter, sich die Massenmedien, vor allem das Fernsehen zu Nutze zu machen, um die Leute über alle Angelegenheiten von persönlichem oder gemeinschaftlichem Interesse zu informieren.

Gülen widmet sich ganz der Lösung der gesellschaftlichen Probleme und glaubt, dass die Straße zur Gerechtigkeit für alle mit einer angemessenen universellen Bildung gepflastert ist. Die Vermittlung von Wissen ist für Gülen die oberste gesellschaftliche Aufgabe und Pflicht, da sie allein die Voraussetzungen für den Aufbau einer toleranten Gesellschaft schafft. Zur Verwirklichung dieses Zieles ermunterte Gülen jahrelang die Elite der türkischen Gesellschaft, die Leitfiguren der Gemeinden, die Industriellen, aber auch die kleinen Geschäftsleute, den Bedürftigen eine qualitativ hochwertige Ausbildung zu ermöglichen. Die Spenden, die er sammeln konnte, flossen in Stiftungen, die fortan die Gründung von Schulen in der Türkei und anderen Ländern förderten. Diese Bemühungen tragen inzwischen Früchte, denn die Absolventen der von Gülen inspirierten Schulen, insbesondere der zentralasiatischen Schulen, erreichen immer wieder sehr gute Platzierungen in den Einstufungstests der Universitäten und sind ständige Anwärter auf die vorderen Plätze bei internationalen Wissensolympiaden. Dort haben sie bereits zahlreiche Goldmedaillen in Fächern wie Mathematik, Physik, Chemie oder Biologie gewonnen.

Gülens Rolle als treibende Kraft, die weltweit zur Gründung von Schulen aufruft, zielt darauf ab, den Berufstätigen von morgen zu einer ausgewogenen und vielseitigen Ausbildung zu verhelfen, indem sie den Studenten von heute dringend benötigtes Wissen und Sachkenntnisse ebenso zur Verfügung stellt wie vernünftige moralische und ethische Werte. Diese Synthese soll die Studenten befähigen, aktiv an der Gestaltung einer positiven Zukunft der Menschheit mitzuwirken.

Gülen glaubt, das die Menschen neue Ideen nur dann akzeptieren, wenn sie durch überzeugende Argumente untermauert werden. Diejenigen, die zu diesem Zweck Gewalt anwenden, bezeichnet er als intellektuell bankrott. Seiner Meinung nach werden die Menschen, wenn es darum geht, die eigenen Angelegenheiten zu regeln und den eigenen spirituellen und religiösen Werten Ausdruck zu verleihen, immer nach Entscheidungsfreiheit verlangen. Die Demokratie bedürfe zwar weiterer Verbesserungen, sei aber das einzig lebensfähige politische System. Deshalb sollten die Menschen danach streben, politische Institutionen zu modernisieren und zu stärken. Nur dann könne man eine Gesellschaft aufbauen, in der die individuellen Rechte und Freiheiten respektiert und unterstützt werden, und in der Chancengleichheit für alle mehr ist als nur ein Traum.

1981 beendete Gülen seine formale Lehrtätigkeit, nachdem er zuvor eine ganze Generation junger Studenten inspiriert hatte. Sein Engagement seit den 60er Jahren vor allem für eine Reform des

Bildungswesens hat ihn zu einem der prominentesten und respek-
tiertesten Männer in der Türkei gemacht. Zwischen 1988 und 1991
hielt er in einigen der berühmtesten Moscheen der Türkei eine Reihe
von Predigten als Prediger im Ruhestand. Auf Grund von schweren gesundheitlichen Problemen werden seine Ideen heute vor allem
in Form von Büchern, Audio- und Videokassetten sowie weiterer
Medien präsentiert.

INTERRELIGIÖSE UND INTERKULTURELLE AKTIVITÄTEN

Seit jener Zeit konzentriert Gülen seine Bemühungen darauf, einen
Dialog zwischen einzelnen Gruppen herzustellen, die unterschiedliche Ideologien, Kulturen, Religionen und Nationen repräsentieren. Er nahm an zahlreichen Tagungen und Konferenzen teil, in denen
es darum ging, die Menschheit auf ein Jahrhundert der Toleranz
und des Verständnisses vorzubereiten - auf ein Jahrhundert, in dem
die Kulturen miteinander kooperieren und die Bindungen unter den
Menschen immer stärker werden. Gülen meint, dass die Menschen
unabhängig von allen nationalen und politischen Grenzen viel mehr
Gemeinsamkeiten haben, als sie denken.

Demzufolge hält er es für lohnend und gleichzeitig auch für
notwendig, einen aufrichtigen Dialog zu etablieren, in dessen Rahmen sich die Menschen gegenseitig besser kennen lernen. Er selbst
ging mit gutem Beispiel voran und gründete die ‚Stiftung der Journalisten und Schriftsteller‘, deren Aktivitäten zur Förderung von Dialog und Toleranz in der Gesellschaft bei fast allen gesellschaftlichen
Schichten großen Anklang fand.

Aus derselben Motivation heraus empfängt Fethullah Gülen
führende Persönlichkeiten aus aller Welt und stattet ihnen Gegen-
besuche ab. In der Türkei gehören der Botschafter des Vatikans, der
griechisch-orthodoxe Patriarch, der Patriarch der armenischen
Gemeinde, der Oberste Rabbiner der jüdischen Gemeinde und viele
Journalisten, Kolumnisten, Fernseh- und Kinostars und Denker verschiedener intellektueller Richtungen zu den Menschen, mit denen
Gülen regelmäßig zusammentraf. Gülen traf Papst Johannes Paul

II., John O'Connor, den Erzbischof von New York, Dale F. Eickelman, einen amerikanischen Professor für Anthropologie, Professor Sidney Griffith von der Katholischen Kirche in den USA, Leon Levy, den früheren Präsidenten der Antidefamationsliga, und viele weitere führende Repräsentanten anderer Religionen.

AKTUELLE AKTIVITÄTEN

Seit nunmehr fünf Jahren hält sich Gülen aus gesundheitlichen Gründen in den USA auf. Dort lebt er sehr zurückgezogen und gibt nur noch selten Interviews, wenn die Umstände es erfordern. Trotz seiner Prominenz hat Gülen es immer vermieden, sich in die offizielle Politik einzumischen. Die Zahl seiner Bewunderer weltweit dürfte in die Millionen gehen. Seine 1995 in türkischer Sprache erschienene Autobiografie *Fethullah Gülen Hocaefendi: Kücük Dünyam* (Fethullah Gülen: Meine kleine Welt) erscheint mittlerweile in 50. Auflage.

Nach wie vor schreibt Gülen für mehrere türkische Zeitschriften wie *Yeni Ümit*, *Sizinti* und *Yagmur* sowie für die deutsche 3-Monatszeitschrift *Die Fontäne*. Gülen ist Verfasser von insgesamt über 40 Büchern (von denen die meisten in der Türkei Bestseller waren) und Hunderten von Artikeln. Viele seiner unzähligen Vorträge zu gesellschaftlichen und religiösen Themen wurden auf Audio- und Videokassetten aufgenommen.

Inzwischen wurden seine Bücher in viele Sprachen übersetzt, natürlich auch ins Deutsche:

- Sufismus
- Fragen an den Islam
- Perlen der Weisheit
- Hin zum verlorenen Paradies
- Muhammad, der Gesandte Gottes

Zu Gülens Bewunderern zählen Journalisten, Akademiker, TV-Stars, Politiker und inländische wie ausländische Staatsmänner. Sie sehen in ihm einen wahren Erneuerer und einen einzigartigen Gesellschaftsreformer, der selbst praktiziert, was er lehrt. Sie betrachten ihn als Friedensaktivisten, Intellektuellen, religiösen Gelehrten, Lehrer und Dozenten, Autor und Dichter, als großen Denker und spirituellen Meister. Fethullah Gülen hat sich das Ansehen dieser Menschen verdient, weil er sich mit großer Hingabe der Lösung gesellschaftlicher und spiritueller Probleme widmet, weil er Herz, Seele und Verstand der Menschen anspricht und den ganzen Menschen erneuern und stärken möchte, damit jeder Einzelne seinen Teil dazu beitragen kann, der Gesellschaft und damit dem Wohl seiner Mitmenschen zu dienen.

KAPITEL 1

Die Existenz und Einheit Gottes

Die Existenz Gottes ist zu offensichtlich, als dass sie irgend- welcher Argumente bedürfte. Einige fromme Gelehrte haben sogar die Meinung vertreten, Gott sei besser sicht- bar als jedes andere Wesen; lediglich Menschen, denen es an Verständ- nis mangele, könnten ihn nicht sehen. Andere haben sich dahin gehend geäußert, dass die Intensität Seiner Selbstmanifestation eine direkte Wahrnehmung Gottes nicht zulasse.

Der große Einfluss der positivistischen und materialistischen Denkschule auf die Wissenschaft und damit auch auf die Generatio- nen der vergangenen Jahrhunderte erfordert eine Analyse der Argu- mente für die Existenz Gottes. Jene Art zu denken reduziert die Existenz auf das, was direkt wahrgenommen werden kann. Den viel ausge- dehnteren nicht sichtbaren Dimensionen der Existenz steht sie hin- gegen blind gegenüber. Um den Schleier von Materialismus und Positivismus lüften zu können, sollten wir uns kurz mit einigen der traditionellen Beweise für die Existenz Gottes beschäftigen

Zuvor jedoch möchte ich an eine schlichte historische Tatsache erinnern. Seitdem es menschliches Leben gibt, glaubt die überwie- gende Mehrheit der Menschen an die Existenz Gottes. Im Grunde genommen reicht ihr Glaube allein bereits aus, um die Existenz Gottes zu beweisen. Diejenigen, die nicht an Gott glauben, können keines- wegs für sich in Anspruch nehmen, über eine höhere Intelligenz zu verfügen als jene, die an Ihn glauben. Unter denen, die glauben, befin- den sich innovative Wissenschaftler, Gelehrte, Forscher und - was am wichtigsten ist - fromme Menschen und Propheten, die auf die- sem Gebiet sozusagen Fachleute sind. Weiterhin dienlich ist es, an dieser Stelle die Tatsache zu erwähnen, dass Menschen gewöhnlich die Nichtannahme der Existenz einer Sache mit der Annahme ihrer Nicht- existenz verwechseln. Während Ersteres lediglich eine Mutmaßung oder Vermutung darstellt, ist Letzteres ein Urteil, das zu beweisen

ist. Niemand in der Welt ist jemals in der Lage gewesen, die Nichtexistenz Gottes nachzuweisen - was auch ganz und gar unmöglich
ist. Auf der anderen Seite gibt es jedoch zahlreiche Argumente, die
für Seine Existenz sprechen. Ein Vergleich:

Man stelle sich einen großen Palast mit 1.000 Eingängen vor,
von denen 999 geöffnet sind und einer verschlossen zu sein scheint.
Niemand würde ernsthaft behaupten, dass dieser Palast unzugäng-
lich ist. Das Verhalten von Menschen, die nicht an Gott glauben, gleicht
dem eines Menschen, der seine Aufmerksamkeit (und die anderer
Menschen) ausschließlich auf die Tür, die anscheinend geschlossen
ist, richtet und geltend macht, der Zutritt zum Palast sei ihm verwehrt. Die Türen zur Existenz Gottes stehen jedem offen, der aufrichtig beabsichtigt, sie zu durchschreiten. Einige dieser Türen -
die Beweise für die Existenz Gottes - sollen im Folgenden dargestellt werden.

TRADITIONELLE ARGUMENTE FÜR DIE EXISTENZ GOTTES

Das kontingente Wesen der Schöpfung

Alle Dinge sind kontingent, das heißt: Alle Dinge haben die Chance,
eine Existenz zu erlangen. Außerdem kann alles zu jeder Zeit, an jedem
Ort, in jeder Form und mit allen möglichen Eigenschaften existieren.

Nichts oder niemand in der Welt entscheidet darüber, wie, wo
und wann er bzw. es eine Existenz erlangt. Nichts oder niemand hat
Einfluss auf die eigenen Eigenschaften und Wesenszüge. Es muss also
eine Macht geben, die über Existenz und Nichtexistenz der Dinge
entscheidet und ihnen ihre individuellen Unterscheidungsmerkmale
verleiht. Diese Macht muss uneingeschränkt sein, über einen absoluten Willen verfügen und ein allumfassendes Wissen besitzen. Notwendigerweise ist diese Macht Gott.

Die endliche Natur der Dinge

Alles im Universum ist austauschbar. Alles Austauschbare ist Zeit und
Raum unterworfen und verfügt über einen Anfang und ein Ende.

Alles, was einen Anfang hat, benötigt jemanden ohne Anfang, der es ins Leben ruft. Denn etwas, das einen Anfang hat, kann keine Dinge erschaffen; denn sonst gäbe es ja unendlich viele Schöpfer. Da dies jedoch der Vernunft widerspräche, bedarf es eines Schöpfers, der aus sich selbst heraus existiert, der sich selbst am Leben hält und der keinem Wandel unterworfen ist, nämlich Gottes.

Leben

Das Leben ist undurchschaubar (Wissenschaftler können es auf materieller Basis nicht erklären) und gleichzeitig transparent (Es präsentiert uns eine kreative Macht). Es vertraut uns an: „Gott hat mich erschaffen."

Die Ordnung in der Schöpfung

Von den feinsten Teilchen bis hin zu riesigen Sphären und Galaxien offenbaren alle Dinge, die da existieren, und das Universum als Ganzes eine großartige Harmonie und Ordnung, sowohl was ihre innere Struktur als auch was ihre Beziehungen zur Außenwelt betrifft. Harmonie und Ordnung gehen sogar so weit, dass die Existenz eines einzigen Teils die Existenz des Ganzen erfordert und umgekehrt die Existenz des Ganzen die Existenz all seiner Einzelteile voraussetzt. Die Deformation einer einzigen Zelle kann zum Tod des ganzen Körpers führen, und die Existenz eines einzigen Granatapfels verlangt nach einer kooperierenden Existenz von Luft, Wasser, Erde und Sonne. Harmonie und Zusammenarbeit im Universum weisen auf einen Schöpfer der Ordnung hin, der mit allem, was existiert, bestens vertraut ist, der darüber hinaus auch die Beziehungen der Dinge untereinander und all ihre Wesenszüge kennt und der allem eine gewisse Ordnung verleihen kann. Dieser Schöpfer der Ordnung ist Gott.

Die Kunstfertigkeit in der Schöpfung

Die gesamte Schöpfung ist eine Ausstellung überwältigender Kunstfertigkeit von außergewöhnlichem Wert. Und doch wird sie, wie wir unschwer erkennen können, von leichter Hand und mit großer Geschwindigkeit ins Leben gerufen. Die Schöpfung ist in zahllose Spezies, Gattungen, Familien und noch kleinere Untergruppen untergliedert, die alle ein Leben im Wohlstand führen. Trotz aller Vielfalt und allen Überflusses erkennen wir in der Schöpfung nichts als Ordnung, Kunstfertigkeit und Leichtigkeit. Diese Tatsache beweist die Existenz einer Instanz, die über absolute Macht und ein vollkommenes Wissen verfügt - die Existenz Gottes.

Der Sinn in der Schöpfung

Alles, was jemals erschaffen wurde, hat einen Sinn. Man nehme nur die Ökologie. Sie dokumentiert, dass alles in der Schöpfung, wie unbedeutend es auch erscheinen mag, eine sehr bedeutende Rolle spielt und einem bestimmten Zweck dient. Die Schöpfungskette bis hin zum Menschen, dem letzten Schöpfungsglied, ist offenbar auf einen endgültigen Zweck konzentriert. So wie die Bedeutung eines Früchte tragenden Baumes darin liegt, Früchte hervorzubringen, und das ganze Leben dieses Baumes auf seine Früchte hin ausgerichtet ist, hat der ‚Baum der Schöpfung' als endgültige und umfassendste Frucht den Menschen hervorgebracht. Es gibt also nichts Nutzloses im Universum. Jeder Gegenstand, jede Aktivität und jedes Ereignis dient zahlreichen Zwecken. Das wiederum erfordert die Existenz eines wissenden Wesens, das bestimmte Absichten mit der Schöpfung verfolgt. Weil es außer dem Menschen niemanden gibt, der die Intelligenz besitzt, diese Absichten zu verstehen, deuten die Weisheit und die Zielstrebigkeit der Schöpfung notwendigerweise auf Gott hin.

Barmherzigkeit und Vorsehung

Alle lebenden und sogar die nicht lebenden Wesen bedürfen ständig vieler Dinge. Sie selbst jedoch absolut nicht in der Lage, auch nur den geringsten Teil dieser Dinge bereitzustellen. Beispielsweise erfordern das Funktionieren und die Instandhaltung des Universums das Vorhandensein gewisser universeller Gesetze in Bezug auf zum Beispiel Wachstum, Reproduktion, Schwerkraft und Abstoßung. Diese Gesetze, die wir ‚Naturgesetze' nennen, besitzen jedoch keine externe, sichtbare oder materielle Existenz; sie existieren auf nomineller Ebene. Doch wie soll etwas, das lediglich über eine nominelle Existenz und weder über Wissen noch über Bewusstsein verfügt, für eine wunderbare Schöpfung verantwortlich sein, die von absoluter Macht und vollkommenem Wissen, von Weisheit, Entscheidungsstärke und bestimmten Vorlieben kündet? Eine Instanz, die all diese Eigenschaften besitzt, hat diese Naturgesetze erlassen, um ihr Wirken aus einem bestimmten Grund zu verhüllen.

Pflanzen benötigen Luft, Wasser, Wärme und Licht, um zu überleben. Nichts von alledem könnten sie sich selbst liefern. Schon die Bedürfnisse der Pflanzen sind viel zu zahlreich, um aufgezählt werden zu können. Unendlich groß jedoch sind die Bedürfnisse des Menschen. Glücklicherweise werden all unsere essenziellen Bedürfnisse vom ersten Augenblick unseres Lebens im Mutterleib an bis zu unserem Tod von einer Instanz befriedigt, die hierzu in der Lage ist und dazu auch gewillt ist. Wenn wir in diese Welt eintreten, finden wie alles vor, was wir zur Befriedigung unserer Sinne und unserer intellektuellen und spirituellen Fähigkeiten benötigen. Dies zeigt ganz eindeutig, dass eine Instanz, die unendlich barmherzig ist und über ein entsprechendes Wissen verfügt, in ganz außergewöhnlicher Art und Weise für alle erschaffenen Wesen sorgt und alle Dinge veranlasst, gemeinsam auf die Versorgung aller hinzuarbeiten.

Gegenseitige Hilfeleistung im Universum

Alle Dinge im Universum, einschließlich derer, die am weitesten voneinander entfernt sind, eilen einander zu Hilfe. Diese gegenseitige Hilfeleistung im Universum ist so universell, dass nicht nur fast alle Dinge einschließlich Luft, Wasser, Feuer, Erde, Sonne und die Himmel dem Menschen in beeindruckend vorherbestimmter Manier zu Hilfe eilen. Auch die Zellen, Glieder und Systeme des menschlichen Körpers arbeiten zusammen, um sein Überleben zu gewährleisten. Um das Überleben der Pflanzen zu sichern, kooperieren Erde,

Luft, Wasser, Wärme und die Bakterien im Erdboden. Die Zusammenarbeit und die gegenseitige Hilfeleistung, die wir bei Lebewesen beobachten können, die zwar einerseits unbewusst sind, die aber andererseits Wissen und eine bewusste Absicht manifestieren, beweisen die Existenz einer Instanz, die sie auf wunderbare Weise arrangiert.

Reinheit im Universum

Bis vor kurzem, als die Menschen begannen, Luft, Wasser und Erde übermäßig zu verschmutzen, war die Welt der Natur stets sauber und rein. In vielen Gebieten hat sie sich ihre ursprüngliche Reinheit bis heute bewahrt; und zwar meistens in Regionen, die von den Wegen des modernen Lebens bislang verschont geblieben sind. Warum ist die Natur so sauber? Warum sind beispielsweise die Wälder so rein, obwohl so viele Tiere täglich in ihnen sterben? Würden alle Fliegen, die im Verlaufe eines Sommers geboren werden, überleben, wäre die Erdoberfläche schnell mit vielen Schichten toter Fliegenkörper bedeckt. In der Natur wird nichts vergeudet. Jedes Sterben leitet eine neue Geburt ein. Tote Körper verwesen in der Erde und werden in sie integriert. Elemente sterben, um in Pflanzen wiederbelebt zu werden; Pflanzen sterben in den Mägen von Tieren und Menschen, um in einen höheren Rang des Lebens erhoben zu werden.

Der Zyklus von Tod und Wiederbelebung sorgt dafür, dass die Reinheit und Sauberkeit des Universums erhalten bleiben. So wie die Bakterien und Insekten dienen auch die Winde und der Regen, die schwarzen Löcher in den Himmeln und der Sauerstoff in organischen Körpern dazu, die Reinheit im Universum zu bewahren. Diese Reinheit deutet auf eine Instanz hin, zu deren Attributen auch Reinheit und Sauberkeit gehören.

Die unterschiedlichen Gesichter der Menschen

Seit den Zeiten Adams und Evas haben Abertausende von Menschen auf der Erde gelebt. Obwohl sie einen gemeinsamen Ursprung haben (Spermien und Eiern entstammen, die aus Nahrungsmitteln gebil-

det werden, welche beide Elternteile zu sich nehmen) und obwohl sie
aus den gleichen Strukturen, Elementen und Organismen bestehen,
besitzen die Menschen ein individuelles Äußeres, das sie von anderen Menschen unterscheidet. Die Wissenschaften sind nicht in der
Lage, diese wundersamen Unterschiede im Aussehen zu erklären. Der
DNA oder den Chromosomen können sie jedenfalls nicht zugeordnet werden, weil diese Unterschiede auf die erste Differenzierung
der Individuen in der Welt zurückgehen. Darüber hinaus finden sich
diese Unterschiede ja nicht nur im Aussehen. Alle Menschen unterscheiden sich von anderen auch in ihrem Charakter, in ihren Wünschen, Ambitionen, Fähigkeiten usw. Während sich die einzelnen Individuen einer Tierart nicht wesentlich voneinander unterscheiden
und sich auch annähernd gleich verhalten, tritt jedes Mitglied der
Spezies Mensch wie eine eigene Spezies auf, die wiederum eine ganz
eigene Welt innerhalb der Welt der Menschheit ihr Eigen nennt. Diese
Tatsache beweist eindeutig die Existenz einer Instanz, die in ihrer
Entscheidung absolut frei und mit einem allumfassenden Wissen
ausgestattet ist - die Existenz Gottes.

Unterweisung und Lenkung durch Gott

Bis der Mensch seinem eigenen Leben eine Richtung geben und
zwischen dem, was gut und was schlecht für ihn ist, wählen kann,
braucht er mindestens ca. 15 Jahre. Viele Tiere hingegen können dies
schon sehr schnell nach ihrer Geburt. Ein Küken zum Beispiel kann
sofort, nachdem es aus dem Ei geschlüpft ist, schwimmen. Ameisen beginnen mit dem Graben eines Baus im Boden, direkt nachdem sie ihren Kokon verlassen haben. Bienen und Spinnen benötigen nur kurze Zeit, um zu lernen, wie sie ihre Honigwaben bzw. ihre
Spinnweben - beides Wunder einer Handwerkskunst, die die Fähigkeiten des Menschen übersteigt - konstruieren müssen. Wer zeigt jungen, in europäischen Gewässern geborenen Aalen, wie sie ihren Weg
in ihre Heimat im Pazifik finden? Und stellt nicht auch die Wanderung der Zugvögel den Menschen immer noch vor ein Rätsel?

Geist und Gewissen

Trotz enormer Fortschritte in den Wissenschaften ist der Mensch unfähig, das Leben zu erklären. Das Leben ist ein Geschenk des Ewig Lebenden Einen, der jedem Embryo einen Geist ‚einhaucht'. Was die Natur des Geistes und seine Beziehung zum Körper betrifft, so besitzen wir in diesem Bereich keine tiefgehenden Kenntnisse; aber unsere Unwissenheit bedeutet nicht, dass der Geist nicht existiert. Vielmehr wird er in die Welt gesandt, um vervollkommnet zu werden und um einen Zustand zu erreichen, der dem Leben des Jenseits angemessen ist.

Das Gewissen des Menschen stellt das Zentrum seiner Neigung zu Entscheidungen zwischen richtig und falsch dar, und jeder Mensch nimmt die Existenz des Gewissens zumindest bei bestimmten Gelegenheiten wahr. Außerdem verspürt fast jeder Mensch die Neigung, sich zu bestimmten Anlässen an Gott zu wenden. Die Hinwendung zu Gott und sogar der Glaube an Ihn sind dem Menschen in die Wiege gelegt. Selbst wenn der Mensch Gott bewusst leugnet, zeigt sich bei gewissen Anlässen sein unbewusster Glaube an Ihn. Der Koran erwähnt dies in einigen seiner Verse:

> *Er ist es, der euch zu Lande und zur See Wege bereitet. Und da sie an (Bord) der Schiffe sind und mit ihnen (den Passagieren) bei gutem Wind dahinsegeln und sich darüber freuen, werden sie plötzlich von einem Sturm erfasst, und die Wogen schlagen von allen Seiten über sie zusammen. Und sie meinen schon, sie seien rings umschlossen - da rufen sie Allah in vollem, aufrichtigen Glauben an: „Wenn Du uns aus diesem (Sturm) errettest, so werden wir sicherlich unter den Dankbaren sein."* (10:22)

> *Alsdann schlug er sie in Stücke - mit Ausnahme des größten von ihnen -, damit sie sich an ihn wenden könnten. Sie sagten: „Wer hat unseren Göttern dies angetan? Er muss wahrlich ein Frevler sein." Sie sagten: „Wir hörten einen jungen Mann von ihnen reden; Abraham heißt er." Sie sagten: „So bringt ihn vor die Augen der Menschen, damit sie das bezeugen." Sie sagten: „Bist du es gewesen, der unseren Göttern dies angetan hat, o Abraham?" Er sagte: „Nein, dieser da, der größte von ihnen, hat es getan. Fragt sie doch, wenn sie reden können." Da wandten sie sich einander zu und sagten: „Wir selber sind wahrhaftig im Unrecht." Dann wurden sie rückfällig: „Du weißt*

recht wohl, dass diese nicht reden können." Er sagte: „Verehrt ihr denn statt Allah das, was euch weder den geringsten Nutzen bringen noch euch scha- den kann? Pfui über euch und über das, was ihr statt Allah anbetet! Wollt ihr es denn nicht begreifen?" Sie sagten: „Verbrennt ihn und helft euren Göttern, wenn ihr etwas tun wollt." (21:58-68)

Der Geist und das Gewissen sind somit starke Argumente für die Existenz des Einen Gottes.

Die dem Menschen angeborenen Veranlagungen und die Geschichte der Menschheit

Von Natur aus neigt der Mensch zum Guten und Schönen und wen- det sich gegen das Böse und Hässliche. Ferner tendiert er zu Tugend- haftigkeit und moralischen Werten, sofern er nicht durch äußere Faktoren und Bedingungen verdorben wird. Bei diesen Werten han- delt es sich um die gleichen Tugenden und die gleichen moralischen Grundsätze, die die Offenbarungsreligionen Gottes verkündet haben. Die Geschichte bestätigt, dass die Menschheit zu keiner Zeit ohne eine Religion gelebt hat. Während es einerseits keinem anderen System bis heute gelungen ist, die Religion im Leben der Menschen überflüssig zu machen, waren es andererseits gerade die Propheten und die religiösen Menschen, die das Leben der Menschheit am nach- haltigsten beeinflusst und unauslöschliche Spuren in ihm hinterlas- sen haben. Dieser Umstand ist ein weiterer unwiderlegbarer Beweis für die Existenz Gottes.

Die menschliche Intuition

Der Mensch kennt viele Eingebungen und Gefühle, die so etwas wie Botschaften aus immateriellen Sphären darstellen. Zu diesen gehört auch die Ahnung der Ewigkeit, die im Menschen das Verlangen nach Ewigkeit, nach Erfüllung dessen, um das er sich auf unterschiedli- che Art und Weise bemüht, weckt. Dieses Verlangen kann indes nur durch den Glauben an den Ewigen Einen und durch Seine Anbe- tung erfüllt werden. Denn Er ist es, der dem Menschen diese Ahnung vermittelt und in ihm dieses Verlangen geweckt hat. In der Befriedigung dieses Verlangens nach Ewigkeit liegt die wahre menschliche Glückseligkeit.

Konsens

Wenn mehrere Lügner, von denen wir noch nie ein wahres Wort vernommen haben, zu unterschiedlichen Zeiten zu uns kommen und uns alle die gleichen Neuigkeiten mitteilen, dann werden wir uns vielleicht dabei ertappen, dass wir ihnen Glauben schenken, sofern uns kein glaubwürdigerer Bericht vorliegt. Aber wenn sich doch Zehntausende von Propheten, Menschen also, die während ihres ganzen Lebens nicht eine einzige Lüge ausgesprochen haben, Hunderttausende von Frommen und Millionen von Gläubigen, die die Wahrheitstreue als eine der wichtigsten Säulen des Glaubens akzeptiert haben, allesamt hinsichtlich der Existenz Gottes einig waren, handeln wir dann wirklich vernünftig, wenn wir ihr einmütiges Zeugnis zu Gunsten einzelner Darstellungen einiger Lügner zurückzuweisen?

Der Heilige Koran und andere Offenbarungsschriften

Die Beweise für den göttlichen Ursprung des Koran sind auch Beweise für die Existenz Gottes.[1] Der Koran - wie natürlich auch die Bibel in ihren unverfälscht gebliebenen Passagen - lehrt mit allem Nachdruck und in aller Deutlichkeit die Existenz des Einen Gottes.

Die Propheten

Zehntausende von Propheten wurden gesandt, um die Menschen in der Wahrheit zu unterweisen. Sie alle wurden zu Recht für ihre Wahrheitsliebe und andere lobenswerte Tugenden geschätzt, und sie alle räumten im Rahmen ihrer Mission dem Verkünden der Existenz und Einheit Gottes Vorrang ein.

---

[1] Zur göttlichen Urheberschaft des Koran siehe auch die Erörterung in unserem Buch *Fragen an den Islam 1*, Mörfelden-Waldorf 2005, Teil III.

12 ARGUMENTE FÜR DIE EINHEIT GOTTES[2]

Erstes Argument

Jedes Ding und jedes Wesen, das existiert, offenbart die Existenz und Einheit Gottes, z.B. das Leben: Er erschafft alles aus einer Sache und erschafft eine Sache aus vielen Dingen. Er erschafft die zahllosen Gliedmaßen und die Systeme der Tierkörper aus einer Samenflüssigkeit und Wasser. Aus einer Sache alles zu erschaffen, ist mit Sicherheit ausschließlich dem Allmächtigen Einen vorbehalten. Jemand, der in vollkommener Ordnung zahlreiche Substanzen, die in unzähligen verschiedenen Arten von Gemüse oder Tiernahrung enthalten sind, in Körper verwandelt, denen er dann eine einzigartige Haut und unterschiedlichste Körpergliedmaßen webt, ist ganz gewiss ein Wesen, das allmächtig und allwissend ist.

Zweites Argument

Die unbestreitbare Einheit Gottes sticht aber auch ins Auge, wenn man die Luft einmal genauer untersucht. Die Luft ist ein hervorragender Leiter, der zahllose Geräusche, Stimmen, Bilder und andere Dinge wie Blitze usw. gleichzeitig übermittelt, ohne dass es dabei zu irgendwelchen Behinderungen käme oder Chaos entstünde. Dies zeigt ganz eindeutig, dass es Eine Instanz gibt, die allein über allem steht. Diese Instanz hat alles ihrer Weisheit entsprechend erschaffen; Sie überwacht alles und kümmert sich um alles.

Drittes Argument

Das Universum gleicht einem Baum, der aus einem Samenkorn gewachsen ist, welches das Programm für die zukünftige volle Form des Baumes enthielt. Alles im Universum steht also in enger Wechselbeziehung zueinander. Auch jedes Teilchen des Körpers, ein Teilchen in der Pupille eines Auges etwa, unterhält Verbindungen mit

---

[2]   Zum Teil übernommen aus der Zweiten Station des 22. Wortes von Bediuzzaman Said Nursi, in: Nursi, Said, *The Words 2*, Izmir 1997

dem ganzen Auge, mit dem Kopf und mit den Fortpflanzungsorganen, mit den Kräften von Anziehung und Abstoßung, mit den Venen und Arterien, mit motorischen und sensorischen Nerven, die der Zirkulation des Blutes und dem Funktionieren des Körpers dienen, und mit dem Rest des Körpers. Ihnen allen gegenüber erfüllt jedes einzelne Teilchen seine Pflicht. Dies zeigt jedem, der nicht blind ist, in aller Deutlichkeit, dass der Körper in seiner Gesamtheit einschließlich all seiner Teilchen das Werk eines Ewigen und Allmächtigen darstellt und auf Seinen Befehl hin funktioniert.

Ein in der Luft befindliches Molekül kann jede beliebige Blume und Frucht besuchen. Es kann in sie eindringen und in ihnen wirken. Würde es nicht dem Befehl eines Allmächtigen Wesens unterstehen und dementsprechend arbeiten, müsste dieses umherziehende Molekül alle Systeme und Strukturen aller Blumen und Früchte kennen und wissen, wie diese bis ins letzte Detail geformt sind. Daher präsentiert das Molekül wie eine Sonne die Strahlen des Lichtes der Einheit Gottes. Licht, Erde und Wasser sind in diesem Zusammenhang durchaus mit der Luft vergleichbar.

Denn den ursprünglichen Quellen der Dinge, die der Wissenschaft zufolge Wasserstoff, Sauerstoff, Kohlenstoff und Stickstoff sind, liegen die Komponenten von Erde, Luft, Wasser und Licht zu Grunde.

Die Samenkörner aller blühenden und Früchte tragenden Pflanzen setzen sich ebenfalls aus diesen zusammen: Sie alle bestehen aus Kohlenstoff, Stickstoff, Wasserstoff und Sauerstoff. Sie unterscheiden sich lediglich durch und in Hinblick auf die Programme ihrer Vorfahren, die die Vorherbestimmung Gottes in sie gelegt hat. Wenn wir die Samenkörner verschiedener blühender und Früchte tragender Pflanzen eines nach dem anderen in einen Blumentopf stecken, der mit aus bestimmten Elementen bestehender Erde gefüllt ist, wird jede Pflanze in genau *der* schönen Form erscheinen, genau *das* schöne Aussehen haben, und über genau *die* erstaunlichen Einzelteile verfügen, die ihrer Art eigen sind. Unterstünden diese Samenkörner nicht dem Befehl des Einen, der die Charakteristika, Strukturen, Lebenszyklen und Lebensbedingungen aller Dinge kennt, der in der Lage ist, sie mit allem Passenden und Notwendigen zu versorgen, und Dessen Macht alles ohne den geringsten Widerstand ergeben ist, dann müsste es entweder in jedem einzelnen Teilchen auf der Welt ‚immaterielle Fabriken‘ geben, die das zukünftige Leben der Pflanzen bestimmen, oder so viele Werkstätten, wie es blühende und Früchte tragende Pflanzen gibt. Entweder wäre dann jedes einzelne Teilchen auch zugleich der Ursprung all jener verschiedenartigen Wesen, die in Form, Geschmack, Farbe und Zusammensetzung unterschiedlich sind, oder jede dieser Pflanzen müsste über ein allumfassendes Wissen bzw. über eine Macht verfügen, die sie in die Lage versetzt, sich selbst Wissen anzueignen. Leugnet man also die Verbindung zwischen den Lebewesen und dem Allmächtigen Gott, muss man zwangsläufig so viele Götter akzeptieren, wie es Teilchen auf der Erde gibt. Ein größerer Aberglaube ist nun wirklich nicht mehr vorstellbar.

Weiterhin befinden sich in jedem Teilchen zwei weitere wahre Zeugnisse für die notwendige Existenz und Einheit des Schöpfers: Trotz seiner absoluten Machtlosigkeit ist jedes einzelne Teilchen in der Lage, eine Vielzahl unterschiedlicher bedeutsamer Pflichten zu erfüllen; und obwohl es doch eigentlich leblos ist, beweist jedes einzelne Teilchen durch sein Handeln in Übereinstimmung mit der universalen Ordnung das Vorhandensein eines universellen Bewusstseins. Jedes Teilchen bezeugt durch seine Hilflosigkeit die notwendige Existenz des Allmächtigen. Durch sein Handeln in Übereinstimmung mit der Ordnung des Universums beweist es darüber hinaus Seine Einheit.

Viertes Argument

Der Mensch, eines von vielen belebten Geschöpfen, ist ganz offensichtlich eine Miniaturausgabe des Universums, eine Frucht des Schöpfungsbaums und ein Samenkorn dieser Welt; daher trägt er Muster der meisten Arten von Lebewesen in sich. Er gleicht einem Tropfen, der ausgewogen und sorgfältig aus dem ganzen Universum destilliert wurde. Ein Geschöpf wie dieses zu erschaffen und ihm ein Herrscher zu sein, vermag allein eine Instanz, die die freie Verfügungsgewalt über das gesamte Universum besitzt.

Wenn man sich also nicht in Fantastereien und Wahnvorstellungen verliert, wird man einsehen, dass es einen Stempel gibt, der mit Sicherheit einzig und allein dem Schöpfer aller Dinge, dem Majestätischen Herrn des Universums eigen ist: Dieser Stempel setzt voraus, ein Wort der Macht (zum Beispiel eine Honigbiene, d.h., eine Art Inhaltsverzeichnis der meisten Dinge) erschaffen und die meisten Grundzüge des Universums auf eine einzige Seite, beispielsweise den Menschen, ‚schreiben‘ zu können. Er bedingt darüber hinaus, das Programm eines ganzen Feigenbaumes in einem einzigen Punkt, zum Beispiel in einem winzigen Feigensamenkorn, einschließen und die Kunstwerke aller im ganzen Universum manifestierten Namen Gottes in einem einzigen Buchstaben, beispielsweise im Herzen des Menschen, ausstellen zu können. Er erfordert, ‚Schriften‘, die eine ganze Bibliothek füllen könnten, im menschlichen Gedächtnis, das sich an einem Ort befindet, der die Größe einer Linse hat, aufzeichnen und einen detaillierten Index aller Ereignisse des Kosmos in ihm erstellen zu können.

Fünftes Argument

Das Leben im gesamten Universum stellt eine Symphonie gegenseitiger Hilfestellung dar. Nicht nur die Gliedmaßen, Organe, Systeme und sogar die Zellen lebender Körper, sondern alle Teile des Universums unterstützen und helfen sich gegenseitig. Damit zum Beispiel ein einziger Apfel ins Dasein treten kann, reichen sich Luft, Wasser, Erde, die Sonne, ja alle Teile des Universums die Hände und arbeiten zusammen. So wie die Komponenten einer Fabrik oder die Gebäudekomplexe eines Palastes stützen sich auch die Geschöpfe einander. Sie kommen sich gegenseitig zu Hilfe und kooperieren, um die Bedürfnisse der anderen zu befriedigen. Sie alle arbeiten in vollkommener Ordnung zusammen. Sie dienen den Lebewesen, indem sie gemeinsame Anstrengungen unternehmen. Elemente in der Erde assistieren den Pflanzen: Sie unterstützen sie dabei, Existenz zu erlangen und am Leben zu bleiben. Die meisten Tiere leben von Pflanzen, und die Menschen leben von Pflanzen und Tieren. Somit bilden die Elemente die Grundlage der physikalischen Beschaffenheit der Lebewesen.

Von Sonne und Mond, Tag und Nacht, Sommer und Winter über die Pflanzen, die den Not leidenden und hungrigen Tieren zu Hilfe kommen, über die Tiere, die den schwachen und bedürftigen Menschen Beistand leisten, und über die nahrhaften Substanzen, die die hilfsbedürftigen und unselbständigen Kinder unterstützen, bis hin zu den Lebensmittelpartikeln, die sich bewegen, um den Körperzellen beizustehen, handeln alle in Übereinstimmung mit dem Gesetz der gegenseitigen Hilfestellung, das im gesamten Universum in Kraft ist. Dadurch zeigen sie allen, die nicht ganz und gar blind sind, dass sie mit Unterstützung der Macht eines einzigen überaus Großzügigen Erziehers und auf Befehl eines einzigen ausgesprochen Weisen Verwalters agieren.

Sechstes Argument

Die universelle Versorgung und die Gunst, die der universellen Weisheit zuzurechnen sind und die in der absichtsvollen Erschaffung der Dinge klar zum Ausdruck kommen, die umfassende Barmherzigkeit, die in der weisen Voraussicht zu Tage tritt und die umfassende Ernährung, die dieser Barmherzigkeit zu Grunde liegt und allen Lebewesen die von ihnen benötigten Nahrungsmittel liefert - sie alle sind so brillante Siegel der Einheit Gottes, dass jeder Mensch, der seine Seh- und Verstandeskraft nicht bereits eingebüßt hat, sie erkennen und verstehen wird.

Nicht nur das Individuum bedarf eines Beistands, um sein Leben zu erhalten; wir sehen, dass alle in dieser Welt befindlichen Dinge und insbesondere die Lebewesen als einzelne Bestandteile wie auch als große Einheiten, als Individuen oder als Gemeinschaften, viele materielle und andere Wünsche und Bedürfnisse für die Existenz und die Erhaltung ihres Lebens haben. Alle Geschöpfe benötigen Beistand. Denn obwohl sie selbst nicht in der Lage sind, auch nur die unbedeutendsten ihrer Bedürfnisse zu befriedigen, sehen wir, dass all ihren Ansprüchen, ihrer materiellen wie auch ihrer immateriellen Versorgung, in unerwarteter Art und Weise und von unerwarteter Stelle in vollkommener Ordnung zu genau der richtigen Zeit, angemessen und in vollkommener Weisheit begegnet wird. Deuten also die Wünsche und Bedürfnisse der Geschöpfe auf der einen und die Art und Weise der Hilfestellung und des Beistands aus dem Unsichtbaren auf der anderen Seite nicht so klar wie die Sonne auf einen Weisen Majestätischen Ernährer, einen Mitfühlenden Spender der Gnade hin?

Siebtes Argument

Betrachten wir einmal die Sonne: Eine Signatur des Abbilds und des Widerscheins der Sonne, eine ihr eigene strahlende Leistung (Wirkung), ist auf den Planeten und den Wassertropfen, auf Glassplittern oder auf glitzernden Schneeflocken allerorten zu begutachten. Wer nicht akzeptiert, dass die winzigen Sonnen, die in den unzähligen Dingen erkennbar sind, Manifestationen der Sonnenstrahlen sind, wird - was wirklich absurd wäre - die Existenz einer Sonne in jedem einzelnen Wassertropfen, in jedem einzelnen Glassplitter und in jedem einzelnen durchsichtigen Objekt, das dem Sonnenlicht ausgesetzt ist, akzeptieren müssen.

Wenn die Abbilder oder Spiegelungen der Sonne, die in Wassertropfen, Glassplittern und den verschiedenen Farben von Blumen erkennbar sind, nicht der Sonne zugeschrieben werden, bedeutet das, die Existenz unzähliger Sonnen an Stelle einer einzigen akzeptieren zu müssen. Dies jedoch wäre ein vollkommen unvorstellbarer Irrglaube. Wenn man nicht alles im Universum dem Allmächtigen zuschreibt, heißt das - analog dazu-, an Stelle des Einen Gottes so viele Götter akzeptieren zu müssen, wie es Teilchen gibt, die im Universum umherschwirren. Damit würde man sich auf ein Niveau hinab begeben, auf dem man etwas akzeptiert, was absolut undenkbar ist.

Achtes Argument

Gott ruft im Frühjahr und im Sommer inmitten eines unglaublichen Durcheinanders und Wirrwarrs in vollkommener Ordnung Hunderttausende von Pflanzen- und Tierarten ins Leben, die perfekt ausdifferenziert und klassifizierbar sind. Jeder, der auch nur einen Funken Bewusstsein besitzt, wird begreifen, dass es sich bei der Auferweckung der toten Erde zum Leben zur Frühlingszeit, die in vollkommener Ordnung Hunderttausende von Beispielen für die Wiederauferstehung der Toten geben will und die die Erde wie auch die einzelnen Mitglieder von Hunderttausenden verschiedener Arten, fehlerlos, wohlproportioniert, vollkommen ausgewogen und ohne etwas dabei zu vergessen, signieren will, offensichtlich um ein Siegel handelt. Dieses Siegel gehört einzig und allein einem Majestätischen Wesen, einem Allmächtigen und Vollkommenen, einem Barmherzigen und Schönen Weisen - einem Wesen, das über unendliche Macht, allumfassendes Wissen und einen Willen verfügt, das in der Lage ist, das gesamte Universum zu beherrschen.

Was im Frühjahr und im Sommer geschieht, kündet vom überaus weisen, einsichtsvollen und gewaltigen Wirken Gottes auf Erden. Die Aktivitäten, die in diesen Jahreszeiten stattfinden, sind sehr weit reichend und werden extrem schnell abgewickelt; sie sind reichlich bemessen und großzügig und werden nebenbei auch noch in perfekter Regelmäßigkeit durchgeführt. Sie verkörpern die vollkommene Schönheit der Kunst und die vollkommene Form der Schöpfung. Deshalb sind sie ein Siegel, das nur jemandem gehören kann, der über ein unendliches Wissen und grenzenlose Macht verfügt. Dieses Siegel gehört zweifellos dem, der überall gegenwärtig ist und alles sieht, obwohl Er nirgends ist. Nichts bleibt Ihm verborgen, und nichts fällt ihm schwer. Seine Macht kennt keinen Unterschied zwischen Teilchen und Sternen.

Neuntes Argument

Auf einem Acker eingesäte Samenkörner beweisen, dass sowohl das Ackerfeld als auch die Samenkörner unter der Verfügungsgewalt ihrer Besitzer stehen. Genauso beweisen die fundamentalen Lebenselemente wie Luft, Wasser und Erde, die trotz ihrer Einfachheit überall vorhanden und überall von gleicher Beschaffenheit sind, sowie die

Pflanzen und Tiere (die Früchte der Barmherzigkeit, die Wunder der Macht und die Wörter der Weisheit), die überall anzutreffen sind und einander ähneln, obwohl doch die Lebensbedingungen an verschiedenen Orten höchst unterschiedlich sind, dass sie unter der Verfügungsgewalt eines einzigen Erschaffers stehen, der Seine Wunder zur Schau stellt. Jede Blume, jede Frucht und jedes Tier ist ein Stempel, ein Siegel, eine Unterschrift des Schöpfers. Wo auch immer man sie findet: Alle verkünden in den ihnen eigenen Sprachen: „Wessen Stempel ich trage, dieser Ort ist auch von Ihm erschaffen. Wessen Siegel sich auf mir befindet, dieser Platz ist auch eines Seiner Schriftstücke. Auf wessen Unterschrift ich hinweise, dieses Land ist auch von Ihm entworfen." Nur der Eine, Dessen Macht sich auf alle Elemente erstreckt, kann auch die geringsten Geschöpfe besitzen und am Leben erhalten, und ein jeder, der nicht blind ist, kann sehen, dass nur eine Instanz, deren Herrschaft alle Pflanzen und Tiere umfasst, auch die simpelsten von ihnen besitzen, ernähren und beherrschen kann.

Was die Ähnlichkeit zu anderen Individuen betrifft, äußert sich jedes Individuum wie folgt: „Nur jemand, der meine Spezies besitzt, kann auch mich besitzen." Was die Ausbreitung über die Erdoberfläche betrifft, spricht jede einzelne Spezies mit den anderen Spezies im Chor: „Nur jemand, der die gesamte Erdoberfläche besitzt, kann auch uns besitzen." Was ihre Abhängigkeit und die Abhängigkeit anderer Planeten von der Sonne sowie deren wechselseitige Beziehung zu den Himmeln betrifft, spricht die Erde zusammen mit anderen Planeten: „Nur jemand, der all diese besitzt, kann auch mich besitzen." Hätten Äpfel ein Bewusstsein und jemand würde zu einem von ihnen sagen „Du bist mein Kunstwerk", würde der Apfel ihn schelten und ihm entgegenhalten: „Schweige lieber! Nur wenn du in der Lage bist, alle Äpfel auf dieser Erde zu formen, oder vielmehr nur dann, wenn du freie Verfügungsgewalt über alle Obstbäume, die über die Erde verteilt sind, und über all jene Geschenke des Barmherzigen hast, die in Form von Schiffsladungen aus der Schatzkammer der Barmherzigkeit zur Verfügung gestellt werden - nur dann kannst du für dich beanspruchen, mein Herr zu sein."

Zehntes Argument

Es macht keinen Unterschied, ob man an einem Baum eine einzige Frucht oder zahllose Früchte züchtet; alle Früchte beruhen nämlich alle auf einem einzigen Gesetz des Wachstums mit einem einzigen Zentrum. Mit anderen Worten: Das Vorhandensein einer Vielzahl von Zentren würde für das Hervorbringen einer einzigen Frucht ebenso viel Mühen, Aufwand und Ausstattung erfordern wie für das eines ganzen Baums; denn die Herstellung der Uniform, die ein einzelner Soldat braucht, beansprucht genauso viele Fabriken wie die Anfertigung von Uniformen für die gesamte Armee. Dies bedeutet, wenn zahlreiche Individuen durch eine Vielzahl von Zentren versorgt werden sollen und von diesen abhängig sind, entstehen genau so viele Schwierigkeiten, wie Individuen beteiligt sind. Die außergewöhnliche Leichtigkeit, die bei allen Spezies beobachtet werden kann, ergibt sich also aus der Einheit.

Die Übereinstimmung und die Gleichartigkeit aller Individuen einer Spezies und aller Gruppen einer Gattung beweisen, dass diese die Werke eines einzigen Erschaffers sind; denn sie alle wurden von derselben Schreibfeder ‚mit einer Inschrift versehen‘, und sie alle tragen nur ein einziges Siegel. Außerdem erfordern die absolute Leichtigkeit, die immer dann beobachtet werden kann, wenn sie zum Leben erweckt werden, und das Fehlen jeglicher Probleme bei diesem Prozess unausweichlich und mit absoluter Notwendigkeit, dass diese Individuen und Gattungen die Werke eines einzigen Erschaffers sind. Sonst würden Probleme, die ihre Existenz unmöglich machen würden, diese Gattungen und Spezies zur Nichtexistenz verdammen.

Zusammengefasst: Wenn man alle Dinge dem Allmächtigen Gott zuschreibt, dann erscheint deren Erschaffung so einfach wie die Erschaffung eines einzigen Dings; die Erschaffung eines einzigen Dings, das verschiedenen Ursachen zugeordnet wird, erscheint wiederum als genauso schwierig wie die Erschaffung aller Dinge zusammen. Auf Grund dieser Tatsache enthüllen die im Universum zu beobachtende außerordentliche Wirtschaftlichkeit und Einfachheit wie auch der endlose Überfluss unseren Augen den Stempel der Einheit so klar wie die Sonne. Wären diese Früchte, die wir in einer solchen Fülle und zu solch geringen Kosten erhalten, nicht das Eigentum des Einen Besitzers der Einheit, hätten wir, selbst wenn wir die ganze Welt in Zahlung gäben, nicht einen einzigen Granatapfel zu essen; denn dieser würde die absichtsvolle und bewusste Zusammenarbeit so vieler und so universeller Elemente wie Erde, Luft, Wasser, Licht und Wärme und obendrein noch Samenkörner erfordern, die jedoch alle ohne eigenes Bewusstsein sind und auf Anweisung eines einzigen Erschaffers, des Allmächtigen Gottes, handeln. Ein einziger Granatapfel und auch jede andere Frucht würden soviel kosten wie das ganze Universum zusammen.

Elftes Argument

So wie das Leben, das die Gnade Gottes manifestiert, ein Argument und ein Beweis für die Einheit Gottes, ja sogar eine Manifestation der Einheit Gottes ist, ist der Tod, der die Majestät Gottes manifestiert, ein Argument und ein Beweis für die Einmaligkeit Gottes.

Das Abbild der Sonne, ihr Licht und ihre Reflexionen, die auf einem mächtigen Strom glitzernden Bläschen und die auf der Erdoberfläche glänzenden transparenten Objekte legen Zeugnis von der Existenz der Sonne ab. Obwohl die glitzernden Bläschen auf dem fließenden Strom gelegentlich verschwinden (z.B. wenn dieser unter einer Brücke her taucht), bezeugen das wunderbare Fortbestehen der Manifestationen der Sonne und die ununterbrochene Zurschaustellung deren Lichtes auf den aufeinander folgenden Scharen von Bläschen eindeutig, dass es sich bei den kleinen Abbildern der Lichter, die erscheinen und dann wieder verschwinden, glitzern, hinwegsterben und dann wieder erneuert werden, um Abbilder einer dauerhaften, fortbestehenden einzigen Sonne handelt, die sich von oben herab stets aufs Neue manifestiert. Die glitzernden Bläschen, die durch ihr Erscheinen die Existenz der Sonne bestätigen, künden deshalb durch ihr eigenes Verschwinden und Erlöschen von dem Fortbestand und der Einheit der Sonne.

Auf genau die gleiche Weise bezeugen die Dinge, die sich in einem ständigen Fluss befinden, durch ihr Vorhandensein und durch ihr Leben die Existenz und die Einmaligkeit des notwendigerweise Existierenden Einen. Sie legen mit ihrem Untergang und ihrem Tod Zeugnis von Seiner Einheit, Ewigkeit und Permanenz ab. So wie die wunderschönen feinen Geschöpfe, die mit dem Wechsel von Tag und Nacht und Sommer und Winter sowie mit dem Verstreichen von Jahrhunderten und Epochen die Existenz, Einheit und Permanenz des Erhabenen immer Währenden Einen in einer unablässigen Offenbarung voller Anmut repräsentieren, demonstrieren auch Untergang und Tod jener Geschöpfe und die offensichtlichen Ursachen für ihr Leben, dass die (materiellen oder natürlichen) Ursachen nichts weiter sind als bloße Schleier. Diese Tatsache beweist eindeutig, dass diese Kunstwerke, Gravuren und Manifestationen die ständig erneuerten Kunstwerke, die sich ändernden Gravuren und die sich bewegenden Spiegel eines Majestätischen Schönen Einen sind.

Zwölftes Argument

Die vollkommene Gestaltung und Ausschmückung eines vollkommenen Palastes beispielsweise sagt auch etwas über die Fähigkeiten seines Architekten aus. Jede vollendet gestaltete Arbeit weist auf einen genialen Architekten, einen begabten Konstrukteur, einen vollkommenen Baumeister hin. Und die Kennzeichnung ‚genialer Architekt, Konstrukteur oder Baumeister‘ verweist ganz offensichtlich auf eine vollendete Fähigkeit, nämlich auf die Beherrschung einer Kunst. Diese vollendete Fähigkeit, diese vollendete Kunstfertigkeit deutet wiederum ganz offensichtlich auf einen Vorzug, auf das Vorhandensein einer bestimmten Qualität hin. Vollkommene Vorzüge aber sind der Beweis für die Existenz eines erhabenen Geistes und einer erhabenen Persönlichkeit.

Ähnlich deuten die fehlerlosen Werke, die im Universum zu betrachten sind, und die Kunstfertigkeit der wohl geordneten Bewohner des Universums ganz klar auf die vollkommenen Handlungen eines effektiven, mächtigen Impulsgebers hin. Diese vollkommenen

Handlungen wiederum bestätigen ganz eindeutig die Vollkommenheit der Namen jenes mächtigen Impulsgebers. Die Vollkommenheit seiner Namen attestiert ihm zwangsläufig die Vollkommenheit seiner Attribute, die uns als Seine Namen bekannt sind. Uns hingegen bescheinigt und bestätigt die Vollkommenheit Seiner Attribute die Vollkommenheit Seiner Fähigkeiten und Eigenschaften. Diese Vollkommenheit Seiner Fähigkeiten und Eigenschaften schließlich weist mit einer solchen Sicherheit auf das vollkommene Wesen seines Besitzers hin, dass alle Arten von Vollkommenheit, die allerorten im Universum betrachtet werden können, nichts anderes als Reflexionen Seiner Perfektion, Hinweise auf Seine Majestät und Anspielungen auf Seine Schönheit sind - blasse, schwache Schatten im Vergleich zu Seiner vollkommenen Realität.

FALSCHE ARGUMENTE FÜR DEN URSPRUNG DES SEINS

Mittelalterliche europäische Konzepte zur Beschaffenheit und Existenz des Universums waren sehr stark von der Autorität der Kirche beeinflusst. Diese berief sich auf Schriften, die im Laufe der Zeit verfälscht worden waren. Als dann das wissenschaftliche Denken immer mehr an Einfluss gewann, fühlte sich die Kirche bedroht und begegnete ihm mit offener Feindschaft. Zwischen Wissenschaft und Religion tat sich ein Graben auf, der in der Folgezeit immer größer und unüberbrückbarer wurde, bis sich die beiden Kontrahenten schließlich unversöhnlich gegenüber standen. Fortan wurde die Religion als eine Domäne blinden Glaubens und Trost spendender Rituale bezeichnet, für die sich die Wissenschaft nicht zuständig fühlte. Wissenschaftlich zu denken und zu arbeiten, bedeutete gleichzeitig es abzulehnen, die Existenz Gottes auch nur zu erwähnen, geschweige denn sich der Offenbarung Gottes zu fügen. Darwins Evolutionstheorie verstärkte die Tendenz, alles Existierende als aus sich selbst heraus erschaffen und als sich selbst erhaltend zu betrachten. Darwin ging davon aus, dass jede Entwicklung einem Prozess mit einer inneren Dynamik unterworfen sei und sich daher praktisch von selbst entfalte. Seiner Meinung nach folgte dieser Prozess Gesetzen, die der

Mensch früher oder später vollständig würde begreifen (und damit auch manipulieren) können. Viele, aber längst nicht alle Wissenschaftler behaupteten daraufhin, dass die natürlichen Ursachen bzw. die so genannten Naturgesetze genügen, um alle Phänomene zu erklären.

Bevor ich diese Annahme kommentiere, möchte ich darauf hinweisen, dass Wissenschaftler und Philosophen, die materialistische und naturalistische Auffassungen vertreten, in ihren Argumenten keineswegs übereinstimmen. Damit unterscheiden sie sich von den Propheten, die zu unterschiedlichen Zeiten an unterschiedlichen Orten lebten und dennoch einer Meinung waren, wenn es darum ging, den Ursprung und das Funktionieren der Schöpfung zu erklären. Auch in Fragen zum Leben und zum Dasein waren die Propheten ebenso wie zahlreiche Wissenschaftler, die die Worte der Propheten für wahr hielten, grundsätzlich einer Meinung. Einige Wissenschaftler und Philosophen, die nicht an die Existenz Gottes glauben, behaupten hingegen z.B., die Natur existiere aus sich selbst heraus, und bestehen darauf, alles mit natürlichen Ursachen und Naturgesetzen interpretieren zu können. Andere schreiben der Materie Attribute wie Kreativität, Ewigkeit, Leben und Bewusstsein zu. Wieder andere sehen sich außer Stande, den Ursprung des Lebens zu erklären, und meinen, Zufall und Notwendigkeit würden über Sein oder Nichtsein entscheiden.

In gebotener Kürze werde ich im Folgenden erläutern, warum es unmöglich ist, das Sein zu erklären, ohne gleichzeitig die Existenz und die Einheit Gottes zu bestätigen.

Natur, Naturgesetze und natürliche Ursachen

- Die Naturgesetze existieren rein nominell und besitzen keine reale Existenz. Sie sind nichts weiter als Hypothesen zur Erklärung bestimmter Ereignisse und Phänomene und weisen auf imaginäre Kräfte hin, die sich aus den Bewegungen oder Beziehungen von Ereignissen und Phänomenen ableiten lassen. Die Gesetze der Schwerkraft, der Reproduktion und des Wachstums in lebenden Organismen oder andere Gesetze wie das der magnetischen Anziehung und Abstoßung sind keine Einheiten, deren Existenz von unseren nach außen gerichteten Sinnen oder durch Instrumente, die diese Sinne verstärken, bestätigt werden könnten. Dürfen wir denn - unabhängig davon, welche Wahrheit das Gesetz der Schwerkraft beispielsweise bereithält - etwa ernsthaft behaupten, das echte Universum (ein Universum, in dem dieses Gesetz Gültigkeit besitzt) sei auf Grund dieses Gesetzes entstanden (bzw. musste zwangsläufig auf Grund dieses Gesetzes entstehen)? Würde es denn wirklich der Vernunft entsprechen, die Existenz aller Dinge wie auch aller intelligenten und bewussten Lebewesen Einheiten zuzuschreiben, die nichts weiter als Hypothesen sind?

- Naturgesetze und natürliche Ursachen werden aus den Bewegungen und Beziehungen von Ereignissen und Phänomenen im Universum abgeleitet. Daher sind sie im Prinzip eher von diesen Ereignissen und Phänomenen abhängig, als dass sie deren Urheber wären. Ganz sicher aber existieren sie nicht aus sich selbst heraus und stehen in Abhängigkeitsverhältnissen.

- Die Existenz des Universums in seiner Gesamtheit und aller Ereignisse und Phänomene innerhalb dieses Universums ist möglich. D.h., ihre Existenz ist nicht absolut notwendig. Sie können existieren oder auch nicht. Für jedes einzelne Nahrungsteilchen, das zu den Bausteinen eines Embryos gehört und zum Aufbau einer seiner Milliarden Zellen beiträgt, steht eine beinahe unbegrenzte Anzahl von Alternativen zur Verfügung. Nichts, dessen Existenz nur im Bereich des Möglichen liegt, kann aber ewig leben; und alles, dessen Existenz nur im Bereich des Möglichen liegt, ist auf etwas angewiesen, das die Macht besitzt, zu Gunsten seiner Existenz zu entscheiden.

- Alle möglichen Einheiten sind an Raum und Zeit gebunden und verfügen somit über einen Anfang. Alles, was einen Anfang besitzt, muss aber ebenfalls ein Ende haben und kann daher nicht ewig sein.

- Natürliche Ursachen benötigen einander, um eine Wirkung erzielen zu können. Ein Apfel z.B. kann ohne eine Apfelblüte nicht existieren. Die Existenz der Apfelblüte wiederum setzt das Vorhandensein eines Astes voraus, der seinerseits nicht ohne den Apfelbaum da sein kann. Diese Reihe lässt sich ohne weiteres fortsetzen bis hin zum Samenkorn, das u.a. Erde, Luft und Feuchtigkeit braucht, um keimen und wachsen zu können. Jede Ursache ist gleichzeitig auch eine Wirkung. Wenn wir nicht genauso viele Gottheiten wie Ursachen akzeptieren wollen, müssen wir gezwungenermaßen nach einer Ursache Ausschau halten, die außerhalb der Kette von Ursache und Wirkung liegt.

• Um nur eine einzige Wirkung zu erzielen, muss eine unendlich große Anzahl von bereits existierenden Ursachen gekonnt und zuverlässig miteinander kooperieren. Ihr gemeinschaftliches Handeln bezeichnen wir als Naturgesetze. Um beispielsweise einen Apfel hervorzubringen, müssen so unterschiedliche Faktoren wie Luft, Erde, Sonnenlicht, Wasser, die 23°-Neigung der Erdachse und die komplizierten Regeln des Keimens und des Wachstums von Samenkörnern und Pflanzen zusammenarbeiten. So viele blinde, taube und unwissende Ursachen und Gesetze können sich schon für einen so ‚einfachen‘ Organismus wie den Apfel kaum zusammenfinden. Vollkommen absurd wäre es jedoch zu behaupten, ein solches Zusammenwirken von Ursachen und Gesetzen wäre für einen lebenden und bewussten, aber auch intelligenten und pflichtbewussten Organismus wie den Menschen verantwortlich, der ja sogar seine eigenen Absichten und Handlungen hinterfragen kann.

• Ein winziges Samenkorn trägt einen gewaltig großen Baum in sich. Der Mensch, das komplexeste aller Geschöpfe, wächst aus einer weiblichen Eizelle, die von einer verschwindend kleinen männlichen Spermie befruchtet wurde. Kurz: Weder besteht eine angemessene Relation zwischen Ursachen und Wirkungen, noch stehen beide in einem akzeptablen Verhältnis zueinander. Extrem schwache, simple, unwissende und leblose Ursachen bringen gewaltige, komplexe und intelligente Wirkungen hervor.

- Alle natürlichen Phänomene und Prozesse haben ihre Gegenteile: Nord- und Südpol, positive und negative Ladung, schön und hässlich, Tag und Nacht, Anziehung und Abstoßung, Gefrieren und Schmelzen, Verdampfung und Kondensation etc... Etwas, das ein Gegenteil besitzt und auf sein Gegenteil angewiesen ist, um existieren und erkannt werden zu können, kann weder Schöpfer noch Urheber sein.

- Oft lässt sich beobachten, dass eine bestimme Wirkung auch dann nicht eintritt, wenn alle eigentlich erforderlichen Ursachen bereitstehen. Andererseits geschehen gelegentlich auch Dinge, ohne dass wir für sie irgendwelche Ursachen ausmachen könnten. Darüber hinaus bringen gleiche Ursachen oftmals unterschiedliche Wirkungen hervor. Aus diesem Grunde weigern sich viele Wissenschaftler, Dinge und Ereignisse im Universum auf das Phänomen der Ursächlichkeit zurückzuführen.

- Der Mensch ist die fähigste und bedeutendste aller Ursachen. Er zeichnet sich durch seinen Verstand, sein Bewusstsein, seine Willenskraft und viele andere Fähigkeiten aus. Außerdem verfügt er über innere und äußere Sinne und Gefühle. Nichtsdestotrotz ist er so schwach und hilflos, dass er selbst winzigsten Mikroben oft keinen Widerstand leisten kann. Daneben ist er endlosen Bedürfnissen und Schmerzen unterworfen. Wenn aber schon der Mensch, die fähigste, kompetenteste, intelligenteste und wirksamste aller Ursachen, weder einen Einfluss auf sein Existentwerden noch die Kontrolle über seinen eigenen Körper besitzt, wie können dann andere Ursachen Kreativität besitzen?

Materialisten sehen in der Verbindung von Ereignissen einen Kausalzusammenhang. Wenn zwei Geschehnisse nebeneinander bestehen, sind sie der Auffassung, dass eines der beiden die Ursache für das andere bildet. Mit ihrer Entscheidung, den Schöpfer zu leugnen, stellen sie Behauptungen auf wie zum Beispiel: Wasser lässt die Pflanzen wachsen. Andererseits fragen sie niemals, wie das

Wasser denn überhaupt wissen soll, was es zu tun hat, wie es zu handeln hat und welche Eigenschaften es besitzen muss, um Pflanzen in die Lage zu versetzen, wachsen zu können. Besitzt Wasser das Wissen und die Macht, um Pflanzen wachsen zu lassen? Kennt es die Gesetze und Eigenschaften der Entstehung von Pflanzen? Wenn wir das Wachstum einer Pflanze den Gesetzen oder der Natur selbst zuschreiben, ist dann davon auszugehen, dass diese Gesetze oder die Natur die Eigenschaften der Entstehung von Pflanzen kennen? Wenn doch schon eine bestimmte Art oder Menge Wissen, Willen und Macht absolut unabdingbar ist, um auch nur die einfachsten Dinge - etwa das Bauen eines Landhauses oder das Schreiben eines Artikels - zu bewerkstelligen, bedarf es dann nicht eines allumfassenden Wissens, eines absoluten Willens und einer absoluten Macht, um das Universum zu erschaffen, das doch derart komplex, erstaunlich und rätselhaft ist, dass wir selbst im ‚Informationszeitalter‘ nur sehr wenig darüber wissen? Man betrachte nur einmal eine Blume! Wie entsteht ihre Schönheit, und wer hat die Beziehung zwischen ihr und dem Geruchssinn, dem Sehvermögen oder auch der Urteilsfähigkeit des Menschen geplant? Können dies das unbewusste, ignorante und taube Samenkorn, die Erde oder das Sonnenlicht vollbracht haben? Besitzen diese etwa das Wissen, die Macht oder den Willen, auch nur eine Blume wachsen, geschweige denn sie auch schön aussehen zu lassen? Kann vielleicht der Mensch, das einzige bewusste und sachkundige Lebewesen auf Erden, auch nur eine einzige Blume hervorbringen? Eine Blume kann nur dann wirklich existieren, wenn das ganze Universum schon vorher da ist. Um eine Blume zu erschaffen, muss es also eine Instanz geben, die in der Lage ist, das gesamte Universum, in dem sie existiert, zu erschaffen. Diese Instanz muss absolute Macht, absolutes Wissen und absoluten Willen besitzen - Attribute, die allein Gott vorbehalten sind.

Materie und Zufall

Das Argument, das hier gegen die Überzeugung vorgebracht wurde, Naturgesetze und natürliche Ursachen würden aus sich selbst heraus existieren und sich selbst aufrecht erhalten, lässt sich auch gegen die Behauptung vorbringen, der Zufall und die Materie verfügten über kreative Fähigkeiten.

Egal ob man sich auf die Prinzipien der klassischen oder auf die der modernen Physik beruft - Materie ist ganz offensichtlich dem Wandel unterworfen und äußeren Einflüssen gegenüber empfänglich. Weder ist sie ewig während, noch kann sie schöpferisch tätig sein. Materie ist taub, blind, leblos, unwissend, kraftlos und unbewusst. Wie sollte ausgerechnet sie die Schöpferin von bewusstem Leben, Wissen, Energie und Bewusstsein sein? Es ist doch ganz logisch, dass ein Ding anderen Dingen nichts geben kann, was es selbst nicht besitzt.

Da es im Universum eine riesige Fülle an Beweisen für eine absichtsvolle Ordnung und Harmonie gibt, wäre es vollkommen unangebracht zu behaupten, diese seien durch bloßen Zufall hervorgebracht worden. Ein einziger menschlicher Körper besteht aus Billionen von Zellen. Jede einzelne Zelle wiederum enthält ca. 1 Million Proteine. Die Wahrscheinlichkeit dafür, dass ein Protein per Zufall so existiert, wie es existiert, ist unglaublich gering. Ohne jemanden, der die Macht besitzt, über die Existenz der Proteine zu entscheiden und diese Existenz dann auch zu erschaffen, jemanden, der über ein absolutes allumfassendes Wissen verfügt und die Beziehungen dieser Proteine mit den anderen Proteinen, den Zellen und allen Körperteilen schon im Voraus arrangieren und sie genau an die richtige Stelle platzieren kann, kann kein einziges Protein existieren. Erst wenn die Wissenschaften eingestehen, dass es Einen Gott, den Schöpfer aller Dinge gibt, werden sie ihre wahre Bestimmung finden.

Das folgende simple wissenschaftliche Experiment, über das in der Zeitschrift *Discover* vom 20. August 1993 berichtet wurde, wird uns dieses bedeutende Argument verständlich machen:

> „Overbeck und seine Mitarbeiter am ‚Baylor College of Medicine‘ in Houston, USA, versuchten, einige gentherapeutische Verfahren anzuwenden, um zu sehen, ob sie Albino-Mäuse in farbige Mäuse umwandeln könnten. Die Forscher injizierten dem einzelligen Embryo einer

Albino-Maus ein Gen, das ganz wesentlich für die Bildung des Pigments Melanin ist. Dann zogen sie die Nachkommen dieser Maus groß; die Hälfte von ihnen trug das Gen auf einem Chromosom eines Chromosom-Paares. Klassische Mendelsche Genetiker versicherten ihnen, dass ungefähr ein Viertel der Enkel das Gen auf beiden Chromosomen tragen würden und deshalb farbig sein müssten. In der Sprache der Genetiker würden diese als Homozygoten bezeichnet.

Aber die Mäuse bekamen gar nicht erst die Chance, farbig zu werden. ‚Das erste, was wir feststellten‘, sagte Overbeck, ‚war, dass wir etwa 25% der Enkelgeneration innerhalb einer Woche nach ihrer Geburt verloren.‘ Die Erklärung:

Das melaninbezogene Gen, das Overbecks Gruppe dem Embryo der Albino-Maus injiziert hatte, lagerte sich selbst in ein vollkommen unzusammenhängendes Gen ein. Ein unbekannter Abschnitt auf der DNA in der Mitte eines Gens zerstört die Fähigkeit jenes Gens, seine Botschaft lesbar zu machen. Es scheint deshalb so, dass bei den Mäusen sämtliche Proteine, für die die Gene verschlüsselt waren, nicht produziert wurden, dass alle Funktionen der Proteine unausgeführt blieben und dass die Mägen, Herzen, Lebern und Milzen alle an falscher Stelle landeten. Auch die Nieren und die Bauchspeicheldrüsen wurden geschädigt. All diese Defekte führten schließlich zum Tod der Mäuse.

Overbeck und seine Kollegen haben bereits das Gen auf einem besonderen Maus-Chromosom lokalisiert und versuchen nun, seine Struktur genau zu bestimmen. Diese Analyse wird ihnen verraten, wie das Protein wirkt und wo es aktiviert wird. ‚Wird das Gen überall aktiviert oder nur jeweils auf der linken oder rechten Seite des Embryos?‘, fragt sich Overbeck. ‚Und wann schließlich wird es aktiviert?‘

Diese Fragen werden Overbeck weit über das Gentransfer-Experiment hinaus beschäftigen. ‚Wir glauben, dass es mindestens 100.000 Gene gibt‘, betont er. ‚Die Chance, dass dies geschieht, beträgt also buchstäblich 1:100.000.‘“

Um diese Art Experiment zu einem erfolgreichen Abschluss zu führen, bedarf es also Tausender von Tests, und damit auch Tausender von Mäusen. In der Natur gibt es jedoch keine Tests und keine Irrtümer; jedes Samenkorn im Boden keimt und wächst schließlich zu einem Baum heran - es sei denn, ein Hindernis wie der Mangel an ausreichender Feuchtigkeit kommt dazwischen. Auf ähnliche Weise wachsen Embryos im Mutterleib zu bewussten Lebewesen heran, die mit einem Intellekt und spirituellen Fähigkeiten ausgestattet sind.

Der menschliche Körper ist ein Wunder der Symmetrie und gleichzeitig ein Wunder der Asymmetrie. Wissenschaftler wissen, wie sich ein Embryo im Mutterleib entwickelt und wie diese Symmetrie und Asymmetrie zu Stande kommen, aber sie haben absolut keine Ahnung, wie die Teilchen - jene Teilchen, die den Embryo durch die Mutter erreichen und als Bausteine bei der Ausformung des Körpers fungieren - zwischen rechts und links unterscheiden können, wie sie in der Lage sind, den Platz eines jeden Organs zu bestimmen, wie jedes von ihnen an die genau vorgesehene Stelle eines bestimmten Organs wandert und sich dort einfügt und wie sie die extrem komplizierten Beziehungen zwischen Zellen und Organen sowie deren Erfordernisse verstehen. Hierbei handelt es sich um einen derart diffizilen Vorgang, dass ein einziges Teilchen, das beispielsweise eigentlich in der Pupille des rechten Auges seinen Platz finden sollte, stattdessen aber zum Ohr wandert, zu einer Funktionsstörung oder sogar zum Tod führen kann. Ein weiterer Punkt in diesem Zusammenhang ist der, dass alle Lebewesen aus den gleichen aus der Erde, der Luft und dem Wasser stammenden Elementen erschaffen werden. Und obwohl sie einander in Bezug auf ihre Gliedmaßen und Organe ähnlich sind, unterscheiden sie sich hinsichtlich ihrer körperlichen Charakteristika, ihres Aussehens, ihres Charakters, ihrer Wünsche und ihrer Ambitionen doch fast vollständig voneinander. Die Einzigartigkeit des Individuums ist so zuverlässig, dass jeder Mensch anhand seiner Fingerabdrücke mit absoluter Sicherheit identifiziert werden kann.

Wie können wir für dies alles eine Erklärung finden? Es gibt zwei Alternativen, die wir zu Beginn erwähnten: Entweder besitzt jedes Teilchen unendliches Wissen, unendlichen Willen und unendliche Macht, oder eine höhere Instanz verfügt über entsprechendes Wissen, entsprechende Macht und entsprechenden Willen und erschafft und verwaltet all diese Teilchen. Wie sehr wir uns bei dem Versuch, Erschaffung und Verwaltung der Teilchen Ursache und Wirkung oder auch der Vererbung zuzuschreiben, auch bemühen mögen - diese beiden Alternativen behalten in jedem Fall ihre Gültigkeit.

Auch wer die Existenz des Universums einer anderen Instanz als Gott zuschreibt - etwa der Evolution, der Kausalität, der Natur, den Zufällen oder der Notwendigkeit -, kann nicht leugnen, dass alle Dinge und Lebewesen durch ihre Geburt, durch ihr Leben und durch ihren Tod ein allumfassendes Wissen und eine absolute Macht und Bestimmtheit zur Schau stellen. Wie wir im oben dargelegten Experiment sahen, kann ein einziges Gen, das an der falschen Stelle sitzt oder an einen falschen Platz geführt wird, Leben vernichten oder verhindern. Die Interaktion aller Dinge von den Galaxien bis hin zu den Atomen stellt eine Realität dar, in der jede neue Einheit ihren einzig möglichen Platz und ihre einzig mögliche Funktion kennen und einnehmen muss. Gibt es denn einen besseren Beweis für die Existenz und das freie Wirken eines allumfassenden Wissens, einer uneingeschränkten Macht und eines absoluten Willens, als die Tatsache, dass Teilchen, die aus gleichen biochemischen Bestandteilen bestehen, in der Lage sind, durch die äußerst empfindlichen Strukturen in ihren Mustern wechselseitiger Beziehungen einzigartige Einheiten und Organismen hervorzubringen? Lässt sich dies denn tatsächlich mit Vererbung oder Zufall erklären, wo doch zu sehen ist, dass sämtliche diesbezügliche Erklärungen immer wieder auf einem einzigen allumfassenden Wissen, auf einer einzigen uneingeschränkten Macht und auf einem einzigen absoluten Willen beruhen?

Wir dürfen uns nicht durch die Tatsache in die Irre führen lassen, dass alles, was geschieht, einem bestimmten Programm oder Plan bzw. einem Ursachen-Verlauf folgt. Dieser Ursachen-Verlauf ist ein Schleier, der über den Fluss des Universums, über den ewig fließenden Strom der Ereignisse ausgebreitet wurde. Die ‚Naturgesetze‘, die sich aus diesem Ursachen-Verlauf ableiten lassen, verfügen über eine nominelle, nicht aber über eine reale und konkrete Existenz. Wenn wir der Natur keine Attribute zugestehen, die wir normalerweise nur dem Erschaffer der Natur zuschreiben, müssen wir akzeptieren, dass sie in ihrer Essenz und Realität eine Druckmaschine, nicht aber ein Drucker, ein Plan, nicht aber ein Planer, ein passiver Empfänger, nicht aber eine treibende Kraft, eine Ordnung, nicht aber jemand, der Ordnung schafft, sowie eine Sammlung von nominellen Gesetzen, nicht aber eine ausführende Gewalt ist. Das gleiche Argument bleibt auch dann gültig, wenn wir das Wort ‚Natur' durch die Begriffe ‚Materie' oder (wie es der französische Biologe Jacques Monod bevorzugt) ‚Zufall und Notwendigkeit' ersetzen.

Um besser verstehen zu können, warum blinde, taube, untätige, unbewusste und unwissende Zufälle, Natur und Ursachen keinen Anteil an der Existenz haben können, sollten wir Absicht, Harmonie und gegenseitige Abhängigkeit in der Schöpfung analysieren, indem wir die eindeutigen Fakten aufzeigen und bewerten. Einige von ihnen spricht A.C. Morrison in seinem Buch *Man Does Not Stand Alone* an:

> „Stellen wir uns einmal vor, wir nehmen zehn 1 Cent-Stücke und markieren sie mit den Zahlen von 1 bis 10. Dann stecken wir sie in eine Tasche und schütteln sie gut durch. Nun versuchen wir, sie in der Reihenfolge von 1 bis 10 herauszuziehen, und stecken jede Münze, die wir heraus gezogen haben, wieder zurück in die Tasche. Unsere Chance, die Nummer 1 herauszuziehen, beträgt 1:10. Unsere Chance, die Münzen 1 und 2 in der richtigen Reihenfolge herauszuziehen, beträgt 1:100. Unsere Chance, die Münzen 1, 2 und 3 in der richtigen Reihenfolge herauszuziehen, beträgt 1:1000. Unsere Chance, die Münzen 1, 2, 3 und 4 in der richtigen Reihenfolge herauszuziehen, beträgt 1:10.000 usw., bis die Wahrscheinlichkeit, die Nummern 1 bis 10 in der richtigen Reihenfolge herauszuziehen, unglaubliche 1:10.000.000.000.000 (zehn Billionen) beträgt. Schon wer sich mit einem so simplen Problem wie diesem befasst, wird erkennen, zu welcher Größe sich Zahlen gegen den Zufall multiplizieren.

> An das Leben auf unserer Erde werden derart hohe essenzielle Anforderungen gestellt, dass es aus mathematischer Sicht unmöglich ist, dass all diese Anforderungen per Zufall zur rechten Zeit irgendwo auf der Erde erfüllt sind und gleichzeitig alles so miteinander in Verbindung steht, wie es notwendig ist. Deshalb muss es in der Natur irgendeine Form von intelligenter Führung geben, was wiederum bedeutet, dass es auch einen Zweck geben muss.

Der Umfang der Erde ist heute weitestgehend gleich bleibend und ihre Masse genau berechnet. Ihre Geschwindigkeit auf ihrer Bahn um die Sonne ist absolut konstant und ihre Rotation um die eigene Achse so genau festgelegt, dass das Abweichen um nur eine einzige Sekunde in einem Jahrhundert alle astronomischen Berechnungen umstoßen würde. Wäre der Umfang der Erde größer oder kleiner, wäre ihre Geschwindigkeit höher oder niedriger, oder befände sie sich näher an der Sonne bzw. in größerer Entfernung von ihr, dann würden diese andersartigen Bedingungen alle Lebensformen, einschließlich die des Menschen, stark in Mitleidenschaft ziehen.

Die Erde dreht sich in knapp 24 Stunden oder mit etwa 1.660 km/h um die eigene Achse. Stellen wir uns einmal vor, sie drehte sich mit einer Geschwindigkeit von nur 166 km/h. Was spricht dagegen? Unsere Tage und Nächte wären dann zehnmal so lang wie jetzt. Die heiße Sonne würde dann an den langen Tagen unsere Vegetation verbrennen, und in den langen Nächten würden alle Schösslinge erfrieren. Die Sonne als Spenderin allen Lebens hat eine Oberflächentemperatur von 6.649° C, und unsere Erde ist gerade weit genug entfernt, sodass uns dieses ‚ewige Feuer' gerade in ausreichendem Maße, aber nicht im Übermaß wärmt. Hätte sich die Temperatur auf der Erde nur für ein einziges Jahr um durchschnittlich etwa 50°C erwärmt oder abgekühlt, wäre die gesamte Vegetation abgestorben, und mit ihr wäre der Mensch entweder erfroren oder gebraten worden. Die Erde bewegt sich mit einer Geschwindigkeit von 29,8 km/s um die Sonne. Betrüge die Umlaufzeit etwa 10 km/s oder 65 km/s, befänden wir uns zu nahe an der Sonne oder wären zu weit von ihr entfernt, um unsere Lebensform weiterhin aufrecht erhalten zu können.

Die Erde ist um einen Winkel von 23 Grad geneigt. Dieser Winkel ist für unsere Jahreszeiten verantwortlich. Wäre die Erde nicht geneigt, ständen die Pole in ewigem Dämmerlicht. Der Wasserdampf vom Ozean würde gen Norden und Süden ziehen, auf den Kontinenten Eis auftürmen und zwischen dem Äquator und den Polen möglicherweise eine Wüste hinterlassen.

Der Mond ist im Mittel 384.403 km von der Erde entfernt, und die beiden Gezeiten pro Tag erinnern uns freundlich an seine Gegenwart. An einigen Stellen türmen sich die Wellen des Ozeans bis zu 15 Meter hoch auf, und selbst die Erdkruste wird zweimal am Tag durch die Mondanziehung um einige Zentimeter nach außen gezogen. Wäre unser Mond nur 80.000 km von der Erde entfernt, wären wir mit so gewaltigen Wellen konfrontiert, dass die Ebenen aller Kontinente zweimal am Tag von einer gigantischen Wasserflut überschwemmt würden; sogar die Berge würden dann wohl nach kurzer Zeit abgetragen werden. Möglicherweise hätte sich auch gar kein Kontinent schnell genug aus den Tiefen erheben können, als dass er heute noch existieren würde. Die Erde würde in dem ganzen Chaos zu Grunde gehen, und die Abfolge der Gezeiten würde wohl täglich für Orkane sorgen.

Wäre die Erdkruste drei Meter dicker, gäbe es keinen Sauerstoff, und ein Leben wäre unmöglich. Und wäre der Ozean nur wenige Meter tiefer, wären Kohlendioxid und Sauerstoff absorbiert worden; die Folge: Auf der Erdoberfläche hätte sich keine Vegetation entwickeln können. Wäre die Atmosphäre wesentlich dünner, würden einige der Meteore, von denen täglich Millionen in der äußeren Atmosphäre verglühen, alle Gebiete der Erde treffen.

Der Sauerstoffanteil in der Atmosphäre liegt für gewöhnlich bei 21 %. Die Atmosphäre als Ganze lastet in Meereshöhe mit ca. 15 Pfund pro 2,5 cm2 auf der Erdoberfläche. Der Sauerstoff in der Atmosphäre trägt zu diesem Druck bei und beträgt pro 2,5 cm2 etwa drei Pfund. Der Rest des Sauerstoffs ist in Form von Verbindungen an die Erdkruste gebunden und bildet 8/10 des gesamten Wassers auf der Erde. Sauerstoff dient den Landbewohnern als Lebensatem. Aber Sauerstoff, der diesem Zweck zu Gute kommt, ist einzig und allein in der Atmosphäre verfügbar.

Es stellt sich die Frage, warum dieses äußerst aktive chemische Element keine Verbindungen eingeht und mit ganz genau dem Anteil in der Atmosphäre verbleibt, den praktisch alle Lebewesen zum Leben benötigen. Beliefe sich der Anteil des Sauerstoffs in der Atmosphäre zum Beispiel nicht auf 21%, sondern auf 50% oder mehr, würden sich alle brennbaren Substanzen in der Welt so leicht entzünden, dass schon der erste Blitz, der in einen Baum einfährt, den ganzen Wald in Flammen setzen und geradezu explodieren lassen würde. Wenn der freie Sauerstoff - nur eines von vielen Millionen Teilchen der Erdsubstanz also - absorbiert würde, würde alles Leben verlöschen.

Wenn ein Mensch atmet, zieht er Sauerstoff ein, der vom Blut aufgenommen und im ganzen Körper verteilt wird. Dieser Sauerstoff verbrennt bei einer vergleichsweise niedrigen Temperatur die Nahrung des Körpers langsam in den Zellen; hieraus resultieren Kohlendioxid und Wasserdampf. Wenn man deshalb von einem Menschen sagt, er ächze wie ein Ofen, dann liegt darin ein Funken Wahrheit. Das Kohlendioxid strömt in die Lungen, ist aber nur in sehr geringen Mengen atembar. Es aktiviert die Lungen, der Mensch holt erneut Luft und gibt dabei das Kohlendioxid in die Atmosphäre ab. Jedes Lebewesen absorbiert Sauerstoff und atmet Kohlendioxid aus. Sauerstoff ist aber nicht nur deshalb von so großer Bedeutung für das Leben. Denn er wirkt auch auf andere Elemente im Blut und im ganzen Körper ein. Ohne Sauerstoff würde der Lauf des Lebens unterbrochen werden.

Die Vegetation hingegen ist, wie jeder weiß, von einer äußerst geringen Menge Kohlendioxid in der Atmosphäre abhängig, die sie sozusagen atmet. Um diesen komplizierten fotosynthetischen chemischen Vorgang mit einfachsten Worten zu beschreiben: Die Blätter sind die Lungen des Baumes; wenn sie dem Sonnenlicht ausgesetzt sind, besitzen sie die Kraft, das zähe Kohlendioxid in Kohlenstoff und Sauerstoff zu spalten. Mit anderen Worten: Die Pflanze gibt Sauerstoff ab und behält Kohlenstoff ein, der sich mit dem Wasserstoff des Wassers, das die Pflanze mit ihren Wurzeln aufsaugt, verbindet. Die Natur ‚bedient sich' bizarrer Chemie und stellt aus diesen Elementen Zucker, Zellulose und zahlreiche andere Chemikalien oder auch Früchte und Blumen her (die alle über ganz unterschiedliche Gerüche, Geschmäcker, Farben und Strukturen verfügen, je nachdem, um welche Blume oder um welche Früchte es sich handelt. Darf diese unendliche Vielgestaltigkeit denn wirklich winzigen, blinden, nicht wissenden und unbewussten Samenkörnern zugeschrieben werden?). Pflanzen ernähren sich selbst und produzieren darüber hinaus noch einen Überschuss, um allen Tieren auf der Welt Nahrung zu spenden. Gleichzeitig geben die Pflanzen den Sauerstoff, den wir einatmen und ohne den das Leben in fünf Minuten zu Ende wäre, ab. So bauen die Strukturen aller Pflanzen, die Wälder, die Wiesen und jedes Stückchen Moos, prinzipiell auf Kohlenstoff und Wasser auf. Tiere geben Kohlendioxid, Pflanzen hingegen Sauerstoff ab. Ohne diesen Austausch würden entweder die Tiere oder die Vegetation praktisch die gesamten Sauerstoff- bzw. Kohlendioxidvorräte aufbrauchen. Damit würde das Gleichgewicht vollkommen aus den Fugen geraten. Die gesamte Pflanzenwelt würde absterben, und das Tierreich würde ihr in den Tod folgen, oder umgekehrt.

Auch Wasserstoff ist lebensnotwendig, auch wenn wir ihn nicht zum Atmen brauchen. Ohne Wasserstoff gäbe es kein Wasser; Tiere und Pflanzen bestehen jedoch zu einem großen Teil aus Wasser und könnten keinesfalls darauf verzichten. Sauerstoff, Wasserstoff und Kohlenstoff sind die elementaren biologischen Elemente, sowohl was ihre Existenz als eigenständige Elemente betrifft, als auch in ihren vielfältigen Beziehungen untereinander. Sie bilden die eigentliche Basis, auf der alles Leben beruht.

Mit völliger Gleichgültigkeit flößen wir unserem Chemielabor - unserem Verdauungssystem, dem größten Labor der Welt - eine unendliche Vielzahl von Substanzen ein. Dabei verlassen wir uns ganz einfach auf etwas, das wir für einen automatischen Prozess halten, der uns am Leben erhält. Nachdem die Nahrungsmittel aufgespalten und wieder verwertbar gemacht wurden, werden sie unverzüglich zu unseren Milliarden von Zellen transportiert. (Jeder Mensch besteht aus mehr Zellen, als es Menschen auf der Welt gibt.) Dieser Transport zu den einzelnen Zellen muss unentwegt aufrechterhalten werden; aber jede Zelle nimmt nur diejenigen Substanzen auf, die sie gerade benötigt, um sie in Knochen, Nägel, Fleisch, Haare, Augen und Zähne zu verwandeln. Unser Verdauungssystem ist damit ein Chemielabor, das mehr Substanzen herstellt als jedes andere Labor, das die menschliche Erfindungsgabe jemals konstruiert hat. Damit verfügen wir über ein Verteilersystem, das perfekt funktioniert und dabei größer ist als jedes andere Transport- oder Verteilungsverfahren, das jemals das Licht der Welt erblickt hat. Diesem Labor unterlaufen von früher Kindheit bis ins hohe Alter hinein keine ernsthaften Fehler, obwohl die verschiedenen Substanzen, mit denen es hantiert, buchstäblich über eine Million verschiedener Arten von Molekülen - viele von ihnen mit tödlicher Wirkung - bilden könnten. Wenn die Verteilerkanäle des Labors auf Grund des Abnutzungseffekts träger werden, sehen wir uns mit geringerer Leistungsfähigkeit und letzten Endes auch mit Altersschwäche konfrontiert.

Nachdem jede Zelle die richtige Nahrung aufgesaugt hat, wird die Nahrung anschließend in den Zellen verbrannt; dieser Prozess spendet dem ganzen Körper seine charakteristische Wärme. Doch ohne Entzündung keine Verbrennung. Deshalb verfügen wir über eine winzige chemische Verbindung, die in jeder Zelle ein kontrolliertes Feuer für den Sauerstoff, Wasserstoff und Kohlenstoff der Nahrung entzündet und somit die notwendige Wärme produziert. Genau wie aus jedem anderen Feuer resultieren auch aus diesem Wasserdampf und Kohlendioxid. Das Kohlendioxid wird vom Blut in die Lungen transportiert; und dort bildet es das, was uns die Luft zum Leben einziehen lässt. Jeder Mensch produziert täglich zwei Pfund Kohlenstoff, entledigt sich seiner aber auf wundersame Art und Weise wieder. Jedes Tier verdaut Nahrung und besitzt die speziellen Chemikalien, auf die es nicht verzichten kann. Von Spezies zu Spezies unterscheiden sich die chemischen Bestandteile zum Beispiel des Blutes selbst in den winzigsten Details. Jede Spezies verfügt über ihren eigenen formativen Prozess.

Im Falle einer durch aggressive Keime hervorgerufenen Infektion hält das System ständig ein stehendes Heer bereit, das Eindringlinge in der Regel überwältigt und die gesamte Struktur des Menschen vor einem vorzeitigen Tod bewahrt. All die hier beschriebenen Phänomene unterliegen einer vollkommenen Ordnung; und Ordnung ist dem Zufall diametral entgegengesetzt."[3]

Erfordert all dies nicht eine Instanz, die den Menschen mit all seinen Bedürfnissen, seiner Umwelt und den Mechanismen seines Körpers durch und durch kennt, eine Instanz, die allwissend ist und alles tun kann, was sie für richtig hält? Noch einmal soll Morrison zu Worte kommen:

„Eine Absicht scheint allem innezuwohnen, den Gesetzen, die das Universum beherrschen, ebenso wie den Verbindungen der Atome, die unser Leben erhalten. Atome und Moleküle verrichten in den Lebewesen wunderbare Werke und setzen erstaunliche Mechanismen in Gang. All diese Mechanismen sind jedoch nutzlos, wenn keine Intelligenz vorhanden ist, die sie in objektive Bewegung umsetzt. Die lenkende Intelligenz, die die Wissenschaft nicht zu erklären vermag, aber auch nicht als Materie abtun kann, existiert wirklich."[4]

WARUM HAT GOTT NATURGESETZE UND URSACHEN ERSCHAFFEN?

In der kommenden Welt, der Sphäre der Macht, wird Gott Seinen Willen direkt ohne die ‚Vermittlung' von Ursachen ausüben. Dort wird alles ohne jede Verzögerung auf der Stelle so geschehen, wie Er es Sich vorstellt. Gottes Name ‚der Weise' jedoch verlangt danach, dass Gott Seine Macht in dieser Welt, der Sphäre der Weisheit, durch einen

---

[3]   Morrison, A.C.; *Man Does Not Stand Alone;* New York 1945, S. 13, 14, 16-19, 22, 24-27, 76 77

[4]   Morrison 1945, S. 65

Schleier von Ursachen und Gesetzen hindurch walten lässt. Die Gründe für diese Maßnahme sind vielfältig:

- In dieser Welt vermischen sich die Gegensätze: die Wahrheit mit der Lüge, das Gute mit dem Bösen, Schwarz und Weiß usw.. In der Natur des Menschen sind sowohl Neigungen zum Guten als auch zum Schlechten verwurzelt. Da der Mensch in dieser Welt auf die Probe gestellt wird (geprüft wird, ob er seinen freien Willen und seine anderen Fähigkeiten in den Dienst der Wahrheit und des Guten stellt), verlangt die Weisheit Gottes danach, dass die Handlungen Gottes unter einem Schleier von Ursachen und Gesetzen verhüllt sind. Wenn Gott wollte, könnte Er die Planeten mit Seinen ‚Händen' unterweisen und uns Menschen dabei zusehen lassen. Er könnte sie aber auch von Engeln verwalten lassen, die wir dann mit bloßen Augen bei ihrer Arbeit beobachten könnten. Dann würden wir erst gar nicht von Gesetzen oder Ursachen wie dem Gesetz der Schwerkraft sprechen. Wenn Er wollte, könnte Gott Seine Anordnungen jedem einzelnen Individuum direkt übermitteln, ohne dafür Propheten auf die Erde zu schicken. Um uns davon zu überzeugen, an Seine Existenz und Einheit zu glauben, könnte Er Seinen Namen mit den Sternen an das Himmelszelt schreiben. In diesem Fall wäre die Existenz des Menschen auf Erden jedoch keine Phase der Prüfung mehr. Im Rahmen dieser Prüfung fließen Gut und Böse seit der Existenz des ersten Menschen auf Erden durch diese Welt. Münden werden diese beiden Flüsse einst in der kommenden Welt in den beiden gewaltigen Meeren von Paradies und Hölle.

- Das Dasein des Menschen hat, ähnlich wie die beiden Seiten eines Spiegels, zwei Aspekte bzw. Dimensionen: eine sichtbare materielle Dimension, die Sphäre der Gegensätze und der (zumindest überwiegend zu beobachtenden) Unvollkommenheit, und eine spirituelle Dimension, die Sphäre des Reinen, des Transparenten und Vollkommenen. In der materiellen Dimension können sich Ereignisse und Phänomene befinden (und befin-

den sich auch), die dem Menschen unangenehm erscheinen.
Menschen, die nicht in der Lage sind, die Weisheit Gottes hinter allen Dingen zu sehen, gehen unter Umständen sogar so weit, dass sie den Allmächtigen für diese unangenehmen Ereignisse und Phänomene kritisieren. Um dies zu verhindern, hat Gott die Naturgesetze und die Ursachen erschaffen. Mit ihnen verhüllt Er Seine Handlungen. Damit z.B. der Mensch weder Gott noch Seinen Engeln für den Tod eines geliebten Menschen oder den eigenen Tod Vorwürfe macht, hat Gott zwischen Sich und das Phänomen des Todes u.a. Krankheiten und Naturkatastrophen als ‚Vermittler' und ‚Ursachen' gestellt.

Um es noch einmal zu betonen: Da diese Welt für den Menschen eine Arena der Prüfung darstellt und daher grundsätzlich unvollkommen ist, leidet der Mensch unter diversen Schwächen und Unzulänglichkeiten. Generell sind aber alle Ereignisse und Phänomene entweder in sich oder aber ihre Konsequenzen schön und berechtigt. Ungerechtigkeiten, Hässlichkeit und alles Böse sind lediglich oberflächlich betrachtet schlecht und entspringen den Irrtümern und Missbräuchen der Menschen. Ein Beispiel: Es mag vorkommen, dass ein Gericht ein ungerechtes Urteil über uns fällt. Wir sollten uns aber der Tatsache bewusst sein, dass die Vorherbestimmung dieses Urteil nur deshalb zugelassen hat, weil wir noch andere Sünden begangen haben, die bislang ungesühnt geblieben waren. Normalerweise ist alles, was einem Menschen zustößt, selbstverschuldet. Wer aber nicht über die nötige Intelligenz verfügt, um verstehen zu können, dass die Weisheit Gottes hinter den Ereignissen und Phänomenen steckt, wird oberflächlich vorhandene Hässlichkeit und Übel aller Art sowie die Unvollkommenheit und die Unzulänglichkeiten, die er in seinem Leben auf Erden zu spüren bekommt, Gott zur Last legen; und dies obwohl Gott frei von allen Schwächen und Fehlern ist.

- Würde Gott direkt ohne die Vermittlung von Ursachen und Gesetzen in dieser Welt agieren, wäre der Mensch nicht in der Lage, sich wissenschaftliche Kenntnisse anzueignen. Stattdessen würde er in ständiger Furcht leben. Da Gott aber hinter dem Schleier der natürlichen Ursachen und Naturgesetze agiert, kann der Mensch die Abfolge von Phänomenen beobachten und studieren. Denn erst die Regelmäßigkeit, die den Fluss und die Veränderlichkeit der Ereignisse auszeichnet, lässt uns die Ereignisse verstehen. Sie weckt in uns das Bedürfnis, zu staunen und nachzudenken, und ohne dieses Bedürfnis wäre die Wissenschaft gar nicht denkbar. Aus dem gleichen Grunde können wir bis zu einem gewissen Grade unsere Angelegenheiten planen und arrangieren. Man stelle sich nur ein Leben vor, in dem wir nie genau wüssten, ob die Sonne am nächsten Morgen aufgeht oder nicht.

• Wer auch immer Eigenschaften wie Schönheit und Vollkommenheit besitzt, sehnt sich danach, diese kennen zu lernen und anderen zu zeigen. Gott verfügt über absolute Schönheit und Vollkommenheit. Er ist unabhängig von allen Dingen und es gibt nichts, dessen Er bedarf. Daneben verfügt Gott über eine heilige transzendente Liebe und damit auch über den heiligen Wunsch, Seine Schönheit und Vollkommenheit zu manifestieren. Würde Er Seine Namen und Attribute direkt ohne die Vermittlung von Ursachen und Gesetzen manifestieren, wären die Menschen unfähig, Seine Manifestationen zu ertragen. So manifestiert Er sie über Ursachen, Gesetze und Abstufungen, die Zeit und Raum unterworfen sind, damit wir eine Verbindung zu ihnen knüpfen, über sie nachdenken und sie wahrnehmen können. Die stufenweise Manifestation der Namen und Attribute Gottes weckt außerdem unsere Neugier und unser Erstaunen.

Diese vier Punkte beinhalten nur eine Auswahl von Gründen für die Vermittlerrolle, die die Naturgesetze und die Ursachen spielen.

EINE ABSCHLIEẞENDE ANMERKUNG:
GOTT, DER ALLWISSENDE UND ALLMÄCHTIGE,
DER DEN LAUF ALLER DINGE BESTIMMT

In seinem Buch *Man Does Not Stand Alone* lenkt A. C. Morrison unsere Aufmerksamkeit auf die unzähligen Schönheiten und die vielschichtigen Phänomene, die die Natur uns präsentiert:

„Das Leben ist ein Bildhauer, der alle lebenden Dinge formt, ein Künstler, der jedes Blatt an jedem Baum entwirft, der die Blumen, den Apfel, den Wald und das Gefieder des Paradiesvogels färbt. Das Leben ist ein Musiker. Es lehrt die Vögel, Liebeslieder zu singen, und die Insekten, in den Melodien ihrer vielfältigen Töne miteinander zu sprechen. Das Leben hat allein dem Menschen die Macht über miteinander verbundene Klänge gegeben. Nur ihm hat es die Grundstoffe zur Verfügung gestellt, die für das Erzeugen dieser Klänge benötigt werden.

Das Leben ist ein Ingenieur. Es hat nicht nur die Beine der Heuschrecke und des Flohs entworfen, sondern auch die koordinierten Muskeln, Körperglieder und Gelenke, das unermüdlich schlagende Herz und das Nervensystem eines jeden Tieres sowie den gesamten Blutkreislauf eines jeden Lebewesens.

Das Leben ist ein Chemiker, der unseren Früchten und Gewürzen ihren Geschmack und der Rose ihren Duft verleiht. Um die Prozesse der Natur auszubalancieren und eindringendes Leben zu zerstören, entwickelt das Leben neue Substanzen, die es in der Natur vorher noch nicht gegeben hat. Die Chemie des Lebens ist erhaben; denn sie lässt nicht nur die Sonnenstrahlen Wasser und Kohlensäure in Holz und Zucker verwandeln, sondern setzt dabei auch noch Sauerstoff frei, damit Tiere ihren Lebensatem erhalten.

Das Leben ist ein Historiker. Es hat seine Geschichte durch die Jahrhunderte hindurch Seite für Seite niedergeschrieben, indem es seine Aufzeichnungen in die Felsen geritzt hat - eine Autobiografie, die nur auf die richtige Interpretation wartet.

Das Leben behütet seine Geschöpfe. Es bereitet viele seiner Kinder auf ein aktives Leben nach der Geburt vor, indem es ihnen schon im Ei einen Überfluss an Nahrungsmitteln bietet; andere wiederum, indem es ihnen Mütter schenkt, die bewusst Nahrung für ihre Nachkommenschaft speichern. Leben produziert Leben - es spendet Milch, um die unmittelbaren Bedürfnisse zu befriedigen, wobei es diese Bedürfnisse voraussieht und auf bevorstehende Ereignisse vorbereitet.

Die Materie hat niemals mehr getan, als ihre Gesetze vorzuschreiben. Die Atome und Moleküle gehorchen dem Diktat chemischer Affinität, der Schwerkraft, den Einflüssen der Temperatur sowie elektrischen Impulsen. Von Materie geht keine Initiative aus; das Leben hingegen bringt immer neue wunderbare Entwürfe und Strukturen hervor.

Was das Leben ist, hat noch kein Mensch herausgefunden; es hat kein Gewicht und keine Dimensionen... Nicht die Natur hat das Leben erschaffen; Felsen mit Feuerblasen und ein Meer ohne Salz haben die Anforderungen nicht erfüllt. Die Schwerkraft ist eine Eigenschaft der Materie; von der Elektrizität glauben wir inzwischen, dass sie selbst Materie ist. Die Strahlen der Sonne und der Sterne können durch Schwerkraft gebrochen werden und scheinen dieser ähnlich zu sein. Der Mensch lernt die Dimensionen des Atoms kennen und misst die diesem innewohnende Kraft. Das Leben aber ist so unwirklich wie der Raum. Warum?

Das Leben ist etwas Grundlegendes; nur durch das Leben kann Materie Intelligenz erlangen. Das Leben ist die einzige Quelle des Bewusstseins, und allein das Leben schenkt uns Wissen um das Wirken Gottes, von dem wir, obwohl wir noch halb blind sind, wissen, dass es gut ist."[5]

Morrison schreibt weiter:

„Die Wanderdrossel, die an deiner Tür genistet hat, zieht im Herbst nach Süden, findet aber im nächsten Frühjahr zu ihrem alten Nest zurück. Im September fliegen die meisten unserer Vögel in Scharen gen Süden - oft über tausend Kilometer über den Ozean -, und niemals kommen sie von ihrem Weg ab. Eine Brieftaube, die auf einer langen Reise in einem geschlossenen Behältnis durch fremde Geräusche irritiert wurde, zieht - wieder freigelassen - einen Moment lang Kreise und fliegt dann so gut wie unbeeindruckt zu ihrem Heimatstandort zurück. Die Biene findet ihren Stock, während der Wind die Gräser wogen lässt und Bäume ihr die Sicht auf ihren Ausgangsort versperren. Dieses Heimkehrvermögen ist beim Menschen nur schwach ausgeprägt; dafür ergänzt er sein dürftiges Rüstzeug mit Navigationsinstrumenten. Winzige Insekten müssen mikroskopische Augen besitzen, von denen wir nicht wissen, wie perfekt sie sind. Und Falken, Adler und Kondore müssen über einen Teleskopblick verfügen. Auch in diesem Bereich übertrifft sie der Mensch nur dank seiner mechanischen Hilfsmittel.

Wenn man einen alten Ackergaul allein lässt, wird er seinen Weg noch in der schwärzesten Nacht finden. Die Eule erblickt in finsterster Nacht die im kalten Gras laufende warme Maus. Die gewöhnliche Kamm-Muschel (z. B. die Jakobsmuschel), deren Muskelfleisch wir essen, besitzt mehrere Dutzend wunderschöner Augen, die den unseren sehr ähnlich.

---

[5]   Morrison 1945, S. 31-36

Diese Augen funkeln, weil jedes Auge mit unzähligen kleinen Reflektoren ausgestattet ist, die sie in die Lage versetzen sollen, auch nach oben zu schauen. Diese Reflektoren gibt es im menschlichen Auge nicht. Wurden sie nur deshalb entwickelt, weil die Kamm-Muschel über kein höheres Gehirn verfügt? Weil die Anzahl der Augen bei Tieren von zwei bis in die Tausende reicht und all diese Augen anders aufgebaut sind, würde sich die Natur schwer damit tun, eine Wissenschaft der Optik zu entwickeln - es sein denn, Gott, der Allwissende, der Bestimmende und Allmächtige hätte dies vorherbestimmt.

Die Honigbiene wird nicht von den knallbunten Blumen, so wie wir sie sehen, angezogen; sie erkennt sie vielmehr an ihrem ultravioletten Licht, das sie ihnen vielleicht sogar noch schöner erscheinen lässt. Von den Strahlen geringer Schwingungen bis zur Fotoplatte und dahinter existieren ganze Reiche der Schönheit, Freude und Inspiration. Die Honigbienenarbeiterinnen fertigen in den für die Brut bestimmten Waben Kammern unterschiedlicher Größe an. Kleine Kammern werden für die Arbeiterinnen, größere für die Drohnen und ganz spezielle für die zukünftigen Königinnen angelegt. Die Bienenkönigin legt unbefruchtete Eier in die für männliche Bienen vorgesehenen Zellen, aber befruchtete Eier in die für die männlichen Arbeiter und möglichen Königinnen vorgesehenen Kammern. Die Arbeiter (die modifizierten Weibchen) haben das Kommen der neuen Generation längst erwartet und sind auch darauf vorbereitet, die Jungen zu füttern, indem sie Honig und Pollen vorkauen und vorverdauen. Bei einem bestimmten Entwicklungsstand der männlichen und weiblichen Bienen unterbrechen sie den Prozess des Vorkauens einschließlich des Vorverdauens und verfüttern nur noch Honig und Pollen. Die so behandelten Weibchen werden die Arbeiterinnen.

Der Hund mit seiner Spürnase kann Tiere, die an ihm vorbeilaufen, riechen. Kein Instrument menschlichen Erfindergeistes hat unseren minderwertigen Geruchssinn bis heute verstärkt, und wir wissen kaum, wo wir bei seiner Vervollkommnung überhaupt ansetzen sollen.

Alle Tiere hören Töne, von denen viele außerhalb des von uns wahrnehmbaren Schwingungsbereichs liegen, mit einer Genauigkeit, die unseren eingeschränkten Hörsinn bei weitem übersteigt.

Der junge Lachs verbringt Jahre im Meer, kehrt dann zu seinem ursprünglichen Fluss zurück und - was noch erstaunlicher ist - schwimmt die Flussseite hinauf, in die der Nebenfluss mündet, in dem er geboren wurde. Wenn ein flussabwärts schwimmender Lachs in einen anderen Nebenfluss versetzt wird, wird er sich seinen Weg bis zum Hauptfluss bahnen und dann gegen die Strömung schwimmen, bis er sein Ziel erreicht hat.

Ein noch viel schwieriger zu lösendes Rätsel gibt uns die Rückkehr der Aale auf. Diese erstaunlichen Geschöpfe wandern zur Zeit ihrer Reife aus allen möglichen Teichen und Flüssen - jene aus Europa Tausende von Kilometern quer durch den Ozean - in die unergründlichen Tiefen südlich der Bermudas. Dort vermehren sie sich und sterben. Ihre Jungen aber, die keinerlei erkennbares Wissen besitzen, außer dass sie sich in einem Wasserbecken befinden, machen sich auf den Rückweg. Sie finden ihren Weg an die Küste, von der ihre Eltern kamen, und von dort zu jedem Fluss, See und kleinen Teich, sodass in allen Gewässern ständig Aale anzutreffen sind.

Tiere scheinen der Telepathie mächtig zu sein. Wer hat nicht schon einmal voller Bewunderung beobachtet, wie ein Wasserläufer so lange fliegt und kreist, bis sich sämtliche Weibchen gleichzeitig im Sonnenlicht zeigen? Ein weiblicher Nachtfalter, der sich in einem Dachzimmer mit geöffnetem Fenster befindet, wird ein feines Signal aussenden. Über unglaubliche Distanzen hinweg werden die männlichen Nachtfalter die Botschaft empfangen und beantworten, selbst wenn ein Mensch versuchen sollte, künstliche Düfte zu erzeugen um sie zu irritieren.

Die Vegetation greift in ihrem Bemühen, die eigene Existenz zu sichern, auf unfreiwillige Helfer zurück: Insekten tragen Pollen von Blume zu Blume, während die Winde und alles, was fliegt oder sich auf dem Boden bewegt, Samen verteilen. Schließlich hat die Vegetation den meisterhaften Menschen für sich gewonnen. Er hat die Natur vervollkommnet, und sie lohnt es ihm großzügig. Allerdings hat er sich so erstaunlich vermehrt, dass er nun an den Pflug gekettet ist. Er muss säen, ernten und lagern, vermehren und kreuzen, zurückschneiden und veredeln. Würde er diese Routinearbeiten vernachlässigen, müsste er verhungern; die Zivilisation würde zerfallen und die Erde zu ihrem ursprünglichen Zustand zurückkehren."[6]

Handelt es sich bei all diesen Phänomenen um **Gewohnheiten** oder um charakteristische ‚instinktive' Handlungen, die dem Beginn

---

[6] Morrison 1945, S. 49-57

des Lebens auf Erden entspringen? Sind sie Produkte des Zufalls oder intelligente Maßnahmen? Macht es Sinn, darüber nachzudenken, warum bestimmte Fähigkeiten bei bestimmten Tieren besser ausgebildet sind als beim Menschen? Unter allen lebenden Geschöpfen, die die Erde je durchstreift haben, verfügt nicht eines über ein logisches Denkvermögen, wie der Mensch es besitzt. Was wir Natur nennen, ist ganz und gar blind, gefühllos, unbewusst und unwissend. Dem Menschen, der das einzige intelligente Wesen auf Erden ist, bleibt nichts anderes übrig, als zu versuchen, all diese wundersamen Phänomene zu erklären. Dabei kontrolliert er ja noch nicht einmal seinen eigenen Körper. Offenbart nicht all dies eine oberste bestimmte Absicht, ein allumfassendes Wissen und eine absolute Macht - eine Instanz also, die all dies besitzt?

Kapitel 2

Die Sphäre der unsichtbaren Existenz

Da die Wahrnehmungskräfte des Menschen begrenzt sind, wäre es alles andere als weise, eine Existenz von Sphären jenseits der Sphäre unserer Sinne ganz auszuschließen. Selbst von der sichtbaren Welt wissen wir recht wenig: Das, was wir nicht wissen, überwiegt das, was wir wissen, bei weitem. Unsere Wissenschaften befinden sich noch in den ‚Kinderschuhen‘. Die Zukunft wird noch Zeuge vieler glänzender Entdeckungen und Entwicklungen auf dem Gebiet der wissenschaftlichen Erkenntnis werden.

Die Wissenschaften ‚schreiten‘ auf den Füßen von Theorien voran und entwickeln sich ständig fort, indem sie diese Theorien ‚Versuch und Irrtum‘ unterziehen. Es existieren zahllose anerkannte Fakten, die die Wissenschaft einmal für falsch gehalten hat. Andererseits sind auch viele Thesen, die früher als wohl begründete Wahrheiten anerkannt waren, inzwischen als Irrtümer enttarnt. Abgesehen davon gibt es auch viele weitere Dinge, deren Existenz wir blind akzeptieren, die aber nicht wissenschaftlich zu beweisen sind. An die Existenz der Geistwesen, Engel, Dschinn und des Satans etwa hat die Mehrheit der Menschen immer geglaubt. Daher entspräche es doch wohl einer wissenschaftlichen Vorgehensweise, ihre Existenz erst einmal theoretisch anzunehmen und dann zu prüfen. Das Leugnen ihrer Existenz ist insofern unwissenschaftlich, als dass es bereits ein Urteil oder eine Schlussfolgerung darstellt, die sich doch eigentlich auf konkrete Beweise stützen müsste. Niemand kann indes beweisen und daher auch wissenschaftlich vertreten, dass keine unsichtbaren Sphären existieren.

Es gibt viele physische Eigenschaften wie z.B. Hitze und Kälte, abstrakte Eigenschaften wie z.B. Schönheit und Charme oder Gefühle wie z.B. Freude, Trauer und Liebe, die sich zumindest in gewissem Maße direkt erfahren und/oder messen lassen. Materialisten ordnen

ihnen biochemische Prozesse im Gehirn zu, und einige Wissenschaftler (wie Psychologen und Psychiater) versuchen noch immer,
sie durch natürliche und physische Gesetze zu erklären. Die nicht-
physische Seite des Menschen - seine Wünsche, Gefühle, Glaubensvorstellungen, Entwicklungsmöglichkeiten usw., die sich von Mensch
zu Mensch so stark unterscheiden, obwohl doch alle Menschen aus
den gleichen wenigen materiellen Elementen bestehen - ist aber zu
tiefgründig, als dass sie sich mit den Begriffen der Physik, Chemie
oder Biologie analysieren ließe. Eine Tatsache, die gläubige Menschen
beobachten können, ist, dass das Gesicht eines Menschen umso stärker zu strahlen scheint und er selbst auch umso liebenswerter erscheint,
je stärker sein Glauben, je intensiver und regelmäßiger seine Anbetung und je stärker seine Moral ist. Kann man diese Tatsache denn
allein mit physischen Begriffen erklären?

ARGUMENTE FÜR DIE EXISTENZ UNSICHTBARER LEBEWESEN

Nach diesen einführenden Bemerkungen, die einige der so genannten wissenschaftlichen Bedenken gegenüber dem Glauben an die
Existenz von Geistwesen, Engeln, Dschinn und Satan ausräumen
sollten, wollen wir nun mit den positiven Argumenten fortfahren.

Die Materie ist nicht der Urheber des Lebens

Im Universum dient die Materie dem Leben, nicht das Leben der
Materie. Die Wissenschaften können das Leben nicht erklären. Wie
sich anorganische Materie in Leben verwandelt, ist ihnen nach wie
vor ein Rätsel. Auch wenn die Materie offensichtlich die Basis für
das Leben bildet oder als eine Art ‚Empfänger‘ von Leben fungiert,
ist sie zweifellos nicht dessen Schöpfer. Das Leben wird also aus
den unkörperlichen Dimensionen der Existenz entsandt. Mit Hilfe
von etwas Unstofflichem und Unsichtbarem, was wir ‚Geist‘ nennen, flößt Gott der Materie oder anorganischen Substanzen Leben
ein. Der Tatsache, dass jeder Geist über unterschiedliche Eigenschaften verfügt, verdanken wir es, dass sich die Menschen, obwohl sie

doch alle aus den gleichen physischen Elementen zusammengesetzt sind, in Charakter, Gemüt, Potenzial, Wünschen und Schicksalen so sehr voneinander unterscheiden.

Das Leben hängt nicht von der Materie ab

Das Leben ist nicht von der Materie abhängig. Im Gegenteil, das Leben macht einen winzigen Körper ‚größer‘ als einen großen. Durch die Kraft des Lebens ist z.B. eine Fliege oder ein Vogel größer als ein Berg. Das Leben ermöglicht es einer Honigbiene zu behaupten, die ganze Welt sei ihr Garten. Das Leben gibt ihr die Chance, Beziehungen mit allen Pflanzen zu unterhalten und mit ihnen Handel zu treiben. Je feiner Materie ist, desto weiter entwickelt und aktiver ist das Leben. Auch Entwicklung und Aktivität des Lebens haben nichts mit der Größe eines Körpers zu tun. Eine Fliege oder ein Floh ist beispielsweise aktiver und besitzt eine schärfere Wahrnehmung als ein Kamel oder ein Rhinozeros.

Das Leben darf nicht auf die Erde beschränkt werden

Diese Welt ist die Arena, in der Gott hinter dem Schleier dessen, was wir erfahren und als ‚natürliche Ursachen‘ bezeichnen, Seinen Willen manifestiert. Das Leben aber ist das Resultat der direkten Manifestation Seines Namens ‚der Ewig Lebende‘. Solange also die Wissenschaft auf ihrer positivistischen und materialistischen Sichtweise beharrt, wird sie das Geheimnis dessen, was das Leben wirklich ausmacht, nicht durchschauen.

Engel stehen für den guten Aspekt des Menschen, während der Satan den schlechten Aspekt des Menschen repräsentiert

Engel sind reine Geistwesen. Sie stehen für den uneingeschränkt positiven Aspekt der Existenz, während der Satan und seine Abkömmlinge deren uneingeschränkt negativen Aspekt verkörpern. Gott ist ein Einziger, und Ihm sind keine Grenzen gesteckt. Er hat kein Gegenstück, das wie Er alle Lebewesen und alles, was existiert, besitzt.

Da das Wesen des Menschen über zwei einander entgegengesetzte Aspekte verfügt - einer dieser Aspekte neigt zum Guten, der andere zum Bösen - repräsentieren die Engel seinen guten und der Satan oder die Satane seinen bösen Aspekt. Die Engel laden den Menschen zu seinem rein spirituellen oder ‚engelhaften' Aspekt ein, während der Satan ihn dadurch zu verführen versucht, dass er ihn ermutigt, Böses zu tun. Der Kampf, der im Menschen wie auch im ganzen Universum zwischen Gut und Böse ausgefochten wird, dauert schon seit Beginn der Existenz an. Jeder fühlt sich gleichzeitig zu Gut und Böse hingezogen. Der Rat, Gutes zu tun, stammt von den Engeln oder von der unbefleckten Seele des Menschen. Die Aufforderung, Schlechtes zu tun, ist hingegen auf den Satan zurückzuführen, der mit dem fleischlichen Selbst des Menschen zusammenarbeitet, das ja dessen tierische Seite repräsentiert.

Die Existenz des Menschen basiert auf seiner Seele

Die Beziehung zwischen Seele und Körper kann mit der zwischen elektrischer Energie und einer Fabrik verglichen werden, die mit Elektrizität arbeitet. Stünde der Fabrik kein Strom zur Verfügung, wäre sie nicht viel mehr als ein Haufen Müll. Wenn die Seele auf Grund irgendwelcher Erschütterungen oder Störungen, die wir z.B. Krankheiten nennen, den Körper verlässt, reduziert sich auch der Körper des Menschen auf eine Masse von Gewebe und Knochen, die in der Erde verrotten - und das, obwohl er doch von unschätzbarem Wert ist, solange der Mensch noch lebt. Dies unterstreicht, dass die wahre Existenz des Menschen und seine Einzigartigkeit von seiner Seele abhängig sind.

Warum sollten wir die Existenz der Engel leugnen, wenn wir doch die Existenz der Naturgesetze akzeptieren?

Ganz selbstverständlich akzeptieren wir die Existenz von Naturgesetzen und natürlichen Kräften. Wir gehen sogar so weit, dass wir alle Phänomene im Universum auf sie zurückführen. Die Entwicklung von einem winzigen Samenkorn zu einem riesigen ausgewachsenen Baum schreiben wir dem Gesetz des Keimens und des Wachstums zu. Das unglaubliche Gleichgewicht im Universum wiederum schieben wir auf die Gesetze der Anziehung und der Abstoßung. Doch den absoluten Willen, das Wissen, die Macht und die Weisheit, die für die Existenz, den Lauf und die Balance des Universums notwendig sind, ignorieren wir. Der Eine, Dessen Wille, Wissen und Weisheit absolut sind, bedient sich tatkräftiger Wesen, die unsichtbar wie der Wind und mächtiger als Naturgesetze und natürliche Kräfte sind. Diese Wesen verbergen sich hinter den Gesetzen und Kräften. Durch diese Wesen, die Engel, verleiht Gott den Naturgesetzen und natürlichen Kräften Durchschlagskraft.

Nicht nur die Religionsgelehrten, sondern fast alle muslimischen und orientalischen Philosophen bestätigen, dass Engel und Geistwesen existieren

Die meisten Philosophen und Religionsgelehrten bestätigen die Existenz von Engeln und Geistwesen aller Art. Sie geben ihnen lediglich unterschiedliche Namen. Auf Seiten der Philosophie-Schulen erkannten die Peripatetiker (*Maschhayyun*), die Rationalismus und Materialismus nicht abgeneigt sind, die Existenz von Engeln mit der Begründung an, jede Spezies verfüge über eine spirituelle, nichtkörperliche Essenz. Auch die Illuministen (*Ischraqiyun*) bestreiten die Existenz der Engel nicht, bezeichnen sie aber (fälschlicherweise) als ‚zehn Intellekte und Meister der Spezies‘. Auf der anderen Seite glauben die Anhänger aller Religionen, die von der Offenbarung Gottes geleitet sind, dass es für jede Form des Seins einen verantwortlichen Engel gibt. Sie benennen diese Engel nach der entsprechenden Daseinsform und geben ihnen Namen wie ‚Engel der Berge‘, ‚Engel der Meere‘, ‚Engel des Regens‘ usw.. Sogar die Naturalisten und die Materialisten, die nur an das glauben, was sie sehen, müssen die Existenz der Engel eingestehen. Sie nennen sie ‚durchdringende Kräfte‘.[7]

---

[7] Nursi, Said, *The Words 2*, Izmir 1997, 29. Wort

Alle Propheten berichteten von der
unsichtbaren Dimension des Seins

Zuverlässigen religiösen Quellen zufolge lebten insgesamt 124.000 Propheten auf der Erde. Sie alle bestätigten übereinstimmend die Existenz von Engeln, Geistwesen und Dschinn und auch die des Satans. Auch alle frommen Menschen und Religionsgelehrten bejahen die Existenz einer unsichtbaren Sphäre. Und es heißt ja nicht umsonst, dass man besser zwei Experten zu einem Thema befragt als hundert Menschen, die keine Ahnung haben. Außerdem gilt, dass etwas, das von zwei Menschen bestätigt wird, auch von Tausenden von Menschen bestritten werden kann, ohne dass dies ins Gewicht fiele. Abgesehen davon haben alle religiösen Menschen und die Anhänger so gut wie aller Religionen, die Existenz jener Wesen einmütig bestätigt.

Weiterhin berichten alle Offenbarungsschriften Gottes von der Existenz der Engel, des Geistes und der Dschinn und erzählen die Geschichte des Satans und seiner Versuche, die Menschen in Versuchung zu führen. Vor allem aber: Dürfen wir überhaupt an den Darstellungen des Koran zweifeln und das Zeugnis und die Erfahrungen des Propheten Muhammad in Frage stellen?[8] Die Beweise, die Gott als Autor des Koran bestätigen und die Prophetenschaft Muhammads und der anderen Propheten belegen, belegen auch die Existenz einer unsichtbaren Sphäre des Seins und damit die Existenz des Geistes, der Engel, der Dschinn und des Satans.

Die beste und rationalste Vorgehensweise, um die Existenz dieser Wesen zu begründen, besteht in der vom Islam dargelegten, vom Koran beschriebenen und von demjenigen, der die Himmelsreise

---

[8]   In Publikationen, die sich mit dem Propheten Muhammad beschäftigt, folgt normalerweise seinem Namen oder Titel der Ausspruch „Friede und Segen seien mit ihm!" Damit bringen wir unseren Respekt vor ihm zum Ausdruck, außerdem verlangt dies unsere Religion. Ein ähnlicher Ausspruch folgt normalerweise der Nennung seiner Gefährten oder anderer berühmter Muslime: „Möge Gott zufrieden mit ihm (bzw. ihr) sein!" Da diese Aussprüche nichtmuslimische Leser aber vom Thema ablenken könnten, wird in diesem Buch darauf verzichtet. Keineswegs soll dieser Verzicht aber eine wie auch immer geartete Respektlosigkeit zum Ausdruck bringen.

durchführte, bezeugten.[9] Der Koran erklärt die Bedeutung der Existenz
der Engel so anschaulich, dass jeder sie verstehen kann: Kurz
zusammengefasst heißt es dort: Die Menschheit ist eine Gemeinschaft, die dafür verantwortlich ist, den Anweisungen Gottes, die
Seinem Attribut der Sprache entstammen, nachzukommen. Die
Engel wiederum bilden eine Gemeinschaft, deren ‚Arbeiterklasse'
Gottes Gesetze für die Natur, die Seinem Attribut des Willens entstammen, ausführt. Sie sind Gottes ehrenhafte Diener, die alles, was
Er ihnen aufträgt, erledigen. Die Existenz der Engel und der anderen Geistwesen lässt sich schon durch den Nachweis der Existenz
eines einzigen Engels begründen. So wie das Leugnen der Existenz
eines einzigen Engels das Leugnen der Existenz der ganzen Spezies
impliziert, bedeutet die Akzeptanz der Existenz eines einzigen Engels
gleichzeitig die Akzeptanz der gesamten Spezies.

Die Erfahrungen bestimmter Menschen mit unsichtbaren Wesen beweisen deren Existenz

Insbesondere die Anhänger der Religionen teilen die Auffassung,
dass es immer Menschen gegeben hat, die Engel, Dschinn, den Satan
und andere Geistwesen gesehen und mit ihnen kommuniziert haben.
Hätte dieser umfassende Glaube denn fortbestehen können, wenn
es keine Engel gäbe, wenn niemand je einen Engel gesehen hätte
oder wenn die Existenz eines Engels oder mehrerer Engel nicht durch
Beobachtung nachgewiesen worden wäre? Hätte sich dieser Glaube
denn trotz aller im Laufe der Zeit veränderten Vorstellungen und
Glaubensinhalte bis in die heutige Zeit halten können, wenn er sich
nicht auf starke Beweise stützen würde? Wir dürfen also folgern,
dass sich der religiöse Glaube an die Existenz der Engel und anderer Geistwesen auf die durch verlässliche Quellen überlieferten
Erfahrungen gründet, die die Propheten und einige andere fromme
Menschen mit diesen Wesen gemacht haben.

---

[9] Mit demjenigen, der die Himmelsreise durchführte, ist hier der Prophet Muhammad
    gemeint.

DER GEIST UND SEINE IDENTITÄT

Der Geist stammt aus der Welt der Anweisungen Gottes

Die Welt setzt sich aus zahlreichen ‚kleinen' Welten wie dem Pflanzenreich, dem Reich der Tiere und der Welt der Menschen zusammen. Dies ist eine allseits bekannte Tatsache. Doch was die Wissenschaften bis heute noch nicht wahrhaben wollen, ist, dass es in diesem Universum noch viele weitere Welten gibt, die ineinander verschachtelt sind und einander umschließen. Eine dieser Welten, die sichtbare materielle Welt, in der wir leben, spricht unsere Sinne an. Diese Welt, die sich von den winzigsten Teilchen bis hin zu den Galaxien erstreckt, ist die Sphäre, in der der Allmächtige Leben gibt, gestaltet, erneuert, umformt und sterben lässt. Mit den Phänomenen dieser Welt beschäftigen sich die Wissenschaften.

Über dieser sichtbaren materiellen Welt befindet sich die immaterielle Welt der Gebote oder Befehle Gottes. Um uns Kenntnisse über jene Welt anzueignen, können wir uns z.B. anschauen, auf welchem Wege Bücher, Bäume oder Menschen Existenz erlangen. Das wichtigste Charakteristikum der Existenz eines Buches ist seine Bedeutung. Ohne Bedeutung kann kein Buch existieren, egal wie fortgeschritten die Druckerpressen sein mögen und wie viel Papier für den Druck des Buches zur Verfügung steht. Ein zweites Beispiel: Die Essenz des Lebens und das Gesetz des Keimens und des Wachstums, die dem Samenkorn eines Baumes innewohnen, sind es, die sein Keimen unter der Erde und sein Wachstum bewirken. Selbst mit bloßem Auge können wir den Prozess des Keimens und die Entwicklung eines Baumes aus diesem Samenkorn beobachten. Ohne die Essenz des Lebens und die Gesetze des Keimens und des Wachstums, die sich unseren Blicken entziehen, aber für die Geburt und das Wachstum neuer lebender Organismen verantwortlich sind, gäbe es keine Pflanzen in dieser Welt.

Die Menstruation bietet der Frau Monat für Monat einen Zeitraum, in dem sie die Möglichkeit besitzt, schwanger zu werden und ein Kind zu empfangen. Dieser Vorgang folgt einem (biologischen)

Gesetz. Von Millionen von männlichen Spermien, die sich in Richtung Gebärmutter der Frau auf den Weg machen, gelingt es nur einer einzigen, die Eizelle zu befruchten. Nachdem dies geschehen ist, setzt die Menstruation bis zur Geburt aus. Auch dieser Vorgang folgt einem (biologischen) Gesetz. Die unterschiedliche Phasen durchlaufende Entwicklung des Embryos zu einem neuen Individuum ist ein dritter Vorgang, der ebenfalls einem (biologischen oder einem embryologischen) Gesetz folgt. Diese Entwicklung wird im Koran sehr anschaulich beschrieben:

> *Und wahrlich, Wir erschufen den Menschen aus einer Substanz aus Lehm. Alsdann setzten Wir ihn als Samentropfen an eine sichere Ruhestätte. Dann bildeten Wir den Tropfen zu einem Blutklumpen; dann bildeten Wir den Blutklumpen zu einem Fleischklumpen; dann bildeten Wir aus dem Fleischklumpen Knochen; dann bekleideten Wir die Knochen mit Fleisch; dann entwickelten Wir es zu einer anderen Schöpfung. So sei dann Allah gepriesen, der beste Schöpfer.* (23:12-14)

Sie findet dem Koran zufolge in den drei Finsternissen statt:

> *Er erschafft euch in den Schößen eurer Mütter, Schöpfung nach Schöpfung, in drei Finsternissen.* (39:6)

Wenn der Koran hier von *drei Finsternissen* spricht, können seine Worte inzwischen folgendermaßen gedeutet werden: Parametrium, Miometrium und Endometrium sind drei Zellgewebe, die drei wasser-, hitze- und lichtundurchlässige Membranen, nämlich Amnion, Corion und die Wand der Gebärmutter umschließen.[10]

Dass alle diese Gesetze existieren, können wir aus der Tatsache ableiten, dass sich diese Prozesse nahezu ohne Abweichung ständig wiederholen. Wenn wir die Phänomene (der Natur) um uns herum aufmerksam beobachten, dürfen wir analog dazu auch die Existenz

---

[10] Embryoforscher sind überrascht, im Koran und in den Hadithen auf Informationen über die Entwicklungsphasen des Embryos zu stoßen. Die einzelnen Phasen werden eingehend beschrieben, und die Abfolge der Phasen wird sehr genau und logisch nachvollziehbar dargestellt. Die gleichen Erkenntnisse haben die Wissenschaftler erst in jüngster Vergangenheit dank exakterer Verfahren und modernerer Techniken gewonnen. (Siehe: Moore, Keith L.; *The Developing Human* [With Islamic Additions by A. Az-Zindani]; 1982)

vieler weiterer Gesetze wie zum Beispiel jenen von Anziehung und Abstoßung oder vom Gefrieren bzw. Verdampfen von Wasser voraussetzen.

Ebenso wie die hier genannten und viele weitere Gesetze mehr ist auch der Geist ein Gesetz, das der Welt der Gesetze oder Anweisungen Gottes entstammt. Im Unterschied zu allen anderen Gesetzen ist der Geist des Menschen jedoch ein lebendes, bewusstes Gesetz. Der Vers *Sprich: „Der Geist ist vom Befehl meines Herrn...* (17:85) besagt eindeutig, dass der Ursprung des Geistes in der Welt der Befehle Gottes, und nicht in der sichtbaren, materiellen Welt liegt.

Wenn der Geist seines Lebens und seines Bewusstseins beraubt würde, würde er zu einem ‚ konventionellen‘ Gesetz werden; wenn andererseits den ‚konventionellen‘ Gesetzen Leben und Bewusstsein gegeben würde, würde jedes von ihnen zu einem Geist werden.

Der Geist lässt sich weder definieren noch durch wissenschaftliche Erkenntnisse begreifen

Während sich Materie und alles andere in der materiellen Welt aus Atomen zusammensetzt, die ihrerseits aus noch winzigeren Teilchen bestehen, ist der Geist eine unzerlegbare Einheit, die sich nicht weiter aufspalten lässt. Er ist eine unzerlegbare Einheit, die zwar selbst unsichtbar ist, die man aber anhand ihrer Manifestationen in dieser Welt identifizieren kann. Zwar kennen wir das Wesen dieser Einheit nicht; unsere Unkenntnis spricht aber nicht gegen ihre Existenz. Wir akzeptieren die Existenz dieser Einheit, weil wir sehen, worin sie sich manifestiert.

Wir nutzen unsere Augen, um zu sehen. Unsere Augen sind quasi unsere Seh-Instrumente. Zwar liegt das Zentrum unserer Sehkraft im Gehirn, trotzdem sehen wir natürlich nicht mit dem Gehirn selbst. Wir sagen nicht: „Mein Gehirn sieht“, sondern „Ich sehe“. Wir sind es, die sehen, hören und fühlen. Was aber verbirgt sich hinter dem, was wir ‚Ich‘ nennen? Ist es etwas, das aus einem Gehirn, einem Herzen und anderen Organen und Gliedmaßen besteht? Warum können wir uns nicht mehr bewegen, sobald wir erst einmal tot sind, obwohl all unsere Organe und Gliedmaßen doch auch dann noch vorhanden sind? Wie funktioniert eine Fabrik? Sie arbeitet nicht selbstständig, sondern erhält von außen Impulse, die wir elektrische Energie oder Strom nennen. Jeder Defekt und alles, was die Fabrik von der Energiezufuhr abschneidet, verwandelt sie, die doch normalerweise so produktiv ist, in einen Haufen Schrott. Lässt sich also die Beziehung zwischen der elektrischen Energie und der Fabrik also mit der zwischen Körper und Geist vergleichen? Wenn die Verbindung zwischen Körper und Geist (durch das, was wir Tod nennen) unterbrochen wird, wird der Körper auf etwas reduziert, das man so schnell wie möglich loswerden möchte, da es verwest und sich auflöst.

Natürlich ist der Geist nicht mit elektrischer Energie gleichzusetzen. Er ist eine bewusste effektive Einheit, die in der Lage ist zu lernen. Der Geist denkt, fühlt, schlussfolgert und entwickelt sich in der Regel im Einklang mit der physischen Entwicklung des Körpers weiter, indem er sich Wissen erwirbt, meditiert, glaubt und zu Gott betet. Der Geist bestimmt den Charakter, das Wesen und die Identität des Individuums - jene besonderen Kennzeichen also, die den Menschen von anderen Menschen unterscheiden. Auch wenn ausnahmslos alle Menschen, vom ersten bis zum letzten, aus den gleichen Elementen bestehen, unterscheiden sie sich doch in Charakter, Wesen und anderen Merkmalen bis hin zu den Fingerabdrücken voneinander. Der Geist ist die Instanz, die diese Unterschiede festlegt.

Der Geist kontrolliert die inneren Fähigkeiten des Menschen

Gott hat jedem Geschöpf ein besonderes ‚Wesen' verliehen:

Ihm ergibt sich, was in den Himmeln und auf der Erde ist, gehorsam oder wider Willen, und zu Ihm kehren sie zurück. (3:83)

Preise den Namen deines Allerhöchsten Herrn, der erschaffen und geformt hat, der vorherbestimmt und leitet... (87:1-3)

Alles, was im Universum existiert, auch der Körper des Menschen, handelt entsprechend seinem ihm von Gott, dem Allmächtigen, zugewiesenen ‚ursprünglichen Wesen'. Aus diesem Grund beobachten wir im Wirken des Universums einen strikten Determinismus. Was wir als ‚Naturgesetze' bezeichnen, sind lediglich die Namen, die wir dem ursprünglichen Wesen eines Gegenstands oder eines Geschöpfes geben.

Das ursprüngliche Wesen der Dinge ‚betrügt' nicht. Weil Gott die Erde zum Beispiel so platziert hat, dass sie sich sowohl um sich selbst als auch um die Sonne dreht, tut sie dies auch unablässig. Ein Samenkorn verkündet in der Sprache seiner Existenz oder seines ursprünglichen Wesens: „Unter günstigen Bedingungen werde ich im Boden keimen und zu einer Pflanze heranwachsen!", und setzt seine Worte dann in die Tat um. Wasser tut kund, dass es bei 0°C gefriert und bei 100°C verdampft, und hält ebenfalls, was es verspricht.

Auch das Gewissen des Menschen lügt nicht, so lange es rein bleibt. Wenn es nicht durch das sinnliche Selbst oder die Begierden des Menschen getäuscht wird, spürt es im tiefsten Innern die Existenz Gottes. Im Glauben an Gott und im Gebet zu Ihm findet es Frieden. Der Geist des Menschen lenkt also sein Gewissen und seine anderen Fertigkeiten. Der Geist strebt nach der Welt, aus der er gekommen ist, und sehnt sich nach seinem Schöpfer. Sofern er nicht durch Sünden beeinträchtigt und verdorben wird, findet er den Schöpfer und bei Ihm wahre Glückseligkeit.

Der Geist verfügt über weit reichende Verbindungen in Vergangenheit und Zukunft

Tiere haben keine Vorstellung von der Zeit. In Übereinstimmung mit dem ursprünglichen Wesen, das Gott ihnen zugewiesen hat, leben sie allein in der Gegenwart und fühlen weder die Schmerzen der Vergangenheit noch die Ängste der Zukunft. Der Mensch hingegen wird sehr stark von diesen Schmerzen und Ängsten beeinträchtigt. Denn sein Geist ist eine bewusste, empfindungsfähige Einheit.

Der Geist gibt sich niemals mit der sterblichen, flüchtigen Welt zufrieden. Unsere Errungenschaften und Besitztümer allein (Geld, hohe Positionen und die Erfüllung aller weltlichen Wünsche etwa) machen ihn nicht glücklich. Diese Dinge mehren lediglich seine Unzufriedenheit und sein Elend, insbesondere dann, wenn sie um ihrer selbst willen oder zur Befriedigung des sinnlichen Selbst angestrebt werden. Der Geist findet nur durch Glauben, Anbetung und Gedenken an Gott zur Ruhe.

Jeder Mensch empfindet ein sehr starkes Verlangen nach der Ewigkeit. Dieses Verlangen speist sich nicht aus der physischen Dimension seiner Existenz; denn eigentlich verbietet uns unsere Sterblichkeit ja, dass wir die Ewigkeit spüren und uns nach ihr sehnen. Diese Sehnsucht wurzelt in der ewigen Dimension der Existenz des Menschen, die unser Geist bewohnt. Der Geist lässt den Menschen seufzen: „Ich bin sterblich, aber ich verlange nicht nach dem, was sterblich ist. Ich bin hilflos, aber ich verlange nicht nach dem, was hilflos ist. Ich verlange nach einem Ewigen Geliebten (der mich niemals im Stich lassen wird), und ich sehne mich nach einer ewigen Welt."

Der Geist hält durch den Körper seine Verbindung zur materiellen Welt aufrecht

Der Geist ist eine unzerlegbare Einheit, die der Welt der Gebote Gottes entstammt. Damit er sich in der materiellen sichtbaren Welt manifestieren und dort auch tätig werden kann, ist der Geist auf materielle Hilfsmittel angewiesen. So wie der Körper keinen Zugang zur Welt der Symbole oder der immateriellen Formen finden kann, kann der Geist ohne die Vermittlung von Herz, Gehirn und anderen Organen und Gliedmaßen keinen Kontakt zu dieser Welt knüpfen.

Der Geist kooperiert, wie bereits erwähnt, mit den Nerven, Zellen und anderen Bestandteilen des Körpers. Wenn also einem System oder einem Organ des Körpers etwas zustößt, wird die Verbindung des Geistes mit diesem System bzw. Organ unterbrochen, und der Geist kann es nicht länger kontrollieren. Wenn das Versagen oder die ‚Krankheit', die diese Unterbrechung ausgelöst hat, schwer genug ist, um die Verbindung des Geistes mit dem ganzen Körper zu lösen, tritt das ein, was wir als ‚Tod' bezeichnen.

Indem man bestimmte Regionen im Gehirn stimuliert, kann man Hände oder Finger dazu veranlassen, simple Bewegungen auszuführen. Diese Bewegungen ähneln jedoch den konfusen und bedeutungslosen Klängen, die man auch durch das wahllose Anschlagen der Tasten eines Klaviers erzeugt. Solche Bewegungen sind rein mechanische Reaktionen des Körpers auf irgendwelche Stimulationen, die als gewohnheitsmäßige Arbeiten des Körpers einzustufen sind. Um *bedeutungsvolle* Bewegungen hervorzubringen, braucht der Körper den Geist, der bewusst ist und über einen freien Willen verfügt.

Auch wenn Psychoanalytiker dies anders sehen mögen - es wäre falsch zu behaupten, dass Träume allein aus den Aktivitäten des Unterbewusstseins bestehen. Fast jeder Mensch hatte schon einmal Träume, die ihm etwas über die Zukunft verraten haben und Wirklichkeit geworden ist. Viele wissenschaftliche und technologische Entdeckungen sind ‚wahr gewordenen' Träumen zu verdanken. Träume deuten also auf die Existenz von etwas hin, was sich in uns befindet und - während wir schlafen - die Dinge auf andere Art und Weise sieht: auf unseren Geist. Zwar stimmt es natürlich, dass der Mensch mit den Augen sieht, mit der Nase riecht, mit den Ohren hört usw.. Es gibt aber auch Menschen, die mit ihren Fingern oder mit ihrer Nasenspitze sehen und mit ihren Absätzen riechen.

Der Geist bestimmt die Gesichtszüge des Menschen

Der Geist manifestiert sich vor allem auf dem Gesicht des Menschen. Das Gesicht ist ein Fenster, das einen Einblick in die innere Welt des Menschen gewährt.

Psychologen bestätigen, dass fast alle Bewegungen des Menschen bis hin zum Husten etwas über seinen Charakter aussagen. Insbesondere unser Gesicht offenbart unseren Charakter, unsere Fähigkeiten und unsere Persönlichkeit so klar und deutlich, dass es eine eigene Disziplin, die Physiognomie gibt, die sich allein damit beschäftigt, die Charaktereigenschaften von Menschen von ihren Gesichtern abzulesen. Der Geist schließlich ist die treibende Kraft, die für diese Eigenschaften verantwortlich ist.

Unsere Körperzellen erneuern sich kontinuierlich. Tag für Tag sterben Millionen von Zellen ab und werden durch neue ersetzt. Biologen haben herausgefunden, dass im Laufe eines halben Jahres alle Zellen des Körpers ersetzt werden. Trotz dieses permanenten Austauschs bleibt das Gesicht mit seinen Haupteigenschaften erhalten. Wir identifizieren Menschen anhand ihrer unveränderlichen Gesichtszüge. Auch die Fingerabdrücke des Menschen sind unveränderbar. Obwohl sich die Zellen der Finger fortwährend erneuern und selbst wenn es zu Verletzungen oder Quetschungen der Finger kommt, bleibt der Fingerabdruck ein unverwechselbares Kennzeichen des Menschen. Der Geist des Menschen, der sich vom Geist aller anderen Individuen unterscheidet, trägt zum Erhalt dieser unveränderlichen Kennzeichen bei.

Der Geist lässt sich moralisch, spirituell und intellektuell schulen und ist für die unterschiedlichen Charaktere der Menschen verantwortlich

Ununterbrochen macht unser Körper alle möglichen Veränderungen durch. Physisches Wachstum und physische Entwicklung machen ihn bis zu einem gewissen Punkt immer stärker und vollkommener. Ist der Wachstumsprozess erst einmal beendet, beginnt der Verfall. Auch auf der geistigen Ebene können wir wachsen, wenn wir bereit sind, zu lernen und uns weiterzubilden. Gleichzeitig können wir aber auch spirituell oder intellektuell verfallen. Diesen Prozess des Wachstums bzw. des Verfalls können wir theoretisch jederzeit stoppen und in eine andere Richtung lenken. Unsere moralische, spirituelle und intellektuelle Erziehung ist von unseren körperlichen Veränderungen weitgehend unabhängig. Unsere physische Struktur wirkt sich nicht wesentlich auf unsere moralischen, spirituellen und intellektuellen Eigenarten aus. Zwar bestehen wir aus den gleichen Elementen wie andere Menschen auch, doch was ruft die moralischen und intellektuellen Unterschiede zwischen den Menschen hervor? Welchem Teil von uns kommt eine moralische und intellektuelle Erziehung zu Gute? Welcher Teil wird durch Sport geschult? Steht physische Schulung in irgendeiner Beziehung zu moralischer und intellektueller Erziehung? Sind körperlich gut durchtrainierte Menschen intelligenter und moralischer als andere? Falls dies nicht der Fall ist, und wenn die körperliche Ertüchtigung bzw. Entwicklung den wissenschaftlichen, moralischen und intellektuellen Bereich nicht berührt, müssen wir doch eigentlich die Existenz des Geistes akzeptieren. Wie können wir das Lernen und die moralische und intellektuelle Erziehung den biochemischen Prozessen im Gehirn zuschreiben? Laufen diese Prozesse bei einigen schneller ab als bei anderen? Wenn ja, sind einige Menschen deshalb intelligenter, weil diese Prozesse schneller ablaufen, oder laufen die Prozesse schneller bei ihnen ab, weil sie fleißiger und intelligenter sind? In welcher Beziehung stehen diese Prozesse zur spirituellen und moralischen Erziehung eines Menschen und zu dessen Entwicklung? Wie lässt sich der Glanz erklären, den regelmäßige Anbetung auf die Gesichter der Menschen zaubert? Warum strahlen die Gesichter von gläubigen Menschen schöner als die von ungläubigen Menschen und Sündern?

Es wurde bereits erwähnt, dass der Mensch einem ständigen physischen Wandel, zunächst in Richtung Wachstum, dann in Richtung Verfall, unterworfen ist und dass sich die Zellen seines Körpers alle sechs Monate erneuern. Gleichzeitig verändern sich sein Charakter, seine Moral und sein Denken. Wie aber können wir diese Tatsache anerkennen, ohne den Geist als das Zentrum unseres Denkens und Fühlens, unserer Urteile und Entscheidungen oder unseres Lernens zu akzeptieren; als das Zentrum, das gleichzeitig auch unterschiedliche Meinungen, Vorlieben und Charaktere erzeugt?

Unser Geist fühlt, glaubt oder leugnet

Jeder Mensch hat vielschichtige Gefühle: Wir lieben und hassen, freuen uns oder sind betrübt, sind glücklich oder traurig, hoffen oder verzweifeln, sind ambitioniert und bilden uns Dinge ein, verspüren

Erleichterung oder Langeweile usw.. Wir mögen etwas oder auch nicht, schätzen und verachten etwas, erfahren Furcht und Angst genauso wie Ermunterung und Enthusiasmus. Wir bereuen, regen uns auf und sehnen uns nach bestimmten Dingen. Wenn wir ins Wörterbuch schauen, fällt uns auf, dass wir Hunderte von Wörtern haben, die die menschlichen Gefühle beschreiben. Vielleicht denkt der Mensch über Ereignisse, die in seinem Umfeld geschehen, oder über die Schönheit der Schöpfung nach und bildet sich auf diese Art und Weise weiter. Möglicherweise stellt er Vergleiche an, zieht Schlussfolgerungen und glaubt deshalb an den Schöpfer aller Dinge.

Den Schöpfer anzubeten und Seine Gebote zu befolgen, bringt uns moralisch und spirituell weiter und vervollkommnet uns. Womit wollen wir all dies erklären, wenn nicht mit einem bewussten Geist? Wollen wir diese Phänomene etwa wirklich biochemischen Prozessen im Gehirn zuschreiben?

Der Geist macht die wahre Identität des Menschen aus

Würden wir den Menschen als eine physische Einheit betrachten, die ausschließlich aus Blut, Knochen, Fleisch und Gewebe besteht, und all sein Handeln auf biochemische Prozesse im Gehirn zurückführen, bräuchten wir uns an keine Gesetze zu halten. Denn der Körper erneuert sich ja alle sechs Monate. Man stelle sich nur einen Mann vor, der vor Gericht eines Verbrechens beschuldigt wird, das er ein Jahr zuvor begangen hat. Der Richter würde ihn fragen: „Wann haben Sie den Verstorbenen ermordet?" „Vor einem Jahr", würde der Angeklagte erwidern. Der Urteilsspruch könnte dann etwa lauten:

> „Der Mord wurde also vor einem Jahr begangen. Die Körperzellen des Angeklagten einschließlich der Zellen jener Finger, die den Abzug der Pistole betätigt haben, wurden inzwischen ausgetauscht. Da der tatsächliche Mörder also nicht mehr bestraft werden kann, hat sich die Jury entschlossen, den Angeklagten freizusprechen."

Der Mensch kann unmöglich als eine Einheit bezeichnet werden, deren Handeln, Gefühle, Gedanken, Glaubensüberzeugungen und Entscheidungen allein auf biochemischen Prozessen basieren.

Der Hauptbestandteil unseres Seins ist unser lebender und bewusster Geist, der fühlt, denkt, glaubt, will, entscheidet und den Körper kontrolliert. Der Körper ist ein Instrument, das der Geist nutzt, um seine Entscheidungen in die Tat umzusetzen.

Der Geist ist die Basis des menschlichen Lebens

Wie bereits erwähnt wurde, ist das Wirken Gottes in dieser Welt durch einen Schleier von Ursachen verhüllt. In vielen anderen Welten aber (z.B. in der Welt der Ideen, der Symbole und immateriellen Formen, der inneren Dimension der Dinge und der Geistwesen) handelt Gott direkt. Materie oder Ursachen existieren dort nicht. Der Geist wird dem Embryo direkt ohne die Vermittlung von Ursachen eingehaucht. Er ist eine direkte Manifestation von Gottes Namen ‚der Lebende'; er ist die Basis des menschlichen Lebens. Der Geist ähnelt den Naturgesetzen insofern, als dass er aus der gleichen Sphäre wie sie stammt. Auch der Geist ist selbst unsichtbar und zeigt sich erst in seinen Manifestationen.

In dieser Welt entwickelt sich die Materie zu Gunsten des Lebens immer weiter. Ein lebloser Körper, mag er auch so groß wie ein Berg sein, ist einsam, passiv und statisch. Das Leben hingegen ermöglicht es sogar einer Biene, mit der ganzen Welt in Kontakt zu treten, Geschäfte zu tätigen und zu sagen: „Diese Welt ist mein Garten, und die Blumen sind meine Geschäftspartner." Je kleiner ein lebender Körper ist, desto aktiver und kraftvoller lebt er. Man vergleiche nur eine Biene, eine Fliege oder einen Mikrokosmos mit einem Elefanten. Je feiner Materie ist, desto aktiver und kraftvoller ist auch der zu ihr gehörende Körper. Brennendes Holz beispielsweise produziert Flammen und Kohlenstoff. Erhitztes Wasser verdampft. Wir können die Energie atomarer und subatomarer Welten nicht mit eigenen Augen sehen; wir wissen aber, dass es sie gibt, und wir wissen um ihre Energie, da sie sich manifestiert. Deshalb beschränkt sich das Sein nicht nur auf diese Welt. Diese Welt ist vielmehr die sichtbare, veränderliche und unbeständige Dimension des Seins, hinter der die reine und unsichtbare Dimension liegt, die sich die Materie zu Nutze macht, um gesehen und erkannt zu werden. Da der Geist zu jener Sphäre gehört, ist auch er rein und unsichtbar.

Die folgenden Argumente für die Existenz des Geistes weisen auch auf die Existenz des Schöpfers hin:

- So wie unser Körper, den Gott aus Elementen erschafft, den Geist braucht, damit dieser ihn führt und lenkt, braucht das Universum Gott, um von Ihm hervorgebracht, geführt und gelenkt zu werden.

- Jeder Körper hat einen Geist, der ihn lebendig macht und verwaltet. Daher muss dieses Universum von einem Einzigen Gott, der keine Partner hat, erschaffen worden sein und dirigiert werden. Sonst wären Chaos und Unheil unvermeidlich.

- Der Geist ist im Körper nicht genau zu lokalisieren. Er ist sogar in der Lage, den Körper zu verlassen. Im Schlaf beispielsweise hält er die Verbindung zum Körper nur über eine ‚Schnur‘ aufrecht. Auch Gott, der Allmächtige, lässt sich weder vom Raum noch von der Zeit eingrenzen. Er ist ständig überall und nirgends präsent. Der Geist hingegen gehört zum Körper und ist Raum und Zeit unterworfen.

- Es gibt nur eine Sonne, und die Erde ist weit von ihr entfernt. Mit ihrer Wärme und ihrem Licht ist die Sonne aber allgegenwärtig. Durch die Reflexion ihrer Strahlen scheint sie in allen durchsichtigen Dingen. Daher ist es nicht falsch zu sagen, dass sie den Dingen näher ist, als sie selbst es sind. Im gleichen Verhältnis steht der Geist zum Körper und zu den Zellen. Diese Analogie hilft uns vielleicht, die Beziehung zwischen Gott und der Schöpfung besser zu verstehen. Gott kontrolliert und dirigiert alle Dinge gleichzeitig, als seien sie ein einziges Ding. Obwohl wir unendlich weit von Ihm entfernt sind, ist Er uns näher, als wir selbst es sind.

- Der Geist ist unsichtbar und seine Essenz ist uns nicht bekannt. Weil wir Seine Essenz nicht kennen, können wir uns nicht vorstellen, wie Gott wirklich ist. Wir wissen aber, dass wir Gott - ähnlich wie den Geist - durch die Manifestationen Seiner Namen, Attribute und Seiner Essenz kennen lernen können.

Der Geist verfügt über eine eigene Hülle

Der Körper ist nicht die Hülle des Geistes. Eher besitzt der Geist eine eigene Hülle. Wenn er den Körper nach dessen Tod verlässt, steht er nicht nackt und hüllenlos da. Die Hülle des Geistes ist so etwas wie das ‚Negativ' des materiellen Körpers und wird z.B. Lichthülle, ätherische Gestalt des Menschen, energetische Form, zweiter Körper des Menschen, Astralkörper, Double oder Phantom genannt. Das Bild dieses Körpers kann über Kirlian-Fotos dargestellt werden. Auf Bildern, die auf diese Weise angefertigt werden, werden sogar amputierte Gliedmaßen wieder sichtbar.[11]

DER TOD UND DER GEIST NACH DEM TOD

Dem Menschen ist ein Gespür für die Ewigkeit eigen; daher sehnt er sich stets nach ihr und fühlt sich in den engen Grenzen der materiellen Welt gefangen. Wer dem bewussten Wesen des Menschen Beachtung schenkt, wird es immer wieder das Wort ‚Ewigkeit' aussprechen hören. Würde man einem Menschen das gesamte Universum schenken, würde selbst das seinen ‚Hunger' nach dem ewigen Leben, um dessentwillen er ja erschaffen wurde, nicht stillen. Dieses natürliche Verlangen des Menschen nach ewiger Glückseligkeit entspringt einer objektiven Realität: der Existenz eines ewigen Lebens und dem Streben des Menschen nach diesem Leben.

Was ist der Tod?

Wie bereits erwähnt ist der Körper ein Hilfsmittel des Geistes, das alle Gliedmaßen bis hin zu den Zellen und noch winzigeren Teilchen lenkt und kontrolliert.

Wenn die vorherbestimmte Stunde des Todes schlägt, laden eine Krankheit oder ein Versagen der Körperfunktionen den Todesengel

---

11   Bei der Kirlian-Fotografie handelt es sich um ein nach dem Russen Kirlian benanntes Hochspannungs-Fotografie-Verfahren zur Registrierung von Hochspannungsentladungsmustern. Zwischen einer flächigen Elektrode und einem geerdeten Objekt befindet sich ein lichtempfindliches Aufzeichnungsmaterial. Bei der Entladung tritt dann ein Blaulicht auf, das von der lichtempfindlichen Schicht registriert wird. [Anm. des Übers.]

ein (der in der islamischen Literatur Azra'il genannt wird). Streng genommen ist es Gott Selbst, der die Menschen sterben lässt. Damit sich die Menschen im Angesicht des Todes - eines Ereignisses, das vielen Menschen grässlich erscheint - nicht über Ihn beschweren, bedient Sich Gott der Gestalt des Erzengels Azra'il, der die Aufgabe übernimmt, die Seelen der Sterbenden in Empfang zu nehmen. Damit aber auch der Erzengel Azra'il nicht von den Menschen kritisiert wird, legt Gott Krankheiten und Unglücksfälle als einen weiteren Schleier zwischen Azra'il und den Tod.

Weil Azra'il wie alle anderen Engel auch aus Licht erschaffen wurde, kann er sich an mehreren Orten gleichzeitig aufhalten und Gestalt annehmen. Wenn er sich einer bestimmten Aufgabe widmet, hält ihn das nicht davon ab, gleichzeitig auch an anderen Orten zu wirken. So wie die Sonne allen Objekten und Lebewesen in der Welt gleichzeitig Licht und Wärme spendet und durch ihre Abbilder in unzähligen transparenten Objekten gleichzeitig präsent ist, kann auch der Erzengel Azra'il problemlos Millionen von Seelen gleichzeitig in Empfang nehmen.

Erzengel wie Gabriel, Michael und Azra'il haben Untergebene, die ihnen ähneln und von ihnen beaufsichtigt werden. Wenn ein guter, rechtschaffener Mensch stirbt, nähern sich ihm zunächst einige Engel mit lächelnden und strahlenden Gesichtern; ihnen folgen Azra'il mit seinen Untergebenen oder nur seine Untergebene. Ihre Aufgabe besteht darin, die Seelen der guten Menschen in Empfang zu nehmen. Die Koranverse *Bei den (Engeln, die die Seelen der Ungläubigen) heftig entreißen; und bei denen, (die die Seelen der Gläubigen) leicht emporheben* (79:1-2) weisen darauf hin, dass sich die Engel, die die Seelen der Rechtschaffenen in Empfang nehmen, von denjenigen Engeln unterscheiden, die für die Entgegennahme der Seelen von Sündern verantwortlich sind. Den Sündern, die im Tod ein verbittertes und furchtsames Gesicht haben, werden ihre Seelen heftig herausgerissen.

Was der Mensch im Moment seines Todes empfindet

Menschen, die an Gott geglaubt und ein rechtschaffenes Leben geführt haben, werden von den Orten, die im Paradies für sie reserviert sind, mit offenen Fenstern willkommen geheißen. Der Prophet Muhammad sagte uns, dass die Seelen der Rechtschaffenen so leicht aus den Körpern gezogen werden wie fließendes Wasser aus der Wasserkanne. Und was noch erfreulicher ist: Märtyrer empfinden keine Todesqualen und registrieren gar nicht, dass sie tot sind. Sie haben den Eindruck, lediglich in eine bessere Welt überführt worden zu sein, und erfreuen sich vollkommener Glückseligkeit.

Der Prophet Muhammad sagte zu Dschabir, dem Sohn Abdullah Ibn Amrs, der in der Schlacht von Uhud den Märtyrertod gefunden hatte:

> *Weißt du wie Gott deinen Vater willkommen geheißen hat? Er hat ihm einen so unbeschreiblichen Empfang bereitet, dass es weder Augen gesehen noch Ohren gehört noch ein Verstand begriffen haben. Dein Vater sagte: „O Gott! Schick mich zurück in die Welt, damit ich jenen, die dort geblieben sind, berichten kann, wie angenehm der Märtyrertod ist." Gott entgegnete ihm: „Es gibt keine Rückkehr. Das Leben wird nur einmal gelebt. Ich werde ihnen aber erzählen, wie es dir geht." Und Er offenbarte:*

> *Und betrachte nicht diejenigen, die auf Allahs Weg gefallen sind, als tot. Nein! Sie leben bei ihrem Herrn, und sie werden dort versorgt.* (3:169)[12]

Jeder stirbt so, wie er lebt. Das heißt, wer ein gutes und rechtschaffenes Leben geführt hat, stirbt einen glücklichen Tod, und wer ein böses Leben geführt hat einen schlimmen Tod.

Der Prophet Muhammad, dessen Gottesanbetung der aller anderen Menschen weit überlegen war, empfahl noch im Sterben, die Pflichtgebete zu verrichten. Der zweite Kalif Umar tat es ihm nach. Khalid Ibn Walid war einer der wenigen unbesiegbaren Generäle der Weltgeschichte. Noch unmittelbar vor seinem Tod bat er die Menschen in seiner Nähe, ihm sein Schwert und sein Pferd zu bringen. Leute wie Uthman, Ali, Hamza, Mus'ab Ibn Umayr und viele andere widmeten sich der Sache des Islam und starben als Märtyrer. Diejenigen aber, die ein ausschweifendes Leben führen, tun ihren

---

[12] Bayhaqi, *Dala'il an-Nubuwa*, 3.298

letzten Atemzug entweder im Suff, am Spieltisch, im Bordell oder an anderen unappetitlichen Orten.

Ist der Tod etwas, wovor man sich fürchten muss?

Wer gläubig und rechtschaffen ist, braucht den Tod nicht zu fürchten. Obwohl er vordergründig den Verwesungsprozess in Gang zu setzen, das Licht des Lebens auszulöschen und aller Freude ein Ende zu setzen scheint, stellt er de facto eine Befreiung von den harten Pflichten des weltlichen Lebens dar. Der Tod ist einerseits ein Wohnortswechsel und ein Transfer des Körpers, andererseits eine Einladung zum ewigen Leben und dessen Beginn. So wie die Welt permanent durch Akte der Schöpfung und der Vorherbestimmung belebt wird, wird sie durch andere Zyklen von Schöpfung, Vorherbestimmung und Weisheit des Lebens beraubt. Das Sterben der untersten Lebensform, nämlich der Pflanzen, stellt ein Werk der Kunstfertigkeit Gottes dar - ebenso wie auch ihr Leben, nur dass es noch vollkommener und besser geplant wurde. Wenn der Kern einer Frucht, ihr Samenkorn, im Boden stirbt, scheint er sich zu zersetzen und in der Erde zu vermodern. Tatsächlich unterzieht er sich jedoch einem vollkommenen chemischen Prozess, durchläuft vorherbestimmte Zustände der Neuformierung und wächst schließlich zu einem formvollendeten neuen Baum heran. Mit anderen Worten: Der Tod eines Samenkerns bedeutet die Geburt eines neuen Baumes, eines neuen und noch vollkommeneren ausgeklügelten Lebens.

Weil erst der Tod von Früchten, Gemüse und Tierfleisch in unserem Magen uns in die Lage versetzt, uns auf die Stufe menschlichen Lebens zu erheben, darf ihr Tod als wertvoller als ihr Leben gelten. Doch wenn schon der Tod von Pflanzen, der untersten aller Lebensformen, so vollkommen ist und einem so großartigen Zweck dient, muss der Tod von uns Menschen, die wir doch die höchste Lebensform darstellen, noch viel wertvoller sein und einem noch viel großartigeren Zweck dienen. Nachdem wir begraben worden sind, werden wir ganz gewiss in ein ewiges Leben überführt werden.

Der Tod befreit den Menschen vom Elend des diesseitigen Lebens, d.h., von einem turbulenten, erstickenden und engen Verlies des Raumes, das auf Grund des Alterungsprozesses und diverser Leiden mit der Zeit immer bedrückender wird. Er gewährt dem Menschen Zugang zu dem unendlich weiten Kreis der Barmherzigkeit des Ewigen Geliebten Einen, in dem er sich der immer währenden Gesellschaft der von ihm geliebten Menschen und des Trostes eines glückseligen ewigen Lebens erfreuen darf.

DER GEIST IN DER ZWISCHENWELT

Nach dem Tod wird der Geist Gott vorgestellt. Wenn er in der Welt ein gutes, tugendhaftes Leben geführt und sich geläutert hat, umhüllen ihn die Engel, deren Aufgabe es ist, ihn in Empfang zu nehmen, mit einem Stück Tuch aus Satin und geleiten ihn durch die Himmel und alle inneren Dimensionen der Existenz hindurch in die Gegenwart Gottes. Während der Durchquerung der Himmel heißen ihn die Engel in jedem Haus und an jeder Station, die er passiert, willkommen und fragen ihn: „Wessen Geist ist das? Wie wunderschön er doch ist!" Die Engel, die ihn begleiten, stellen ihn mit den schönsten Titeln, die er sich in der Welt erworben hat, vor und antworten: „Dies ist der Geist desjenigen, der zum Beispiel betete, fastete, Almosen gab und um der Sache Gottes willen alle Arten von Unannehmlichkeiten ertragen hat." Schließlich heißt ihn Gott, der Allmächtige, willkommen und befiehlt den Engeln: „Bringt ihn zurück in das Grab, in dem sein Körper begraben liegt, auf dass er die Fragen der Engel Munkar und Nakir beantworte!"

Alles, was dem Menschen in der Welt an Bösem widerfährt, resultiert aus seinen eigenen Sünden. Wenn ein gläubiger Mensch aufrichtig ist, es aber nicht schafft, sich stets der Sünde zu enthalten, lässt Gott es in Seiner Gnade zu, dass ihn Unglücksfälle heimsuchen, die ihn von seinen Sünden reinigen. Möglicherweise setzt Gott ihn auch schlimmen Todesqualen aus - entweder um noch nicht erlassene Sünden zu tilgen oder um ihn zu höheren (spirituellen) Rängen aufsteigen zu lassen -, nimmt seinen Geist aber dennoch sehr sanft zu Sich. Doch wenn einem Menschen trotz aller Widrigkeiten, unter denen er in der Welt zu leiden hatte, und trotz aller Todesqualen noch immer nicht alle Sünden vergeben wurden, erhält er im Grab seine Strafe und muss nicht in die Hölle gehen. Weil das Grab die erste Station auf der Reise zum ewigen Leben ist, findet dort eine einleitende Befragung durch zwei Engel statt, in der der Verstorbene Auskunft über sein Leben in der Welt gibt. Fast jeder mit Ausnahme der Propheten wird hier gewisse Leiden zu erdulden haben.

In zuverlässigen Büchern wird berichtet, dass Abbas, der Onkel des Propheten Muhammad, sich sehnlichst wünschte, den zweiten Kalifen Umar nach dessen Tod im Traum zu sehen. Als er ihn dann sechs Monate später zu Gesicht bekam, fragte er ihn: „Wo bist du denn bis jetzt gewesen?" Umar erwiderte: „Frage mich nicht danach! Ich bin erst jetzt in der Lage gewesen, die Rechnungen (meines Lebens) zu begleichen."

Sa'd ibn Mu'adh gehörte zu den bedeutendsten Gefährten des Propheten. Als er starb, teilte der Erzengel Gottes Gesandtem mit: „Als Sa'd starb, erbebte der Thron Gottes!" Unzählige Engel nahmen an seinem Begräbnis teil. Nachdem Sa'd dann begraben worden war, sagte der Gesandte voller Verwunderung: „Gepriesen sei Gott! Was (wird erst mit anderen geschehen), wenn das Grab sogar Sa'd niederdrückt?"

Jeder Mensch wird im Grab von den beiden Engeln Munkar und Nakir verhört werden. Sie werden Fragen stellen wie: Wer ist dein Herr? Wer ist dein Prophet? Was ist deine Religion? Wenn ein Mensch in dieser Welt gläubig war, das heißt, wenn er an Gott und den Propheten Muhammad glaubte und sich für die wahre Religion entschied, wird er die Fragen der Engel beantworten können, anderenfalls nicht. Das Verhör wird darüber hinaus auch Fragen zum Handeln des Menschen in dieser Welt umfassen.

Die Beziehung zwischen dem Geist und seinem Körper unterscheidet sich, je nachdem in welchen Welten sie sich befinden. In dieser Welt ist der Geist im ‚Gefängnis' des Körpers eingeschlossen. Wenn das Selbst, das uns Böses gebietet, und körperliche Gelüste den Geist beherrschen, verfällt er unweigerlich - was dem Körper wiederum endgültig zum Verhängnis wird. Es geht also darum, die Willenskraft so einzusetzen, wie Gott es uns gelehrt hat, das Selbst zu disziplinieren, den Geist mit Glauben, Anbetung und vorbildlichem Verhalten zu nähren und sich aus der Knechtschaft der körperlichen Gelüste zu befreien. Wenn uns dies gelingt, wird unser Geist immer mehr geläutert. Er wird Reinheit erlangen, sich lobenswerte Eigenschaften aneignen und in beiden Welten sein Glück finden.

Nach der Beerdigung muss der Geist zunächst in der Zwischenwelt, der Welt zwischen der diesseitigen und der jenseitigen, warten. Obwohl der Körper zu Staub zerfällt, verrotten seine Grundbausteine - in einem Hadith *Adschb adh-Dhanab* genannt (wortwörtlich übersetzt: Steißbein) - nicht. Wir wissen nicht, ob sich der Begriff *Adschb adh-Dhanab* auf die Gene des Menschen bezieht. Worum auch immer es sich hierbei aber auch handeln mag, Tatsache ist, dass der Geist durch die *Adschb adh-Dhanab* seine Verbindung zum Körper auch weiterhin aufrechterhält. Während der endgültigen Zerstörung des Universums und dessen anschließenden Wiederaufbaus werden diese Teile, die sich aus den Grundbausteinen, den Atomen oder allen anderen Teilchen des Körpers zusammensetzen, die sich bereits mit der Erde vermischt haben, Gott als eine Basis dienen, auf der Er am Tag des Jüngsten Gerichts den Menschen neu formen oder neu erschaffen wird.

Was der Geist in der Zwischenwelt tut

Die Zwischenwelt ist die Sphäre, in der der Geist entweder den ‚Atem' der Glückseligkeit des Paradieses oder den der Bestrafung durch die Hölle spürt. Wenn der Mensch in der Welt ein tugendhaftes Leben geführt hat, werden ihm seine guten Taten - seine Gebete, Rezitationen, Akte der Barmherzigkeit usw. - in der Zwischenwelt in der Gestalt freundlicher Gefährten erscheinen. Auch werden ihm Fenster auf Schauplätze des Paradieses geöffnet werden; und das Grab wird ihm - wie es in einem Hadith heißt - wie einer der Paradiesgärten erscheinen. Doch es wurde ja bereits betont, dass der Mensch für den Fall, dass er Sünden hat, die ihm nicht noch verziehen wurden, zunächst in der Zwischenwelt bestraft werden wird, unabhängig davon, wie tugendhaft er in seinem Leben auch gewesen sein mag. Dies geschieht zu dem Zweck, ihn von all seinen Sünden zu reinigen, damit er nach der Wiederauferstehung ins Paradies eingehen kann. Ungläubigen Menschen, die ein sündhaftes Leben geführt haben, werden ihr Unglaube und ihre bösen Taten in Gestalt böswilliger Gefährten und Parasiten erscheinen. Ihnen werden Szenen der Hölle vorgeführt werden; das Grab wird ihnen wie ein Abgrund der Hölle vorkommen.

Solange wir leben, erfährt der Geist sowohl Schmerzen als auch Freude und Glück. Auch wenn er Schmerzen allem Anschein nach über das Nervensystem verspürt und sich dieses extrem komplexen Systems auch bedient, um mit allen Körperteilen bis hin zu den einzelnen Zellen zu kommunizieren, haben die Wissenschaften bis heute nicht herausgefunden, wie Geist und Körper und insbesondere Geist und Gehirn interagieren. Jede Art von Versagen eines Körperteils, das den Tod herbeiführt, sollte eigentlich auch dazu führen, dass das Nervensystem seinen Betrieb einstellt. Unlängst wurde jedoch wissenschaftlich nachgewiesen, dass bestimmte Hirnzellen noch einige Zeit nach dem Tod des Menschen lebendig sind. Wissenschaftler haben den Versuch unternommen, Signale von diesen Zellen zu empfangen. Sollten ihre Versuche von Erfolg gekrönt sein und sie wären tatsächlich irgendwann einmal in der Lage, diese Signale zu dechiffrieren, würde hiervon vor allem die Kriminologie profitieren und ungelöste Verbrechen aufklären können. Die folgenden Koranverse teilen uns mit, wie Gott zu Lebzeiten des Propheten Moses einen Toten wiederbelebte, der seinen Mörder identifizierte:

> *Und als Moses zu seinem Volk sagte: „Wahrlich, Allah befiehlt euch, eine Kuh zu schlachten.“... So schlachteten sie sie, und beinahe hätten sie es nicht getan. Und als ihr jemanden getötet und darüber untereinander gestritten hattet, da sollte Allah ans Licht bringen, was ihr verborgen hieltet. Da sagten Wir: „Berührt ihn mit einem Stück von ihr!“ So bringt Allah die Toten wieder zum Leben und zeigt euch Seine Zeichen; vielleicht werdet ihr es begreifen. (2:67, 71-73)*

Die Qualen des Grabes und der Hölle

Weil es nun de facto der Geist ist, der Schmerzen erleidet und Glück empfindet, und weil der Geist seine Beziehung zum Körper mit Hilfe jener Grundbausteine des Körpers, die nicht verrotten, auch in der Zwischenwelt aufrechterhält, macht es keinen Sinn, darüber zu diskutieren, ob der Geist oder der Körper oder beide die ‚Qualen des Grabes' erleiden werden. Am Tag der Wiederauferstehung jedoch wird Gott die Menschen aus oder mit den Grundbausteinen ihrer Körper neu formen.

Weil der Geist das irdische Leben zusammen mit dem Körper führt und all dessen Freuden und Leiden in der Welt teilt, wird Gott die Menschen sowohl körperlich als auch spirituell auferwecken. Die *Ahl as-Sunna wa-l-Dschama'a*[13] stimmen darin überein, dass Geist und Körper gemeinsam ins Paradies oder aber in die Hölle eingehen werden. Gott wird den Körpern Formen geben, die einzig und allein im Jenseits existieren - an jenem Ort, an dem alles lebendig sein wird:

> *Dieses irdische Leben ist nichts als ein Zeitvertreib; die Wohnstatt des Lebens aber - das ist das eigentliche Leben, wenn sie es nur wüssten. (29:64)*

Welche Geschenke wir Geistern nach dem Tod darbringen können

Geister in der Zwischenwelt können sehen und hören, vorausgesetzt, Gott gestattet es ihnen. Wenn Gott will, erlaubt Er den Geistern einiger frommer Menschen, uns zu sehen und zu hören und mit uns zu kommunizieren.

Mit unserem Tod wird unser Konto nicht geschlossen. Wenn wir gute, tugendhafte Kinder, Bücher oder Institutionen hinterlassen, von denen die Menschen auch weiterhin profitieren, oder wenn wir

---

[13] Zu den *Ahl as-Sunna wa-l-Dschama'a*, den Menschen der Sunna und der Gemeinschaft, gehört die große Mehrheit der Muslime, die dem Weg des Propheten und der Gefährten folgt. Andere Gruppen von Muslimen, die man als Splittergruppen bezeichnen kann, unterscheiden sich von ihnen im Glauben (z.B. die Mu'taziliten und die Dschabriyya) oder in der Sichtweise der Rolle der Gefährten (z.B. die Kharidschiten und die Schia).

Menschen erzogen haben, die der Menschheit Nutzen bringen, wird unser Lohn stetig weiter ansteigen. Wenn wir aber Böses zurücklassen, werden wir solange weitere Sünden anhäufen, bis dieses Böse niemandem mehr Schaden zufügt.

Wenn wir also unseren geliebten Menschen, die sich schon in der anderen Welt befinden, helfen wollen, sollten wir Gutes tun. Indem wir den Armen helfen, Dienst am Islam verrichten, ein tugendhaftes Leben führen und dazu beitragen, den Islam zu verbreiten und das Wohl der Menschheit und der Muslime zu fördern, werden wir damit ihren Lohn mehren.

ÜBERNATÜRLICHE PHÄNOMENE

Der Geist gehört nicht zur sichtbaren Welt. Er entstammt der Welt der absoluten Existenz, in der die Anweisungen Gottes unverzüglich befolgt werden, ohne dass Ursachen eine Vermittlerrolle übernehmen müssten. Doch genau wie die Energie Kabel und Glühbirnen braucht, um ihre Aktivität entfalten zu können, ist der Geist auf die Materie angewiesen, wenn er sich in dieser Welt betätigen möchte. Andererseits schränkt die Materie den Geist aber auch ein. Um die Aktivitäten des Geistes zu stärken und ihm die Fesseln von Zeit und Raum zu nehmen, gibt es drei Wege:

Der Weg der Propheten und der rechtschaffenen Menschen

Um die Sphäre der Aktivität seines Geistes auszudehnen, sollte der Mensch einen festen Glauben besitzen und sich durch regelmäßige Gebete und Askese spirituell weiterentwickeln. Je feiner die Materie ist, desto freier und aktiver kann auch der Geist sein. Auf diesem Weg ist genügsames Handeln sehr empfehlenswert: weniger zu essen und zu schlafen, öfter zu fasten, sich von Sünden aller Art fern zu halten und sich so oft wie möglich der Anbetung Gottes zu widmen. Wenn jemand die angeborene Fähigkeit besitzt, seine spirituellen Talente in hohem Maße zu kultivieren, kann er die Grenzen dieser materiellen Welt überschreiten, im Geist in anderen Dimensionen der Existenz herumreisen und bis zu einem gewissen Grade mit Vergangenheit und Zukunft in Kontakt treten. Folgendes Beispiel mag dies verdeutlichen:

Wenn wir uns in einem Raum befinden, sehen wir nur die Dinge innerhalb dessen vier Wänden. Sobald wir aber nach draußen gehen, wird unser Blickwinkel größer und gestattet uns den Blick auf die nähere Umgebung dieses Raums. Eine noch freiere Sicht bietet sich uns von der Spitze eines Hügels. Je höher wir uns hinaufbegeben, desto weiter können wir sehen. Mit der Zeit verhält es sich genauso. Je mehr sich der Geist von der ‚Inhaftierung' durch Materie und Körper befreit, desto größer ist die Sphäre seiner Aktivität in Hinblick auf Zeit und Raum.

Diesen Weg beschreiten normalerweise die Propheten und die außergewöhnlich rechtschaffenen Menschen. Dadurch, dass sie in ihrem Geist Zeit- und Raumreisen unternehmen oder dadurch, dass sie von Gott, der das Sichtbare wie auch das Unsichtbare kennt, unterwiesen werden, gelingt es ihnen, die Tiefen von Zeit und Raum auszuloten. Genau wie das Licht der Sonne, das in zahllosen Orten gleichzeitig präsent ist, obwohl sie selbst doch ein materieller Körper ist, kann sich auch der Geist eines Propheten oder eines außergewöhnlich rechtschaffenen Menschen (und vor allem der Geist eines Menschen, der zur Gruppe der ‚Stellvertreter Gottes' [*Abdal*] gehört) in der immateriellen oder energetischen Form seines Körpers an mehreren unterschiedlichen Orten gleichzeitig aufhalten. Hierauf weist auch der Koran hin:

Der Heilige Geist (viele Koraninterpreten gehen davon aus, dass es sich bei ihm um den Erzengel Gabriel handelt) beispielsweise erschien Maria, der Mutter Jesu, in der Form eines menschlichen Wesens. Außerdem existieren eine ganze Reihe von authentischen Berichten über bestimmte außergewöhnlich rechtschaffene Menschen, die an mehreren Orten gleichzeitig gesehen wurden. Hier besteht also eine Parallele zu der Sonne, deren Reflexionen ebenfalls auf unzähligen transparenten Dingen gleichzeitig anzutreffen sind.

Wenn sich der Geist eines außergewöhnlich rechtschaffenen Menschen genügend Wissen angeeignet hat und er quasi erleuchtet ist, trifft dieser Mensch auf seiner Reise auf Symbole oder Zeichen vergangener oder zukünftiger Ereignisse. Er kann dann seine Visionen interpretieren und seinen Mitmenschen von bestimmten Ereignissen erzählen. Dabei hat er ähnlich vorzugehen wie bei der Interpretation von Träumen. Auch einem so außergewöhnlich rechtschaffenen Menschen wird gelegentlich eine Fehlinterpretation unterlaufen. Die Interpretationen und Voraussagen eines Propheten jedoch sind niemals fehlerhaft, da dieser seine Offenbarung direkt von Gott erhält und von Ihm, der das Unsichtbare kennt, unterwiesen wird. Alles, was die Propheten prophezeien, trifft genau so ein. Der Prophet Muhammad beispielsweise hat viele Dinge vorausgesagt. Hier nur einige Beispiele: Er prophezeite den Märtyrertod seiner Nachfolger Uthman und Ali, und kündigte die Kamelschlacht zwischen Ali und einigen führenden Gefährten wie Talha und Zubayr sowie die Eroberung von Damaskus, vom Iran und von Istanbul durch die Muslime an. Ein großer Teil seiner Ankündigungen wurde bereits Realität, andere werden es in der Zukunft noch werden.[14]

Muhy ad-Din ibn al-Arabi war ein rechtschaffener Muslim, der im 13. Jahrhundert lebte. Obwohl er ungefähr 50 Jahre vor der Gründung des Osmanischen Reichs starb, sagte er viele bedeutende Ereignisse in dessen Geschichte voraus. Sein Werk *Schadscharat al-Nu'maniya*, von dem Handschriften noch heute in Bibliotheken in Edirne und Istanbul (Türkei) verfügbar sind, liest sich wie eine ‚Geschichte' des Osmanischen Reichs in Symbolen. Ibn al-Arabi wiederum prophezeite, seine Begräbnisstätte werde im Zuge der Eroberung von Damaskus durch Sultan Selim[15] wieder entdeckt werden. So geschah es denn auch. Außerdem behauptete er, Hafiz Ahmad

---

[14] Siehe auch: F. Gülen, *Muhammad - der Gesandte Gottes*, Mörfelden-Waldorf 2005
[15] Selim I. (unter dem Namen Yavuz bekannt) war der neunte osmanische Sultan. Er wurde 1470 geboren und starb 1520. Den Thron bestieg er im Jahre 1512. Während seiner kurzen Herrschaftszeit besiegte er im Jahre 1514 den Safawiden-Herrscher Ismail. Er eroberte den Südosten der Türkei bis hin nach Mossul (Ninive) und Kerkük; und indem er den Mamluken-Staat zerstörte, machte er sich auch Syrien, den Libanon und Ägypten Untertan. Er gehörte zu den wenigen Herrschern von Weltniveau, die in der Lage waren, die Sinai-Halbinsel zu durchqueren. Selim I. war sehr fromm, führte ein bescheidenes Leben und schrieb viele Gedichte. [Anm. d. Übers.]

Pascha werde trotz neun Monate dauernder Belagerung nicht in der Lage sein, Bagdad einzunehmen, Sultan Murad[16] aber werde das gleiche Kunststück in nur 40 Tagen vollbringen. Weiterhin prognostizierte er, dass Sultan Abdülaziz[17] abgesetzt und getötet werde.

Muschtaq Dede aus Bitlis, der in der ersten Hälfte des 18. Jahrhunderts lebte, verkündete, Ankara werde einst von einem Mann namens Kemal zur Hauptstadt der Türkei gekürt werden. Auch diese Prophezeiung erwies sich als richtig. Sein *Diwan*, ein Gedichtband, in dem dies nachzulesen ist, ist ebenfalls heute noch erhältlich.

Es besteht gar kein Zweifel daran, dass diese geliebten Diener Gottes, Propheten und rechtschaffene Menschen, ihre Vorhersagen nur mit der Erlaubnis und Kraft Gottes tätigen konnten. Gott ermöglichte und gestattete ihnen, Voraussagen zu treffen. Er sagte:

Mein Diener kann mir nicht durch irgendetwas anderes, was Mir mehr gefallen würde, näher sein als durch die Erfüllung seiner religiösen Pflichten. Trotzdem kommt er Mir durch über das Mindestmaß hinausgehende Pflichten noch näher, und während er sich Mir nähert, werde Ich zu seinen Augen, mit denen er sieht, zu den Ohren, mit denen er hört, zu den Händen, mit denen er greift.

Das durch die entsprechenden Namen Gottes recht geleitete Reisen in Zeit und Raum

Der zweite Weg, im Geist in Zeit und Raum zu reisen bzw. in immer weiter entfernte und tiefere Dimensionen von Zeit und Raum vorzustoßen, besteht darin, der Rechtleitung der entsprechenden Namen Gottes zu folgen. Alles, was existiert, basiert auf den Manifestationen

---

[16] Sultan Murad (1612-1640) war einer der bedeutendsten Herrscher des Osmanischen Reichs. Als während seiner Herrschaft Bagdad von den Safawiden erobert wurde, sandte der Sultan zuerst seinen Großwesir Hafiz Ahmad Pascha aus, damit er die Stadt zurückerobere. Nach dessen Scheitern marschierte er selbst gegen die Stadt und nahm sie ein. [Anm. d. Übers.]

[17] Abdülaziz (1830-1876) war zwischen 1861 bis 1876 osmanischer Sultan. 1876 wurde er entthront und starb den Märtyrertod, indem ihm die Pulsadern aufgeschnitten wurden. Er war ein schöner Mann und liebte das Ringen, das Reiten und die Jagd. Er zeigte auch ein aktives Interesse an der Kunst, insbesondere an Musik, Malerei und Schnitzkunst. [Anm. d. Übers.]

der Namen Gottes. Dies erkennen wir z.B. daran, dass uns Gott, der Allmächtige, durch die Manifestation Seines Namens ‚der Sehende‘ die Kraft zu sehen verliehen hat. Die Manifestation Seiner Namen ‚der aus Sich Selbst heraus Existierende‘ und ‚der, der existieren lässt‘ ermöglicht uns, unser Leben zu führen. Wenn Er die Manifestation Seines Namens ‚der, der existieren lässt‘ aussetzen würde, würde das ganze Universum auf der Stelle untergehen.

Indem sie die Rechtleitung durch die entsprechenden Namen Gottes in Anspruch nehmen, können Geistwesen wie Engel und Dschinn mit der Erlaubnis Gottes die Gestalt anderer Wesen annehmen. So ist es ihnen beispielsweise möglich, sich das Aussehen von Tieren oder Menschen anzueignen. Insbesondere die Dschinn können in die Körper von Tieren gelangen und deren Aktionen lenken. Sogar Menschen können unter ihren Einfluss geraten. Wer also jene Namen Gottes entdeckt, die uns die Fähigkeit verleihen, in weit entfernte Dimensionen von Zeit und Raum vorzudringen, und in seinen Angelegenheiten der Rechtleitung des jeweiligen Namen Gottes folgt, kann mit der Zustimmung Gottes in Zeit und Raum herumreisen und Dinge sehen und hören, die anderen Menschen verborgen bleiben.

Übernatürliche Phänomene wie Telepathie und Spiritismus

Übernatürliche Phänomene wie Telepathie und Spiritismus sind weit verbreitet. Millionen von Menschen, die Frieden und Glück in einer Welt suchen, in der eine materialistische Weltsicht Verstand und Geist der Menschen dominiert, besuchen spiritistische Sitzungen in der Mitleid erregenden Hoffnung, so genannte transzendentale Erfahrungen zu machen.

Bestimmte Menschen fühlen sich mehr als andere zu übernatürlichen Phänomenen hingezogen und besitzen eine angeborene Gabe, die sie für diese empfänglich macht. Madame Gibson, eine Frau, die als Medium fungierte, sagte z.B. die Teilung Indiens von 1947 und den Mord am amerikanischen Präsidenten Kennedy voraus. Ein aus

Ordu, Türkei, stammender Mann namens Fenni Bey, der während des 1. Weltkriegs an der Front von Medina kämpfte, berichtete:

> „Wir waren in Medina eingeschlossen. Ich konnte nicht mit meiner Familie in Istanbul kommunizieren. Eines Nachts jedoch sah ich im Traum Feuer und Rauch von meinem Haus aufsteigen. Am nächsten Morgen schickte ich nach einem meiner Soldaten, der ein Medium war. Ich gab ihm den Auftrag, sich in einen Trancezustand fallen zu lassen, zu meinem Haus zu reisen (Ich erklärte ihm, wo dies lag.) und mir zu beschreiben, was er dort sähe. Er tat, was ich ihm aufgetragen hatte, und erzählte mir: ‚Ich kam zum Haus und klopfte an die Tür. Eine alte Frau mit einem Kopftuch und einem Kind im Arm trat heraus. Ich bat den Soldaten, die Frau zu fragen, ob irgendetwas mit dem Haus nicht stimmte. Er erwiderte: < Sie sagt, deine Frau sei gestern gestorben.> ‘“

Spiritismus ist heutzutage eines der am weitesten verbreiteten übernatürlichen Phänomene. Bevor ich näher auf diese eingehe, möchte ich aber klarstellen, dass ich mit der Erwähnung dieser übernatürlichen Phänomene aufzeigen möchte, dass das Leben nicht auf die Materie allein beschränkt ist. Vielmehr ähnelt es einem Buch oder einem Schriftstück, dessen Leben vor allem in seiner Bedeutung liegt. Metaphysische oder immaterielle Phänomene sind wesentliche Komponenten unserer Existenz. Die Materie ist nebensächlich. Sie ist ein variables Werkzeug zur Manifestation des Immateriellen. Es stimmt, einige bedeutende Muslime wie Ibn al-Arabi waren und sind dafür bekannt, mit den Geistern von toten und sogar noch gar nicht geborenen Menschen kommuniziert zu haben. (Die Geister aller Menschen wurden schon lange, bevor der erste Mensch auf die Welt kam, erschaffen. Als ca. sechs Wochen alter Embryo bekommt der Mensch seinen Geist eingehaucht.) Diejenigen, die heute in der modernen Welt Geisterbeschwörungen praktizieren, unterhalten sich aber nicht mit den Seelen der Toten, sondern vielmehr mit ungläubigen Dschinn oder mit dem Satan, die ihnen in Gestalt der Toten erscheinen, mit denen sie zu sprechen wünschen. Auch Medien, die zukünftige Ereignisse voraussagen möchten, stellen meistens nur einen Kontakt zu Dschinn her, zu deren Sprachrohr sie dann werden. Dschinn sind Wesen, die länger leben als Menschen und Dinge sehen, die dem durchschnittlichen Menschen verborgen bleiben. Ihr Aktionskreis umfasst weitere Sphären von Raum und Zeit. Außerdem bewegen sie sich viel schneller fort als wir. In die Zukunft sehen können sie aber nicht. Deshalb sollten wir ihren Prophezeiungen auch dann keinen Glauben schenken, wenn sie gelegentlich wahr werden.

Es ist heute kein Geheimnis mehr, dass sich die Geheimdienste der USA und der ehemaligen Sowjetunion einen Wettstreit lieferten, in dem es darum ging, den Gegner auch auf dem Feld der übernatürlichen Kommunikationsformen zu schlagen. In nicht allzu ferner Zukunft wird es vielleicht einmal möglich sein, die Dschinn in den Bereichen Kommunikation und/oder Geheimdienstaktivitäten einzusetzen. Trotzdem ist es gefährlich, den Kontakt zu den Dschinn und zum Satan zu suchen und sich mit ihnen zu unterhalten, da sie Menschen, von denen sie angesprochen werden, leicht unter ihre Kontrolle bringen können. Abgesehen davon kommunizieren diejenigen, die dem Spiritismus frönen, wie gesagt normalerweise nur mit den ungläubigen Dschinn, die die Gestalt toter Menschen annehmen.

Ein Freund von mir, von Beruf Psychiater, erzählte mir Folgendes:

„Ich war eingeladen worden, in einem Haus in Samsun (einer Provinz in der Nordost-Türkei) an einer Geisterbeschwörung teilzunehmen. Die jüngste Tochter der Familie arrangierte einige Tassen und Buchstaben auf dem Tisch. Nun lud einer meiner anwesenden Freunde die Seele seines Großvaters ein. Schon nach wenigen Anrufungen erschien ein Mann. Als wir darauf bestanden zu erfahren, wer er denn sei, antwortete er: ‚Ich bin der Satan.‘ Wir waren völlig erstaunt. Ein wenig später fragte ich ihn, warum er denn gekommen sei, obwohl wir ihn doch gar nicht gerufen hatten. Mit Hilfe der Tassen schrieb er auf den Tisch: ‚Ich komme einfach so.‘ Dann erkundigte ich mich, ob er an Gott glaube. ‚Nein‘, schrieb er auf. ‚An den Propheten denn?‘ Abermals lautete seine Antwort ‚Nein‘. Da begann ich, ihm einige Passagen aus einem Buch vorzulesen, die sich mit der Existenz Gottes beschäftigten. Als ich also zitierte: ‚Eine Fabrik mit dieser und jener Besonderheit verweist auf denjenigen, der sie geplant und errichtet hat‘, erwiderte er: ‚Das ist wahr.‘ Als ich aber fortfuhr: ‚Analog dazu künden auch das Universum mit all seinen Planeten und insbesondere die Erde mitsamt all ihrer Pflanzen und Tiere von Gott‘, entgegnete er: ‚Falsch.‘ Unser

Zwiegespräch zog sich eine ganze Weile hin, bis ich ihm schließlich aus einer Sammlung von Bittgebeten zu Gott rezitierte. Da schrieb er: ‚Hör mit diesem Unsinn auf!‘ Als ich seiner Aufforderung nicht nachkam, hielt er es nicht länger aus und verschwand.“

Außer übernatürlichen Phänomenen dieser Art beweisen auch Beobachtungen von Ärzten in Momenten des Todes die Existenz des Geistes und der Geistwesen. Die Aussage eines Arztes, die Bedri Ruhselman in seinem Buch ‚Ruh ve Kainat‘ (Der Geist und das Universum) zitiert, lässt sich problemlos mit den Beobachtungen einer Gruppe von niederländischen Ärzten vereinbaren, die jüngst in der Presse veröffentlicht wurden. Dieser Arzt erzählte:

> „Meine Frau war schwer krank. Während sie Todesqualen durchlitt, ließen sich zwei Gebilde, die Wolken ähnelten, im Raum nieder und schwebten über ihrem Kopf. Eine Gestalt erschien, die über eine Schnur mit dem Nacken meiner Frau verbunden war und umherflatterte. Fünf Stunden lang ging das so. Dann schließlich riss die Schnur, und die Gestalt, der Geist, stieg auf und entschwebte. Genau in diesem Moment starb meine Frau.“

TRÄUME

Während wir schlafen, sind unsere Augen und Ohren geschlossen, schweigt unsere Zunge und liegen unsere Arme und Beine regungslos da. Wie also gelingt es uns trotzdem, innerhalb von Sekunden weite Strecken zurückzulegen, Menschen zu treffen und Dinge zu erledigen? Wenn wir morgens aufwachen, stehen wir oft noch ganz unter dem Einfluss dieser nur kurze Augenblicke dauernden Abenteuer. Sigmund Freud und seine Anhänger versuchten und versuchen, Träume dem unterbewussten Selbst - Gedanken, Begierden, Triebkräften und Erfahrungen der Vergangenheit - zuzuordnen. Doch wie sind Träume zu bewerten, die von Ereignissen in der Zukunft berichten, welche in gar keiner Verbindung zu uns stehen und an die niemand zuvor auch nur gedacht hat. Mit welchem Körperteil bzw. mit welchem Teil unseres Wesens träumen wir überhaupt? Warum dauern Träume nur jeweils ein paar Sekunden? Wie ist es möglich, dass wir uns am nächsten Morgen an die Träume erinnern, die wir in der Nacht hatten? All diese und ähnliche Fragen sind wie ein Puzzle, das darauf wartet, von der Wissenschaft zusammengesetzt zu werden.

Es stimmt, dass manche unserer Gedanken, Begierden, Triebkräfte und Erfahrungen der Vergangenheit, die ja unser Unterbewusstsein ausmachen, unbewusst im Schlaf an die Oberfläche gelangen. Dies gilt auch für Krankheiten, Hunger oder Probleme, die uns unlösbar erscheinen. Oft erlaubt unsere Vorstellungskraft auch den bösen Gedanken des Zorns Gestalt anzunehmen, oder sie erinnert sich an ein spannendes vergangenes Ereignis, das sie uns in neuer Form präsentiert. Träume dieser Art mögen schon irgendeine Bedeutung haben. Sie sind aber so wirr und konfus, dass sie keiner Interpretation wert sind. Ein Mensch, der vor dem Zubettgehen Salz isst, mag sich beispielsweise im Traum an einem Pool liegend wieder finden. Jemand, der sich noch kurz vor dem Einschlafen ärgert, wird sich im Traum vielleicht mit anderen herumstreiten. Menschen, die nicht wissen, wie Träume zu interpretieren sind, werden solche Träume möglicherweise mit wahren Träumen, die weiter unten noch definiert werden, verwechseln.[18]

Wahre Träume

Eine bestimmte Art von Träumen hat nichts mit dem unterbewussten Selbst zu tun. Diese Träume bergen wichtige Botschaften: Ent-

---

[18] Obwohl der Traum, den einst der König von Ägypten zu Lebzeiten des Propheten Josef hatte, wahr war, hielten seine Männer ihn für nichts sagend.

Und der König sagte: „Ich sehe sieben fette Kühe, und sie werden von sieben mageren gefressen; und ich sehe sieben grüne Ähren und (sieben) andere dürre. O ihr Vornehmen, erklärt mir die Bedeutung meines Traums, wenn ihr einen Traum auszulegen versteht." (12:43-44)

Der Prophet Joseph deutete den Traum jedoch wie folgt:

Er sagte: „Ihr werdet ununterbrochen sieben Jahre lang säen und hart arbeiten; und was ihr erntet, belasst auf den Ähren, bis auf das Wenige, was ihr esset. Danach werden dann sieben schwere Jahre kommen, die alles aufzehren, was ihr an Vorrat für sie aufgespeichert habt, bis auf das Wenige, was ihr bewahren möget. Danach wird ein Jahr kommen, in welchem die Menschen Erleichterung finden und in welchem sie (Früchte) pressen." (12:47-49)

weder bringen sie Ermutigung, Rechtleitung und frohe Kunde von
Gott oder aber Warnungen, weil der Betreffende gesündigt hat. Träume
dieser Art, die ich als ‚wahre Träume' bezeichnen möchte, sind von
großer Klarheit. Derjenige, der sie träumt, vergisst sie nicht.

Zu den wahren Träumen gehören auch Träume, die die Menschen über bevorstehende Ereignisse unterrichten. Um die Beschaffenheit und die Wirkungsweise dieser Träume verstehen zu können,
müssen wir jedoch zunächst einmal einen anderen Punkt klären.

Die Essenz jedes Schriftstücks, d.h., dessen Bedeutung, besitzt
eine Form, die schon vor dessen schriftlicher Niederlegung existierte,
die dessen schriftlicher Form vorangeht. Analog dazu besitzt alles,
schon bevor es in der Welt eine Existenz erlangt, im Wissen Gottes
eine essenzielle Form. In der Sprache der islamischen Philosophie
nennt man die essenziellen Formen der Dinge im Wissen Gottes
‚Archetypen'. Wenn Gott diese Archetypen durch die Manifestation
Seiner Weisheit, Seiner Macht und Seiner Namen wie z.B. ‚der
Gestalter', ‚der Farbe Gebende', ‚der Veranlassende', ‚der Schöpfer'
usw. in die Welt der Materie hinab senden möchte, dann kleidet Er
sie in materielle Körper. Zwischen der Welt der Archetypen, in der
sich das Wissen Gottes ursprünglich manifestiert, und der materiellen Welt gibt es noch eine weitere Welt, die wir die ‚Welt der immateriellen Formen oder Symbole' nennen wollen. Hier existieren die
Dinge in ihren Idealformen oder als Symbole, hier unterscheidet sich
das Konzept von Zeit vollkommen von dem, das auf der Erde Gültigkeit besitzt. Alle Träumenden finden oder empfangen diese Symbole auf unterschiedliche Art und Weise: Zeit, Ort, Kultur und sogar
den eigenen nationalen und individuellen Charakteristika entsprechend. Wenn der Körper schläft, macht sich der Geist auf in diese Welt
der Idealformen, ohne dabei jedoch seine Verbindung zu seinem Körper vollständig abzubrechen. Während der Mensch träumt, hält der
Geist die Verbindung zum Körper über eine Schnur aufrecht. In der
Welt der Idealformen oder Symbole betritt er eine andere Dimension des Seins, in der die einzelnen Zeiteinheiten Vergangenheit,
Gegenwart und Zukunft miteinander kombiniert sind. Zum Teil
erfährt er also Dinge aus der Vergangenheit, zum Teil aber auch zukünf-

tige Ereignisse. Da in der Welt der Idealformen und Symbole die Dinge eben in Idealformen oder Symbolen existieren, empfängt der Geist normalerweise Symbole, die es zu interpretieren gilt. Klares Wasser, was wir z.B. in jener Welt sehen, mag vielleicht in der materiellen Welt dem Wissen entsprechen. Wenn wir im Traum erkennen, dass wir überschüssige Materie besitzen, lässt sich vielleicht daraus schließen, dass wir auf rechtmäßige Art und Weise Geld verdienen werden. Gehört diese überschüssige Materie jedoch anderen, kann das bedeuten, dass wir auf unrechtmäßige Art und Weise zu Geld kommen werden. Eine fette Kuh lässt auf ein Jahr mit einer üppigen Ernte schließen, während eine magere Kuh für ein Dürrejahr steht. Die Metaphern, Vergleiche und Parabeln im Koran, die Aussprüche des Propheten und die Sprichwörter, die die Menschen verwenden, können uns wertvolle Schlüssel zur Interpretation von Träumen liefern. Einige wahre Träume sind aber auch so eindeutig, dass sie erst gar keiner Interpretation bedürfen.

Die Maßstäbe der Welt der Idealformen unterscheiden sich vollkommen von den in der materiellen Welt gültigen. Dies wurde ja bereits betont. Da der Geist in den Träumen weitgehend von den Fesseln des Körpers befreit ist, kann er dort innerhalb weniger Sekunden so viel erledigen, wie normalerweise in, sagen wir, einem Jahr. Dies erklärt auch, warum bedeutende rechtschaffene Menschen, die ihren Geist in hohem Maße von ihrem Körper emanzipiert haben, lange Distanzen in einer viel kürzeren Zeit zurücklegen können als gewöhnliche Menschen.

Beispiele für wahre Träume

Berühmt ist der Traum, den Abraham Lincoln in der Nacht vor seiner Ermordung hatte. In diesem Traum sah Lincoln, wie die Bediensteten des Weißen Hauses auf und ab liefen und einander mitteilten, Lincoln sei ermordet worden. Lincoln erwachte sehr erregt aus dem Schlaf und verbrachte einen unruhigen Tag. Am folgenden Abend setzte er sich über die Warnungen seiner Ratgeber hinweg und besuchte ein Theater, in dem er dann erschossen wurde.

Der Traum des amerikanischen Präsidenten Eisenhower kurz vor der Landung der Alliierten in der Normandie im Juni 1944 während des 2. Weltkriegs gab dem Krieg eine neue Wendung. Wenige Tage vor dem für die Landung festgesetzten Datum erlebte Eisenhower im Traum, wie ein schrecklicher Sturm aufzog, der die Landungsschiffe zum Kentern brachte. Deshalb verlegte er den Zeitpunkt der Landung nach vorn. Einige Tage später, nach der erfolgreichen Landung, wurde der Sturm aus dem Traum des Präsidenten Realität.

Die Mutter der russischen Schriftstellerin Anne Ostrovosky wurde fünf Jahre vor Ausbruch des 2. Weltkriegs im Traum Zeugin mehrerer Gefechte zwischen Russen und Deutschen. Der Inhalt ihres Traums wurde damals in der Zeitung veröffentlicht.

Viele wissenschaftliche und technologische Erfindungen sind der Inspiration durch Träume zu verdanken. Als er an einem Verfahren arbeitete, Fäden in Nähmaschinen einzufädeln, hatte Elias Howe einen Traum. Er wurde von wilden Eingeborenen in Afrika gefangen gehalten. Sie verlangten von ihm das Einfädeln eines Fadens in eine Nähmaschine. In Todesfurcht umherschweifend fiel der Blick Howes plötzlich auf die Speere der Eingeborenen, die an ihrem oberen Ende ein Loch aufwiesen. Daraufhin wachte er auf und löste sein Problem, indem er diese Speere für seine Nähmaschinen nachbildete.

Zu Beginn des 20. Jahrhunderts träumte Niels Bohr, der die Struktur der Atome studierte, von Planeten, die die Sonne umkreisten und über Schnüre mit ihr verbunden waren. Als er erwachte, fiel ihm auf, wie sehr das, was er im Traum gesehen hatte, der Struktur der Atome ähnelte.

Es gibt zahllose weitere Beispiele für wahre Träume, die uns entweder über in der Zukunft liegende Ereignisse informiert oder wissenschaftliche und technologische Entwicklungen hervorgebracht haben. Die hier zitierten Beispiele sollten jedoch genügen, um die Natur wahrer Träume und die Welt der immateriellen Formen oder Symbole mitsamt ihrer versteckten Informationen besser verstehen zu können. Wir sollten also begreifen, dass Träume aus den Reisen des Geistes in die inneren Dimensionen der Existenz resultieren.

Träume bieten uns einen schlagenden Beweis für die Existenz sowohl der immateriellen Welten als auch des Wissens und der Vorherbestimmung Gottes. Hätte Gott, der Allmächtige, nicht alle Ereignisse vorherbestimmt und auf der, wie wir sie nennen, ‚Bewahrten Tafel' aufgezeichnet, könnten wir nie etwas über bevorstehende Ereignisse erfahren. Träume weisen uns außerdem darauf hin, dass sich die Maßstäbe der Zeit entsprechend der Eigenschaften der jeweiligen Welten beträchtlich voneinander unterscheiden.

DIE ENGEL UND IHRE AUFGABEN

Engel sind aus reinem Licht erschaffen

Wie bereits erwähnt wurden die Engel aus Licht erschaffen. Der arabische Begriff für Engel lautet *Malak*. Der Wurzel des Wortes, aus dem sich dieser Begriff ableitet, gemäß bedeutet *Malak* so viel wie ‚Gesandter', ‚Abgeordneter', ‚Bevollmächtigter', ‚Aufseher' und ‚Machtvoller'. Diese Wurzel lässt auch auf eine Abstammung von einem höheren Ort schließen. Engel sind Wesen, die Beziehungen zwischen dem Makrokosmos und der materiellen Welt aufbauen. Sie übermitteln die Anweisungen Gottes, überwachen oder lenken Handeln und Leben der Lebewesen und bringen deren Anbetung Gottes in ihren eigenen Sphären zum Ausdruck.

Engel bewegen sich sehr rasch fort und durchdringen alle Bereiche des Seins

Weil sie feinstoffliche Körper besitzen, können sich Engel sehr schnell fortbewegen und alle Sphären der Existenz durchdringen. So wie sie sich in unseren Augenlidern oder in den Körpern anderer Lebewesen niederlassen, um die Werke Gottes durch unsere oder deren Augen zu betrachten, siedeln sie auch in den Herzen der Propheten und rechtschaffenen Menschen und hauchen ihnen Eingebungen ein. Diese Eingebungen stammen in der Regel von Gott, zuweilen aber auch von Engeln.

Einige Tiere wie z.B. die Honigbienen handeln den Eingebungen Gottes gemäß, auch wenn die Wissenschaft uns versichert, dass alle Tiere von Instinkten geleitet werden. Die Wissenschaft ist nicht in der Lage zu erklären, was ein Instinkt eigentlich ist und wie er funktioniert. Wissenschaftler bemühen sich herauszufinden, wie Zugvögel an ihren Bestimmungsort gelangen oder wie junge Aale, die in europäischen Gewässern schlüpfen, ihren Weg in den Pazifischen Ozean finden. Selbst wenn wir diese Phänomene auf die Informationen zurückführen, die in ihrer DNA verankert sind, stammen diese mit Sicherheit von Gott, der allwissend ist und das ganze Universum kontrolliert. Die Engel, die zu jenen Geschöpfen beordert wurden, sind dafür verantwortlich, ihr Leben zu lenken. Wenn es schon als wissenschaftliches Vorgehen anerkannt ist, dass wir die Existenz unsichtbarer Kräfte wie des Gesetzes des Wachstums lebender Geschöpfe akzeptieren, was spricht dann dagegen, diese Kräfte den Dienern Gottes, den Engeln, zuzuschreiben?

Jedes Ding, das - sei es im Kollektiv oder als Individuum - existiert, besitzt eine kollektive Identität und übt eine einzigartige universelle Funktion aus. So wie jede Pflanze ein überragendes Design und Ebenmaß zur Schau stellt und in der Sprache ihres Seins die Namen rezitiert, die der Schöpfer in ihr manifestiert hat, widmet sich auch die ganze Erde ähnlich einer einzelnen Pflanze der universellen Pflicht zu lobpreisen. Auch der weite ‚Ozean' der Himmel huldigt dem Majestätischen Schöpfer des Universums mit seinen Sonnen, Monden und Sternen. Sogar inaktive materielle Körper nehmen eine wichtige Funktion wahr, indem sie Gott verherrlichen, obwohl sie doch nach außen hin leblos und unbewusst sind. Die Engel sind die Repräsentanten dieser Körper in der Welt der inneren Dimensionen der Dinge. Sie lobpreisen in Vertretung der Körper, während die Körper im Gegenzug die Repräsentanten, Wohnorte und Gebetsstätten der Engel in der materiellen Welt darstellen.

Die Engel sind in unterschiedliche Klassen unterteilt. Eine Art von Engeln widmet sich z.B. dem Gebet zu Gott, während die andere arbeitet. Diese arbeitenden Engel haben Funktionen inne, die den menschlichen Berufen ähneln. Wenn man so will, sind die einen Schäfer, der anderen Bauern. Das heißt, die Erdoberfläche entspricht einem großen Bauernhof, auf dem ein dazu bestimmter Engel alle Spezies der Tiere unter dem Kommando des Majestätischen Schöpfers, mit Seiner Genehmigung, mit Seiner Macht und Stärke und aus Liebe zu Ihm beaufsichtigt. Jede einzelne Spezies verfügt überdies über einen unbedeutenderen Engel, der als eine Art Hirte fungiert.

Die Erdoberfläche ist ein Acker, auf dem alle Pflanzen ausgesät werden. Ein Engel wurde im Namen des Allmächtigen Gottes und durch Seine Macht mit der Aufsicht über diese Pflanzen betraut. Engel, die einen unteren Rang bekleiden, lobpreisen und verehren den Allmächtigen Gott, indem sie sich um bestimmte Pflanzenarten kümmern. Der Erzengel Michael, der einer der Träger von Gottes Thron der Ernährung ist - ein Amtsträger höchsten Ranges, den Gott beschäftigt, um Seine Werke bei der Verwaltung des Umstandes, dass Er für all Seine Geschöpfe sorgt, zu verhüllen -, ist der Aufseher über jene Engel, die die höchsten Ränge bekleiden.

Die Engel in den Positionen von Schäfern und Bauern weisen keine Ähnlichkeit zu den Menschen auf; ihre Aufsicht führen sie nur Gott zuliebe, in Seinem Namen, mit Seiner Macht und durch Seinen Befehl. Ihre Funktion besteht lediglich darin, die Manifestationen der Herrschaft, der Macht und Gnade Gottes in denjenigen Spezies zu beobachten, mit deren Aufsicht sie betraut sind. Wenn Gott mit diesen Spezies kommunizieren möchte, tut Er dies über eine Art Inspiration und dadurch, dass Er deren freiwillige Handlungen auf irgendeine Art und Weise plant. Die Aufsicht der Engel über die Pflanzen speziell auf dem Acker der Erde äußert sich darin, dass sie den Lobpreis, den die Pflanzen auf ihre Art singen, in ihrer eigenen Sprache repräsentieren. Sie müssen Lobpreis und Ekstase, die die Pflanzen dem Majestätischen Schöpfer mit ihrem Leben darbringen, mit der Sprache der Engel verkünden. Außerdem haben sie die Aufgabe, die Fähigkeiten, die den Pflanzen so meisterhaft verliehen wurden, zu regulieren, sie weiter zu entwickeln und in bestimmte Richtungen zu lenken. Diese Dienste der Engel sind Handlungen, die sie durch ihre teilweise vorhandene Willenskraft und durch ihre Anbetung und Verehrung verrichten. Die Engel sind nicht die Urheber oder Schöpfer ihrer Handlungen, denn auf allem befindet sich ein Stempel, der dem Schöpfer aller Dinge eigen ist. Niemand außer Ihm ist auch nur im Entferntesten am Schöpfungsvorgang beteiligt. Kurz: Was immer die Engel tun, ist eine Form der Anbetung. Sie handeln daher nicht, wie die Menschen zu handeln pflegen.

Da es für jede Spezies in der Schöpfung einen Engel gibt, der sie am Hof Gottes repräsentiert und dort ihre Dienste und ihre Anbetung anbietet, ist folgende Darstellung des Propheten vollkommen vernünftig und glaubwürdig:

> *Es gibt Engel mit 40.000 Köpfen und 40.000 Mündern, aus denen 40.000 Lobpreise erklingen, die von 40.000 Zungen gesungen werden.*

Diese Prophetentradition besagt, dass die Engel universellen Absichten dienen. Auch einige natürliche Geschöpfe verehren Gott mit 40.000 Köpfen auf 40.000 verschiedene Arten. Das Firmament zum Beispiel preist den Majestätischen Schöpfer mit den Sonnen und Sternen, während die Erde, die ja nur ein einzelner Körper ist, Gott mit Hunderttausenden von Köpfen verehrt, von denen jeder 100.000 Münder und 100.000 Zungen hat. Der oben zitierte Hadith bezieht sich wahrscheinlich auf den Engel, der die Erde in der Welt der inneren Dimensionen der Dinge (der Welt der immateriellen Körper) repräsentiert.

Engel tun, was Gott ihnen befiehlt

Der Majestätische Schöpfer dieses gewaltigen ‚Palastes' der Schöpfung beschäftigt vier Gruppen von Arbeitern, von denen eine die der Engel und anderer Geistwesen ist. Die zweite Gruppe besteht aus unbelebten Dingen und den Pflanzen, die wichtige Diener Gottes sind und ohne einen Lohn arbeiten. In der dritten Gruppe dienen Tiere auf unbewusste Art und Weise und erhalten dafür einen geringfügigen Lohn - ihre Nahrung und ihre Freuden. Die letzte Gruppe, die der Menschen, arbeitet im vollen Bewusstsein der Absichten des Majestätischen Schöpfers. Die Menschen ziehen aus allem ihre Lehren und überwachen die übrigen Diener, deren Rang unter dem ihrem angesiedelt ist. Dafür erhalten sie im Diesseits und im Jenseits einen Lohn in Form einer Prämie.

Die Engel stellen die erste Gruppe von Arbeitern. Sie werden für ihre Bemühungen nicht mit höheren Rängen belohnt; jeder von ihnen besetzt einen festgelegten, vorherbestimmten Rang und schöpft eine besondere Freude aus seiner Arbeit sowie einen strahlenden Glanz aus seiner Anbetung. Diese Diener werden also durch ihren Dienst selbst entlohnt. So wie Menschen von Luft, Wasser, Licht und Nahrung leben, ernähren sich die Engel von dem Licht der Erinnerung an Gott, der Verherrlichung Gottes, der Anbetung Gottes und der Liebe zu Gott; hieraus ziehen sie ihre Freude. Weil sie aus Licht erschaffen sind, brauchen sie keine andere Nahrung als Licht. Aber auch von Wohlgerüchen, die dem Licht sehr ähnlich sind, ernähren sie sich mit Vorliebe. Ein reiner Geist findet an Wohlgerüchen Gefallen.

Die Aufgaben, die die Engel auf Anweisung des Einen Gottes erfüllen, die Handlungen, die sie um Seinetwillen verrichten, der Dienst, den sie in Seinem Namen ausüben, die Beobachtungen, die ihnen Sein Blick ermöglicht, die Ehre, die ihnen durch die Verbindung mit Ihm zuteil wird, die ‚Erfrischung‘, die sie im Studium der materiellen und immateriellen Dimensionen Seines Königreichs finden, und die Zufriedenheit, die sie in der Beobachtung der Manifestationen Seiner Erhabenheit und Majestät finden, stellen unendlich große Gunstbeweise dar. Der Verstand des Menschen ist gar nicht in der Lage, den Wert dieser Gunstbeweise zu ermessen; nur die Engel selbst wissen sie wirklich zu schätzen.

Engel haben kein Geschlecht, und sie besitzen kein Selbst, das ihnen Böses gebietet

Engel tun alles, was Gott von ihnen verlangt. Sie begehen keine Sünden und sind nicht ungehorsam. Da sie kein Selbst besitzen, das ihnen Böses gebietet und sie zur Auflehnung gegen Gott anstachelt, verfügen sie über feste Ränge. Weder steigen sie auf höhere Positionen hinauf noch auf niedrigere hinab. Außerdem sind sie frei von negativen moralischen Eigenschaften wie Neid, Hass und Feindschaft und von allen Begierden und tierischen Gelüsten, wie sie Menschen oder Dschinn zu eigen sind.

Die Engel sind nicht in Geschlechter unterteilt. Sie essen und trinken nicht; sie verspüren niemals Hunger, Durst oder Müdigkeit. Obwohl sie für ihre Anbetung keinen Lohn erhalten, bereitet es ihnen besonderes Vergnügen, die Befehle Gottes auszuführen und Ihm nahe zu sein. Sie werden zwar nicht auf höhere Ränge befördert, doch trotzdem beziehen sie aus ihrer Anbetung eine gewisse spirituelle Freude. Sie ernähren sich von Anbetung, Verehrung, der Rezitation der Namen Gottes und Seiner Verherrlichung. Außerdem leben sie von Licht und süßen Wohlgerüchen.

Da Engel keine Seelen besitzen, die ihnen Böses befehlen und mit denen sie sich auseinander zu setzen hätten, bleibt ihnen ein Aufstieg auf höhere Ränge verwehrt. Die Menschen hingegen sind müssen ständig mit ihrem Selbst und dem Satan ringen. Engel, die den Menschen Rechtleitung geben sollen, rufen uns immerzu zum Glauben, zu vorbildlichem Verhalten und zur Tugendhaftigkeit. Sie ermuntern die Menschen, den Versuchungen des Satans und des menschlichen Selbst zu widerstehen, obwohl beide uns permanent zu verführen versuchen. Man kann durchaus sagen, dass das Leben des Menschen die Geschichte seiner ununterbrochenen Bemühungen ist, sich zwischen den Eingebungen der Engel durch seinen Geist und den Versuchungen des Bösen zu entscheiden. Aus diesem Grunde kann der Mensch zwar auf die höchsten Stufen emporsteigen, aber auch in die tiefsten Tiefen fallen. Und deshalb ist die Elite der Menschheit - die Propheten und die rechtschaffenen Menschen - ranghöher als die bedeutendsten Engel. Die normalen Gläubigen stehen ihrerseits über den gewöhnlichen Engeln. Zwar sind die Engel, was das Wissen um Gott und Seine Namen und Attribute betrifft, weiter fortgeschritten als die Menschen. Diese besitzen jedoch entwickelte Sinne, die Fähigkeit zur Meditation und ein komplexes Wesen. Sie übertreffen die Engel insofern, als dass sie umfassendere Spiegel der Namen und Attribute Gottes sind.

Unterschiedliche Arten von Engeln

Wie bereits erwähnt gibt es unterschiedliche Arten von Engeln. Neben denen, die damit beauftragt sind, die verschiedenen Spezies der Schöpfung auf der Erde zu beaufsichtigen und zu repräsentieren und Gott deren Anbetung zu übermitteln, gibt es vier Erzengel und die Engel, die den Thron Gottes tragen (wobei wir allerdings nicht genau wissen, was der Koran mit ‚Thron Gottes' meint und *wie* dieser getragen wird). Andere Arten von Engeln sind bekannt als *Mala'iq al-A'la* (der ranghöchste Rat), *Nadiy al-A'la* (die ranghöchste Versammlung) und *Rafiq al-A'la* (die ranghöchste Begleitung).

Bestimmte Gruppen von Engeln verfügen über bestimmte Autoritätsbereiche und tragen einen entsprechenden Namen. Einige geleiten die Seelen ins Paradies und in die Hölle. Die Engel, die die Taten der Menschen aufzeichnen, werden *Kiramun Katibun* (edle Schriftführer) genannt, und aus den Hadithen geht hervor, dass es 360 Engel gibt, die für das Leben des einzelnen Gläubigen verantwortlich sind. Sie begleiten ihn vor allem während seiner Kindheit und in hohem Alter; sie beten für ihn und bitten Gott für ihn um Verzeihung. Andere Engel eilen den Gläubigen im Krieg zu Hilfe. Sie besuchen auch die Versammlungen, in denen Gott gepriesen und verherrlicht wird, und die Zusammenkünfte, in denen sich Menschen um das Wohlgefallen Gottes und das Wohlergehen der Menschen bemühen.

Engel und insbesondere die Engel der Barmherzigkeit betreten keine Häuser, in denen Statuen stehen und sich Hunde befinden. Sie pflegen keinen engen Kontakt zu Menschen, die rituell unrein sind und halten sich von Frauen, die gerade ihre Periode haben, fern. Auch meiden sie Menschen mit schlechtem Atem, der auf den Genuss von Zwiebeln, Knoblauch oder Nikotin zurückzuführen ist. Außerdem besuchen Engel niemanden, der mit seinen Eltern und Verwandten gebrochen hat.

Gottes Macht umfasst alle Dinge. Obwohl Er auch Selbst alle Menschen beaufsichtigen könnte, überlässt Er Seine Diener doch der Obhut von Engeln, die in Seinem Auftrag handeln. Um sich das Geleit der Engel zu verdienen, sollte der Mensch seinen freien Willen nutzen, eine gute Wahl treffen und eine enge Beziehung zu Gott unterhalten. Der Mensch sollte einen starken Glauben an Gott und die Grundsäulen des Glaubens entwickeln und niemals darauf verzichten, Ihn anzubeten und regelmäßig zu Ihm zu beten. Er muss ein diszipliniertes Leben führen und darf sich nicht zu verbotenen Dingen oder Sünden hinreißen lassen.

Auch in den Schlachten von Badr und Uhud wie auch bei der Eroberung Mekkas kamen Engel den Menschen zu Hilfe. Sie unterstützen die Gläubigen, die sich aufrichtig auf dem Weg Gottes bemühen, wo und wann auch immer sie Hilfe benötigen.

Die Menschen profitieren vom Glauben an die Engel. Dieser Glaube schenkt ihnen Frieden und nimmt ihnen die Einsamkeit. Die Anregungen, die ihnen von Engeln eingegeben werden, bringen sie auf intellektueller Ebene weiter und eröffnen ihnen neue Horizonte in Erkenntnis und Denken. Das Bewusstsein der ständigen Begleitung von Engeln hält die Menschen davon ab, Sünden zu begehen und sich ungebührlich zu verhalten.

Wie der Koran die Engel beschreibt

Die relevanten Koranverse wie z.B. die folgenden gleichen einem Observatorium, von dem aus wir die Engel erblicken können:

> *Bei den Windstößen, die einander folgen; und bei den Stürmen, die durcheinander wirbeln; und bei den (Engeln), die stets (die Wolken) verbreiten und zwischen (Gut und Böse) unterscheiden und die Ermahnung überall hinabtragen, um zu entschuldigen oder zu warnen. (77:1-6)*

> *Bei den (Engeln, die die Seelen der Ungläubigen) heftig entreißen; und bei denen, (die die Seelen der Gläubigen) leicht emporheben; und bei denen, (die auf Geheiß Allahs zwischen Himmel und Erde) einher schweben; dann bei denen, (die mit den Seelen der Gläubigen ins Paradies) eifrig voraneilen; dann bei denen, die jegliche Angelegenheit (des irdischen Lebens) lenken! (79:1-5)*

> *In ihr steigen die Engel und Gabriel herab mit der Erlaubnis ihres Herrn zu jeglichem Geheiß. (97:4)*

O ihr, die ihr glaubt, rettet euch und die Euren vor einem Feuer, dessen Brennstoff Menschen und Steine sind, worüber strenge, gewaltige Engel gesetzt sind, die Allah nicht ungehorsam sind in dem, was Er ihnen befiehlt, und die alles vollbringen, was ihnen befohlen wird. (66:6)

Gepriesen sei Er! Nein, vielmehr sie sind (nur) geehrte Diener; sie kommen Ihm beim Sprechen nicht zuvor, und sie handeln nur nach Seinem Befehl. (21:26-27)

DIE BESONDEREN MERKMALE DER DSCHINN

Dschinn sind bewusste Wesen, denen Gott bestimmte Pflichten übertragen hat

Der Begriff Dschinn bedeutet wörtlich so viel wie ‚versteckt‘, ‚vor den Blicken verborgen‘. Wie bereits erwähnt sind die Dschinn eine Gruppe oder eine Spezies von Wesen, die mit dem bloßen Auge genauso wenig wahrzunehmen sind wie mit Teleskopen oder Mikroskopen. Im Koran findet sich eine kurze Sure mit dem Namen ‚Dschinn‘, die uns davon berichtet, dass eine Schar von Dschinn den Worten des Propheten Muhammad zuhörten. Einige von ihnen schenkten seiner Botschaft Glauben, andere wiederum nicht.

Sprich: „Es wurde mir offenbart, dass eine Schar der Dschinn zuhörte und dann sagte: ‚Wahrlich, wir haben einen wunderbaren Qur'an gehört, der zur Rechtschaffenheit leitet; so haben wir an ihn geglaubt, und wir werden unserem Herrn nie jemanden zur Seite stellen. Und (wir haben gehört,) dass unser Herr - Erhaben ist Er - Sich weder Gattin noch Sohn genommen hat.“ ... Und manche unter uns sind solche, die rechtschaffen (handeln), und manche unter uns sind weit davon entfernt; wir sind Sekten, die verschiedene Wege gehen. (72:1-2, 11)

Diesen Worten entnehmen wir, dass die Dschinn ebenso wie die Menschen bewusste Wesen sind, die von Gott mit bestimmten Pflichten betraut wurden. Neue Entdeckungen in der Biologie haben enthüllt, dass Gott für jede Sphäre im Universum eigene Wesen erschaffen hat. Die Dschinn könnten erschaffen worden sein, als die Erde noch ein Himmelskörper war, der aus einer Art Feuer bestand. Sie waren die Vorgänger der Menschen in der Schöpfung und dafür

verantwortlich, die Erde zu kultivieren und zu veredeln. Obwohl
Gott die Dschinn später ihres Amtes enthob und durch die Menschen
ersetzte, die fortan über die Erde herrschen sollten, befreite Er sie
nicht von ihren religiösen Pflichten.

Dschinn sind aus rauchlosem Feuer erschaffen

Im Koran findet sich die Feststellung, die Dschinn seien aus rauchlosem Feuer erschaffen worden. Ein Koranvers erläutert, dass das
Feuer, aus dem die Dschinn stammen, aus sengender Glut bestand.
(15:27) Ob der Koran damit Energie oder etwas anderes (z.B. Röntgenstrahlen) meint, ist umstritten.

Dschinn sind ebenso wie Engel den Beschränkungen
von Zeit und Raum nicht unterworfen

So wie die Engel gelangen auch die Dschinn extrem schnell von
einem Ort zum anderen. Sie unterliegen nicht den Beschränkungen
von Zeit und Raum, innerhalb derer wir uns normalerweise bewegen.
Doch da der menschliche Geist aktiver und schneller als die Dschinn
ist, kann ein Mensch, der auf einer Ebene des Geistes lebt, auf der
man die Grenzen der Materie hinter sich lässt und die Fesseln von
Raum und Zeit abstreift, die Dschinn in puncto Geschwindigkeit
und Aktivität übertreffen. Ein Beispiel dafür aus dem Koran: Als der
Prophet Salomo jene, die ihn umgaben, fragte, wer ihm wohl den
Thron der Königin des Jemen bringen könne, antwortete ihm ein
Mitglied der Dschinn, dass er dies schaffen würde, noch bevor das
Treffen beendet sei, und erhob sich. Doch ein Mann, der mit einem
besonderen Wissen um Gott ausgestattet war, erwiderte: *Ich bringe
ihn dir, bevor dein Blick zu dir zurückkehrt.* (Siehe 27:38-40)

Verglichen mit uns Menschen können sowohl Dschinn als
auch Engel die schwierigeren Aufgaben bewältigen

Es gibt nichts, was Gott, dem Allmächtigen, schwer fiele. Das ganze
Universum erschafft Er mit der gleichen Leichtigkeit wie ein winziges Partikel. Er hat Menschen, Dschinn und Engel mit der nötigen

Kraft und Stärke ausgestattet, die sie brauchen, um ihre Funktionen und Pflichten verrichten zu können. So wie Er sich der Engel bedient, um die Bewegungen der Himmelskörper zu überwachen, hat Er den Menschen erlaubt, über die Erde und die Materie zu herrschen, Zivilisationen aufzubauen und Technologien hervorzubringen.

Kraft und Stärke sind weder auf die physische Welt begrenzt, noch entsprechen sie der körperlichen Größe. Wir können beobachten, dass immaterielle Dinge viel kräftiger sind als riesige physische Körper. Ein Beispiel: Das Gedächtnis ist viel ausgedehnter und umfassender als ein großer Raum. Mit unseren Händen können wir ein sehr nahes Objekt berühren, unsere Augen aber sind in der Lage, schon in einem einzigen Augenblick weite Distanzen zurückzulegen. Und unsere Vorstellungskraft vermag es sogar, mit einem Mal Zeit und Raum hinter sich zu lassen. Winde können Bäume entwurzeln und Wolkenkratzer zerstören; und winzige Schösslinge einer Pflanze sind dazu fähig, Felsen zu spalten und sich den Weg ins Sonnenlicht zu bahnen. Die Kraft der Energie, deren Existenz wir aus der Wirkung, die sie produziert, ableiten können, ist uns wohl bekannt.

All dies beweist, dass die Kraft eines bestimmten Dings nicht von seiner physischen Struktur bestimmt wird. Eher verhält es sich so, dass die immaterielle Welt die physische beherrscht und dass immaterielle Einheiten materiellen Einheiten weit überlegen sind.

DIE ERSCHEINUNGSFORMEN VON ENGELN UND DSCHINN IN DER SICHTBAREN WELT

Wie wir bereits festgestellt haben, ist es Engeln und Dschinn möglich, eine bestimmte Form anzunehmen und in der sichtbaren Welt in Gestalt jedes beliebigen Wesens zu erscheinen. In unserer Welt können wir eine Bewegung vom Sichtbaren hin zum Unsichtbaren beobachten. Beispiele für dieses Phänomen sind die Verdunstung von Wasser und dessen Verschwinden in der Atmosphäre, die Umwandlung fester Materie in Flüssigkeit oder Gas (Wasserdampf) oder - wie bei der Kernspaltung - die Transformation von Materie in Energie. Daneben sticht aber auch die Bewegung in die Gegenrichtung ins Auge, nämlich vom Unsichtbaren zum Sichtbaren. Verdampftes Wasser verwandelt sich in Regentropfen, Hagelkörner oder Schneeflocken und Energie in Materie. Dementsprechend können auch immaterielle Gedanken und Bedeutungen in Essays und Büchern die körperliche Form von Buchstaben und Worten annehmen.

Analog dazu kleiden sich unsichtbare Wesen wie Engel, Dschinn oder andere Geistwesen in bestimmte materielle Substanzen wie Luft oder Äther und werden dann sichtbar. Imam Schibli zufolge erlaubt Gott ihnen, wenn Er denn so will, Gestalt anzunehmen, wenn sie irgendeinen der Namen Gottes aussprechen. Diese Namen übernehmen - so Schibli - nämlich die Funktion eines Schlüssel oder eines Visums, der oder das ihnen erlaubt, sich eine Form anzueignen und in der Welt sichtbar zu werden. Wenn sie aber versuchen, ohne die Genehmigung Gottes und im Vertrauen auf ihre eigenen Fähigkeiten eine sichtbare Form anzunehmen, werden sie in Stücke gerissen und gehen zu Grunde.

Im Koran (19:17) lesen wir, dass der Geist, den Gott zu Maria sandte und den muslimische Gelehrte als den Erzengel Gabriel identifizierten, in der Gestalt eines Menschen vor ihr erschien. Als Gabriel mit der Offenbarung der Botschaften Gottes zum Propheten Muhammad kam, trat er nur selten in seiner tatsächlichen Gestalt auf, sondern meistens in der eines Kriegers, eines Reisenden oder eines Gefährten namens Dihya. Nach dem Ende der Schlacht der Gräben z.B. gab er sich die Gestalt eines Kriegers auf dem Rücken eines Pferdes und sagte zum Propheten: „Gesandter Gottes! Du hast deine Rüstung ausgezogen. Wir Engel hingegen haben sie noch an. Gott befiehlt dir, gegen die Banu Qurayza zu marschieren!" Einmal fand sich Gabriel in der Gestalt eines ganz in Weiß gekleideten Reisenden ein. Weil er die Gefährten des Propheten religiös unterweisen wollte, stellte er diesem Fragen wie „Was bedeutet Glaube?", „Was versteht man unter Islam?", „Was bedeutet *Ihsan*?" und „Wann ist der Jüngste Tag?"

So wie die Engel und Dschinn kann auch der Satan (der zu den Dschinn zu zählen ist) verschiedene Formen annehmen. Man erzählt sich, dass er vor der Schlacht von Badr den Anführern der Quraysch erschien und ihnen Befehle erteilte. Dabei soll er wie ein alter Mann aus dem Nadschd (dem arabischen Hochland) ausgesehen haben. Einer der Gefährten, der die Kriegsbeute bewachte, ertappte den Satan dabei, wie er versuchte, diese zu beschädigen. Daraufhin bat ihn der Satan, ihn freizulassen, was er dann auch tat. Als der Satan dann aber auch einen zweiten und dritten Versuch unternahm und ihn der Gefährte zum Propheten bringen wollte, beschwor ihn der Satan: „Lass mich frei, und ich werde dir verraten, wie du dich vor mir schützen kannst." Der Gefährte ließ sich auf den Handel ein, und der Satan antwortete ihm, dass die Koransure 2:255 Schutz vor dem Satan biete. Als der Prophet von dieser Begebenheit erfuhr, kommentierte er sie folgendermaßen: „Dieser Satan ist zwar ein Lügner, bei dieser Gelegenheit hat er allerdings die Wahrheit gesagt."

In der Sure *Al-Ahqaf* wird berichtet, dass eine Gruppe von Dschinn dem Propheten beim Rezitieren des Koran zuhörte und ihrem Volk später mitteilte:

> *O unser Volk, wir haben ein Buch gehört, das nach Moses herabgesandt worden ist (und) welches das bestätigt, was schon vor ihm da gewesen ist; es leitet zur Wahrheit und zum geraden Weg.* (46:30)

Weiterhin schildert die Sure die Bemerkungen und Kommentare der Dschinn zu dem, was sie da vernahmen. Auch einige Hadithe beschreiben ausführlich, wie der Prophet vor den Dschinn den Koran rezitierte und ihnen seine Botschaft übermittelte.

Die Dschinn können auch die Gestalt unterschiedlicher Tiere wie z.B. Schlangen, Skorpione, Rinder, Esel und Vögel annehmen. Als ihnen der Prophet Muhammad im Tal von Batn al-Nakhla den Treueid abnahm, verlangte er von ihnen, dass sie seiner *Umma* (die Gemeinschaft der Gläubigen) entweder in ihrer tatsächlichen Gestalt oder in anderen angenehmen Formen erscheinen sollten, nicht aber in Gestalt von schädlichen Tieren wie Hunden und Skorpionen. Außerdem warnte er seine *Umma*:

> *Wenn ihr irgendwelches Ungeziefer in eurem Haus seht, fordert es dreimal auf: „Um der Sache Gottes willen, verschwindet von hier!" Denn möglicherweise gehört es zu euch freundlich gesinnten Dschinn. Wenn es sich aber nicht*

entfernt, gehört es nicht zu den Dschinn. Dann ist es euch, sofern es schäd-
lich ist, gestattet, es zu töten.

Die Dschinn, die dem Propheten die Treue schworen, versprachen ihm: „Wenn deine *Umma* vor allem, was sie tut, die *Basmala* (die
Formel „Im Namen Gottes, des Erbarmers, des Barmherzigen!")
spricht und all ihre Speisen abdeckt, werden wir weder ihr Essen noch
ihre Getränke jemals anrühren."[19] Ein anderer Hadith besagt:

> *(Wenn ihr euch erleichtert habt,) reinigt euch nicht mit Knochen und getrock-*
> *neten Dungstücken, denn sie gehören zur Nahrung eurer Dschinnbrüder.*

DSCHINN UND MENSCHEN

Einige Menschen besitzen die angeborene Fähigkeit, sich in einen
Trancezustand zu versetzen und mit Wesen aus der unsichtbaren Sphäre
des Seins Kontakt aufzunehmen. Man darf jedoch nicht vergessen,
dass unsichtbare Wesen - ob Engel oder Dschinn ist egal - über ihre
eigenen spezifischen Lebensbedingungen verfügen. Sie sind an
bestimmte Prinzipien und Grenzen gebunden. Aus diesem Grunde
sollte jemand, der sich mit den Dschinn in Verbindung setzt, seine
Beziehungen zu ihnen sorgfältig prüfen. Es kann leicht passieren, dass
man unter den Einfluss der Dschinn gerät und zu ihrem Spielzeug wird.
Oft wird behauptet, Ghulam Ahmad Qadiyani (1839-1908) sei
ein Opfer der Tricks der Dschinn geworden. Er versuchte, dem Islam
zu dienen, indem er auf dem Weg der Fakire gegen das Hindu-Yoga
ankämpfte, wo böse Geister von ihm Besitz ergriffen. Zunächst flüster-
ten sie ihm ein, er sei ein Mensch, der die Religion wiederbelebe;
dann überzeugten sie ihn davon, der Messias zu sein. Schließlich ging
Ghulam Ahmad, nachdem er ihnen ganz und gar verfallen war, sogar
so weit, dass er behauptete, eine Inkarnation Gottes zu sein.
Sünden und Unsauberkeit sind wie eine Einladung für den Einfluss böser Geister - ungläubiger Dschinn. Vor allem Menschen mit
einem sensiblen Wesen oder einem Hang zur Melancholie und sol-

---

[19]   Wir wissen nicht, wie sie es bewerkstelligen können, unsere Speisen zu essen oder unsere Getränke zu trinken.

che, die ein zügelloses undiszipliniertes Leben führen, sind gefährdet, dem Einfluss der Dschinn zu erliegen. Sie - die bösen Geister - siedeln normalerweise an Orten für Schutt und Müll oder an anderen schmutzigen Orten wie Bädern und Toiletten.

Rufen Dschinn bestimmte Krankheiten hervor?

Die Dschinn sind durchdringende Wesen, durchdringender noch als Röntgenstrahlen. Es fällt ihnen nicht schwer, in den menschlichen Körper zu gelangen, sogar in die Adern und in die zentralen Orte des Gehirns. Heute ist allgemein bekannt, dass man Laserstrahlen, die in vielen Bereichen wie z.B. in der Computer- und in der Atomwaffentechnik, in der Medizin, in der Kommunikationstechnik und bei polizeilichen Ermittlungen eingesetzt werden, auch auf die Blutgefäße des Menschen richten kann, wo sie in der Lage sind, Pfropfen zu beseitigen. Wenn wir nun berücksichtigen, dass der Satan - so wie alle anderen Dschinn auch - aus rauchlosem Feuer erschaffen wurde, das ja tief in den Körper einzudringen vermag und das wir als eine Art Strahlung oder radioaktive Energie interpretieren können, wird uns vielleicht die Bedeutung des folgenden Hadithes klar: *Der Satan bewegt sich dort, wo das Blut in Wallung ist.* Genau deshalb sind die Dschinn dazu in der Lage, dem Körper Schaden zuzufügen und physische und/oder psychische Krankheiten hervorzurufen. Ich glaube, Autoritäten auf dem Gebiet der Medizin wären gut beraten zu prüfen, ob die Dschinn nicht zumindest für einen Teil der Krankheiten verantwortlich sind. Hinter der Krankheit Krebs z.B. verbirgt sich ein unstrukturiertes krankhaftes Wachstum im Körper, das wir auch als eine Art ‚Anarchie der Zellen' bezeichnen. Vielleicht haben sich bei dieser Krankheit einige Dschinn in einem Teil des Körpers niedergelassen, die die Struktur der Körperzellen zerstören.

Obwohl die Wissenschaften die Existenz unsichtbarer Wesen noch nicht akzeptieren und sich nach wie vor auf die materielle Welt beschränken, denke ich, es lohnt sich, die Möglichkeit in Betracht zu ziehen, dass bösartige Wesen bei Geisteskrankheiten wie der Schizophrenie eine Rolle spielen. Täglich sind überall auf der Welt Fälle zu beobachten, bei denen Menschen, die an Geisteskrankheiten, Schizophrenie oder sogar an Krebs leiden, durch die Rezitation bestimmter Gebete geheilt werden. Diese Fälle sind ernst zu nehmen und bedeutend. Man sollte nicht über sie hinweggehen, indem man sie Begriffen wie ‚Suggestion' oder ‚Auto-Suggestion' zuschreibt. Wenn es den Wissenschaften gelingt, die undurchlässige Schale aufzubrechen, in die sie sich selbst eingeschlossen haben, und die Existenz einer metaphysischen Sphäre bzw. den Einfluss metaphysischer Kräfte zu akzeptieren, dann werden sie dadurch viele Hindernisse aus dem Weg räumen. Sie werden noch weit größere Fortschritte erzielen und sich besser denn je vor Irrtümern schützen.

Die Türen zur metaphysischen Welt stehen bis heute lediglich einen winzigen Spalt breit offen. Die Menschheit befindet sich gerade im Anfangsstadium der Kontaktaufnahme mit den Dschinn und dem Satan. Eines Tages werden die Menschen sich jedoch gezwungen fühlen, die Welt der Dschinn und des Satans zu betreten, um viele ihrer Probleme, die im Zusammenhang mit der materiellen Welt stehen, lösen zu können.

Der Koran erklärt, dass Gott *dem Haus Abrahams das Buch und die Weisheit, und ein mächtiges Reich gab.* (4:54) Dieses mächtige Reich manifestierte sich am strahlendsten in den Propheten David und Salomo. Der Prophet Salomo herrschte nicht nur über einen großen Teil der Menschheit, sondern auch über Dschinn, den Satan, Vögel und die Winde.

> *...und von den Satanen, die für ihn tauchten und dazu noch andere Werke verrichteten; und Wir Selbst beaufsichtigten sie.* (21:82)

> *Sie machten für ihn, was er begehrte: Paläste und Bildwerke, Becken wie Teiche und feststehende Kochbottiche.* (34:13)

> *Und Salomo (machten Wir) den Wind (dienstbar); sein Herweg dauerte einen Monat, und sein Hinweg dauerte einen Monat.* (34:12)

Der Thron der Königin von Saba wurde in der Zeitspanne eines Augenzwinkerns vom Jemen nach Jerusalem getragen. (Siehe 27:40)

Die Verse, die sich auf das Königreich Salomos beziehen, weisen auf die letzte Grenze der Verwendung von Dschinn und Satan durch den Menschen hin. Diese Verse lassen den Schluss zu, dass die Menschen eines Tages in der Lage sein werden, Dschinn und Satan in ihren Dienst zu stellen, insbesondere im Bereich der Kommunikation. Vorstellbar wäre durchaus, dass sie auch in Sicherheitsfragen, im Bergbau und als Metallarbeiter, ja sogar in der Raumfahrt und bei historischen Forschungen eingesetzt werden. Weil Dschinn eine Lebenserwartung von ca. 1.000 Jahren haben, könnten sie uns zudem bei der Revision historischer Fakten behilflich sein.

DER SATAN UND DIE MENSCHEN

Warum der Satan erschaffen wurde

So wie die Dschinn, mit denen der Satan zumeist verkehrte, wurde auch der Satan selbst aus Feuer erschaffen. Bevor Gott ihn durch Adam einem Test in Sachen Gehorsam und Aufrichtigkeit unterzog, hatte der Satan häufig Umgang mit Engeln. Er betete zu Gott und verehrte Ihn ähnlich wie sie. Doch im Unterschied zu den Engeln, die stets genau das tun, was ihnen aufgetragen wird, und niemals gegen Gott rebellieren (66:6), besitzt der Satan (der Iblis hieß, bevor er Gott den Gehorsam verweigerte und sich weigerte, vor Adam niederzuknien) die Freiheit, seinen eigenen Weg zu gehen.

Als Gott ihn und die Engel auf die Probe stellte und ihm befahl, sich vor Adam (d.h., vor den Menschen) niederzuwerfen, brach die Saat des Eigendünkels und des Ungehorsams hervor und verschluckte ihn. In seiner Eitelkeit antwortete er:

> *Ich bin besser als er. Du erschufst mich aus Feuer, und ihn hast Du aus Ton erschaffen.* (38:76)

Die Erschaffung des Satans hatte verschiedene Gründe. Zunächst einmal würde die Schöpfung des Menschen keinen Sinn machen, wenn der Satan nicht ständig versuchen würde, ihn in Versuchung zu führen. Gott hat zahlreiche Diener, die - wie z.B. die Engel - nicht die Fähigkeit zu rebellieren besitzen und deshalb alles tun, was ihnen befohlen wird. Die Existenz eines absolut göttlichen Wesens mit vielen Namen und Attributen verlangt danach, dass Es Seine Namen auch manifestiert. Diese Notwendigkeit besteht nicht auf Grund irgendeines nicht wahrnehmbaren äußeren Zwanges, sondern aus der essenziellen Natur Seiner Namen (‚der Schöpfer', ‚der Barmherzige', ‚der alles Erhaltende', ‚der ewig Lebende', ‚der Lebensspender', ‚der Schöne', ‚der Allmächtige' etc.) heraus. Also manifestiert Gott diese Namen durch den Menschen.

Weil Gott einen freien Willen besitzt, hat Er diesen auch dem Menschen gewährt. Über einen freien Willen zu verfügen heißt, eine Wahl zwischen zwei Möglichkeiten zu haben. Gott hat den Menschen außerdem mit dem größten Potenzial ausgestattet. Wenn der Mensch nun sowohl in seinem Innern als auch in seinem Umfeld immerzu die Erfahrung macht, einen Kampf auszufechten, dann ist dies darauf zurückzuführen, dass er einerseits das Potenzial ausschöpft und sich andererseits ständig zwischen möglichen Alternativen entscheiden muss. Gott hat den Spatzen Falken geschickt, damit sie mit deren Unterstützung ihre Fähigkeit zu fliehen verbessern. Zum Wohle der Menschen wiederum hat Er den Satan erschaffen und ihm gestattet, sie in Versuchung zu führen. Denn dadurch, dass Gott uns Menschen die Chance gab, Versuchungen zu widerstehen, können wir uns spirituell weiterentwickeln und unsere Willenskraft stärken. So wie der Hunger Mensch und Tier dazu anregt, Anstrengungen zu unternehmen und neue Wege zu beschreiten, und Angst dazu inspiriert, eine bessere Verteidigung aufzubauen, veranlassen die Versuchungen des Satans den Menschen, sein Potenzial auszuschöpfen und ständig auf der Hut vor Sünden zu sein.

Engel schwingen sich nicht auf höhere Stufen empor, weil der Satan sie nicht in Versuchung führen und verleiten kann. Auch Tiere verharren auf festgelegten Rängen und steigen weder auf noch ab. Doch in der menschlichen Sphäre ist die Anzahl der Stufen und Ränge schier unbegrenzt. Der Mensch kann genauso höchste Höhen erklimmen, wie in tiefste Tiefen hinabstürzen. Die Ränge der bedeutendsten Propheten und rechtschaffenen Menschen bis hinunter zu jenen von Kreaturen wie dem Pharao und Nimrod[20] sind durch eine unendlich lange Kette der spirituellen Evolution miteinander verbunden. Daher steht es uns auch nicht zu, zu behaupten, die Schöpfung des Satans sei von Übel. Natürlich ist der Satan selbst ein durch und durch böses Geschöpf. Aber ganz abgesehen von der hier beschriebenen Bedeutung des Satans für die Schöpfung umfasst die Schöpfung Gottes das ganze Universum. Daher sollte die Existenz des Satans in Relation zu den Resultaten, die er bewirkt, beurteilt werden, nicht nur nach seinen Handlungen. Alles, was Gott tut oder erschafft, ist entweder für sich selbst betrachtet oder in seinen Auswirkungen gut und schön. Der Regen zum Beispiel bringt viele Ergebnisse hervor, von denen der Mensch größtenteils profitiert. Auch aus dem Feuer zieht der Mensch großen Nutzen. Wenn jemand Schaden nimmt, weil er mit diesen Elementen falsch umgegangen ist, darf deshalb noch lange nicht behauptet werden, die Schöpfung des Feuers bzw. Wassers sei nicht sinnvoll gewesen. Der Hauptzweck des Satans in Bezug auf die Schöpfung besteht darin, dem Menschen dabei zu helfen, sein Potenzial auszuschöpfen, seine Willenskraft durch das Standhaftbleiben bei Versuchungen zu stärken und sich auf höhere spirituelle Ränge emporzuschwingen. Wenn trotzdem weiter beklagt wird, dass viele, ja sogar die meisten Menschen dem Unglauben verfallen, der Verführung durch den Satan erliegen und so die Bestrafung durch die Hölle auf sich ziehen, dann lautet meine Antwort wie folgt:

Obwohl der Satan für viele gute und universelle Zwecke erschaffen wurde, von denen einige im Verlauf dieses Kapitels angesprochen wurden, lassen sich leider eine ganze Reihe von Menschen auch von ihm täuschen. Der Satan flüstert uns Dinge ein und macht uns Vorschläge. Er besitzt jedoch weder die Fähigkeit noch die Macht, einen Menschen zu zwingen, etwas Falsches und Sündhaftes zu tun. Wenn ein Mensch so charakterschwach ist, sich von den falschen Versprechungen des Satans täuschen zu lassen, und sich gestattet, den Spuren des Satans in den Abgrund zu folgen, dann ist dies seine eigene

---

[20] Pharao und Nimrod waren tyrannische und grausame vorislamische Herrscher, die für sich beanspruchten, Götter zu sein.

Schuld. Er missbraucht eine bedeutende Fähigkeit, der Gott Existenz verliehen hat, damit der Mensch sein Potenzial abrufe und die höchsten Höhen erklimme. Dem Menschen bleibt es überlassen, seinen freien Willen - auf dem ja sein Menschsein ganz entscheidend basiert und für den ihm ja auch die höchste Position in der Schöpfung verliehen wurde - vernünftig und im Sinne seiner intellektuellen und spirituellen Weiterentwicklung einzusetzen. Oder er beschwert sich darüber, mit einem freien Willen ausgestattet worden zu sein, was ja nichts anderes hieße, als sich über sein eigenes Menschsein zu beschweren.

Außerdem ist Qualität viel wichtiger als Quantität. Daher sollten wir auch nicht quantitative, sondern vielmehr qualitative Werte in Betracht ziehen. Hundert Dattelkerne beispielsweise sind keine hundert Cent wert, solange sie noch Samenkörner sind, die nicht in die Erde gepflanzt wurden, um dort dank einiger biochemischer Prozesse zu Palmen heranzuwachsen. Wenn aber nur zwanzig dieser hundert Kerne unter der Erde keimen und sich zu Bäumen entwickeln, während der Rest auf Grund von Überwässerung in der Erde verrottet, kann dann jemand daherkommen und sagen, es wäre schlecht gewesen, sie einzupflanzen und zu bewässern? Jeder vernünftige Mensch wird zugeben, dass es sinnvoll war, nun über zwanzig Bäume an Stelle von zwanzig Kernen zu verfügen, denn zwanzig Bäume werfen ja 20.000 weitere Kerne ab.

Ein weiteres Beispiel: 100 Eier eines Pfaus sind nicht mehr als einige Dollar wert. Wenn der Pfau nun auf diesen Eiern sitzt und in der Folge 20 Küken schlüpfen, die anderen 80 jedoch zerbrechen, dann wird doch kaum jemand ernsthaft behaupten können, der Verlust von 80 Eiern sei, verglichen mit den 20 Küken, ein schlechtes Geschäft. Im Gegenteil, es ist sehr einträglich, 20 Küken auf Kosten der 80 Eier gewonnen zu haben. Denn diese 20 Küken werden ja ihrerseits reichlich Eier legen.

Die Menschheit hat in ihrem Kampf gegen den Satan und das Böses gebietende Selbst viele ihrer Mitglieder verloren. Im Austausch dafür hat sie aber auch Tausende, ja sogar Millionen von Menschen gewonnen, die sich in Weisheit, Wissen, Aufrichtigkeit und guter Moral auszeichnen und Sonne, Mond und Sterne der Welt des Menschen darstellen.

Gedanken und Vorstellungen, die den Menschen gegen seinen Willen befallen

Gewisse Gedanken und Vorstellungen oder Assoziationen zu bestimmten Begriffen, die den Menschen gegen seinen Willen befallen, resultieren aus den Einflüsterungen des Satans. Im Herzen des Menschen gibt es zwei Pole, die den beiden Polen einer Batterie ähneln.[21] Der eine empfängt die Eingebungen der Engel, während der andere anfällig gegenüber den Einflüsterungen des Satans ist.

Wenn ein gläubiger Mensch seinen Glauben und seine Anbetung intensiviert und wenn seine Gefühle gewissenhaft und anständig sind, attackiert ihn der Satan aus verschiedenen Richtungen. Der Satan gibt sich keine große Mühe, jene in Versuchung zu führen, die ihm freiwillig folgen und sich flüchtigen Vorlieben und körperlichen Vergnügen hingeben. Normalerweise zielt er auf aufrichtige, fromme Gläubige, die im Begriff stehen, höhere spirituelle Ränge zu erklimmen. Sündhaften Ungläubigen hingegen flüstert er neue Ideen im Namen des Unglaubens ein und zeigt ihnen neue Wege auf, mit der wahren Religion und frommen Gläubigen zu kämpfen.

Die Bedeutung der Tatsache, dass der Satan den Menschen aus verschiedenen Richtungen bedrängt

Im Koran lesen wir, dass Gott den Satan wegen seines Ungehorsams verfluchte. Daraufhin bat dieser Gott um einen Aufschub seiner Strafe bis zum Jüngsten Tag und darum, die Menschen in Versuchung führen zu dürfen. Nachdem Gott ihm aus den oben angeführten Gründen die Erlaubnis erteilt hatte, die Menschen zu verführen, erwiderte der Satan:

---

[21] Mit ‚Herz‘ ist hier das Zentrum des spirituellen Intellekts des Menschen gemeint. [Anm. d. Übers.]

Dann will ich über sie von vorne und von hinten kommen, von rechts und von links, und Du wirst die Mehrzahl von ihnen nicht dankbar finden. (7:17)

Der Vers bekräftigt, dass der Satan alles daran setzt, den Menschen in Versuchung zu führen. Der Mensch ist ein sehr komplexes Geschöpf: Wie bereits erwähnt wurde, manifestiert Gott in ihm all Seine Namen. Die Welt ist für den Menschen eine Arena der Prüfung. Er wurde auf die Welt geschickt, damit er sich darin übt, Gott als Spiegel zu dienen und sich ewige Glückseligkeit zu verdienen. Gott hat ihn mit zahlreichen Gefühlen, Fertigkeiten und Potenzialen ausgestattet, die er weiterentwickeln und ausschöpfen muss. Wenn einige dieser Gefühle und Fertigkeiten wie Intelligenz, Wut, Gier, Eigensinn und Lust nicht geschult, sondern auf hochtrabende Ziele gerichtet und zu unerwünschten Zwecken genutzt werden und wenn die natürlichen Bedürfnisse des Menschen und seine tierischen Gelüste nicht beschnitten und auf rechtmäßige Art und Weise befriedigt werden, dann werden sie dem Menschen sowohl in Bezug auf das Diesseits als auch für das Jenseits gefährlich und können dafür sorgen, dass er auf die ‚niedrigste aller Stufen‘ zurückfällt.

Der Satan nähert sich dem Menschen von links. Dabei versucht er, sich dessen tierischen Aspekt zu Nutze zu machen und die entsprechenden Gefühle und Fähigkeiten zu missbrauchen. Auf diese Art und Weise will er den Menschen zu allen Arten von Sünden und Verbrechen verleiten. Wenn er dem Menschen von vorn begegnet, weckt er in ihm Zukunftsängste. Er verkündet ihm, dass es so etwas wie den Jüngsten Tag gar nicht gibt, und behauptet, alles, was die Religion in Bezug auf das Jenseits sagt, sei frei erfunden. Außerdem beharrt er darauf, dass die Zeit der Religion abgelaufen sei und in Gegenwart und Zukunft keine Aussagekraft mehr besäße. Wenn der Satan den Menschen von hinten überfällt, bemüht er sich, ihn davon abzubringen, an die Prophetenschaft und alle anderen Glaubensgrundsätze wie die Existenz und Einheit Gottes, die Heiligen Schriften und die Engel zu glauben. Über solche Einflüsterungen und Anspielungen versucht der Satan, den Menschen zum Abbruch aller

Verbindungen zur Religion zu bewegen und ihn zu allen Arten von Sünden zu verleiten.

Bei einem frommen praktizierenden Gläubigen können die Anstrengungen des Satans, ihn von links, von vorne oder von hinten zu drangsalieren, nicht zum Erfolg führen. Deshalb nähert er sich einem solchen Menschen von rechts und setzt ihn der Versuchung aus, seine Tugend und seine guten Taten zur Schau zu stellen und stolz auf sie zu sein. Der Satan flüstert ihm ein, was für ein guter Mensch er doch ist, und treibt ihn durch seinen Eigendünkel und durch sein Verlangen, von anderen für gute Taten gelobt zu werden, ins Verderben. Wenn ein gläubiger Mensch zum Beispiel das freiwillige Gebet spät in der Nacht (*Tahadschud*) verrichtet und dies dann überall verkündet, um von seinen Mitmenschen anerkannt zu werden, wenn er Leistungen und gute Taten für sich selbst in Anspruch nimmt und andere hinter ihrem Rücken kritisiert, dann bedeutet das nichts anderes, als dass er unter den Einfluss des Satans geraten ist. Dies stellt eine große Gefahr für den Gläubigen dar, und deshalb sollte jeder Gläubige ständig vor einer Annäherung des Satans von rechts auf der Hut sein.

Eine weitere Tücke des Satans besteht darin, unwichtige Dinge als wichtig hinzustellen und wichtige Dinge als unwichtig. Wenn ein Gläubiger in der Moschee mit anderen Muslimen Nebensächlichkeiten diskutiert - beispielsweise, ob es statthaft ist, für die Anbetung Gottes nach den vorgeschriebenen Gebeten eine Gebetskette zu verwenden oder nicht -, während sich die Jugendlichen in seiner Gemeinde auf dem Weg zum Unglauben befinden, weil sie mit dem Materialismus liebäugeln oder im Sumpf der Unmoral zu ertrinken drohen, dann ist auch dies ein Hinweis darauf, dass der Satan in seinem Bemühen, ihn in Versuchung zu führen, erfolgreich war.

Der Satan flüstert dem Menschen unangenehme Gedanken und Vorstellungen ein

Wenn alle Bemühungen des Satans, einen frommen Gläubigen zu verführen, gescheitert sind, flüstert er ihm unangenehme Gedanken und Vorstellungen ein. Mittels Assoziationen zu bestimmten Begriffen bringt er ihn dazu, sich falsche Vorstellungen vom Wesen Gottes, vom Unglauben oder auch vom Ungehorsam anzueignen. Wenn der Gläubige diesen Beachtung schenkt, quält ihn der Satan solange, bis er schließlich an seinem Glauben zu zweifeln beginnt oder alle Hoffnung auf ein tugendhaftes Leben aufgibt.

Eine andere Art von Einflüsterung durch den Satan zeichnet sich dadurch aus, dass dieser den frommen Gläubigen dazu verleitet, an der Korrektheit oder an der Gültigkeit seiner religiösen Handlungen zu zweifeln. Er veranlasst ihn z.B., sich ständig die Frage zu stellen, ob er die Gebete vorschriftsgemäß verrichtet und Hände und Gesicht im Rahmen der rituellen Reinigung ordentlich gewaschen hat, oder lässt ihn unsicher werden, ob er die zu säubernden Körperteile auch wirklich oft genug gereinigt hat.

Ein gläubiger Mensch, der von solchen Gedanken, Vorstellungen und Zweifeln gequält wird, sollte wissen, dass diese ihn ohne sein Verschulden befallen, d.h., ohne dass sein Herz hier eine Rolle spielen würde. Darüber hinaus sollte er sich folgender Tatsache bewusst sein: So wie Piraten Schiffe mit wertvollen Schätzen angreifen, Diebe reiche Menschen ausplündern und Weltmächte die Kontrolle über reiche Länder zu gewinnen versuchen, attackiert der Satan den frommen und praktizierenden Gläubigen mit der Waffe böser Einflüsterungen. Gleichzeitig ist dies sein letzter verzweifelter Versuch, diesen Menschen in Versuchung zu führen. So bereitet er dem Herz des Gläubigen große Probleme.

Vergleichbar ist diese Situation mit dem Fieber im Körper eines Kranken: Bekanntermaßen bilden sich im Blut eines Kranken Antikörper, die die Aufgabe haben, schädliche Bakterien oder Krankheitserreger zu hemmen oder zu zerstören. Dadurch erhöht sich die Körpertemperatur. Analog dazu wehrt sich das Herz eines Gläubigen gegen die bösen Einflüsterungen des Satans und stellt sich darauf ein, gegen ihn zu kämpfen. Dies zeigt, dass die hier angesprochenen Gedanken und Vorstellungen nicht von seinem Herzen erzeugt werden und dass das Herz sie weder gutheißt noch übernimmt. Das Spiegelbild von etwas Unreinem ist nicht selbst unrein und kann uns nicht beschmutzen; das Spiegelbild einer Schlange wiederum ist nicht in der Lage, uns zu beißen. Also sind weder die Wahrnehmung des Unglaubens mit dem Unglauben noch die Vorstellung eines Unglücks mit dem Unglück gleichzusetzen. In gewissem Sinne darf sogar behauptet werden, dass der Gläubige von den bösen Einflüsterungen des Satans profitiert. Denn so bleibt er den Versuchungen des Satans gegenüber stets wachsam, setzt seinen Kampf gegen sein Böses gebietendes Selbst und den Satan fort und unternimmt immer neue Schritte in Richtung der höchsten Ränge.

Die wahre Natur der Einflüsterungen des Satans – Wie kann sich der Mensch vor ihnen schützen?

Im Koran heißt es: *Wahrlich, die List des Satans ist schwach.* (4:76) Sie ähnelt einem Spinnennetz, das zwei Mauern miteinander verbindet, zwischen denen wir hindurchgehen. So wie wir unseren Weg fortsetzen, ohne uns von dem Spinnennetz irritieren zu lassen, sollten wir auch der Tücke des Satans nicht allzu viel Bedeutung beimessen. Er täuscht uns Dinge nur vor und redet sie uns ein. Er übertüncht Sünden und präsentiert sie in trügerisch verzierter Verpackung. Ein gläubiger Mensch darf sich nicht so täuschen lassen, dass er die Einladungen des Satans annimmt. Wenn dieser seine letzte Chance ergreift und seine Einflüsterungen vornimmt, sollte sich der betroffene Gläubige stets vor Augen halten, dass ein solches Vorgehen dessen schwächste Strategie ist, und nicht darauf hereinfallen. Nur wenn er sich näher mit diesen Einflüsterungen befasst und ihnen zu viel Beachtung schenkt, kann der Satan ihn besiegen. Dann läuft er Gefahr, das Bild eines Befehlshabers abzugeben, der – von Halluzinationen getäuscht und von Angst übermannt – seine Armee auf zwei Flügel verteilt und damit das Zentrum entblößt und den Attacken der Feinde aussetzt: Er verschwendet seine Kraft und reibt sich im Kampf gegen den Satan und sein Böses gebietendes Selbst auf dem Nebenkriegsschauplatz des Widerstands gegen Vorstellungen und Zweifel auf, die ihm vom Satan eingeflüstert wurden. Letztendlich wird er zu schwach sein, um sich gegen die wirklich bedrohlichen Versuchungen des Satans und seines Selbst zu verteidigen.

Um sich von den Einflüsterungen des Satans zu befreien, sollte sich der Mensch vom verlockenden Einflussbereich des Satans und der Sünden fern halten. Achtlosigkeit und die Vernachlässigung der Anbetung sind für die ‚Pfeile' des Satans wie eine Zielscheibe. Der Koran erklärt:

> *Und für den, der sich vom Gedenken an den Erbarmer abwendet, bestimmen Wir einen Satan, der sein Begleiter sein wird.* (43:36)

Das Gedenken Gottes, des Barmherzigen, ein stattliches und rechtschaffenes Auftreten und ein geordnetes religiöses Leben schützen den Menschen davor, den Attacken des Satans wehrlos ausgeliefert zu sein. Der Koran rät uns:

> *Und wenn du zu einer bösen Tat vom Satan aufgestachelt worden bist, dann nimm deine Zuflucht bei Allah. Wahrlich, Er ist hörend, allwissend. Wahrlich, diejenigen, die dann gottesfürchtig sind, wenn eine Anwandlung Satans sie überkommt, und sich dann ermahnen lassen - siehe, gleich sehen sie (ihren klaren Weg) wieder.* (7:200-201)

Der Gesandte Gottes empfahl uns: *Wenn du wütend bist und gerade stehst, dann setz dich hin. Wenn du gerade sitzt, leg dich hin oder steh auf und führe den Wudu'* (die rituelle Reinigung) *durch!* Auf dem Rückweg von einer militärischen Expedition ließ der Propheten anhalten, um an einem bestimmten Ort zu rasten. Er und seine Anhänger waren so erschöpft, dass sie am nächsten Morgen nicht vor Sonnenaufgang erwachten, um das Gebet zum Tagesanbruch zur vorgeschriebenen Zeit zu verrichten. Als sie schließlich die Augen aufschlugen, befahl der Prophet: *Lasst uns sofort aufbrechen. Hier regiert der Satan.* Außerdem sagte der Prophet: *Der Satan meidet den Adhan* (Gebetsruf).

Gelegentlich versucht der Satan, uns durch die Assoziation obszöner Szenen zu verführen. Er verfolgt uns mit Bildern unrechtmäßiger Vergnügungen oder ermuntert uns zu diesen. Bei solchen Gelegenheiten sollte der Mensch versuchen, sich selbst davon zu überzeugen, dass jedes unrechtmäßige Vergnügen mit Sicherheit Gewissensbisse erzeugt und eine Gefahr für das Leben nach dem Tode bzw. sogar für das Leben in dieser Welt darstellt. Der Koran betont, dass das Leben auf Erden nicht mehr als ein flüchtiges Spielzeug, ein illusorischer Trost ist. Das wahre und wirkliche Leben findet im Jenseits statt. Dies sollte sich der Mensch in Erinnerung rufen. Als einige Männer sich zu Lebzeiten des Propheten auf Grund der drückenden Hitze abgeneigt zeigten, an der Expedition nach Tabuk teilzunehmen, warnte Gott sie:

> *Sprich: „Das Feuer der Hölle ist von stärkerer Hitze." Wenn sie doch nur begreifen könnten!* (9:81)

ZAUBEREI UND MAGIE

Diejenigen, die bestreiten, dass es so etwas wie Zauberei gibt, tun dies deshalb, weil sie an allem zweifeln, was mit der Religion in Verbindung steht, oder aber weil sie sich der Realitäten jenseits der physischen Sphäre überhaupt nicht bewusst sind. Ein 50-jähriger Mann erzählte mir einmal:

> „Bis zum letzten Jahr glaubte ich nicht an so etwas wie Zauberei. Doch letztes Jahr wurde einer meiner Verwandten verrückt. Immer wenn er einen Anfall hatte, erstarrte er und richtete seinen Blick auf einen ganz bestimmten Punkt. Schon bald gab es keinen Arzt mehr, den wir nicht konsultiert hätten, aber vergeblich. Schließlich wandten wir uns an jemanden, der dafür bekannt war, einen Zauber brechen zu können. Er rezitierte Zauberformeln und bediente sich einiger anderer Verfahren. Auf dem Rückweg fragte der Patient plötzlich in ganz normalem Tonfall: ‚Wo bin ich? Was ist mit mir passiert?' Er war wieder zu sich gekommen, und ich gelangte zu dem Schluss, dass Zauberei eine Realität ist."

Fälle wie diesen gibt es unzählige, und fast jeder von uns ist schon einmal Zeuge eines solchen geworden oder hat von einem solchen gehört. Schon deshalb, weil der Prophet erklärt hat, dass ‚der böse Blick' ein unwiderlegbares Faktum ist, ist an der Realität von Magie und Zauberei nicht zu zweifeln. Der Koran erwähnt jene Art von Zauberei, die praktiziert wird, um einen Keil zwischen Eheleute zu treiben, und verurteilt sie. Dem Koran und dem Islam zufolge sind die Anwendung von Zauberei und Magie sowie das Aussprechen eines Zauberbanns genauso schwere Sünden wie der

Unglaube. Das Brechen eines Zauberbanns hingegen ist eine gute und verdienstvolle Tat. Dieses Metier muss jedoch erlernt und als Beruf ausgeübt werden. Obwohl unser Prophet mit Dschinn zusammentraf, sie den Islam lehrte und ihnen schließlich den Treueid abnahm, sprach er nie darüber, wie man mit ihnen in Kontakt tritt und wie man ein Zauberbann bricht. Andererseits berichtete er uns, wie sich die Dschinn den Menschen nähern und Kontrolle über sie zu gewinnen versuchen bzw. wie sich der Mensch vor dem Bösen schützen kann. Er beschrieb uns, wie wir ‚dem bösen Blick' entgehen.

Wie wir uns vor bösen Geistern schützen können

1. Die Prinzipien des Islam sind strikt zu befolgen

Der sicherste Weg, sich vor bösen Geistern zu schützen, ist, loyal zu Gott und Seinem Gesandten zu stehen. Dies erfordert, die Prinzipien des Islam strikt zu befolgen.

2. Das Gebet sollte niemals vernachlässigt werden

Wir sollten nie aufhören zu beten. Das Gebet eines Gläubigen ist eine Waffe gegen alle Arten von Feindseligkeit. Das Gebet hilft uns also in besonderem Maße, uns vor allen Arten von Übeln zu schützen und unsere Ziele zu erreichen.

Zu beten bedeutet jedoch nicht, dass wir andere - materielle - Mittel, die zum Erreichen dieser Ziele notwendig sind, ignorieren oder vernachlässigen sollen. Man unterscheidet zwischen vier Arten von Gebeten. Erstens sind da die Gebete, die aus allen Regionen des Universums zum Gerichtshof Gottes gelangen. Einige Geschöpfe wie z.B. Pflanzen und Tiere beten in der Sprache ihres Potenzials, eine vollkommene Form anzunehmen und bestimmte Namen Gottes zu manifestieren.

Die zweite Art von Gebeten wird in der Sprache natürlicher Bedürfnisse formuliert. Für die Befriedigung ihrer vitalen Interessen, die sie selbst nicht befriedigen können, beten alle Lebewesen zu Gott, dem absolut Freigebigen Einen.

Die dritte Art von Gebeten wird in der Sprache völliger Hilflosigkeit dargebracht. In bescheidenen Verhältnissen lebende Geschöpfe suchen über ein aufrichtiges Bittgebet Zuflucht bei ihrem Unsichtbaren Schöpfer und wenden sich so an ihren Barmherzigen Herrn. Diese drei Arten von Gebeten werden immer angenommen, auch wenn sie auf irgendeine Art und Weise beeinträchtigt werden.

Zur vierten Art von Gebeten gehören jene Gebete, die wir alle kennen und sprechen. Auch diese lassen sich in zwei Kategorien unterteilen. Auf der einen Seite die aktiven, die einer natürlichen Veranlagung entspringen, und auf der anderen Seite die ausgesprochenen, die von Herzen kommen. Bestimmten Ursachen gemäß zu handeln, entspricht einem aktiven Gebet. Indem der Mensch sich nach Ursachen richtet, wirbt er bei seinem Anliegen um das Wohlwollen Gottes. Denn die Ursachen selbst sind nicht in der Lage, Resultate zu erzielen; Gott allein ist es, der diese hervorbringt. Die Erde zu pflügen, ist beispielsweise ein aktives Gebet, mit dem wir an die Tür der Schatzkammer der Gnade Gottes klopfen. Das Aufsuchen eines Arztes stellt ein aktives Gebet für das Genesen von einer Krankheit dar. Aus diesem Grunde ist der Gläubige dazu verpflichtet, zum Arzt zu gehen, wenn er krank ist. Wer unter einer Geisteskrankheit leidet, sollte gläubigen Psychiatern den Vorzug geben. Unzählige Fälle haben eindeutig bewiesen, dass die meisten Geisteskrankheiten nicht auf materielle Ursachen zurückzuführen sind und dass eine (physische) Therapie allein noch keine Heilung bewirkt. Die meisten dieser Krankheiten erfordern eine ‚spirituelle‘ Therapie.

Die aktive Art zu beten wird in den meisten Fällen angenommen, weil sie ein direktes Ersuchen an den Namen Gottes ‚der Freigebige‘ darstellt. Was die Gebete des Menschen betrifft, die zur zweiten Kategorie gehören, diejenigen nämlich, die mit der Zunge und dem Herzen artikuliert werden, so sind sie die eigentlich wahren. Durch sie fragen wir Gott von Herzen nach etwas, das wir selbst aus eigener Kraft nicht erlangen können. Der wichtigste Aspekt dieser Art von Gebeten und ihre erlesenste, süßeste Frucht ist, dass der Betende Folgendes erkannt hat: Es gibt da Jemanden, der ihn erhört, der Sich aller Angelegenheiten, die ihm am Herzen liegen, bewusst ist und der ihm aus Barmherzigkeit bei Schwäche und Unzulänglichkeit zu Hilfe kommt.

Das Gebet ist eine Form der Verehrung, und der Lohn für unsere Verehrung wird uns prinzipiell erst im Jenseits zuteil. Dass ein Bittgebet erhört wird, muss nicht notwendigerweise heißen, dass es auch auf jeden Fall ,angenommen' wird. Jedes Bittgebet wird beantwortet. Ob es jedoch angenommen und ob uns das gewährt wird, um was wir gebeten haben, bleibt der Weisheit des Allmächtigen vorbehalten. Stellen wir uns einmal folgende Situation vor: Ein krankes Kind bittet einen Arzt, ihm eine bestimmte Medizin zu geben. Der Arzt wird ihm dann entweder diese Medizin oder eine andere verschreiben, die dem Wohlbefinden des Kindes förderlicher sein wird; vielleicht wird er ihm auch gar keine Medizin geben, wenn er zu dem Schluss kommt, dass jede Medizin der Gesundheit des Kindes abträglich wäre. Auf ähnliche Art und Weise beantwortet Gott, der Allmächtige, der alles hört und alles sieht, die Gebete Seiner Diener. Gott verwandelt die Depression der Einsamkeit in Freude an Seiner Gegenwart. Seine Antwort ist jedoch nicht an die Vorstellungen des Menschen gebunden, vielmehr ist sie Seiner Weisheit überlassen. Seiner Weisheit entsprechend gewährt Er entweder das, was erbeten wurde, oder etwas besseres, vielleicht aber auch gar nichts.

3. Die Bitte um die Fürsprache von Menschen, die Gott nahe stehen

So wie wir selbst beten, müssen wir auch jene, von denen wir glauben, dass sie Gott nahe stehen, bitten, für uns zu beten. Auch die Gefährten baten den Propheten häufig darum, für sie zu beten. Ibn Hanbal, Abu Dawud und Tabarani berichten, dass Umm Hani erzählte:

> „Ein geisteskrankes Kind wurde zum Gesandten Gottes gebracht. Dieser berührte es und sagte: ,Komm heraus, Feind Gottes!' Dann wusch er das Gesicht des Kindes und betete. Das Kind erholte sich von der Geisteskrankheit."

Ähnliche Fälle finden sich auch in der Bibel. Der Prophet Jesus war dafür bekannt, dass er mit der Erlaubnis und der Macht Gottes Wahnsinnige heilte.

4. Wir müssen uns von Exorzisten fern halten

Menschen in Not sind der Versuchung ausgesetzt, sich an so genannte Exorzisten zu wenden. Obwohl es einige Menschen geben mag, die die verschiedenen Methoden, böse Geister auszutreiben, kennen, ist es in den meisten Fällen gefährlich, sie aufzusuchen. Erstens sind Exorzisten zumeist Scharlatane. Zweitens muss ein Exorzist seine religiösen Pflichten genau kennen und sich von Sünden fern halten. Er sollte eine aufrichtige Person sein, die weiß, wie er Menschen zu behandeln hat. Drittens verlassen sich die Patienten normalerweise voll und ganz auf den Exorzisten und machen gegebenenfalls ihn allein für ihre Genesung verantwortlich. Sie vertrauen auf Talismane und Amulette, die sie der Exorzist zu tragen anweist. Unser Prophet hat jedoch gesagt, dass Gott 70.000 Menschen ins Paradies lässt, ohne sie für ihre Taten in dieser Welt zur Verantwortung zu ziehen. Zu ihnen gehören diejenigen, die voll und ganz auf Gott vertrauen, die weder Armreifen und Amulette tragen noch die Dinge in verheißungsvolle und wenig verheißungsvolle unterteilen.

5. Wir sollten uns an gläubige Psychiater wenden

Der Psychiater oder Arzt unserer Wahl sollte kein Mensch sein, der sich auf die engen Grenzen der Materie beschränkt. Ein materialistischer Psychiater, der nicht an den Geist und Geistwesen glaubt, könnte einem Patienten, der an spiritueller Unzufriedenheit leidet oder von bösen Geistern besessen ist, dazu raten, Zuflucht in der Genusssucht zu suchen und sich zu zerstreuen. Das wäre dann so, als würde man einem durstigen Menschen empfehlen, seinen Durst mit Salzwasser zu löschen.

6. Die Rezitation bestimmter Gebete

Der Gesandte Gottes rezitierte zu bestimmten Gelegenheiten bestimmte Gebete, um sich vor den Übeln des Satans und anderer ungläubiger Dschinn zu schützen. Der Thronvers ist einer von ihnen. Ein anderer Koranvers lautet: *Und wenn du von Seiten des Satans zu einer Untat aufgestachelt wirst, dann nimm deine Zuflucht bei Allah.* (41:36) Wir sollten also sprechen: „Bei Gott suche ich Zuflucht vor dem verfluchten Satan."

Aischa, die *Umm al-Mu'minin* (die Mutter der Gläubigen) erzählte, dass der Gesandte Gottes jeden Morgen und jeden Abend dreimal die Suren *Al-Falaq* und *An-Nas* rezitierte, während er in seine zusammengelegten Handflächen hauchte und mit ihnen dann alle Stellen des Körpers massierte, die er erreichen konnte. Außerdem pflegte der Gesandte Gottes täglich morgens und abends je dreimal die folgenden Worte zu sprechen: *Im Namen Gottes! Nichts auf Erden und in den Himmeln kann Seinem Namen Schaden zufügen. Er ist der Hörende, der Allwissende.* Diese und die folgende Rezitation gehören zu den Gebeten, die zum Schutz vor Lähmung empfohlen werden: *Ich suche in allen Worten Gottes Zuflucht vor allen Teufeln, vor Ungeziefer und vor dem bösen Blick.*

Imam Ghazzali rät zum Schutz vor Zauberei und bösen Geistern zur einmaligen Rezitation der Formel *Im Namen Gottes, des Erbarmers, des Barmherzigen!*, zur zehnmaligen Rezitation der Worte „Gott ist der Größte!" und zum Aufsagen der Verse *Und ein Zauberer soll keinen Erfolg haben, woher er auch kommen mag* (20:69) und *(Ich nehme meine Zuflucht zum Herrn des Frühlichts) vor dem Übel der Knotenanbläserinnen.* (113:4)

Angepriesen wird auch die jeweils 19-mal wiederholte Rezitation dieser beiden Verse, nachdem man eine Flüssigkeit wie Wasser, Tee oder Suppe zu sich genommen hat. Wichtig ist, dass diese Rezitationen in arabischer Sprache erfolgen müssen.

EINE ABSCHLIESSENDE ANMERKUNG: WEITERE BLICKE AUF DIE UNSICHTBARE SPHÄRE DES SEINS

Wissenschaftler beschränken das Konzept des Lebens auf die Bedingungen, die auf oder unterhalb der Erdoberfläche unseres Planeten herrschen. Auf der Suche nach außerirdischem Leben suchen sie folglich nach Lebensumständen, die den auf der Oberfläche der Erde existierenden Bedingungen entsprechen oder zumindest ähneln. Wenn sie sich aber eine angemessene Wahrnehmung des absoluten Wunders des Lebens bewahrt hätten (und dieses absolute Wunder ist ein Aspekt der Tatsache, dass das Leben eine direkte Manifestation des Ewig Lebenden ist), hätten sie erst gar keine Aussagen über Bedingungen und Formen des Lebens treffen dürfen, da dies ihren Horizont bei weitem übersteigt. In den Augen dieser Wissenschaftler mögen die Argumente, die Said Nursi[22] für die Existenz von Engeln und anderen Geistwesen vorgebracht hat, keiner näheren Betrachtung wert sein. Die neuesten Entdeckungen in der Tiefseeforschung könnten sie aber vielleicht dazu bewegen, ihre Meinung noch einmal zu überdenken. Said Nursi schrieb zu Beginn der 1930er Jahre:

> „Realität und Weisheit vermitteln uns die Einsicht, dass die Himmel genau wie die Erde ihre eigenen Bewohner haben. Diese Bewohner, von denen verschiedene Arten existieren, werden in der Sprache des Islam Geistwesen (*Ruhaniyat*) genannt.
>
> Es entspricht der Wahrheit, dass Realität und Weisheit die Existenz von Engeln und anderen Geistwesen bedingen, denn die Erde, deren Größe im Vergleich mit den Himmeln bescheiden ist, wird kontinuierlich mit bewussten Wesen neu bevölkert und wieder entvölkert. Dies beweist eindeutig, dass die Himmel...voller Lebewesen sind, die eine vollkommene Gattung mit Leben erfüllter Geschöpfe bilden. Diese Geschöpfe besitzen ein Bewusstsein und verfügen über Wahrnehmungskraft. Sie sind das Licht des Seins. Sie sind die Engel, die - wie Menschen und Dschinn auch - Beobachter des universellen Palastes der Schöpfung, Studenten des Buchs des Universums und Verkünder der Souveränität ihres Herrn sind.
>
> Das Sein wird erst durch das Leben vollkommen. Leben ist das Licht des Geistes, Bewusstsein das Licht des Lebens. Da Leben und Bewusstsein eine so wichtige Rolle spielen, da in der ganzen Schöpfung eine vollkommene Harmonie herrscht, da das Universum einen festen Zusammenhalt zur Schau stellt und weil unsere kleine sich immerfort erneuernde Sphäre von lebenden intelligenten Wesen nur so wimmelt, darf wohl als sicher vorausgesetzt werden, dass jene himmlischen Sphären ebenfalls von eigenen Lebewesen bewohnt sind. So wie Fische im Was-

---

[22] Said Nursi (gest. 1960), muslimischer Gelehrter und Denker, der den Islam in der ersten Hälfte des 20. Jahrhunderts in der Türkei zu neuer Blüte führte.

ser leben, leben Geistwesen möglicherweise in der Hitze der Sonne. Feuer verbraucht kein Licht; im Gegenteil, Licht wird durch Feuer heller. Wir beobachten, dass die Ewige Macht zahllose Lebewesen aus festen, trägen Substanzen erschafft und dichte Materie mit Hilfe des Lebens in erhabene lebende Objekte verwandelt. Diese Macht lässt das Licht des Lebens allerorten hell erstrahlen und stattet die meisten Dinge mit dem Licht des Bewusstseins aus.

Daraus können wir folgern, dass der Allmächtige Weise erhabene Formen von Materie wie Licht und Äther, die dem Geist nahe stehen und ihm angemessen sind, nicht ohne Leben und Bewusstsein erschaffen würde. Er erschafft eine große Zahl belebter und bewusster Wesen aus Licht, Dunkelheit, Äther und Luft, ja sogar aus Bedeutungen und Worten. So wie Er zahllose Tierarten erschafft, erschafft Er aus den erhabenen Formen der Materie zahllose unterschiedliche spirituelle Geschöpfe. Eine Gruppe dieser spirituellen Geschöpfe stellen die Engel dar, während die zweite Gruppe aus Geistwesen und Dschinn besteht."[23]

Ein halbes Jahrhundert, nachdem Said Nursi diese Zeilen niederschrieb, entdeckte man ca. 300 vorher unbekannte Tierarten, die im Umfeld von hydrothermalen Schlitzen leben. Diese Schlitze bilden sich dort, wo Meerwasser, das an einigen Stellen durch den Meeresboden sickert, von sich darunter befindlichem Magma erhitzt wird und in das kalte Meerwasser zurückschießt. Der Experte V. Tunniclife schreibt mit Bezug auf dieses Phänomen:

„Alles Leben benötigt Energie, und fast alles Leben auf der Erde wendet sich der Sonne als Energiequelle zu. Doch die Sonnenenergie ist nicht die einzige Energie, die auf der Erde zur Verfügung steht. Man denke nur an die Energie, die die Bewegungen und Eruptionen der Erdkruste hervorruft. Schaut man sich einen aktiven Vulkan an, wird man Zeuge des Entweichens von Hitze, die im Erdinnern durch radioaktiven Zerfall produziert wurde und nun an die Erdoberfläche gelangt. Warum sollte es keine biologischen Gemeinschaften geben, die mit der gleichen nuklearen Energie verknüpft sind, die Kontinente bewegt und Berge auftürmt? Und warum sollte es nicht auch ganze Gemeinschaften geben, die von chemischer an Stelle von solarer Energie „angetrieben" werden?

---

[23] Said Nursi, *Words*, 15. und 29. Wort

...Die meisten von uns assoziieren das Entweichen von Hitze aus dem Erdinnern mit gewaltigen Naturereignissen und instabilen physischen Bedingungen, mit extrem hohen Temperaturen und der Freisetzung von giftigen Gasen - mit Umständen also, die dem Leben kaum förderlich sind. Die Vorstellung, dass sich biologische Gemeinschaften in einer geologisch aktiven Umgebung entfalten könnten, mutete früher absurd an. Und bis heute sind nur sehr wenige Organismen bekannt, denen es gelang zu überleben, ohne auf direktem oder indirektem Wege die Energie der Sonne anzuzapfen. Aber diese Gemeinschaften existieren, und sie sind eine der überraschendsten Entdeckungen der Biologie des 20. Jahrhunderts. Sie leben im tiefen Ozean unter Bedingungen, die sowohl hart als auch unbeständig sind."

Diese ,überraschende' Entdeckung der Biologie ist der Schlüssel zu einigen weiteren Realitäten, die die Wissenschaften in Betracht ziehen sollten. Der Prophet Muhammad sagt, dass die Engel aus Licht erschaffen wurden. Im Koran lesen wir, dass Gott den Menschen aus trockener Erde, aus feuchtem Lehm und aus einem Lehmextrakt erschaffen hat. Dem Koran zufolge wurde der Mensch zu einem *Khalif* auf Erden gemacht, d.h., zu einem Nachfolger. Viele Koraninterpreten schließen daraus, dass die Erde einst von den Dschinn beherrscht wurde, deren Nachfolger nun die Menschen sind. Wenn wir uns dieses Schlüssels bedienen, sollte es möglich sein, formale Studien zu betreiben, die die Gültigkeit von Theorien wie der folgenden ermitteln:

Gott hat zuerst reines Licht (*Nur*), dann das Licht erschaffen. Dem Prozess der Schöpfung folgte eine schrittweise, geregelte Ansammlung von Identitäten und/oder eine evolutionäre Sequenz von abrupten Sprüngen. Das Feuer folgte dem Licht, und dann kamen das Wasser und die Erde. Gott breitete eine Existenz über der anderen aus - zusammensetzend und miteinander verwebend. In jeder Phase des Schöpfungsprozesses erschuf Er auch Lebewesen, die zur jeweiligen Phase passten. Während sich das Universum in einem Zustand reinen Feuers oder einer anderen effektiven Energie befand, erschuf Er die zugehörigen Lebensformen. Und sobald die Erde dem Leben zuträglich war, erschuf Er Pflanzen, Tiere und Menschen. Jeden Teil und jede Phase des Universums schmückte Er mit Geschöpfen, u.a.

auch mit Lebewesen, die dem jeweiligen Teil und der jeweiligen Phase gerade entsprachen.

Und so wie Gott unzählige Wesen aus Licht, Äther, Luft, Feuer, Wasser und Erde erschaffen hat, formt Er auch aus jedem Wort und aus jeder Tat des Menschen dessen Paradies oder Hölle. Mit anderen Worten: So wie Er mit Hilfe von Partikeln aus Erde, Luft und Wasser einen Baum aus einem winzigen Samenkorn entstehen lässt, wird Er auch die kommende Welt aus Materialien dieser Welt erschaffen, die Er während der Erschütterungen des Jüngsten Tages für jene kommende Welt angleichen wird. Dabei wird er die Worte und Taten der Menschen dazu nutzen, Paradies oder Hölle des Einzelnen vorzubereiten.

KAPITEL 3

Göttliche Fügung, Vorherbestimmung und freier Wille des Menschen

EINFÜHRUNG

D as arabische Wort, das mit Vorherbestimmung übersetzt wird, lautet *Qadar*. Es hat unterschiedliche Bedeutungen wie z.B. ein bestimmtes Maß festsetzen, gestalten, teilen und urteilen. Islamische Gelehrte bezeichnen mit diesem Begriff die Vorherbestimmung, das Maß und die Beurteilung der Schöpfung durch Gott.

Bevor ich weiter ins Detail gehe, möchte ich einige Koranverse zitieren, die sich mit dem Thema Vorherbestimmung und göttliche Fügung beschäftigen:

Bei Ihm befinden sich die Schlüssel zum Verborgenen; nur Er kennt sie. Und Er weiß, was auf dem Lande ist und was im Meer. Und nicht ein Blatt fällt nieder, ohne dass Er es weiß; und kein Körnchen ist in der Finsternis der Erde und nichts Feuchtes und nichts Trockenes, das nicht in einem deutlichen Buch (verzeichnet) wäre. (6:59)

Und (es gibt) nichts Verborgenes im Himmel oder auf Erden, das nicht in einem deutlichen Buch stünde. (27:75)

Wahrlich, Wir sind es, die die Toten beleben, und Wir schreiben das auf, was sie begehen, zugleich mit dem, was sie zurücklassen; und alle Dinge haben Wir in einem deutlichen Buch verzeichnet. (36:12)

Und sie sagen: „Wann wird sich diese Androhung erfüllen, wenn ihr wahrhaftig seid?" Sprich: „Das Wissen (darum) ist wahrlich bei Allah, und ich bin nur ein deutlicher Warner." (67:25-26)

Ja, es ist ein ruhmvoller Koran auf einer wohl verwahr- ten Tafel. (85:21-22)

Göttliche Fügung und Vorherbestimmung sind nicht bedeutungsgleich. Vorherbestimmung bedeutet, dass etwas von vornherein verbindlich festgelegt und beschlossen wurde, während die göttliche Fügung das, was festgelegt wurde, ausführt und in die Tat umsetzt. Um es noch genauer zu sagen: Der Begriff Vorherbestimmung drückt aus, dass der Allmächtige allen Dingen und Lebewesen mit Seinem Wissen eine Existenz verleiht und allem eine bestimmte Form, Lebensspanne, Funktion, Mission und bestimmte Eigenarten gibt. Der Begriff weist aber auch darauf hin, dass Gott alles bis hin zum winzigsten Teilchen kennt und dass Sein Wissen Raum und Zeit in ihrer Gesamtheit umschließt, während Er Selbst außerhalb von Raum und Zeit steht.

Diese Definition lässt sich mit einer Analogie noch besser verdeutlichen (Gottes ist der höchste Vergleich. Er steht über allen Vergleichen und unterscheidet Sich von dem, was der Mensch von Ihm wahrnimmt.): Wenn ein Autor, noch bevor er ein Buch schreibt, bereits die volle und genaue Bedeutung dieses Buches im Kopf hätte und genau wüsste, wie die einzelnen Kapitel, Abschnitte, Paragraphen, Sätze und Worte einmal aussehen werden, dann wäre sein Wissen mit dem Begriff Vorherbestimmung zu umschreiben. Diese Art von Wissen würde annähernd dem Wissen Gottes entsprechen.

Die Vorherbestimmung ist ein Titel des Wissens Gottes und wird zuweilen auch ‚manifestes (deutliches) Buch‘ oder ‚wohl verwahrte Tafel‘ genannt.

Der Begriff Vorherbestimmung signalisiert uns, dass Gott alles nach einem besonderen Maß und in vollkommener Ausgewogenheit hervorbringt. Der Koran betont:

> *Allah weiß, was jedes weibliche Wesen trägt, und wann der Mutterschoß abnimmt und wann er zunimmt. Und bei Ihm geschehen alle Dinge nach Maß.* (13:8)

> *Die Sonne und der Mond kreisen nach einer festgesetzten Berechnung. Und die Sterne und Bäume fallen (vor Ihm) anbetend nieder. Und den Himmel hat Er emporgehoben. Und Er hat das (richtige) Abwiegen zum Gebot gemacht, auf dass ihr euch in der Waage nicht vergeht; so setzt das Gewicht in gerechter Weise und betrügt nicht beim Wiegen.* (55:5-9)

Die vollkommene Harmonie und Ausgewogenheit im Universum beweist die Existenz der Vorherbestimmung Gottes eindeutig.

Das Universum in seiner Gesamtheit mit all seinen individuellen Dingen und Lebewesen, die ein exaktes Maß, Ausgewogenheit, Ordnung und Harmonie zur Schau stellen, wurde also von Gott, dem Allmächtigen, erschaffen und wird von Ihm regiert. Die Doktrin des Determinismus, die die Ordnung und den Betrieb des Universums erklärt und von vielen Menschen und insbesondere von den Anhängern des Marxismus verfochten wird, stellt ein heimliches Eingeständnis dieser Vorherbestimmung dar, selbst wenn die Deutung menschlicher Handlungen durch einen absoluten Determinismus nicht mit der islamischen Sichtweise übereinstimmt.

Die Samenkörner und die Fruchtkerne, die wohl bemessenen und proportionierten Formen, die außergewöhnliche Ordnung und Harmonie des Universums und dessen nun schon über eine Milliarde Jahre während Tätigkeit ohne die geringste Störung oder Abweichung zeigen ganz eindeutig, dass hinter allem eine absolute Entschlossenheit steckt. Diese Entschlossenheit ist einem Wesen zuzuordnen, das allwissend und allmächtig ist. Jedes einzelne Samenkorn und jeder Fruchtkern, und sogar jede einzelne Eizelle, die von einer Spermie befruchtet wurde, ist wie ein Gefäß, das von der Macht Gottes geformt wurde und in das die zukünftige Geschichte der Pflanze bzw. des Menschen gelegt wurde. Dem Maß der Vorherbestimmung entsprechend beschäftigt die Allmacht Gottes Atome oder Teilchen als Bausteine, die zum Wachstum eines Samenkorns zu einer Pflanze oder zum Wachstum einer befruchteten Eizelle zu einem Menschen beitragen. Die Zukunft der Pflanze bzw. des Menschen und die Prinzipien, die ihr bzw. sein Leben einst kontrollieren werden, sind also bereits im Samenkorn bzw. in der befruchteten Eizelle als entscheidende Faktoren und Prozesse vorhanden.

Obwohl alle Pflanzen, Tiere und Menschen aus den gleichen Grundbestandteilen geformt sind, existiert eine nahezu unendliche Vielzahl von Spezies und Individuen. Die Pflanzen und Tiere, die alle aus den gleichen Grundbestandteilen bestehen, stellen eine wunderbare Harmonie und Ausgewogenheit, gleichzeitig aber auch eine unglaubliche Vielfalt zur Schau. Daher muss der Mensch einfach zu dem Schluss kommen, dass ihnen allen genau die richtige Form und genau das richtige Maß verliehen wurde. Die Vorherbestimmung Gottes ist es, die diese Form und dieses Maß definiert.

DAS MANIFESTE PROTOKOLL UND DAS MANIFESTE BUCH

Ein einzelnes Samenkorn kündet auf zweierlei Art und Weise von der Vorherbestimmung: erstens, indem es das manifeste Protokoll (*Imam mubin*) präsentiert, und zweitens, indem es das manifeste Buch (*Kitab mubin*) sichtbar macht. Das manifeste Protokoll ist ein ‚Titel' für das Wissen und die Gebote Gottes. Es ist sowohl über das Universum als Ganzes als auch über dessen große oder kleine Teile und alle Ereignisse, die in ihm stattfinden, informiert. Das Samenkorn einer Pflanze ist bekanntlich auch ihr ‚Gedächtnis'. Die Pflanze, die aus einem Samenkorn gewachsen ist, wird irgendwann selbst viele Samenkörner hervorbringen, in denen ihre gesamte Lebensgeschichte gespeichert ist. Aus diesen Samenkörnern werden dann wieder neue Pflanzen wachsen, die mit der ursprünglichen Pflanze nahezu identisch sind; denn Pflanzen besitzen keinen bewussten Geist, der sie mit einem freien Willen ausstattet. Jedes Samenkorn demonstriert also das manifeste Protokoll und damit auch die Vorherbestimmung und das Wissen Gottes, in denen alles bis in die kleinste Kleinigkeit präsent ist und existiert. Daneben weist aber auch jedes Samenkorn auf die wohl verwahrte Tafel hin (*Lawh mahfuz*) und steht im Einklang mit dem menschlichen Gedächtnis im Reich des Menschen. (Da die Samenkörner uns zu verstehen geben, dass die Lebensgeschichte der Geschöpfe aufgezeichnet wird, verweisen sie auch auf ein Element des Lebens nach dem Tode.)

‚Manifestes Buch' ist ein anderer ‚Titel' für den Willen Gottes und für die Gesetze, die für die Schöpfung und den Unterhalt des Universums verantwortlich sind. Wenn wir das manifeste Protokoll als formelle oder theoretische Vorherbestimmung bezeichnen wollen, entspricht das manifeste Buch der tatsächlichen Vorherbestimmung. Die zukünftige ausgewachsene Form einer Pflanze, eines Tieres oder eines Menschen, die den Inhalt des Samenkorns oder der befruchteten Eizelle zur Schau stellt, ist deren tatsächliche Vorherbestimmung.

Kurz: So wie Samenkörner und Pflanzen, befruchtete Eizellen und Lebewesen weisen auch alle anderen Dinge im Universum auf die Vorherbestimmung Gottes hin, welche festlegt, urteilt, Maß gibt, spezifiziert und individuell gestaltet. Träume, die sich als wahr entpuppen, sind weitere unbestreitbare Anhaltspunkte, die die Vorherbestimmung Gottes unterstreichen.

Warum gehört der Glaube an die Vorherbestimmung zu den wesentlichen Punkten des Glaubens?

Weil der Mensch dazu neigt, sich selbst zu betrügen und die Anbetung Gottes zu vernachlässigen, schreibt er sich seine Leistungen und guten Taten oft selbst zu und ist stolz auf sich. Der Koran betont jedoch ausdrücklich, dass Gott uns und unsere Taten hervorbringt. (37:96) Das Mitgefühl Gottes verlangt nach guten Taten, und Seine Allmacht erschafft sie. Jeder, der über sein Leben nachdenkt, wird begreifen und sich eingestehen müssen, dass Gott ihn zu guten Taten veranlasst hat, ihn andererseits von schlechten Taten abgehalten und ihm die notwendigen Fähigkeiten, Hilfsmittel und Macht verliehen hat, um seine Vorstellungen Realität werden zu lassen.

Da Gott die Menschen zu guten Taten anleitet und ihnen eingibt, diese sowohl zu wollen als auch zu verrichten, ist der Wille Gottes der eigentliche Urheber dieser Taten. Der Mensch kann seine guten Taten für sich beanspruchen, indem er glaubt, Gott verehrt und Ihn darum bittet, sie sich zu verdienen. Er muss an die Notwendigkeit glauben, diese Taten zu verrichten, und sich mit dem zufrieden geben, was Gott ihm bestimmt hat. Auf keinen Fall darf er auf Grund seiner guten Taten und Leistungen überheblich sein und sich vor anderen Menschen profilieren wollen. Es ist seine Pflicht, Gott zu danken und Ihm gegenüber demütig zu sein.

Der Mensch neigt oft dazu, sich seine guten Taten und positiven Leistungen zuzuschreiben, während er für seine Sünden und Missetaten die Vorherbestimmung verantwortlich macht. Da Gott jedoch Sünden und Vergehen niemals gutheißt, ist es der Mensch, der diese mit seinem freien Willen begeht. Trotzdem bringt Gott auch diese schlechten Taten genau wie die guten hervor (in dem Sinne, dass er ihnen ermöglicht stattzufinden, oder indem er ihnen eine äußere Existenz verleiht). Denn wenn Gott dies nicht täte, würde Er ja den freien Willen des Menschen, den Er ihm geschenkt hat, außer Kraft setzen. Sünden sind das Resultat der freien Entscheidung des Menschen zu sündigen. Gott ruft den Menschen dazu auf, Gutes zu tun, und inspiriert ihn zu guten Taten. Der Mensch jedoch sündigt durch seinen freien Willen und gehorcht seinem Schöpfer nicht. Der Mensch ist deshalb für seine Sünden und Vergehen selbst verantwortlich. Um sich vor Sünden und den Versuchungen des Satans und seines Böses gebietenden Selbst zu schützen, muss der Mensch versuchen, seine Neigung zu sündigen zu bekämpfen. Er sollte bereuen und um Vergebung bitten. Er sollte sich durch Gebete, Frömmigkeit und den Glauben an Gott dem Guten zuwenden.

Kurz: Der Mensch verfügt über einen freien Willen. Er sollte jedoch seine religiösen Pflichten erfüllen und keine Sünden begehen. Auf keinen Fall darf er Gott für seine eigenen Sünden verantwortlich machen. Die Vorherbestimmung Gottes lässt andererseits aber auch einem übertriebenen Stolz auf gute Taten keinen Spielraum. Der Mensch sollte Gott lieber für diese guten Taten danken. Der Mensch besitzt einen freien Willen, daher kann sich das Selbst nicht von den Konsequenzen seiner Sünden freisprechen, indem es sie einfach auf die Vorherbestimmung schiebt.

Ein weiterer wichtiger Punkt ist, dass sich der Mensch gern über Schicksalsschläge beschwert. Oft genug verzweifelt er an ihnen und führt dann ein zügelloses Leben; und gelegentlich geht er sogar so weit, dass er sich über Gott beschwert. Nichtsdestotrotz existiert die Vorherbestimmung. Der Mensch sollte sich daher darauf besinnen, dass ihm schlimme Erlebnisse nur deshalb geschickt werden, um ihn zu stärken und zu schützen und ihn so vor Verzweiflung zu bewahren. Da die Vorherbestimmung Gottes den freien Willen des Menschen jedoch nicht ausschließt, ist der Mensch für seine Zukunft und für all das, was er bewusst und vorsätzlich tut, selbst verantwortlich.

Zusammengefasst: Alles, was war und was ist (auch Schicksalsschläge), sollte im Lichte der Vorherbestimmung betrachtet werden. Alles, was noch nicht ist, aber sein wird, muss genauso wie Sünden und Fragen nach einer Verantwortlichkeit dem freien Willen des Menschen zugeschrieben werden. Diese Sicht der Dinge ermöglicht uns auch, die Extreme des Fatalismus (*Dschabr*) und der Verleugnung der Rolle der Vorherbestimmung für die Taten des Menschen (*I'tizal* der Mu'tazila) miteinander zu versöhnen.

GÖTTLICHE FÜGUNG UND VORHERBESTIMMUNG VON VERSCHIEDENEN STANDPUNKTEN AUS BETRACHTET

Gottes ist der höchste Vergleich. (30:27) Er steht über allen Vergleichen und entspricht nicht dem, was der Mensch von Ihm wahrnimmt. Dies wurde bereits an anderer Stelle betont. Begrenzte Kenntnisse um Seine Attribute und Namen können wir uns nur dadurch aneignen, dass wir über Seine Handlungen und Geschöpfe meditieren und sie studieren. Um das Handeln Gottes besser verstehen zu können, bleibt uns oft nichts anderes übrig, als zu Analogien und Vergleichen zu greifen. Dies gestattet uns der Koran mit dem oben zitierten Vers ausdrücklich. Die Beziehung zwischen dem Wissen Gottes, der Vorherbestimmung und der göttlichen Fügung wird vielleicht verständlicher, wenn man eine Analogie zu Rate zieht:

Ein sehr begabter Mensch, der Ingenieur, Architekt und Baumeister zugleich ist, möchte ein prächtiges Haus errichten. Zunächst einmal muss er sich in seiner Vorstellung ein Bild davon machen, wie sein Haus aussehen soll. In dieser Phase existiert das Haus in seiner Vorstellung. Anschließend zeichnet er einen detaillierten Plan des Hauses. Dann setzt er seinen Plan in die Tat um und baut das Haus. In dieser Phase nimmt das Haus eine materielle Existenz an. Zahllosen Menschen wird das Haus fortan im Gedächtnis haften bleiben. Selbst wenn es einmal komplett zerstört werden sollte, lebt es im Gedächtnis der Menschen, in der Vorstellung des Baumeisters und in dessen Plänen weiter. Diese Form der Existenz des Hauses ist die endgültige Form seiner Existenz und beinhaltet eine gewisse Form von Ewigkeit.

Eine weitere ähnliche Analogie: Bevor jemand ein Buch schreibt, hat er dessen Inhalt bereits im Kopf oder weiß zumindest, wovon sein Buch handeln soll. Das Buch existiert in dieser Phase als Wissen oder als Bedeutung. Die Existenz einer Sache (in den beiden Beispielen: Buch und Haus) als Wissen oder als Bedeutung ist deren essenzielle Existenz. Selbst wenn dieses Wissen oder diese Bedeutung nicht in Worte oder in die Praxis umgesetzt werden, existieren sie im Kopf. Obwohl sie also auf Materie angewiesen sind, um in der materiellen Welt sichtbar und von anderen Menschen erkannt werden zu können, sind Wissen und Bedeutung die Essenz des Seins. Auf ihnen basiert auch das materielle Sein.

Um sein Wissen oder die Bedeutung, die er bereits im Kopf hat, sichtbar und anderen Menschen in der materiellen Welt zugänglich machen zu können, muss der Autor sie in Worte kleiden. Bevor er dies tut, erstellt er jedoch einen genauen Plan, indem er Kapitel, Abschnitte und Absätze unterteilt. Dann schreibt er das Buch und schenkt ihm eine materielle Existenz. Selbst wenn das Buch beschädigt wird und irgendwann auf der ganzen Welt nicht mehr erhältlich sein sollte, existiert es im Gedächtnis der Leser und des Autors weiter.

Diese Analogien zeigen uns, dass Gott über ein vollständiges und exaktes Wissen um das Universum in seiner Gesamtheit und um all seine Teile bis hin zu den winzigsten Partikeln verfügt. Was das ungeheure Ausmaß Seines Wissens betrifft, so werden uns folgende Koranverse dieses vielleicht präzisieren:

> *Doch es mag sein, dass euch etwas widerwärtig ist, was gut für euch ist, und es mag sein, dass euch etwas lieb ist, was übel für euch ist. Und Allah weiß es, doch ihr wisst es nicht.* (2:216)

> *Sprich: „Ob ihr verbergt, was in eurer Brust ist, oder ob ihr es kundtut, Allah weiß es; Er weiß, was in den Himmeln und was auf der Erde ist; und Allah hat Macht über alle Dinge."* (3:29)

> *Bei Ihm befinden sich die Schlüssel zum Verborgenen; nur Er kennt sie. Und Er weiß, was auf dem Lande ist und was im Meer. Und nicht ein Blatt fällt*

nieder, ohne dass Er es weiß; und kein Körnchen ist in der Finsternis der Erde und nichts Feuchtes und nichts Trockenes, das nicht in einem deutlichen Buch (verzeichnet) wäre. (6:59)

Sprich: „Wäre das Meer Tinte für die Worte meines Herrn, wahrlich, das Meer würde versiegen, ehe die Worte meines Herrn zu Ende gingen, auch wenn wir noch ein gleiches als Nachschub brächten." (18:109)

Selbst wenn Gott das Universum nicht erschaffen hätte, würde es doch in Seinem Wissen existieren. Gott Selbst steht außerhalb von Raum und Zeit. Sein Wissen ist unabhängig von Raum und Zeit, die in Seinem Wissen in einem einzigen Punkt zusammenfließen. Was Ihn und Sein ewiges alles umfassendes Wissen betrifft, kann es also weder ein Vorher und ein Nachher noch eine Abfolge oder eine Aufteilung der Zeit geben.

Im Wissen Gottes existiert alles für immer. Gott weiß um alle Dinge und kennt auch deren Besonderheiten. Die Allmacht Gottes kleidet die Dinge dem Willen Gottes gemäß in materielle Existenzformen. Der Transfer von der Sphäre des Wissens in die Sphäre des materiellen Seins findet innerhalb der Grenzen von Raum und Zeit statt. Wissen und Wille sind zwei der wichtigsten Attribute Gottes: Gott weiß um die Dinge; die Dinge existieren in Seinem Wissen. Der Wille Gottes veranlasst sie mit all ihren Eigentümlichkeiten und folgt dabei einem bestimmten Maßstab. Die Allmacht Gottes schließlich schenkt ihnen eine materielle Existenz. Die Relation zwischen dem Wissen Gottes und der Vorherbestimmung, um die es uns ja hier geht, kommt am besten im folgenden Vers zum Ausdruck:

Und es gibt nichts, von dem Wir keine Schätze hätten; aber Wir senden es nur in bestimmtem Maß hinab. (15:21)

Der Bezug von Göttlicher Fügung und Vorherbestimmung zu Registrierung und Vervielfältigung

Alles, was im Wissen Gottes in individueller Form als Plan oder als Projekt existiert, ist in einem Verzeichnis, das der Koran ,wohl verwahrte Tafel' (85:21) oder ,manifestes Protokoll' (36:12) nennt, verzeichnet. Der Koran betont ausdrücklich, dass uns nur das wider-

fährt, was Gott für uns verfügt hat, bzw. was Er für uns vorherbestimmt hat. (9:51) Er weist darauf hin, dass alles Getier auf Erden und
alle Vögel, die auf ihren zwei Schwingen dahinfliegen, in Gemeinschaften leben und dass dem Protokoll Gottes nichts entgeht. (6:38)

,Manifestes Protokoll' oder ,wohl verwahrte Tafel' sind ,Titel',
die das Verhältnis vom Wissen Gottes zur Schöpfung bezeichnen.
Wir könnten diese Tafel bzw. das Protokoll auch als Ursprungsver-
zeichnis bezeichnen. Im ,Prozess' der Schöpfung wird dieses Verzeichnis vervielfältigt. Seine erste und umfassendste Kopie, die die
gesamte Schöpfung enthält, wird im Koran die ,Tafel der Auslöschung
und der Bestätigung' oder ,manifestes Buch' genannt. Während sich
die wohl verwahrte Tafel bzw. das manifeste Protokoll auf die Ori-
ginale der Geschöpfe im Wissen Gottes und auf die Prinzipien und
Gesetze der Schöpfung bezieht, entsprechen das manifeste Buch bzw.
die Tafel der Auslöschung und der Bestätigung dem täglichen Leben,
sozusagen einer Seite im Fluss der Zeit. Die Allmacht Gottes trans-
feriert Dinge von der wohl verwahrten Tafel zur Tafel der Auslöschung
und der Bestätigung. Die Allmacht Gottes arrangiert mit anderen
Worten Dinge auf der Seite der Zeit oder reiht sie auf der Schnur der
Zeit auf. Auf der wohl verwahrten Tafel verändert sich nie etwas; dort
ist alles starr. Im Prozess der Schöpfung aber löscht Gott aus, was Er
will, genauso wie Er bestätigt und durchsetzt, was Er will. (Vgl. 13:39)

Die zweite Art von Vervielfältigung sieht folgendermaßen aus:

Nach der Geburt wird jeder Mensch in einem Geburtenverzeich-
nis registriert. Den Informationen dieses Verzeichnisses gemäß erhalten die Menschen daraufhin ihre Ausweispapiere. Ähnlich werden alle
Menschen mit all ihren Charaktermerkmalen, Eigenschaften und ihren
bis ins kleinste Detail aufgelisteten zukünftigen Lebensgeschichten
auf der wohl verwahrten Tafel verzeichnet. Dieses Ursprungsverzeich-
nis aller Menschen wird von Engeln kopiert und derjenige Teil, der
dem Leben des Körpers zuzuordnen ist, wird in Form von Informationen oder Gesetzen in die Zellen geschrieben. Damit diese Informationen aber von Nutzen sind und der Körper seiner Aufgabe nachgehen und lebendig werden kann, muss ihm zunächst der Geist
eingehaucht werden. Den anderen Teil der Kopie des Ursprungsver-

zeichnisses, denjenigen Teil also, der sich auf die Existenz des Menschen als ein bewusstes intelligentes Wesen bezieht, trägt der Mensch als ein unsichtbares Buch an den Nacken geheftet (17:13) mit sich herum. Während seines ganzen Lebens tut der Mensch nichts anderes als das, was in dem Buch steht. Das heißt jedoch nicht, dass die Vorherbestimmung der Lebensgeschichte eines Menschen den Menschen dazu zwingt, sich auf eine bestimmte Art und Weise zu verhalten. Die Vorherbestimmung ist eine Art Wissen, das vielleicht folgendermaßen beschrieben werden kann: Ein Mensch wird an einen bestimmten Ort geschickt, damit er dort bestimmte Arbeiten verrichtet. Bereits im Vorfeld wurde ermittelt, was dieser Mensch wohl auf seiner Reise benötigen würde. Außerdem wurde er hinreichend instruiert. Da schon vor Antritt der Reise klar war, wie sich der Mensch unterwegs verhalten würde, wurden alle Details vorab auf einem Notizblock festgehalten, der in einer geheimen Tasche in der Jacke des Menschen verstaut wurde. Der Mensch bricht auf, weiß aber nichts von dem Notizblock in seiner Tasche und verhält sich so, wie er es für richtig hält. Es entgeht ihm auch, dass zwei verlässliche Menschen ihm auf Schritt und Tritt folgen, all seine Handlungen aufzeichnen und alles, was er tut und sagt, mit einer Videokamera aufzeichnen. Nach der Rückkehr des Menschen werden nun die Videoaufnahmen mit den Aufzeichnungen auf dem Notizblock verglichen, und es zeigt sich, dass es keine Abweichungen von den Vorhersagen gibt. Der Mensch wird dafür zur Verantwortung gezogen, ob er seinen Job den Instruktionen entsprechend erledigt hat. Er wird belohnt oder bestraft, gegebenenfalls wird ihm auch verziehen.

Ganz so wie in diesem Beispiel hat Gott, der alles im Voraus weiß und außerhalb von Raum und Zeit steht, die Lebensgeschichten aller Menschen, die jemals die Erde bevölkerten und noch bevölkern werden, in bestimmte Verzeichnisse eingetragen. Engel kopieren diese Verzeichnisse und heften jedem einzelnen Menschen sein eigenes Buch, das wir Vorherbestimmung oder Schicksal nennen, an den Nacken. Gottes vorherige Kenntnis und Aufzeichnung all dessen, was der Mensch in seinem Leben einmal tun wird, verpflichten den Menschen nicht zu einem bestimmten Handeln. Seine Handlungen sind vielmehr vom freien Willen geprägt; und aus seinem freien Willen heraus tut er das, was er für richtig hält. Sein Leben wird von zwei Engeln, die wir *Kiramun Katibin* (erhabene Schreiber) nennen, schriftlich festgehalten. Am Jüngsten Tage werden die Aufzeichnungen der Engel den Menschen ausgehändigt, die sich daraufhin mit dem Lesen dieser Bücher befassen sollen:

> *Und einem jeden Menschen haben Wir seine Taten an den Nacken geheftet; und am Tage der Auferstehung werden Wir ihm ein Buch herausbringen, das ihm geöffnet vorgelegt wird. „Lies dein Buch. Heute genügt deine eigne Seele, um die Abrechnung gegen dich vorzunehmen."* (17:13-14)

GÖTTLICHE FÜGUNG, VORHERBESTIMMUNG UND DER WILLE GOTTES

Wie bereits aufgezeigt wurde, zeichnet Gott alle Dinge in Seinem Wissen in einem Protokoll auf. Er gibt allen Dingen ihre eigenen besonderen Kennzeichen und setzt ihre Lebensspanne und ihre Bestimmungen fest. Er verfügt im Voraus, wann und wo wir geboren werden und sterben. Außerdem weiß Er schon vor unserer Geburt, was wir mit unserem Leben anstellen werden. All dies geschieht durch den Willen Gottes.

Der Wille Gottes ist dafür verantwortlich, dass alle Dinge und Ereignisse in der Sphäre des Wissens Gottes und in der Sphäre der materiellen Existenz einschließlich des menschlichen Lebens vorherbestimmt sind und dass allen Dingen und Ereignissen eine bestimmte Richtung vorgegeben ist. Es gibt nichts, was außerhalb des Einflussgebietes des Willens Gottes geschähe.

Bevor ein Embryo im Mutterleib zu wachsen beginnt, stehen ihm unzählige Möglichkeiten offen: ob er sich zu einem Lebewesen entwickeln wird oder nicht, wann und wo er geboren wird, wie lange er leben wird, wo er sterben wird usw.. Alle Lebewesen unterscheiden sich voneinander in Körperform bis hin zu den Fingerabdrücken, im Charakter, in den unterschiedlichen Vorlieben etc., obwohl sie doch aus den gleichen Bestandteilen erschaffen wurden. Auch für jedes einzelne Teilchen, das in den Embryo oder den Erwachsenen eintritt, existieren zahllose Entwicklungsmöglichkeiten. Wenn sich aber beispielsweise ein Teilchen, was eigentlich in die Pupille des linken Auges wandern soll, stattdessen zur Pupille des rechten Auges begibt, wird es zu einer Deformierung kommen. Insofern folgt also alles einem wunderbaren Plan, der auf den allumfassenden Willen Gottes zurückgeht. Der Wille Gottes ist außerdem für die erstaunliche Ordnung und Harmonie im Universum verantwortlich. Kein Blatt fällt vom Baum und kein einziges Samenkorn keimt unter der Erde, ohne dass dies dem Willen Gottes entspräche.

Der Wille Gottes schließt auch den freien Willen des Menschen mit ein. Trotzdem unterscheidet sich die Beziehung zwischen dem Willen Gottes und dem Leben des Menschen von der Beziehung zwischen dem Willen Gottes und dem Leben anderer Dinge oder Lebewesen. Gott, der Allmächtige, hat dem Menschen die Entscheidungsfreiheit - den freien Willen - geschenkt. Er hat das Leben des Menschen bis ins kleinste Detail vorherbestimmt und dessen freien Willen in Seine Planungen mit einbezogen. Wie bereits betont wurde, bedeutet die Tatsache, dass Gott das Leben des Menschen und seine Handlungen vorherbestimmt, dass Er dieses Leben und die Handlungen schon im Voraus kennt. An dieser Stelle möchte ich jedoch unterstreichen, dass die theistische Konzeption Gottes nicht der Wahrheit entspricht. Das heißt: Gott hat das Universum, nachdem Er es erschaffen hatte, nicht sich selbst überlassen.

Wir Menschen sind Raum und Zeit unterworfen. Deshalb können wir keine exakten Erkenntnisse über die Beziehung zwischen Schöpfer und Schöpfung gewinnen. Auch besitzen wir keine genaue Vorstellung von der Ewigkeit. Selbst was die materielle Sphäre der Existenz betrifft, stehen uns keine verlässlichen Informationen zur Verfügung. Gott steht jenseits von Raum und Zeit. Er ist unendlich und ewig. Er hält das Universum in Seiner ‚Hand‘. Er kontrolliert und verwaltet es, wie Er will. Damit wir aber dennoch einen Einblick in Seine Handlungen gewinnen und uns Wissen über Ihn und Seine Attribute aneignen können, hat Er Seine Manifestationen den Beschränkungen von Raum und Zeit unterworfen. Alle Erklärungsversuche, die wir hinsichtlich des Willens Gottes und der Vorherbestimmung bis zu diesem Punkt unternommen haben, dürfen eine wichtige Tatsache nicht aus den Augen verlieren: Wir können uns diesem Thema nur innerhalb der Grenzen dieses Lebens, das Raum, Zeit und Materie unterworfen ist, und innerhalb der Grenzen unserer eigenen Existenz nähern.

Zusammengefasst: Der Wille Gottes dominiert die gesamte Schöpfung. Nichts geschieht gegen den Willen Gottes. Die erstaunliche Ordnung und Harmonie im Universum und der Umstand, dass alle Dinge und Ereignisse ihre eigenen Richtungen und besonderen Kennzeichen haben, sind auf das Wirken des Willens Gottes zurückzuführen. Der Wille Gottes schließt den freien Willen des Menschen nicht aus.

GÖTTLICHE FÜGUNG, VORHERBESTIMMUNG UND DIE SCHÖPFUNG

Die Vorherbestimmung ist außerhalb der Sphäre, in der der freie Wille des Menschen ein Mitspracherecht besitzt, als ausschlaggebender und bestimmender Faktor absolut dominant. Alle Dinge und Ereignisse finden gemäß der Maßgabe des Beschlusses, der Entscheidung und der Leitung der Vorherbestimmung statt. Gott ist der Absolute Souverän des Universums. Er agiert und verfügt in Seinem Reich, wie Er es für richtig hält. Er tut, was Er will; und niemand kann ihn für Seine Handlungen zur Rechenschaft ziehen. Er ist absolut weise und gerecht, absolut barmherzig und mitfühlend. Was auch immer Er tut, ist gut. Er behandelt Seine Geschöpfe niemals ungerecht.

Wir Menschen können den Lauf des Universums nicht verändern: Die Sonne schickt uns ihr Licht und ihre Wärme. Darauf haben wir keinen Einfluss. Die Erde dreht sich um sich selbst und um die Sonne. Tage, Monate, Jahreszeiten und Jahre kommen und gehen. Was in der Natur vor sich geht, liegt nicht in unserer Hand. Das Handeln Gottes bietet uns unzählige Beispiele für Seine Weisheit. Dem Menschen aber bleibt nichts anderes übrig, als Seine Werke zu beobachten, über sie nachzudenken und zu versuchen, die ihnen innewohnende Weisheit ans Licht zu bringen.

Wahrlich, in der Schöpfung der Himmel und der Erde und in dem Wechsel der Nacht und des Tages liegen wahre Zeichen für die Verständigen, die Allahs gedenken im Stehen und im Sitzen und (im Liegen) auf ihren Seiten und über die Schöpfung der Himmel und der Erde nachdenken (und sagen): „Unser Herr, Du hast dies nicht umsonst erschaffen. Gepriesen bist Du, darum behüte uns vor der Strafe des Feuers." (3:190-191)

Der Mensch sollte auch über das nachdenken, was ihm in seinem Leben widerfährt. Gott möchte nicht, dass Seinen Geschöpfen etwas Böses zustößt. Darum hebt der Koran in Sure 4:79 auch so deutlich hervor, dass der Mensch alles, was er an Bösem erlebt, sich selbst bzw. seinen Sünden zuzuschreiben hat. Gott lässt nur deshalb zu, dass der Mensch von Schicksalsschlägen heimgesucht wird, weil Er dem Menschen so seine Sünden vergeben oder ihn auf eine höhere Stufe heben möchte. Dies bedeutet allerdings nicht, dass Gott den Menschen für jede Sünde bestraft und ihn mit Schicksalsschlägen belegt. Gott sieht auch über viele Sünden des Menschen hinweg, ohne ihn für sie zu bestrafen.

Ein zweiter Aspekt der Beziehung zwischen Vorherbestimmung und Schöpfung bezieht sich auf die religiösen Gebote und Verbote, die den freien Willen des Menschen betreffen.

Während die Vorherbestimmung Gottes in dem Bereich des Seins, in dem der Wille des Menschen nicht existiert (so z.B. im Bereich der Schöpfung und der Kontrolle aller Dinge und Lebewesen, im Bereich der Organisation der Planeten und im Bereich aller ‚natürlichen' Ereignisse und Phänomene), absolut dominant und zwingend ist, berücksichtigt sie in der Sphäre des Menschen dessen freien Willen. Gott erschafft auch das, was der Mensch will und tut. Denn Gott hat dem Menschen einen freien Willen verliehen und ihm einen Platz im Paradies reserviert. Obwohl Er will, dass Seine Diener immer nur Gutes wollen und tun, und sie eindringlich hierzu auffordert, verzichtet Er auch nicht darauf, ihren schlechten Urteilen und Handlungen eine äußere materielle Existenz zu verleihen, wie unzufrieden Er mit diesen Urteilen und Handlungen auch sein mag.

DIE VORHERBESTIMMUNG UND DER FREIE
WILLE DES MENSCHEN

Der Mensch verfügt tatsächlich über einen freien Willen. Hier
einige Beweise:

- Wenn ein Mensch ein Unrecht begangen hat, verspürt er Reue.
  Er bittet Gott um Vergebung seiner Sünde. Wenn er einen anderen Menschen in Schwierigkeiten gebracht hat, bittet er diesen
  um Verzeihung. Das zeigt, dass der Mensch selbst darüber entscheidet, was er tun möchte und wie er etwas tun möchte. Besäße
  er keinen freien Willen, um seine Entscheidungen in die Tat umzusetzen, sondern wäre er gezwungen, eine höhere Macht zu
  bemühen, würde es doch gar keinen Sinn machen, dass er Reue
  verspürt und für Sünden und Unrecht um Verzeihung bittet.

- Ganz offensichtlich entschließen wir uns dazu, unsere Hände
  zu bewegen, zu sprechen, aufzustehen oder irgendwohin zu gehen.
  Uns sind keine Fesseln um den Hals gelegt, die uns zwingen,
  etwas zu tun oder zu unterlassen. Wir fühlen uns z.B. frei, in unserer Freizeit ein Buch zu lesen oder uns vor den Fernseher zu setzen. Nichts und niemand, zumindest keine Kraft, die von außen
  kommt, zwingt uns, zu Gott zu beten. Kein Mensch bewegt sich
  so, wie es ihm eine Fernbedienung in der Hand einer unsichtbaren Macht befiehlt.

- Wir zögern, denken nach, stellen Vergleiche an, beurteilen äußere
  Umstände, wägen ab und entscheiden, bevor wir schließlich
  handeln. Wenn wir beispielsweise von zwei Freunden zur gleichen Zeit auf zwei unterschiedliche Feste eingeladen werden oder
  von ihnen darum gebeten werden, Dinge zu tun, die nicht miteinander vereinbar sind, werden wir zögern und vergleichen,
  bevor wir uns entscheiden. Für unseren Entscheidungsprozess
  spielen die Mahnungen des Guten und des Bösen in unserem
  Innern eine sehr wichtige Rolle.

- Wenn uns Unrecht zugefügt wird, können wir vor Gericht ziehen, um den Verantwortlichen zu verklagen. Weder wir noch das
  Gericht schreiben das Unrecht, das wir erleiden mussten, einer

höheren Macht wie dem Schicksal zu. Auch der Angeklagte wird wohl kaum auf die Idee kommen zu versuchen, seine Schuld auf diese Macht abzuwälzen. Die rechtschaffenen und die schlechten Menschen, diejenigen, die hohe Ränge in der Gesellschaft bekleiden, und diejenigen, die ihre Zeit sinnlos vergeuden, jene, die für ihre guten Taten und Erfolge belohnt werden, und jene, die für ihre Verbrechen bestraft werden - sie alle beweisen, dass der Mensch über einen freien Willen verfügt und nicht gezwungen ist, auf eine bestimmte Art und Weise zu handeln.

- Nur geisteskranke Menschen sind nicht für ihre Taten verantwortlich. Die Vernunft und andere geistige Fähigkeiten verlangen einfach danach, dass der Mensch in seinen Entscheidungen und Handlungen frei ist und führen dies auch eindrucksvoll vor. Ohne die Existenz eines freien Willens wären sowohl die Vernunft als auch andere geistige Fähigkeiten überflüssig.

- Tiere besitzen keine Willenskraft. Sie werden von Gott instruiert. Die Weisungen Gottes für sie nennt die materialistische Wissenschaft Instinkte. Eine Biene z.B. baut immer sechseckige Waben. Da ihr die Willenskraft fehlt, sich für eine bestimmte Form von Waben zu entscheiden, wird sie niemals versuchen, dreieckige Waben zu bauen. Menschen hingegen entscheiden stets zwischen verschiedenen Möglichkeiten, bevor sie etwas tun. Außerdem steht es uns frei, unsere Meinung zu ändern. Oft ändern wir unsere Meinung in Notfällen oder dann, wenn neue und bessere Vorschläge auf den Tisch kommen. Auch dies spricht dafür, dass der Mensch einen freien Willen hat.

Die Beschaffenheit des freien Willens des Menschen

Der freie Wille des Menschen besitzt keine äußere materielle Form wie z.B. die einzelnen Körperteile. Die Tatsache, dass etwas keine sichtbare materielle Form besitzt, bedeutet jedoch nicht, dass es nicht existiert. Jeder Mensch hat zwei Augen. Daneben steht uns aber ein drittes Auge zur Verfügung, mit dem wir ebenfalls sehen können. Mit den ersten beiden Augen können wir die Dinge in der äußeren materiellen Welt betrachten. Unser drittes Auge hingegen gestattet uns einen Blick hinter die Ereignisse und die physische Welt. Es ist der freie Wille, den wir auch Einsicht nennen können. Dieser freie Wille ist quasi eine spezielle Neigung oder eine innere Kraft, mit deren Hilfe wir etwas bevorzugen und entscheiden.

Der Mensch will, und Gott erschafft. Das Projekt oder der Plan eines Bauwerks hat keinerlei Wert oder Nutzen, solange dieses Bauwerk nicht ihm entsprechend gebaut wird. Zwar ist es das Bauwerk, was sichtbar wird und dem Menschen dient, nichtsdestotrotz liegen ihm bestimmte Pläne zu Grunde. Der freie Wille des Menschen ist gleichsam eine Art Plan, auf dessen Grundlage der Mensch entscheidet und handelt. Gott schließlich erschafft die Handlungen des Menschen. Etwas zu erschaffen und etwas zu tun sind zwei grundverschiedene Dinge. Gott erschafft, das bedeutet: Gott schenkt den Entscheidungen und Handlungen des Menschen eine reelle Existenz in der physischen Welt. Ohne diese Mithilfe Gottes, wäre der Mensch nicht im Stande, auch nur irgendetwas zu tun.

Auch die Rolle des freien Willens und der Handlungsfreiheit des Menschen sowie der Rechtleitung und der Schöpfung Gottes lässt sich anhand einer Analogie beschreiben:

Wenn wir einen riesigen Palast ausleuchten wollen, müssen wir ein Lichtsystem installieren. Doch auch nachdem wir dieses angebracht haben, geht kein Weg daran vorbei, den Lichtschalter zu betätigen. Denn sonst werden die Glühbirnen nicht brennen, und der Palast wird trotz des aufwändigen Lichtsystems dunkel bleiben.

Der Mensch ist gewissermaßen ein großartiger Palast Gottes, der durch den Glauben an Gott erstrahlt. Gott hat den Menschen mit dem notwendigen Lichtsystem ausgestattet. Er hat ihm einen Verstand, die Kraft zu denken und zu fühlen wie auch die Fähigkeit zu lernen, zu vergleichen und bestimmte Dinge anderen vorzuziehen, gegeben. Die Natur, die Ereignisse und die von Gott offenbarte Religion sind die Stromquellen, die die Macht besitzen, Gottes Palast - den Menschen - erstrahlen zu lassen. Doch damit es dazu kommt, muss der Mensch seinen freien Willen einsetzen und den Lichtschalter betätigen. Wenn er dies tut, bittet er Gott damit, ihn mit dem Glauben zu erleuchten. So wie ein Diener an die Tür seines Herrn klopft, sollte der Mensch den Herrn des Universums darum bitten, ihn zu erleuchten und zu einem ‚König‘ des Universums zu machen. Dann wird Gott Sich ihm gegenüber korrekt verhalten und ihn in den Rang eines Königs über die übrigen Sphären der Schöpfung erheben.

In Seiner Behandlung des Menschen berücksichtigt Gott den freien Willen des Menschen und nimmt diesen zum Anlass, die Taten des Menschen zu erschaffen. Der Mensch ist also nicht, wie manche vermuten, ein Opfer des Schicksals oder jemand, dem das Schicksal übel mitspielt. Egal wie unbedeutend der freie Wille auch erscheinen mag, und verglichen mit den schöpferischen Werken Gottes ist er in der Tat belanglos: Er ist für die Taten des Menschen verantwortlich. Gott erschafft riesige Körper aus den winzigsten Teilchen und greift auf äußerst anspruchslose Hilfsmittel zurück, um äußerst bedeutende Resultate hervorzubringen. Aus einem winzigen Samenkorn kreiert Er beispielsweise eine Pinie, und die Vorlieben und Entscheidungen des Menschen resultieren im Jenseits in ewiger Glückseligkeit oder in ewiger Bestrafung.

Um den Anteil des Menschen und der menschlichen Willenskraft an seinen Handlungen und Leistungen besser einschätzen zu können, brauchen wir uns nur die einmal Nahrung, die ihn am Leben erhält, näher anzuschauen. Ohne die Erde, das Wasser, die Luft und die Wärme der Sonne, die der Mensch nicht selbst herstellen kann, ist er nicht in der Lage, auch nur einen Bissen seiner Nahrung zu produzieren. Die ganze Menschheit schafft es ohne Unterstützung nicht, auch nur ein einziges Körnchen Getreide hervorzubringen. Außerdem ist es keineswegs die Menschheit selbst, die den einzelnen Menschen mit einem Verstand, anderen geistigen Fähigkeiten und der Macht, Getreide zu züchten, ausstattet. Es war nicht der Mensch selbst, der seinen Körper erschaffen und eine Beziehung zwischen diesem und seiner Nahrung geknüpft hat. Auch der Körper mit all seinen Gliedmaßen, Organen und Zellen steht nicht unter der Kontrolle oder Aufsicht des Menschen. Müsste der Mensch sein Herz jeden Morgen zu einer vorgegebenen Zeit wie einen Wecker ‚stellen‘, würde er wohl kaum lange überleben. Fast alle Bestandteile des Universums, das einem hoch entwickelten Organismus - so kompliziert und doch so harmonisch - gleicht, müssen auf erstaunlichste Art und Weise miteinander kooperieren, damit auch nur ein einziger Bissen an Nahrung produziert werden kann. Dieser eine Bissen ist daher fast genauso wertvoll wie das gesamte Universum. Der Mensch kann den Preis dieses Bissens jedenfalls nicht bezahlen, denn sein Beitrag zu seiner Produktion ist absolut unerheblich.

Sind wir überhaupt in der Lage, Gott auch nur für einen einzigen Bissen Nahrung gebührend zu danken? Wäre die ganze Menschheit wirklich dazu fähig, eine Weintraube aus eigener Kraft hervorzubringen, selbst wenn alle Menschen gemeinsam an diesem Projekt mitarbeiten würden? Gott versorgt uns mit all Seinen Gunstbeweisen, ohne viel dafür zu verlangen. Hätte er uns z.B. dazu verpflichtet, für ein Scheffel Weizen 1000 Niederwerfungen (*Rak'at*, sing.: *Rak'a*) zu leisten, hätten wir uns dieser Anordnung mit Sicherheit fügen müssen, um nicht zu verhungern. Hätte Gott für jeden Regentropfen eine Niederwerfung verlangt, wären wir tagein tagaus wohl mit nichts anderem als mit Beten beschäftigt. Stellen wir uns doch einmal vor, einen Tag in sengender Hitze in der Wüste zu verbringen - Würden wir nicht buchstäblich alles tun, nur um ein Glas Wasser zu bekommen?

Wie aber soll es uns erst gelingen, Gott für unsere Gliedmaßen angemessen zu danken? Erst wenn wir uns die kranken und verkrüppelten Menschen in den Krankenhäusern anschauen oder selbst krank sind, wird uns bewusst, wie wertvoll unsere Gesundheit ist. Ist es nicht sogar ganz und gar unmöglich, Gott angemessen für unsere Gesundheit zu danken? Die Anbetung, die Gott uns auferlegt, ist in Wirklichkeit nur zu unserem Besten. Sie dient unserer spirituellen Weiterentwicklung und fördert unser Privatleben genauso wie das Leben in der Gesellschaft. Wenn wir an Gott glauben und Ihn anbeten, wird Er uns im Paradies mit uneingeschränkter Glückseligkeit und unendlich vielen Gunstbeweisen belohnen.

Wir sehen also, dass uns fast alles, was wir besitzen, ohne Gegenleistung geschenkt wurde. Unser Anteil an den Gunstbeweisen, die wir in der Welt genießen dürfen, ist unbedeutend. Auch unsere Willenskraft ist, verglichen mit den Wirkungen, die Gott als Folge unserer Inanspruchnahme dieses Willens erschafft, relativ schwach. Doch wie schwach unser Wille auch sein mag und wie schwer dessen wahre Natur auch zu verstehen ist - Gott erschafft unsere Handlungen gemäß der Wahl und den Entscheidungen, die wir durch unsere Willenskraft treffen.

Die Vorherbestimmung Gottes und freier Wille des Menschen ergänzen einander

Schon immer fiel es der Menschheit schwer, den Willen Gottes vom freien Willen des Menschen zu unterscheiden und beide miteinander in Einklang zu bringen. Einige gingen sogar so weit, dass sie dem Menschen jeden freien Willen, zu handeln und über das eigene Leben zu verfügen, absprachen. Andere wiederum haben dem Menschen selbst die Erschaffung seiner Taten zugeschrieben und die Rolle der Vorherbestimmung für sein Leben vollständig ignoriert. Der Islam hingegen beschreitet den Mittelweg. Auch zu jedem anderen Thema, das mit der Vorherbestimmung und dem freien Willen des Menschen zu tun hat, folgt der Islam diesem Weg. Die Vorherbestimmung Gottes beherrscht also das gesamte Sein einschließlich der Sphäre des Menschen. Trotzdem besitzt der Mensch einen freien Willen, mit dessen Hilfe er sein Leben führt.

In drei aufeinander folgenden Versen am Ende der Sure *At-Taqwir* bringt der Koran die wahre Beschaffenheit der Beziehung zwischen Vorherbestimmung und freiem Willen zum Ausdruck:

> *Dies ist ja nur eine Ermahnung für alle Welten. Für denjenigen unter euch, der aufrichtig sein will. Und ihr werdet nicht wollen, es sei denn, dass Allah will, der Herr der Welten.* (81:27-29)

Diese Verse unterstellen dem Allmächtigen einen absoluten Willen, ohne aber dem Menschen eine Willenskraft abzusprechen, mit der er sein Leben lenkt und gestaltet. In einem anderen Vers (37:96) erklärt der Koran, dass Gott es ist, der den Menschen und das, was er hervorbringt, erschaffen hat. Deshalb bezeichnet er Gott als den einzigen Schöpfer. In weiteren Versen wie *...erfüllt euer Versprechen Mir gegenüber, so erfülle Ich Mein Versprechen euch gegenüber* (2:40), *...wenn ihr Allahs (Sache) helft, so wird Er euch helfen und euren Füßen festen Halt geben* (47:7) und *Gewiss, Allah ändert die Lage eines Volkes nicht, ehe sie (die Leute) nicht selbst das ändern, was in ihren Herzen ist* (13:11) spricht der Koran von einem Vertrag bzw. einem Versprechen von Gott an den Menschen und erklärt offenkundig, dass der Mensch seine Geschicke selbst lenkt.

Mit Ausnahme der Sphäre der Menschen und der Dschinn, die einen freien Willen besitzen und deshalb für ihre Taten zur Verantwortung gezogen werden können, ist die Vorherbestimmung Gottes die einzige absolute und ausschließliche Kraft. Folgende Erklärungsversuche werden vielleicht dazu beitragen, die Vorherbestimmung Gottes und den freien Willen des Menschen miteinander zu versöhnen:

a) Die Vorherbestimmung ist ein ‚Titel' des Wissens Gottes. Dieses Wissen Gottes umfasst alles, was sich innerhalb und außerhalb von Raum und Zeit befindet. Wenn wir wissen, dass ein bestimmtes Ereignis zu einer bestimmten Zeit in der Zukunft eintreten wird, und dieses Ereignis tritt dann wirklich zur von uns prognostizierten Zeit ein, dann heißt dies noch lange nicht, dass dieses Ereignis eintrat, *weil* wir im Voraus wussten, dass es eintreten würde. Da das Wissen Gottes alle Gegenstände und alle Ereignisse im Universum umfasst, hat Er auch festgelegt, dass ein bestimmtes Ereignis zu einer bestimmten Zeit an einem bestimmten Ort eintreten wird; und so wird es dann auch geschehen. Der Grund dafür, dass auch nicht der kleinste Unterschied zwischen dem besteht, was Gott dem Menschen bestimmt hat, und dem, was der Mensch tut, besteht nicht darin, dass die Maßgabe Gottes den Menschen zwänge, entsprechend zu handeln, sondern darin, dass der Mensch so handeln *will* und letztendlich tatsächlich auch so handelt.

Ein Beispiel: Ein Zug, der auf der Strecke Istanbul-Ankara verkehrt, fährt mit der Geschwindigkeit, die sein Fabrikat und der Zustand der Schienen zulassen. Die Entfernung von Istanbul nach Ankara ist bekannt. Weiterhin weiß man, dass der Zug unterwegs an einer bestimmten Anzahl von Stationen für eine bestimmte Zeit anhalten muss. Da man mit all diesen Variablen planen kann, ist es möglich, einen Fahrplan zu erstellen. Es wäre aber unsinnig zu behaupten, dass das Vorhandensein eines Fahrplans das Fahren der Züge bewirkt.

Ein weiteres Beispiel: Zeitpunkt und Dauer von zukünftigen Ereignissen am Firmament wie Sonnen- und Mondfinsternissen sind uns schon lange im Voraus bekannt, weil sie sich durch astronomische Berechnungen ermitteln lassen. Auch in diesem Fall verdunkeln sich Sonne und Mond jedoch keineswegs deshalb, weil die Astronomen dies so ausgerechnet und aufgezeichnet haben. In Wirklichkeit ist genau das Gegenteil der Fall: Die Astronomen wissen, wann Sonne und Mond sich verdunkeln werden und halten ihre Erkenntnisse deshalb schriftlich fest. Vorherbestimmung und freier Wille stehen in einem ähnlichen Verhältnis zueinander.

b) Der freie Wille des Menschen ist nichts, was von der Vorherbestimmung ausgeschlossen ist. Vielmehr umfasst die Vorherbestimmung den freien Willen. Auch hier ein Beispiel: Wenn uns jemand fragt, ob die Uhr im Nebenraum funktioniert und wir sie ticken hören, werden wir ihm mit „Ja" antworten. Der Fragesteller braucht nun nicht mehr weiter zu fragen, ob sich denn die Zeiger auch wirklich bewegen. Denn wenn die Uhr funktioniert, drehen sich automatisch auch ihre Zahnräder, und die Zeiger bewegen sich. Analog wirken auch die Vorherbestimmung und der freie Wille des Menschen nicht unabhängig voneinander. In Relation zur Vorherbestimmung ist der freie Wille weder ein trockenes Blatt, das in ihrem Wind weht, noch ist er vollkommen unabhängig von ihr. So wie der Islam in allen Dingen einen Mittelweg einschlägt, hat er diesen auch in Bezug auf Vorherbestimmung und freien Willen gewählt. Mit anderen Worten: Der Islam hat die wahre Relation zwischen Vorherbestimmung und freiem Willen definiert. Ihm zufolge will und tut der Mensch etwas, woraufhin Gott es dann erschafft.

c) Ursache und Wirkung sind vom Standpunkt der Vorherbestimmung aus betrachtet untrennbar. Vorherbestimmung bedeutet also, dass diese Ursache jene Wirkung hervorbringen wird. Gleichzeitig wäre es falsch zu behaupten, der Mord an einem Menschen sei kein Verbrechen, da dem Ermordeten zu jener Zeit sowieso der Tod bestimmt war und er infolgedessen zu jenem Zeitpunkt ohnehin gestorben wäre. Dieses Argument wäre haltlos, denn tatsächlich gehört zum Schicksal dieses Mannes nicht nur zu sterben, sondern auch erschossen zu werden. Wenn wir nun also behaupten, er wäre selbst dann gestorben, wenn er nicht erschossen worden wäre, können wir nicht sagen, auf welche Weise der Tod dann eingetreten wäre. Man sollte sich in Erinnerung rufen, dass es nicht zwei Arten von Vorherbestimmung (eine für die Ursache und die andere für die Wirkung) gibt. Es gibt nur eine einzige Vorherbestimmung.

d) Der Mensch neigt dazu anzunehmen, er selbst unterliege nicht dem Lauf der Zeit. Er glaubt, dass die Vergangenheit, die für ihn eine Kette von Ereignissen darstellt, beschränkt ist und nennt sie *Azal* (Ewigkeit in der Vergangenheit). Diese Annahme ist jedoch weder wahr noch akzeptabel. Auch dieser heikle Punkt wird uns vielleicht durch ein Beispiel verständlicher:
Man stelle sich einmal vor, einen Spiegel in der Hand zu halten, der auf seiner rechten Seite all das reflektiert, was die Vergangenheit darstellt, während seine linke Seite die Zukunft reflektiert. Solange man dasteht und den Spiegel in der Hand hält, kann immer nur eine Seite widergespiegelt werden; gleichzeitig beide Seiten zu zeigen, ist nicht möglich. Will man trotzdem beide Seiten gleichzeitig reflektieren lassen, muss man sich über seine ursprüngliche Position erheben, sodass rechte und linke Seite miteinander vereint werden und nichts mehr bleibt, was das Erste oder das Letzte bzw. Anfang oder Ende genannt werden könnte. Wie bereits erwähnt wurde, sind Vorherbestimmung und Wissen Gottes in einigen Punkten identisch. In einem Ausspruch des Propheten wird die Vorherbestimmung beschrieben als das Verschmelzen aller Zeiten und Ereignisse in einem einzigen Punkt,

in dem das Erste und das Letzte, der Anfang und das Ende sowie das, was geschehen ist, und das, was noch geschehen wird, vereint sind. Auch wir Menschen können uns dem nicht entziehen. Daher können unsere Erkenntnisse über die Zeit und die Ereignisse ebenfalls als ein Spiegel für den Zeitraum der Vergangenheit fungieren.

e) Der Mensch kann nicht Schöpfer seiner Handlungen sein. Denn würde er seine eigenen Handlungen erschaffen, wäre er deren letzte Ursache, und sein freier Wille würde nicht weiter existieren. Die Logik besagt, dass ein Ding, das nicht notwendig ist, auch nicht existieren wird. Damit etwas eine Existenz erhält, muss eine wirklich vollwertige Ursache vorliegen. Doch wenn diese vollwertige Ursache tatsächlich vorliegt, bleibt für eine freie Wahl kein Platz mehr.

f) Obwohl der freie Wille des Menschen zu schwach ist, um zu bewirken, dass etwas geschieht, hat der Allmächtige dessen Einsatz zu einer Grundvoraussetzung dafür gemacht, dass Sein universeller Wille wirksam wird. Er führt den Menschen in die Richtung, für die sich der Mensch durch den Einsatz seines freien Willens entscheidet. Daher bleibt der Mensch für die Konsequenzen seiner Entscheidungen verantwortlich. Ein Beispiel: Man nimmt ein Kind auf die Schultern und lässt ihm die freie Wahl, wohin es gerne getragen werden möchte. Es entscheidet sich nun dafür, auf einen hohen Berg getragen zu werden, wo es sich eine Erkältung zuzieht. In diesem Fall hat das Kind kein Recht, uns Vorwürfe zu machen. Man könnte es sogar noch bestrafen, denn es wollte ja schließlich unbedingt auf den Berg hinauf. Auch Gott, der Allmächtige, der Gerechteste aller Richter, zwingt Seine Diener niemals dazu, etwas zu tun. Gottes Wille basiert in gewisser Hinsicht auf dem freien Willen des Menschen.

Zusammenfassend lassen sich sieben Punkte festhalten

1. Die Vorherbestimmung Gottes, die wir auch als Entscheidung und Gestaltung Gottes bezeichnen können, umspannt zwar das

ganze Universum, beraubt den Menschen aber nicht seines freien Willens.

2. Da Gott außerhalb von Raum und Zeit steht und weil Sein Wissen alles einschließt, vereinigt Er Vergangenheit, Gegenwart und Zukunft in einem einzigen unteilbaren Punkt. Zum besseren Verständnis dieses Punktes möchte ich einen weiteren Vergleich anführen:

   Solange wir uns in einem Raum befinden, ist unser Blick auf diesen Raum beschränkt. Wenn wir aber einen Ort aufsuchen, der hoch genug liegt, können wir von dort aus die ganze Stadt, in der wir leben, überblicken. Je höher wir uns hinauf begeben, desto größer wird unser Blickfeld. Vom Mond aus würde uns die Erde nur so groß wie eine blaue Murmel erscheinen. Mit Zeit und Raum verhält es sich genauso. Die gesamte Zeit und der ganze Raum bedeuten für Gott nichts weiter als einen einzigen unteilbaren Punkt, in dem sich Vergangenheit, Gegenwart und Zukunft vereinen.

3. Da Zeit und Raum im Wissen Gottes als ein einziger Punkt existieren, hat Gott alles, was sich bis zum Jüngsten Tage ereignen wird, schon im Voraus aufgezeichnet. Engel bedienen sich dieses umfangreichen ‚Protokolls' und legen für jeden einzelnen Menschen ein eigenes kleines Protokoll an.

4. Was wir tun, tun wir nicht deshalb, weil Gott aufgezeichnet hat, was wir tun sollen. Vielmehr zeichnet Er unsere Taten auf, weil er im Voraus weiß, was wir tun werden.

5. Es gibt keine zwei unterschiedlichen Arten von Vorherbestimmung (eine für die Ursache, die andere für die Wirkung). Eine einzige Vorherbestimmung bezieht sich gleichzeitig auf Ursache und Wirkung. Der freie Wille des Menschen als Ursache der Handlungen des Menschen ist Bestandteil der Vorherbestimmung.

6. Gott leitet uns zu guten Dingen und Taten an. Er erlaubt und rät uns, unsere Willenskraft einzusetzen, um gute Taten zu vollbringen. Im Gegenzug verspricht Er uns ewige Glückseligkeit im Paradies.

7. Der Mensch verfügt über einen freien Willen. Dieser leistet zwar nur einen sehr kleinen Beitrag zu seinen guten Taten, kann ander-

seits aber überall dort, wo er eingesetzt wird, tödliche Sünden und Zerstörung hervorrufen. Der Mensch sollte seine Willenskraft also zu seinem eigenen Vorteil nutzen und regelmäßig zu Gott beten, um die Gunstbeweise des Paradieses, das eine Frucht der guten Taten ist, genießen und die ewige Glückseligkeit erlangen zu können. Der Mensch sollte Gott außerdem immer wieder um Vergebung seiner Sünden bitten. Er sollte von bösen Taten Abstand nehmen und sich so vor den Qualen der Hölle, die eine Frucht der schlechten Taten ist, schützen. Das Gebet und das Vertrauen auf Gott stärken die Neigung zum Guten, während Reue und das Bitten um Vergebung die Neigung zum Bösen und zu Übertretungen schwächen.

GÖTTLICHE FÜGUNG, VORHERBESTIMMUNG UND DIE GNADE GOTTES

Der Begriff Göttliche Fügung bezeichnet die Umsetzung der Entscheidungen und Urteile der Vorherbestimmung. Er schließt die Handlungen des Menschen und gleichzeitig deren Erschaffung durch Gott mit ein. Denn Gott erlaubt uns zu tun, was wir tun möchten, indem er unsere Taten Realität werden lässt. Das arabische Wort, das der Übersetzung ‚Gnade Gottes‘ zu Grunde liegt, lautet *a'ta*: reichlich oder großzügig geben.

Wie bereits erwähnt verfügt Gott über zwei Hauptverzeichnisse bzw. -register: die ‚wohl verwahrte Tafel‘ (die der Vorherbestimmung oder dem Wissen Gottes entspricht) und das ‚manifeste Protokoll‘ (die der Realität der Zeit entspricht). Die wohl verwahrte Tafel ist keinen Veränderungen unterworfen, weil Gott ja einen absolut uneingeschränkten Willen besitzt. Daher wird Er auch nicht durch die Vorherbestimmung, die Er ja für Seine Geschöpfe ins Leben gerufen hat, eingeschränkt. Auf der anderen Seite kann Er sehr wohl Veränderungen an dem, was Er im manifesten Protokoll aufgezeichnet hat, vornehmen. Dies kommt in folgendem Vers klar zum Ausdruck:

Allah löscht aus und lasst bestehen, was Er will, und bei Ihm ist die Urschrift des Buches. (13:39)

Hier haben wir es mit einem sehr schwierigen Thema zu tun. Obwohl wir nicht in der Lage sind, die Realität dieses Auslöschens und Bestehen-Lassens in vollem Umfang zu verstehen, erleben wir sie tagtäglich in unserem Leben. Ein Beispiel: Wir verlassen unsere Wohnung in der Absicht, zu einem Ort zu gehen, an dem freimütig gesündigt wird. In Seiner Gnade und Gunst lässt Gott uns jedoch mit einigen wohlmeinenden Freunden zusammentreffen, die uns davon überzeugen, lieber einen achtbaren Ort aufzusuchen. Generell passiert es uns zu oft, dass wir sündigen und damit Unheil auf uns laden. Aber statt Seine Gerechtigkeit walten zu lassen, schenkt uns Gott Seine Gnade, vergibt uns und wendet das Unheil von uns ab.

Die Gnade Gottes existiert; denn der Mensch soll nicht die Hoffnung verlieren, Vergebung zu erlangen. Er soll sich Gott zuwenden, auch wenn die Sünden, die er begangen hat, noch so groß sind. Wir dürfen nicht davon ausgehen, dass wir unter allen Umständen an diejenigen Konsequenzen unserer Taten gefesselt sind, die Vorherbestimmung und göttliche Fügung vorgesehen haben. Dies wird in den folgenden Versen ganz deutlich:

> *Und was euch an Unglück treffen mag, es erfolgt auf Grund dessen, was eure Hände gewirkt haben. Und Er vergibt vieles.* (42:30)

> *Und wenn Allah die Menschen für ihr Freveln bestrafen wollte, würde Er nicht ein einziges Lebewesen darauf (auf der Erde) bestehen lassen; doch Er gewährt ihnen Aufschub bis zu einer bestimmten Frist.* (16:61)

> *Sprich: „O meine Diener, die ihr euch gegen eure eigenen Seelen vergangen habt, verzweifelt nicht an Allahs Barmherzigkeit; denn Allah vergibt alle Sünden; Er ist der Verzeihende, der Barmherzige.“* (39:53)

Noch deutlicher manifestieren sich Gnade und Freigebigkeit Gottes in der Geschichte der Menschheit. Da wir für unsere Taten verantwortlich sind und Rechenschaft ablegen müssen, lenken wir unsere eigene Geschichte. Aus diesem Grund sind historische Philosophien wie der Historismus im Unrecht: Die Geschichte bzw. die historischen Ereignisse kennen keinen Determinismus.

Viele Völker der Geschichte, etwa die Ad und die Thamud[24] oder das Volk des Pharaos, hatten es verdient unterzugehen und wurden von Gott zu Grunde gerichtet. Ihr ausschweifender Lebensstil und ihre Ungerechtigkeiten und Gräueltaten zogen ihre Vernichtung nach sich. Das Volk des Propheten Jonas hingegen wandte sich Gott in absoluter Aufrichtigkeit und tiefer Reue zu und erneuerte sich moralisch, nachdem es die Zeichen der drohenden Vernichtung erkannt hatte. Die Konsequenz wird vom Koran wie folgt geschildert:

> *Als sie glaubten, da nahmen Wir die Strafe der Schande in diesem Leben von ihnen fort und versorgten sie auf eine (beschränkte) Zeit.* (10:98)

Der Gesandte Gottes äußerte sich zu diesem Punkt mit den Worten: *Furcht wendet kein Unheil ab, Gebet und Wohltätigkeit hingegen schon.*[25] Gläubige Menschen sollten deshalb niemals aufhören, zu beten und Gutes zu tun. Wenn sie spüren, dass ihnen Unheil droht, sollten sie sich Gott unverzüglich im Gebet zuwenden; sie sollten Reue zeigen, den Armen Spenden zukommen lassen oder sich für den Islam engagieren.

GOTTES WEISHEIT, DIE MENSCHEN NICHT ALLE GLEICH ZU ERSCHAFFEN

Warum hat Gott nicht allen Menschen die gleiche Intelligenz verliehen? Warum hat Er ihnen nicht allen den gleichen Lebensstil verordnet und das gleiche Aussehen gegeben? Warum duldet Er Not und Elend inmitten von Wohlstand und Luxus? Fragen wie diese sind nicht nur mit der Vorherbestimmung verbunden, sondern helfen uns auch zu verstehen, wie Gott handelt.

Wir müssen versuchen, Gott kennen zu lernen

Bevor wir die einleitenden Fragen diskutieren, sollten wir uns darüber bewusst werden, dass all diese Fragen daher rühren, dass wir

---

[24] Diese beiden altarabischen Stämme werden an mehreren Stellen im Koran erwähnt. [Anm. d. Übers.]

[25] *Kanz al-Ummal*, Hadith 3123; Ibn Asakir, *Tahdhib Tarikh ad-Dimaschq*, 5:168

Gott nicht kennen. Wenn wir ein genauso großes Verlangen hätten, unseren Schöpfer kennen zu lernen, wie z.B. Filmstars oder Sportler, wenn wir uns mit den Quellen beschäftigen würden, die uns Wissen über unseren Herrn vermitteln, wenn wir das Buch des Universums in Übereinstimmung mit den durch den Koran etablierten Kriterien intensiv studieren würden und wenn wir den vom Propheten Muhammad verkündeten Prinzipien für ein aufrechtes Leben Beachtung schenken würden, dann könnten wir die immaterielle Dimension der Dinge und Ereignisse durch das Prisma unseres Gewissens wahrnehmen. Auf dieser Stufe würden sich Fragen dieser Art gar nicht erst stellen. Doch solange sich die Wissenschaften von der Religion distanzieren und eine gesunde Meditation durch ein mechanisches Leben und eine Flut von Informationen ersetzt wird, werden wir auch weiterhin Fragen wie diese aufwerfen und Probleme haben, unseren Schöpfer kennen zu lernen.

Die gesamte Schöpfung gehört Gott, und Er verfügt so über sie, wie Er es für richtig hält

Schauen wir uns einmal die Besitzansprüche des Menschen an seinem ,Eigentum' an. Welchen Anteil hat der Mensch an einem Imbiss, den er sich in den Mund steckt? Um diesem Imbiss überhaupt zu ermöglichen, als Mahlzeit auf unseren Tisch zu gelangen, bedarf es der Existenz des gesamten riesigen Universums. Aber wenn dies doch so ist und wenn doch jeder Mensch für sich beanspruchen kann, frei über sein persönliches Hab und Gut, an dem er ja einen so geringen Anteil hat, verfügen zu können, warum sollte dann ausgerechnet Gott, der Schöpfer und einzige Eigentümer des ganzen Universums, nicht frei über Sein Eigentum verfügen können?

Gott hat zahlreiche Namen, die allesamt über eigene Manifestationen verfügen

Gott, der Allmächtige, hat zahlreiche Namen, die allesamt über eigene Manifestationen verfügen. Der Name ,der Versorger' versorgt die Lebewesen mit allem, was sie für ihr Leben brauchen; der Name ,der Heiler' hilft Kranken zu genesen. Während Gott den Bedürftigen mit dem Namen ,der Helfer' zu Hilfe eilt, warnt Er mit Seinem Namen ,der Peiniger' die Achtlosen; die Notleidenden unterstützt Er mit Seinem Namen ,der Beistand Gewährende'. Wenn wir die Manifestationen aller Namen Gottes studieren, werden wir die Schönheit der von ihnen im Universum hervorgebrachten Vielfalt erkennen. Außerdem werden wir Gottes Weisheit, nicht alles gleich zu erschaffen, verstehen. Gott stellt Sich uns mit den Manifestationen all Seiner Namen vor. Blumen z.B. lächeln uns an. Sie entspringen den Manifestationen Seiner Namen, die in Seiner Gnade wurzeln. ,Natur'-Katastrophen wiederum erinnern uns an Seinen Zorn. Sie sind Manifestationen Seiner Namen, die in Seiner Erhabenheit wurzeln.

Alles, was wir besitzen, ist ein Gunstbeweis Gottes

Im Grunde genommen hat der Mensch kein Recht, Gott danach zu fragen, was Er uns gibt und was nicht. Zunächst einmal hat Gott uns ja nicht als leblose Elemente oder als Pflanzen oder Tiere erschaffen. Außerdem gibt es zwar immer Menschen, die wohlhabender und gesünder, aber auch solche, die ärmer und kranker sind als wir. In puncto Wohlstand und Gesundheit sollten wir uns an denen orientieren, die ärmer sind und denen es schlechter geht als uns. Was menschliche Tugenden wie Ehrenhaftigkeit, Moral, Gelehrsamkeit, Selbstlosigkeit, Ehrlichkeit, Großzügigkeit usw. betrifft, sollten wir hingegen versuchen, denen nachzueifern, die diese Werte besser verinnerlicht haben als wir.

Stellen wir uns einmal einen wohlhabenden Menschen vor, der drei Not leidenden Menschen eine Wohnung bzw. ein ganzes Haus und einen Palast zur Verfügung stellt. Hat derjenige, dem die Wohnung überlassen wurde, nun das Recht, den wohlhabenden Menschen danach zu fragen, warum er ihm kein Haus und keinen Palast vermacht hat? Sollte er sich nicht lieber bei seinem Wohltäter für die Wohnung bedanken? Alles, was wir besitzen, stammt von Gott. Ob wir nun also reich oder arm, gesund oder behindert sind, ist egal - unsere Pflicht besteht darin, Gott zu danken.

Im Diesseits pflanzen wir an, im Jenseits ernten wir

Die Welt ist eine Arena der Prüfung, ein Ort an dem wir versuchen sollten, einen Zustand zu erreichen, der dem kommenden Leben angemessen ist. Das ist nicht einfach. So wie ein Schneider, der seinem Kunden den schönsten Anzug anfertigt, indem er das Material zurecht schneidet, vernäht und den Kunden schließlich anprobieren lässt, sorgt Gott, der Allmächtige, dafür, dass wir uns (unter unterschiedlichen Bedingungen) vor und zurück ‚drehen‘, um uns für das Leben nach dem Tod ‚zurecht zu schneiden‘.

Wir Menschen sind wie Rohmineralien, die veredelt werden müssen. So wie es zahlreiche Typen von Mineralien gibt - von der Kohle bis hin zum Diamanten oder Brillanten -, bedingt unser gesellschaftliches Leben, dass sich die intellektuellen Fähigkeiten, die physische Kraft und die Sensibilität der Menschen voneinander unterscheiden. Je nachdem welche Endprodukte dabei herauskommen sollen, Gold oder Diamanten, Kohle oder Kupfer, werden die Rohmaterialien verschiedenen Prozessen und Verfahren unterzogen. Und auch wir Menschen benötigen unterschiedliche Prüfungen, Tests und Ausbildungen, um uns weiterzuentwickeln und das Niveau der Erkenntnis, das uns bestimmt ist, zu erreichen. Gott setzt die Menschen also unterschiedlichen Leiden und Heimsuchungen aus, um sie auf eine Ebene zu erhöhen, die der kommenden Welt angemessen ist.

Die diesseitige Welt ist aber nicht nur eine Arena, in der der Mensch geprüft wird, sondern auch eine Sphäre der Unannehmlichkeiten. Als Gott Adam davor warnte, von dem verbotenen Baum zu essen, wies Er ihn auf Folgendes hin:

> *Sodann sprachen Wir: „O Adam, dieser ist dir und deiner Frau ein Feind; (achtet darauf,) dass er euch nicht beide aus dem Garten treibt! Sonst würdest du unglücklich sein. Es ist für dich gesorgt, dass du darin weder Hunger fühlen noch nackt sein sollst. Und du sollst darin nicht dürsten noch der Sonnenhitze ausgesetzt sein.“* (20:117-119)

Wir werden also unter Hunger, Durst, Überdruss und vielen anderen Unannehmlichkeiten zu leiden haben. Das muss auch so

sein, denn diese Welt ist das Feld, auf dem wir die Samenkörner aus-
säen, die wir dann im Jenseits ernten werden. Jene, die einzig und allein
danach streben, ihre Bedürfnisse zu befriedigen, sind höchstwahrscheinlich auch diejenigen, die Gott in der anderen Welt wie folgt
ansprechen wird:

> *Und an dem Tage, wenn die Ungläubigen dem Feuer ausgesetzt werden
> (wird gesprochen): „Ihr habt eure guten Dinge im diesseitigen Leben aufge-
> zehrt, und ihr hattet Genuss daran. Heute nun sollt ihr mit der Strafe der
> Schmach belohnt werden, weil ihr ohne jegliches Recht auf Erden hochmütig
> wart und weil ihr (fortwährend) gefrevelt habt.“* (46:20)

Jenen aber, die um der Sache Gottes willen Hunger, Durst und
andere Unannehmlichkeiten in dieser Welt auf sich nehmen, wird
die Erlaubnis, das Paradies zu betreten, erteilt werden. Die Engel
werden sie ansprechen:

> *Friede sei auf euch! Seid glücklich und geht dort ein, und weilt auf ewig
> darin!* (39:73)

> *Esst und trinkt und lasst es euch wohl bekommen für das, was ihr in den ver-
> gangenen Tagen gewirkt habt!* (69:24)

Je mehr Gunstweise Gott einem Menschen gewährt, desto größer ist dessen Verantwortung

Je mehr Gunstbeweise Gott uns zukommen lässt, desto mehr Verantwortung haben wir zu tragen. Wohlhabende Menschen z.B. sind
verpflichtet zu spenden und Menschen, die behindert, blind oder
krank sind, brauchen nicht um der Sache Gottes willen Waffen zu
tragen. Den höchsten Grad an Frömmigkeit stellt uns der Prophet
Jesus in folgenden Versen vor:

> *Ihr habt gehört, dass gesagt wurde: „Du sollst nicht ehebrechen!“ Ich aber
> sage euch: „Jeder der eine Frau wollüstig ansieht, hat in seinem Herzen
> bereits mit ihr die Ehe gebrochen. Wenn dich aber dein rechtes Auge veran-
> lasst zu sündigen, so reiß es aus und wirf es fort! Es ist besser für dich, einen
> Körperteil zu verlieren, als dass dein ganzer Körper in die Hölle geworfen
> wird. Wenn dich deine rechte Hand veranlasst zu sündigen, so schlage sie ab*

und wirf sie fort! Es ist besser für dich, einen Körperteil zu verlieren, als dass dein ganzer Körper in die Hölle geworfen wird. (Matthäus, 5:27-30)

Niemand weiß also, ob es vorteilhafter für ihn ist, wohlhabend oder arm bzw. gesund oder krank zu sein. Diesbezüglich sagt Gott im Koran:

Doch es mag sein, dass euch etwas widerwärtig ist, was gut für euch ist, und es mag sein, dass euch etwas lieb ist, was übel für euch ist. Und Allah weiß es, doch ihr wisst es nicht. (2:216)

Wohlhabend zu sein, heißt nicht immer, auch glücklich zu sein

So mancher wohlhabende Mensch kann - weil es ihm beispielsweise an Appetit mangelt oder weil er krank ist - Speis und Trank und die Schönheiten dieser Welt nicht so sehr genießen wie viele arme Menschen. Auch wenn Armut nicht unbedingt erstrebenswert ist und einem Ausspruch des Propheten Muhammad zufolge in bestimmten Fällen sogar zum Unglauben führen kann, ist die Behauptung, reiche Menschen seien in jedem Fall glücklicher als arme, problematisch. Außerdem wäre es falsch zu behaupten, dass die Menschen im Mittelalter, als der Lebensstandard relativ gering war, weniger glücklich waren als wohlhabende Menschen heute. Glück schenkt in erster Linie die spirituelle Erfüllung und nicht der Besitz von materiellen Werten, die eine Befriedigung aller Begierden des Körpers gewährleisten.

Krankheiten und Leiden stellen Ausnahmen dar

Niemand sollte sich über Leiden, die ihn treffen, beklagen. Wenn man nämlich die Phasen, die man bei guter Gesundheit und in Wohlstand und Glück verbringt, mit den Augenblicken vergleicht, in denen man von Krankheiten oder Leiden heimgesucht wird, dann sind letztere kaum der Rede wert. Normalerweise leben wir vor uns hin, ohne dass wir uns der Gunstbeweise, die uns ständig zuteil werden, bewusst wären. Jeden Tag z.B. geht die Sonne auf und spendet uns ihre Wärme und ihr Licht ohne jede Gegenleistung. Und obwohl wir nicht für die Luft bezahlen, ohne die wir bekanntlich gar nicht existieren könnten, enthält sie uns niemand vor. Alle ‚Natur'-Ereignisse, die erforderlich sind, damit ‚Wasser' vom Himmel fällt, finden ohne unser Zutun statt. Wir sollten Gott also für all diese und ähnliche Wohltaten (die wir selbst nicht hervorbringen können) und für den größten Teil unseres Lebens (den wir bei Gesundheit und in Wohlstand verbringen) danken und uns nicht bei Ihm über Krankheiten, Unannehmlichkeiten oder einen Mangel an zusätzlichen Gunstbeweisen beklagen.

Das gesellschaftliche Leben des Menschen bedingt, dass es Unterschiede zwischen den Menschen gibt

Gesellschaften sollten keine Gleichheit der materiellen Ressourcen und der intellektuellen und physischen Fähigkeiten anstreben, denn diese steht nicht mit den Erfordernissen des gesellschaftlichen Lebens im Einklang. Unterschiede in diesen Bereichen wie auch in Temperamenten, Neigungen und Veranlagungen rufen jene Vielfalt an Tätigkeiten hervor, die zu den fundamentalen Elementen des menschlichen Lebens in der Gesellschaft gehört. Diese Vielfalt sorgt dafür, dass die Menschen einander brauchen, und führt dazu, dass sie gute Beziehungen untereinander pflegen.

Diese Beziehungen wiederum sollten jedoch von Gerechtigkeit und gegenseitiger Zuneigung, Respekt, Verständnis und Fürsorge geprägt sein. Sie sollten nicht zu Unterdrückung, widerrechtlicher Aneignung und Betrug führen und auch keine breite Kluft zwischen verschiedenen Gruppen der Gesellschaft entstehen lassen. Nach Auffassung des türkischen Denkers Said Nursi stecken hinter allen Revolutionen und Umwälzungen, die in den letzten Jahrhunderten stattgefunden haben, vor allem die folgenden beiden Grundhaltungen: Erstens: „Was interessiert es mich, wenn andere verhungern, solange ich selbst satt bin." Zweitens: „Lass die anderen arbeiten, damit ich essen kann." Der Islam tritt der ersten Grundhaltung mit der Aufforderung, die *Zakat* (die vorgeschriebene Sozialabgabe, die für jeden wohlhabenden Muslim verbindlich ist und grundsätzlich der Weiterverteilung an die Armen und Bedürftigen dient) zu zahlen, entgegen. Der zweiten Grundhaltung begegnet der Islam mit dem Verbot von Transaktionen, bei denen Zinsen anfallen. Außerdem preist der Islam die Tugend, die Armen und Bedürftigen auch darüber hinaus zu unterstützen, und empfiehlt ein bescheidenes, diszipliniertes Leben. Das Leben des Propheten Muhammad und das seiner rechtgeleiteten Kalifen sind gute Beispiele, denen insbesondere die muslimische Elite folgen sollte.

Krankheiten und Leiden erzielen in der Regel eine positive Wirkung

Bevor wir uns einem anderen Thema zuwenden, bleibt noch darauf hinzuweisen, dass Krankheiten und Leiden - wie unerwünscht und schrecklich sie in ihrem äußeren Erscheinungsbild auch sein mögen - in der Regel eine positive Wirkung erzielen. So wie wir manchmal unsere Kinder bestrafen müssen, um sie zu erziehen, brandige Gliedmaßen amputieren müssen, um einem Menschen das Leben zu retten, oder aus Schlangengift Medikamente herstellen, bringen die meisten Leiden oder Krankheiten, die wir ertragen müssen, Gutes hervor.

Das Herabstoßen eines Sperbers fördert die Wachsamkeit der Spatzen und vervollkommnet ihre Fähigkeit zu fliehen. Zwar mögen einige Menschen durch Regen, Strom oder Feuer Schaden genommen haben; aber niemand würde diese Kräfte deshalb für überflüssig halten. Die meisten Menschen finden es beschwerlich zu fasten; aber das Fasten schenkt dem Körper Energie, Tatendrang und Widerstandskraft. Das Immunsystem von Kindern wird normalerweise erst durch Krankheiten wirklich belastungsfähig. Körperliches Training ist mit Schwierigkeiten verbunden, andererseits aber ganz wesentlich für die Gesundheit und die Kraft des Körpers. Also bewirken Krankheiten, Leiden und Mühsal (neben Anbetung und Meditation), dass der Geist des Menschen geläutert wird und eine Stufe erklimmt, die ihn zum Eintritt ins Paradies berechtigt. Für kleine Opfer belohnt Gott den Menschen mit großen Geschenken. Mühsal und Leiden tragen dazu bei, dass sich der Mensch zu höheren spirituellen Rängen aufschwingt und in der anderen Welt so großzügige Belohnungen erhält, wie er sie sich heute nicht einmal vorstellen kann. Deshalb mussten sich schon die Propheten den schwersten Mühsalen und den schmerzlichsten Leiden aussetzen; und die frommen Menschen und Gläubigen folgten ihnen nach - jeder dem Grad seines Glaubens entsprechend.

Mühsal, Leiden und Schicksalsschläge sorgen dafür, dass den Gläubigen ihre Sünden vergeben werden, und ermahnen sie, den Sünden und Verführungen des Satans und dem eigenen Selbst gegenüber wachsam zu sein. Sie helfen uns auch, die Gunstbeweise Gottes schätzen zu lernen und dankbar zu sein. Außerdem legen sie den Wohlhabenden und Gesunden ans Herz, den Kranken und Armen beizustehen. Jemand, der nie Hunger gelitten hat, kann sich nie ganz in die Haut eines Hungrigen hinein versetzen. Und jemand, der nie krank war, kann nie ganz nachfühlen, was kranke Menschen durchmachen müssen. Mühsal, Leiden und Schicksalsschläge können also zum Aufbau von engeren Beziehungen zwischen gesellschaftlichen Gruppen oder Klassen beitragen.

Schicksalsschläge und Leiden festigen die Widerstandskraft des Menschen gegenüber den Unannehmlichkeiten des Lebens und erziehen ihn zu Stehvermögen und Langmut. Abgesehen davon trennen sie die Ausdauernden und Aufrichtigen von denjenigen, die eine Sache aus Bequemlichkeit oder anderen persönlichen (und damit unangemessenen) Gründen heraus unterstützen.

Bei Katastrophen wie Erdbeben oder Überschwemmungen unterscheidet Gott in der Regel nicht zwischen Guten und Bösen oder zwischen Unschuldigen und Sündern. Wenn solche Katastrophen eintreten, widerfahren sie nicht ausschließlich den Niederträchtigen und Ungerechten. Die Bedeutung der Prüfungen und Versuchungen, denen der Mensch in der diesseitigen Welt unterzogen wird, lässt keine andere Lösung zu. Gute und unschuldige Menschen werden dafür jedoch im Jenseits über alle Maßen entschädigt werden. Gelegentlich verhält es sich auch so, dass Gott, der Allmächtige, die Guten und Unschuldigen in Katastrophen verwickelt, weil sie nicht den Versuch machen, die Sünder von ihrem unrechtmäßigen Handeln abzuhalten.

Alles, was Gott tut, ist - entweder um seiner selbst willen oder aber wegen seiner Resultate - positiv. Deshalb sollten wir versuchen, hinter Seinem Wirken Seine Weisheit zu entdecken, und zwar sowohl hinter dem Guten, das Er uns gewährt, als auch hinter den Leiden, denen Er uns aussetzt.

FRAGEN ZUR VORHERBESTIMMUNG UND ZUM FREIEN WILLEN DES MENSCHEN

Ist der Mensch ein Opfer der Vorherbestimmung? Trägt er eine Mitschuld am Unglück, das ihn ereilt?

Niemand ist ein Opfer der Vorherbestimmung. Niemals zwingt Gott jemanden, etwas zu tun. Vielmehr schafft der Eine, der alles weiß, all das, was der Mensch will (d.h., er ermöglicht den Wünschen des Menschen eine materielle Existenz). In ihren Anordnungen und Urteilen berücksichtigt die Vorherbestimmung immer auch den freien Willen des Individuums. Jeder Mensch ist direkt für seine eigenen Missgeschicke verantwortlich. Jedes Unglück, das uns heimsucht, ist entweder auf den Missbrauch unseres freien Willens oder - was für die Propheten gilt - darauf zurückzuführen, dass Gott die Individuen auf höhere spirituelle Ränge heben möchte. Ohne die Sonne kann es kein Leben geben. Wenn sich ein Mensch aber nun zu lange in der Sonne aufhält und sich einen Sonnenstich zuzieht, dann hat er kein Recht, sich über die Sonne zu beschweren. Ähnlich sind auch die Missgeschicke, die wir der Vorherbestimmung zuschreiben, in Wirklichkeit nur Auswirkungen des Missbrauchs unseres freien Willens. Wenn wir aber die Vorherbestimmung für ein Unglück, das uns ereilt, verantwortlich machen, stellt dies eine offensichtliche Überheblichkeit gegenüber der Vorherbestimmung dar, welche das Unglück nur noch schlimmer macht. Ein weiteres Beispiel: Der Allmächtige hat uns erschaffen und mit bestimmten Fähigkeiten und Kräften ausgestattet, zu denen auch das sexuelle Verlangen und der Zorn gehören. Wenn wir von diesem Verlangen nun auf unrechtmäßige Art und Weise Gebrauch machen, müssen wir die Verantwortung für den Schaden, der uns aus unserem Missbrauch entsteht, selbst tragen. Gott hat uns diese Kraft geschenkt, damit wir sie innerhalb der Grenzen legitimer Beziehungen zur Fortpflanzung nutzen. Moralische Fortschritte machen wir nur dann, wenn wir den Verlockungen unseres Selbst widerstehen und ihm nicht gestatten, seine Grenzen zu überschreiten. Mit dem Zorn verhält es sich genauso. Gott hat ihn uns verliehen, damit wir uns selbst und unsere religiösen und sozialen Werte verteidigen, nicht aber damit wir andere verletzen. Wenn wir unserem Zorn aber egoistisch freien Lauf lassen und in Kauf nehmen, dass wir andere demütigen, liegt der Fehler dafür offensichtlich bei uns und nicht bei der Vorherbestimmung.

Die Vorherbestimmung umfasst beide, Ursache und Wirkung. Wenn wir immer nur danach urteilen, welche Wirkung hervorgerufen wird, liegen wir meistens falsch. Egal welches Ereignis wir bewerten möchten, ob es sich dabei um ein universelles oder um ein isoliertes Ereignis handelt - stets sollten wir alles, was mit ihm in Verbindung steht, in Betracht ziehen. Wenn es uns selbst dann nicht gelingt, einer Sache etwas Gutes abzugewinnen, sollten wir uns daran erinnern, dass alles, was Gott tut, entweder selbst gut ist oder aber in seinen Konsequenzen. Ganz unabhängig von unseren Entscheidungen dürfen wir die Vorherbestimmung niemals auf überhebliche Art und Weise anklagen. Im Koran steht geschrieben: *Doch es mag sein, dass euch etwas widerwärtig ist, was gut für euch ist, und es mag sein, dass euch etwas lieb ist, was übel für euch ist. Und Allah weiß es, doch ihr wisst es nicht.* (2:216) Nicht selten kommt es vor, dass Menschen etwas für schlecht halten, wovon sie im Nachhinein profitieren. Auch der umgekehrte Fall ist keine Seltenheit.

Warum soll etwas so Unerhebliches wie der freie Wille die Macht besitzen, den Menschen ins Paradies oder in die Hölle zu befördern?

Verglichen mit den Handlungen und der schöpferischen Tätigkeit Gottes im Universum scheint der freie Wille des Menschen in der Tat recht unbedeutend zu sein. Viele Menschen gehen daher sogar so weit, die Existenz dieses freien Willens ganz zu verleugnen.

Doch bevor wir uns fragen, warum der Allmächtige einen Menschen zu ewigem Höllenfeuer verurteilt, wenn dieser seinen freien Willen doch nur so kurz - nicht länger als eine Lebensspanne - missbraucht, sollten wir uns lieber die Frage stellen, wie sich der Mensch durch die rechtmäßige Anwendung seines freien Willens einen ewigen Aufenthalt im Paradies verdienen kann. Wie können wir Gott für Seine Gunstbeweise gebührend danken? Selbst wenn wir Ihn während unseres ganzen Lebens ohne Unterlass anbeten würden, würde es uns nicht gelingen, auch nur die Dankesschuld für unser Augenlicht abzutragen. An anderer Stelle wurde bereits darauf hingewiesen, dass die Herstellung einer einzigen Frucht genauso aufwändig ist wie das Hervorbringen des gesamten Universums. Das Wachstum und die Reife einer Frucht erfordern die Existenz des ganzen Universums und die Kooperation von Luft, Wasser, Erde und Sonnenlicht, um nur einige zu nennen. Die Menschheit hingegen ist nicht einmal in der Lage, ein einziges dieser Elemente am Leben zu erhalten, geschweige denn zu erschaffen. Wenn also eine einzige Traube schon so wertvoll und teuer ist, wie können wir Gott dann in angemessener Weise für unser Leben danken? Gott verlangt von uns lediglich, einen kleinen Teil unserer Zeit mit Seiner Anbetung zu verbringen. Die Zeit, in der wir die vorgeschriebenen Gebete verrichten, beträgt kaum mehr als eine Stunde täglich und entspricht folglich einem Vierundzwanzigstel des Tages. Nur ein Vierzigstel ihres Vermögens müssen die Reichen den Armen im Regelfall als Sozialabgabe zahlen, und nur einmal im Leben soll der Muslim, wenn er es sich denn leisten kann, auf Pilgerfahrt gehen. Der Rest unseres Lebens und unseres Vermögens ist weltlichen Dingen vorbehalten. Und trotzdem verspricht uns Gott, der Barmherzige, das ewige Paradies und Gunstbeweise, die jenseits aller Vorstellungskraft liegen. Zunächst einmal sollten wir also der unendlichen Barmherzigkeit Gottes gedenken, die uns umgibt und uns ins Paradies einlädt.

Nun erst dürfen wir uns der Frage widmen, warum sich der Mensch in seinem kurzen Leben eine Strafe einhandeln kann, die ihn auf ewig in die Hölle verbannt, und warum Gott ihm im Gegenzug für gute Taten einen ewigen Aufenthalt im Paradies verspricht:

Für die Taten des Menschen spielt die ihnen zu Grunde liegende Absicht eine entscheidende Rolle. Muhammad, der Gesandte Gottes, sagte:

> *Handlungen werden nach den Absichten beurteilt. Für das, was der Mensch beabsichtigt, wird er belohnt. Wer auch immer für Gott und seinen Propheten emigriert, ist tatsächlich für Gott und Seinen Propheten emigriert. Wer auch immer aus weltlichen Gründen oder um eine Frau zu heiraten emigriert, dessen Emigration wird nach seinen Absichten beurteilt.[26]*

Die Absicht ist der Geist der Handlungen eines Menschen. Ohne diesen Geist findet keine Handlung Anerkennung. Wenn jemand von Sonnenauf- bis Sonnenuntergang hungrig und durstig bleibt, ohne dass er zu fasten beabsichtigt, wird sein Verhalten auch nicht als Fasten gewertet. Auch wenn jemand fastet, ohne dass er dabei versucht, Gottes Wohlgefallen zu finden, wird er für sein Fasten nicht belohnt. Wenn ein Mensch in einem Krieg fällt, der der Verteidigung des Wortes Gottes dient, stirbt er als Märtyrer und zieht - so Gott will - ins Paradies ein. Ein anderer Mensch, der für Reichtum oder Ruhm kämpft, stirbt nicht als Märtyrer und wird im Paradies auch nicht wie ein Märtyrer entlohnt. Jemandem, der einen festen Glauben an Gott besitzt, der die anderen Säulen des Glaubens ehrt und auch die Absicht hat, an sie zu glauben, wird ewige Freude im Paradies zuteil werden. Ein anderer, der die angeborene Tendenz zu glauben bereits vollständig aus seinem Herzen vertrieben hat, wird nie mehr glauben können, auch dann nicht, wenn er bis in alle Ewigkeit leben würde. Jenen, deren Unglaube tief verwurzelt ist und die ihre Fähigkeit zu glauben verloren haben, ruft der Koran zu:

> *Wahrlich, denen, die ungläubig sind, ist es gleich, ob du sie warnst oder nicht warnst: Sie glauben nicht. Versiegelt hat Allah ihre Herzen und ihr Gehör; und über ihren Augen liegt ein Schleier; ihnen wird eine gewaltige Strafe zuteil sein.* (2:6-7)

Eine Strafe richtet sich nach der Schwere und den Konsequenzen des ihr zu Grunde liegenden Verbrechens, nicht danach, wie lange der

---

[26] Bukhari, *Bad' al-Wahy*, 1; Muslim, *Imara*, 155

Täter gebraucht hat, um dieses Verbrechen zu begehen. Die Bestrafung eines Mordes, der in der Regel nicht länger als wenige Minuten oder auch nur einige Sekunden in Anspruch nahm, reicht von vielen Jahren bis hin zu lebenslänglich Gefängnis oder der Todesstrafe. Doch Unglaube ist ein viel schwereres Verbrechen als Mord. Wenn wir einen unschuldigen wahrheitsliebenden Menschen der Lüge und des Betrugs verdächtigen, wird er sehr wütend auf uns sein. Ungläubig zu sein heißt, die wahre Aussage unzähliger Geschöpfe, deren Größe von Atomen bis hin zu Galaxien reicht und die die Existenz und die Einheit ihres Schöpfers bezeugen, zu leugnen und sie der Unaufrichtigkeit zu bezichtigen. Unglaube bedeutet die Verleugnung Gottes, des Einzigen Schöpfers und Verwalters der gesamten Sphäre des Seins, und die Herabwürdigung Seiner unzähligen Kunstwerke. Wer ungläubig ist, verdächtigt auch jeden einzelnen der über 100.000 Propheten der Lüge und des Betrugs, obwohl diese doch der Geschichtsschreibung und den Aussagen ihrer Gemeinschaften zufolge die aufrichtigsten aller Menschen waren. Allen Anhängern dieser Propheten unterstellen die Ungläubigen, dass sie den größten Betrügern in der Geschichte der Menschheit aufgesessen sind. Ungläubig zu sein heißt, unzählige gläubige Menschen von den Zeiten Adams bis heute zu beleidigen und ihnen Betrug vorzuwerfen. All diese und weitere ähnliche Gründe rechtfertigen es, ungläubige Menschen zu ewiger Verdammnis in der Hölle zu verurteilen.

Der Unglaube richtet unendlich große Schäden an

Wie unbedeutend der Anteil des freien Willens am Handeln des Menschen auch zu sein scheint und wie gering die Sünde des Unglaubens auf den ersten Blick auch wiegen mag, sie stellt eine absolute Verneinung dar und ist absolut destruktiv. Schon ein einziger Knopfdruck kann eine ganze Stadt in Dunkelheit hüllen. Schon ein einziger Streichholz kann einen Palast, der von Hunderten von Arbeitern über viele Jahre hinweg gebaut wurde, innerhalb kürzester Zeit zerstören und bis auf die Grundmauern niederbrennen. Eine einzige von einem Serben abgefeuerte Kugel entzündete den 1. Weltkrieg und führte zu beispielloser Vernichtung.

Ein weiteres Beispiel: Stellen wir uns einmal einen Garten voller Blumen und Bäume vor, der von vielen Vögeln und anderen Geschöpfen bewohnt wird, deren Leben er schützt. Dieser Garten wird über Kanäle bewässert, die ihm Wasser aus einem großen Sammelbecken zuführen. Welche Strafe wäre wohl angemessen für jemanden, der den Garten mit all seinen Pflanzen und Tieren ganz bewusst verdorren ließe, indem er die Wasserzufuhr unterbricht? Genauso schwer wiegt der Unglaube auf der Ebene der Schöpfung als Ganzer.

Ungläubig zu sein ist eine unverzeihliche Undankbarkeit. Wer Denjenigen leugnet, der ihn aus der Nichtexistenz heraus erschaffen, mit zahlreichen Fähigkeiten wie Vernunft, Verstand, Herz, Erinnerung, Einsicht und anderen inneren und äußeren Fähigkeiten ausgestattet und mit einer Unzahl von Speisen und Getränken ernährt hat, der verurteilt sich selbst zu ewiger Verdammnis. Schon an anderer Stelle wurde betont: Wenn sich die ganze Menschheit zusammenfinden würde, um einen einzigen Grashalm hervorzubringen, würde ihr dies nicht gelingen. Deshalb ist das Leugnen Dessen, der dieses gewaltige Universum erschaffen und dem Wohle der Menschheit unterworfen hat, das schwerste und abscheulichste aller Verbrechen. Wer der Einladung des Satans zum Unglauben folgt, unterwirft sich damit den Begierden und Verlockungen seines ihm Böses gebietenden Selbst, obwohl ihm dieses Selbst doch nur deshalb verliehen wurde, damit er es läutere und auf die höchste aller Ebenen aufsteige. Er verschließt sein Bewusstsein vor den unzähligen Zeichen Gottes, die er eigentlich sowohl in ihm selbst als auch im ganzen Universum entdecken könnte. Er löscht seine Gefühle im Hinblick auf die Ewigkeit aus und verkennt sogar die offensichtlichsten Zeichen des Schöpfers: den Koran, den Propheten Muhammad und alle anderen Propheten.

Strafen müssen den Verbrechen ‚angemessen' sein

Die Strafe für eine Verletzung der Treuepflicht richtet sich nach der Bedeutung des anvertrauten Pfandes und nach dem wahren Besitzer dieses Pfandes. Ein Kind, das eine Fensterscheibe eingeworfen hat, wird nicht genauso hart bestraft wie der Diener eines Königs, der die Krone des Königs beschädigt hat. Wenn ein einfacher Soldat und ein Oberbefehlshaber Reichtümer, die ihnen ihrem Rang entsprechend anvertraut wurden, verschwendet haben, wird der Oberbefehlshaber dafür vor ein Kriegsgericht gestellt und viel härter bestraft als der einfache Soldat. Auch ein Wissenschaftler, der Ressourcen vergeudet, welche eigentlich für seine Forschung bestimmt waren, wird mit Sicherheit nicht die gleiche Behandlung erfahren wie ein Schäfer, der seine eigenen Ressourcen vergeudet, mit denen er eigentlich seine Schafe füttern müsste. Tiere verbrauchen das Kapital des Lebens, das ihnen in dieser Welt geschenkt wurde, ohne es zu verschwenden oder sinnlos zu vergeuden. Sie tun, was sie tun müssen: Einige von ihnen tragen Lasten, andere geben Milch und Fleisch, wieder andere produzieren Honig oder Seide, von denen der Mensch profitiert. Nur die Menschen verbrauchen das, was ihnen gegeben wurde, auf richtige oder falsche Art und Weise. Wenn ein Mensch also trotz der Tatsache, dass er das angesehenste aller Geschöpfe ist, all seine Fähigkeiten, Sinne und Gefühle verschwendet, muss er für diese Verschwendung zur Verantwortung gezogen werden. Vor allem dann, wenn ein Mensch zulässt, dass sein Herz, das doch eigentlich vom Wissen und von der Liebe zum Schöpfer überfließen sollte, von seinem Selbst beherrscht wird, wird er zweifellos degradiert zu etwas, was weit unter seinem eigentlichen Wert liegt.

> **Ein Hadith besagt, dass Gott in der sechsten Woche der Entwicklung des Embryos im Mutterleib einen Engel ausschickt, der aufschreibt, ob dieser Mensch einst gut und glücklich oder böse und verachtet sein wird. Was genau ist damit gemeint, und besteht hier nicht ein Widerspruch zu der Tatsache, dass der Mensch einen freien Willen besitzt?**

Eigentlich sollten die bereits gegebenen Erklärungen zum Verhältnis von Vorherbestimmung und freiem Willen diese Frage schon hinreichend beantwortet haben. Um sie aber nicht so stehen zu lassen, hier einige Anmerkungen:

Die Vorherbestimmung ist ein ‚Titel' des Wissens Gottes. Sie annulliert den freien Willen nicht und zwingt den Menschen auch nicht, in eine zuvor festgelegte Richtung zu gehen. Da Gott schon im Voraus weiß, wie sich die einzelnen Individuen in der Welt verhalten werden, hat er Engel damit beauftragt, die Lebensgeschichte aller Menschen noch vor deren Leben aufzuzeichnen. Der Mensch handelt so, wie *er* selbst will, nicht den Anweisungen Gottes entsprechend.

Die Vorherbestimmung ist sowohl mit den Ursachen als auch mit den Wirkungen verknüpft. Zwei Vorherbestimmungen, eine für die Ursachen, die andere für die Wirkungen, gibt es nicht. Dass Gott schon im Voraus weiß, wie sich ein Mensch verhalten wird, widerspricht nicht der Tatsache, dass der Mensch einen freien Willen besitzt.

Niemand außer Gott weiß, ob ein Mensch ins Paradies oder in die Hölle kommen wird. Obwohl der Unglaube eine ewige Strafe verdient, steht es uns nicht an, darüber zu urteilen, ob ein bestimmter Ungläubiger tatsächlich in die Hölle kommen wird. Denn möglicherweise nimmt er ja eines Tages den Glauben an und findet doch noch den Weg ins Paradies. Viele Menschen, die früher einmal Atheisten waren, haben sich zum Islam bekannt. Der Islam wurde auf die Welt hinab gesandt, damit er die Ungläubigen zum Glauben bekehre und zum Gebet anleite. Seine Aufgabe ist es, den Menschen zu zeigen, wie sie sich das Paradies verdienen.

Was versteht man unter dem islamischen Konzept der Fitra (Urveranlagung)?

In einem authentischen Hadith sagt der Prophet Muhammad, dass jedes neugeborene Kind mit einer islamischen ‚Urveranlagung' (*Fitra*) zur Welt kommt. Erst später wirken die Eltern auf ihre Kinder ein und machen sie zu Christen, Juden oder Anhängern anderer Religionen.

Dem Hadith zufolge besitzt also jeder Mensch das angeborene Potenzial, Muslim zu werden. Obwohl Islam auch Friede, Erlösung und Gehorsam bedeutet, so ist er doch in erster Linie die natürliche Religion aller Geschöpfe. Da alles in der Natur dazu erschaffen wurde, Gott zu gehorchen und Seinen Gesetzen gemäß zu agieren, sind alle Geschöpfe Muslime. Was ihre körperlichen Strukturen betrifft, sind alle Menschen und Dschinn, ob sie nun Muslime, Christen, Juden oder Angehörige anderer Religionen sind, Muslime, weil ihre Körper Gesetzen unterliegen, die Gott erlassen hat. Würde ein Neugeborenes ein vollkommen isoliertes Leben führen und keinen Einflüssen seiner Umwelt ausgesetzt sein, würde es im Zustand eines ‚natürlichen' Muslims verbleiben.

Der Hadith hat jedoch noch eine andere Bedeutung: Die Seele eines Neugeborenen ähnelt einer unbespielten Kassette, auf der alles Mögliche aufgezeichnet werden kann, einem Teig, der in jede erdenkliche Form gebracht werden kann oder einem leeren Blatt Papier, auf das die unterschiedlichsten Dinge geschrieben werden können. Wenn sich der Mensch vor allen äußeren Einflüssen, die seine Seele verunreinigen, schützen könnte, könnte er alles, was mit dem Islam zusammenhängt, in sich aufnehmen und ein vollkommener Muslim werden. Wenn die Seele aber durch eine Reihe nachteiliger Elemente beschmutzt wird oder wenn sie in den Lehren, Glaubensgrundsätzen und Verhaltenskodexen anderer Religionen (bzw. des Atheismus) unterrichtet wird, wird sich der betreffende Mensch entweder einem anderen Glauben zuwenden oder große Hindernisse überwinden müssen, um ein guter Muslim zu werden.

Jedes Neugeborene ist wie ein Samenkorn, aus dem sich ein guter Muslim entwickeln kann. Mit anderen Worten: Jeder Mensch kommt als das Samenkorn eines zukünftigen Muslims zur Welt. Für die Formung eines guten Muslims sind die Familie und die Umweltbedingungen von größter Wichtigkeit. Hat das Kind erst einmal das Alter der Pubertät erreicht, können vor allem Sünden das Samenkorn verformen. Aus diesem Grunde sagt man, dass jede einzelne Sünde das Potenzial besitzt, den Sünder zum Unglauben zu verleiten. Jeder Mensch muss also sein Möglichstes tun, um sich vor Sünden zu schützen. Familie, Erziehung und auch Umweltfaktoren verdienen in dieser Hinsicht besondere Beachtung.

Was versteht man unter dem Begriff Rechtleitung, und wie können wir andere Menschen auf den rechten Weg führen?

Die Rechtleitung ist ein Licht, das Gott im Menschen entzündet hat, indem Er ihm die Möglichkeit gegeben hat, seinen freien Willen auf dem Weg der Wahrheit einzusetzen. Im Koran finden sich viele Verse, die dies ausdrücklich betonen:

> *Wäre es Allahs Wille, Er hätte sie gewiss auf dem rechten Weg zusammengeführt.* (6:35)

> *Und hätte dein Herr es gewollt, so hätten alle, die insgesamt auf der Erde sind, geglaubt.* (10:99)

> *Wahrlich, du kannst dem den Weg nicht weisen, den du liebst, Allah aber weist dem den Weg, dem Er will.* (28:56)

> *Weder kannst du die Toten hörend machen, noch kannst du die Tauben den Ruf hören lassen, wenn sie (Allah) den Rücken kehren, noch wirst du die Blinden aus ihrem Irrweg leiten können. Nur die wirst du hörend machen, die an Unsere Zeichen glauben und sich (Uns) ergeben.* (30:52-53)

Da Gott es ist, der uns Rechtleitung schenkt, bitten wir Ihn in jeder Einheit unserer vorgeschriebenen Gebete (*Rak'a*): „Führe uns auf den rechten Weg!" Der Gesandte Gottes sagte:

> *Ich wurde gesandt, um die Menschen zum Glauben aufzurufen. Niemand anderer als Gott leitet die Menschen und verankert den Glauben in ihren Herzen.*

Abgesehen von diesen und vielen weiteren ähnlichen Versen begegnen uns im Koran auch andere Verse, die davon zeugen, dass Gottes Gesandter die Menschen auf den rechten Weg ruft und leitet:

> *Und gewiss, Du rufst sie zu einem geraden Weg auf.* (23:73)

> *Und so haben Wir dir nach Unserem Gebot ein Wort offenbart. Weder wusstest du, was die Schrift noch was der Glaube ist. Doch Wir haben sie (die Offenbarung) zu einem Licht gemacht, mit dem Wir jenen von Unseren Dienern, denen Wir wollen, den Weg weisen. Wahrlich, du leitest (sie) auf den geraden Weg.* (42:52)

Diese Verse widersprechen einander nicht. Wie bereits in den Erläuterungen zum Konzept der *Fitra* dargelegt wurde, erschafft Gott jeden einzelnen Menschen mit dem Potenzial, den Glauben zu akzeptieren. Darüber hinaus spielen auch die Erziehung in der Familie und das Umfeld für die Rechtleitung bzw. die Fehlorientierung des Menschen eine wichtige Rolle. Um die Menschen zum Glauben zu bekehren, hat Gott ihnen im Laufe der Geschichte immer wieder Propheten und Bücher geschickt, mit deren Hilfe sie sich selbst vervollkommnen konnten. Dem Propheten Muhammad, dem letzten Gesandten Gottes, wurde der Koran offenbart. Der Koran, das letzte der Heiligen Bücher, ist bis heute unverändert geblieben. Das Buch beinhaltet die Prinzipien der Rechtleitung, und der Prophet agiert mit Hilfe dieses Buches, mit seinem persönlichen Verhalten und mit seinem guten Beispiel als Werkzeug der Rechtleitung. Er bringt den Menschen die Offenbarung Gottes nahe, zeigt ihnen Seine Zeichen und befreit sie von ihren falschen Auffassungen, ihren Sünden und ihrem Aberglauben. Jedes Ding und jedes Ereignis, jedes Phänomen, das sich im Universum abspielt, ist ein Zeichen, das auf die Existenz und die Einheit Gottes hinweist. Wenn jemand also danach strebt, aufrichtig und ohne Vorbehalte zu glauben, seinen fleischlichen Begierden und den Versuchungen seines Selbst entgegentritt und seinen freien Willen dazu nutzt, die Wahrheit zu suchen, wird Gott ihn auf Seinen Weg führen. Im Koran heißt es:

> *O ihr, die ihr glaubt, fürchtet Allah und trachtet danach, Ihm nahe zu kommen, und kämpft auf Seinem Wege, auf dass ihr Erfolg haben möget.* (5:35)

> *Und diejenigen, die in Unserer Sache wetteifern - Wir werden sie gewiss auf Unseren Weg leiten. Wahrlich, Allah ist mit denen, die Gutes tun.* (29:69)

> *Und dem, der Allah fürchtet, verschafft Er einen Ausweg.* (65:2)

Um Rechtleitung zu finden bzw. sich diese zu verdienen, muss sich der Mensch redlich um sie bemühen und die Wege, die zu ihr führen, beschreiten. Jene Menschen, die Gott mit Rechtleitung gesegnet hat, sollten diese Rechtleitung zunächst einmal selbst verkörpern. Sie sollten ihren Mitmenschen ein gutes Beispiel liefern und sie dann dazu auffordern, ihrem guten Beispiel unter Anwendung aller gesetzmäßigen (islamischen) Mittel zu folgen. In vielen Koranversen beauftragt Gott Seinen Gesandten, genau dies zu tun:

> *Und warne deine nächsten Verwandten (vor ihrem Ende, vor den Konsequenzen ihrer Taten und vor der Strafe der Hölle). (26:214)*

> *So ermahne, denn du bist wahrlich ein Ermahnender. (88:21)*

> *So tue kund, was dir befohlen wurde. (15:94)*

> *Rufe zum Weg deines Herrn mit Weisheit und schöner Ermahnung auf, und streite mit ihnen auf die beste Art. (16:125)*

> *Wahrlich, ihr habt an dem Gesandten Allahs ein schönes Vorbild für jeden, der auf Allah und den Letzten Tag hofft und Allahs häufig gedenkt. (33:21)*

Der Gesandte Gottes machte Seine Offenbarungen den Menschen zugänglich und rief sie dazu auf, so tief und aufrichtig wie nur eben möglich zu glauben. Auf diesem Wege nahm er alle Schwierigkeiten und misslichen Umstände auf sich. Selbst die verlockendsten Bestechungsgelder, die ihn dazu veranlassen sollten, den Glauben an Gott nicht länger zu verkünden, ließen ihn kalt. Stattdessen führte er seinen Auftrag fort, ohne sich von seinem Wirken irgendeine weltliche Belohnung zu versprechen. Da er sich zum Ziel gesetzt hatte, das Wohlwollen Gottes zu erringen und den Menschen ein erfülltes Leben in beiden Welten zu ermöglichen, vergab er nach der Eroberung Mekkas (dem Ereignis, das seinen Triumph im heiligen Kampf, Gottes Wort unter den Arabern zu verbreiten, markierte) jenen, die ihn und seine Anhänger 21 Jahre lang verfolgt hatten, und rief ihnen zu:

> *An diesem Tage soll euch kein Vorwurf gemacht werden. Gott wird euch vergeben. Er ist der Barmherzigste der Barmherzigen. Geht! Ihr seid frei!*

Bei anderer Gelegenheit sagte der Prophet zu Ali:

> *Wenn jemand durch deine Hand Rechtleitung erfährt, dann ist das besser für dich, als wenn dir rote Kamele geschenkt würden.*[27]

---

[27] Bukhari, *Dschihad*, 102; Muslim, *Fada'il as-Sahaba*, 35

Der Regel entsprechend, dass jemand der eine Tat veranlasst, genauso zu beurteilen ist, wie derjenige, der sie letztendlich ausführt, erhält jeder, der anderen Rechtleitung bringt, die gleiche Belohnung, die auch dem von ihm Bekehrten zusteht, zusätzlich zu der Belohnung, die ihm auf Grund seiner eigenen Bekehrung ohnehin zusteht. Darum sagt der Prophet:

> *Wer andere auf den rechten Weg führt, erhält dafür die gleiche Belohnung wie all diejenigen, die diesem Weg bis zum Jüngsten Tage folgen, ohne dass dadurch seine eigene Belohnung geschmälert würde. Wer andere jedoch auf die schiefe Bahn leitet, nimmt damit alle Sünden auf sich, die diejenigen, die dieser Bahn bis zum Jüngsten Tage folgen, begehen werden, ohne dass seine Last auf irgendeine Weise erleichtert würde.*[28]

Jemand, der einem anderen Menschen zur Rechtleitung verhilft, sollte diesen nie an diese Tatsache erinnern und ihm beispielsweise vorhalten: „Hätte ich dir nicht den Weg zur Rechtleitung gewiesen, hättest du sie niemals gefunden." Worte wie diese würden von Undankbarkeit gegenüber Gott künden, denn Er allein ist es doch, der uns dazu veranlasst, anderen zur Rechtleitung zu verhelfen. Sie wären eine schwere Sünde. Analog sollte jemand, der durch die Hilfe eines anderen Menschen zur Rechtleitung gefunden hat, diesen niemals für die eigene Rechtleitung verantwortlich machen und sagen: „Ohne dich hätte ich niemals Rechtleitung gefunden."

Derjenige, der anderen zur Rechtleitung verholfen hat, sollte sich vielmehr denken: „Gepriesen sei Gott! Er hat mich, einen hilflosen und bedürftigen Menschen, zu Seinem verdienstvollen Werkzeug gemacht, das anderen Rechtleitung bringt. Gott ist so mächtig, so barmherzig gegenüber Seinen Dienern und so großzügig, dass Er selbst auf Holz Weintrauben wachsen lässt. Doch genauso wie dieses Holz sich die Früchte, die auf ihm wachsen, nicht selbst zuschreiben darf, habe auch ich nicht das Recht, den Verdienst, anderen zur Rechtleitung verholfen zu haben, für mich zu beanspruchen."

---

[28]   Muslim, *Zakat*, 69; Ibn Madscha, *Muqaddima*, 203

Derjenige, der zur Rechtleitung gefunden hat, sollte sich hingegen Folgendes vor Augen führen: „Gott, mein Herr, hat meine Bedürftigkeit und Machtlosigkeit erkannt und einen Seiner Diener zu Seinem Werkzeug gemacht, um mir Rechtleitung zu geben. Aller Dank gebührt Ihm!" Nichtsdestotrotz sollte er jenem Menschen, durch den Gott ihm den Weg gewiesen hat, dankbar sein.

Gott ist der Schöpfer von uns Menschen und von allem, was wir tun. Er erschafft auch die Werkzeuge, die für Rechtleitung und Irreleitung verantwortlich sind. Weder widerspricht dies dem freien Willen des Menschen in Relation zu dieser Rechtleitung oder Irreleitung, noch degradiert es den freien Willen in irgendeiner Weise.

EINE ABSCHLIEßENDE ANMERKUNG:
WIE STEHT DER ISLAM ZUM FREIEN WILLEN DES MENSCHEN

Die meisten westlichen Orientalisten werfen dem Islam vor, eine fatalistische Religion zu sein. In Wirklichkeit hat jedoch - abgesehen von einer kleinen Sekte (der *Dschabriyya*) - niemand in der Geschichte des Islam einen solchen Fatalismus verfochten. Demgegenüber basieren nahezu alle westlichen Geschichtskonzepte auf der Unabänderlichkeit von so genannten historischen Gesetzen und sind somit ihrerseits fatalistisch. Diese Geschichtskonzepte lassen sich grob folgendermaßen umreißen:

- Die Menschheit durchläuft einen fortlaufenden Prozess, an dessen Ende ein ‚Happy End' steht.
- Dieser Prozess basiert auf unabänderlichen Gesetzmäßigkeiten, auf die der Mensch keinen Einfluss hat. Daher muss der Mensch diesen Gesetzen in jedem Fall gehorchen, da seine Gesellschaft oder sein Staat sonst scheitern und untergehen würden.
- Keines der Stadien, die die menschliche Gesellschaft im Laufe der Zeit zwangsläufig durchlaufen muss (das primitive, feu-

dale, kapitalistische Stadium usw.), ist in Frage zu stellen, da die Menschheit es ohnehin irgendwann hinter sich lässt.

All diese Geschichtskonzepte wirken sich auch auf den politischen Status Quo aus: Die zurzeit auf der Welt herrschenden sozioökonomischen und politischen Defizite sind unvermeidlich, denn sie werden uns von einer Natur diktiert, deren Devise ist, dass nur der Stärkere überleben kann. Wenn die Gesetzmäßigkeiten der Geschichte den Westen begünstigen, müssen sich die Gesellschaften, die überleben wollen, eben dem Westen fügen.

Das koranische Geschichtskonzept unterscheidet sich von den übrigen Konzepten:

- Während Geschichtsphilosophen oder Soziologen ihre Konzepte auf die Interpretation vergangener und gerade stattfindender Ereignisse stützen, stützt sich der Koran auf unveränderliche Prinzipien.

- Im Gegensatz zum Fatalismus aller anderen Philosophien legt der Koran großen Wert auf die Entscheidungsfreiheit und auf das moralische Verhalten des Individuums. Obwohl der Wille Gottes in mancher Hinsicht als Gegenpart des ‚Geistes‘ der Hegel'schen Philosophie und absoluter unabänderlicher Geschichtskonzepte anderer Philosophien betrachtet werden kann, bestreitet der Koran nicht, das der Mensch einen freien Willen besitzt. Dem Koran zufolge prüft Gott den Menschen im Leben. Der Mensch selbst ist dafür verantwortlich, sein ‚Feld‘ für die kommende ewige Welt zu bestellen. Insofern bietet der Strom der Ereignisse - Erfolge und Misserfolge, Siege und Niederlagen, Blüte und Niedergang -, die Gott aufeinander folgen lässt, genügend Gelegenheiten, in denen sich das Gute vom Bösen zu trennen vermag. Diese Form der Prüfung verlangt, dass der Getestete über einen freien Willen verfügt, mit dem er das Rechtmäßige vom Unrechtmäßigen und das Gute vom Bösen unterscheiden kann. Der Koran sagt, dass die Geschichte keinem unabänderlichen Willen, sondern vielmehr dem freien Willen des Menschen folgt. Denn damit der universelle Wille Gottes walten kann, muss - so hat Gott es verfügt - der freie Wille des Menschen wirklich frei wirken können. Wer diesen Punkt verstanden hat, wird einsehen, wie unbegründet die westlichen Geschichtskonzepte eigentlich sind, insbesondere die Theorien zu einem ‚unvermeidlichen Ende der Geschichte'.

KAPITEL 4

Die Wiederauferstehung

WIE WIR VOM GLAUBEN AN DIE
WIEDERAUFERSTEHUNG PROFITIEREN

Nach dem Glauben an Gott spielt der Glaube an die Wiederauferstehung die zweitwichtigste Rolle für Aufbau und Schutz einer friedlichen Gesellschaftsordnung. Warum sollten Menschen, die nicht daran glauben, eines Tages für das, was sie in dieser Welt tun, zur Rechenschaft gezogen zu werden, ein ehrenhaftes, aufrechtes Leben führen? Wer dagegen stets in der Überzeugung handelt, sich in der kommenden Welt vor Gott verantworten müssen, wird alles daran setzen, ein diszipliniertes und rechtschaffenes Leben zu führen. Der Koran sagt hierzu:

> *Du unternimmst nichts, und du verliest von diesem (Buch) keinen Teil des Qur'an, und ihr begeht keine Tat, ohne dass Wir eure Zeugen sind, wenn ihr damit vollauf beschäftigt seid. Und auch nicht das Gewicht eines Stäubchens auf Erden oder im Himmel ist vor deinem Herrn verborgen. Und es gibt nichts, weder etwas Kleineres als dies noch etwas Größeres, das nicht in einem Buche voller Klarheit stünde. (10:61)*

Bestimmte Engel protokollieren alles, was wir tun. Außerdem weiß Gott um all unsere Taten, Absichten, Gedanken und Vorstellungen und ist Sich ihrer ganz und gar bewusst. Ein Mensch, der diese Tatsache verinnerlicht hat (und entsprechend handelt), findet wahren Frieden und wahre Glückseligkeit in beiden Welten. Familien und Gemeinschaften, die aus solchen Menschen bestehen, werden schon auf Erden den Eindruck haben, sie lebten im Paradies.

Der Glaube an die Wiederauferstehung bewahrt junge Menschen vor einem ausschweifendem Leben und pflanzt Hoffnung in die Herzen alter Menschen, die sich mit jedem vergehenden Tag dem Grab nähern. Er gibt Kindern die Kraft, den Tod geliebter Menschen zu ertragen. Ein Kind, das davon ausgeht, dass es einst in einer weitaus besseren Welt mit seinen geliebten Menschen wieder zusammenkommen wird, findet im Glauben an die Wiederauferstehung Trost. Jeder Mensch braucht unabhängig vom Alter, Geschlecht oder anderen, vom Menschen ersonnenen, Unterschieden den Glauben an die Wiederauferstehung genauso dringend wie Luft, Wasser und Brot.

Der Glaube an die Wiederauferstehung regt uns Menschen an, ein friedvolles Leben zu führen. Deshalb sollten Intellektuelle, die Frieden und Sicherheit im öffentlichen Leben verwirklicht sehen wollen, auf diesen Glauben besonderen Wert legen. Denn Menschen, die von dem überzeugt sind, was der Koran in den Versen

> *Wer nun aber auch nur eines Stäubchens Gewicht Gutes tut, wird es sehen;*
> *und wer auch nur eines Stäubchens Gewicht Böses tut, wird es sehen* (99:7-8)

anspricht, werden ein verantwortungsvolles Leben führen; und eine Gemeinschaft, die sich aus solchen Menschen zusammensetzt, wird wahren Frieden und wahre Glückseligkeit finden. Wenn es gelingt, diesen Glauben in die Herzen der Jugendlichen einzupflanzen, werden diese der Gesellschaft keinen Schaden zufügen, sondern ihre Energien auf den Dienst an ihrer Gemeinschaft und der Menschheit richten.

Kinder sind sehr sensibel und feinfühlig. Sie sind äußerst empfänglich für Unglücksfälle; und Dinge, die ihnen und ihren Familien zustoßen, ängstigen sie ungemein. Wenn sie einen Familienangehörigen verlieren oder zu Waisen werden, verfinstert sich ihre Welt, und sie stürzen in tiefen Kummer und Verzweiflung. Als in meiner Kindheit eine meiner Schwestern starb, war ich vollkommen niedergeschlagen. Ständig ging ich zu ihrem Grab und betete aus tiefstem Herzen zu Gott: „O Gott! Bitte mach sie wieder lebendig und lass mich ihr hübsches Gesicht wieder sehen; oder lass mich sterben, damit ich bei ihr sein kann!" Was sonst, wenn nicht der Glaube an die Wiederauferstehung, der Glaube an ein neuerliches Zusammentreffen mit den geliebten Verstorbenen, kann den Verlust von Eltern, Brüdern, Schwestern und Freunden ausgleichen? Kinder finden nur dann Trost, wenn sie davon überzeugt sind, dass ihre geliebten Menschen ins Paradies eingegangen sind und dass sie eines Tages wieder mit ihnen vereint sein werden.

Womit kann man alte Menschen für die Jahre, für die zurück-
gelassene Kindheit und Jugend entschädigen? Womit kann man sie
über den Verlust ihrer geliebten Menschen, ihrer Freunde, Ehepartner, Kinder oder Enkel, die vor ihnen in die andere Welt gegangen
sind, hinweg trösten? Wie kann man ihren die Furcht vor dem Tod
und dem Grab, dem sie jeden Tag näher kommen, nehmen? Wie
kann man sie den Tod, dessen Hauch sie bereits so intensiv spüren,
vergessen lassen? Werden immer neue weltliche Vergnügungen sie
trösten können? Nein, nur wenn man sie davon überzeugt, dass das
Grab, das ihnen wie ein Drache mit einem weit geöffneten Rachen
erscheint, in Wirklichkeit ein Tor zu einer anderen, weitaus besseren Welt darstellt oder ganz einfach ein wunderbarer Warteraum
ist, der sich zu jener Welt hin öffnet, kann man sie für ihre Verluste
entschädigen und sie aufmuntern.

In seinem unnachahmlichen Stil verleiht der Koran den Empfindungen alter Menschen durch die Worte des Propheten Zacharias
Ausdruck:

> *Erwähnt wird (hier) die Barmherzigkeit deines Herrn gegen Seinen Diener*
> *Zacharias. Als er seinen Herrn mit leisem Ruf anrief, sagte er: „Mein Herr,*
> *mein Gebein ist nun schwach geworden, und die Haare meines Hauptes*
> *schimmern grau, doch niemals, mein Herr, bin ich mit meiner Bitte an Dich*
> *unglücklich gewesen.“ (19·2-4)*

Weil er befürchtete, dass sich seine Verwandten nach seinem Tod
von seinem Auftrag abwenden würden, bat der Prophet Zacharias
seinen Herrn um einen Sohn - um einen Erben, der seine Mission
weiterführen würde. Im Grunde genommen manifestiert sich in diesem Anliegen der Ruf aller alten Menschen. Der Glaube an Gott und
die Wiederauferstehung verheißt ihnen frohe Kunde: „Fürchtet euch
nicht vor dem Tod! Denn der Tod bedeutet nicht ewiges Verlöschen;
er ist lediglich ein Transfer von einer Welt in die andere, eine Erlösung von den belastenden Pflichten des weltlichen Lebens und ein
Passierschein für eine ewige Welt, in der alle möglichen Schönheiten
und Gunstbeweise auf euch warten. Der Barmherzige, der euch in
diese Welt sandte und euch so lange in ihr leben ließ, wird euch nicht

der Finsternis des Grabes und den dunklen Fluren, die sich zur anderen Welt hin öffnen, überlassen. Er wird euch in Seine Gegenwart holen und euch ein ewiges glückseliges Leben gewähren. Er wird euch mit den Wohltaten des Paradieses segnen." Nur eine frohe Botschaft wie diese kann alten Menschen Trost spenden und ermöglicht ihnen, den Tod mit einem Lächeln willkommen zu heißen.

Unser freier Wille, mit dem wir unser Leben lenken, verleiht uns eine einzigartige Stellung unter allen anderen Geschöpfen. Der freie Wille ist die Manifestation der Barmherzigkeit Gottes. Wenn der Mensch seinen freien Willen in angemessener Weise einsetzt und gute Taten vollbringt, wird er mit den Früchten der Barmherzigkeit belohnt werden. Der Glaube an die Wiederauferstehung ist ein extrem wichtiger und zwingender Faktor, der den Menschen dazu drängt, seinen freien Willen in angemessener Art und Weise zu gebrauchen, sich von sündigen Handlungen und Unrecht fern zu halten und seinen Mitmenschen keinen Schaden zuzufügen.

Sahl ibn Sa'd berichtet, man habe dem Gesandten Gottes von einem jungen Mann erzählt, der sein Haus tagelang nicht verlassen hatte. Der Gesandte suchte ihn also auf. Als der junge Mann ihn so unerwartet vor sich sah, warf er sich ihm in die Arme und starb im selben Augenblick. Muhammad sagte daraufhin zu denjenigen, die an seiner Seite waren: *Bahrt den Leichnam eures Freundes auf! Die Furcht vor der Hölle erfüllte ihn zutiefst. Ich schwöre bei dem, in Dessen Hand sich mein Leben befindet, dass Gott ihn mit Sicherheit vor der Hölle bewahren wird.*[29] Im Koran lesen wir:

> *Wer aber das Stehen vor seinem Herrn gefürchtet hatte und die eigene Seele von niederem Gelüst abhielt - so wird das Paradies sicherlich (seine) Herberge sein. (79:40-41)*

In einem *Hadith qudsi*[30] sagt Gott: *Ich werde weder zwei Sicherheiten noch zwei Ängste miteinander vereinen.*[31] Diejenigen, die Seine Strafe

---

[29]   Ibn Kathir, *Tafsir*, 3.539 (Zitat aus: Ibn Asakir; *Tarikh ad-Dimaschq*)

[30]   Ein *Hadith qudsi* ist ein Ausspruch des Propheten, dessen Bedeutung direkt von Gott und dessen Wortlaut direkt vom Propheten stammt.

[31]   *Kanz al-Ummal*, 3.141, Hadith Nr. 5878

fürchten, während sie in dieser Welt sind, werden demnach in der anderen Welt vor Seiner Strafe in Sicherheit sein. Diejenigen aber, die sich im Diesseits vor Seiner Strafe in Sicherheit wiegen, werden in der anderen Welt keine Sicherheit vor Seiner Strafe finden können.

Als der Kalif Umar einmal einen jungen Mann sah, der sich mutig einem Unrecht widersetzte, sagte er: „Alle Menschen, denen man ihre Jugend genommen hat, sind dem Untergang geweiht." Junge Menschen besitzen die Kraft, Dinge zu verändern. Wenn man es zulässt, dass sie ihre Kraft auf Belanglosigkeiten und Genüsse verschwenden, untergräbt man die Zukunft der eigenen Gemeinschaft. Der Glaube an die Wiederauferstehung bewahrt die jungen Menschen davor, Widerwärtigkeiten zu begehen und ihre Energien an kurzlebige Vergnügungen zu verschleudern, und bringt sie dazu, ein diszipliniertes Leben zu führen und nützliche wie tugendhafte Mitglieder der Gesellschaft zu sein.

Der Glaube an die Wiederauferstehung stellt auch für die Kranken eine Quelle des Trostes dar. Wenn ein gläubiger Patient an einer unheilbaren Krankheit leidet, denkt er sich: „Nun sterbe ich also, und niemand kann mein Leben mehr verlängern. Zum Glück begebe ich mich an einen Ort, an dem ich meine Gesundheit und meine Jugend wiederherstellen und sie für immer genießen werde." Da sie sich dessen ganz sicher waren, haben alle geliebten Diener Gottes, die Propheten wie auch andere fromme Menschen, den Tod mit einem frohen Lächeln empfangen. Der letzte der Propheten, der Prophet Muhammad, sprach in seinen letzten Minuten in dieser Welt: *O Allah! Ich sehne mich nach Deiner ewigen Gesellschaft in der ewigen Welt.* Einen Tag zuvor hatte er seinen Gefährten mitgeteilt: *Gott hat einen Seiner Diener vor die Wahl gestellt, die Schönheiten dieser Welt so lange er möchte zu genießen oder sich für das, was mit Ihm ist, zu entscheiden. Der Diener hat sich für das, was mit Ihm ist, entschieden.*

Der Diener, dem die Wahl zwischen dieser Welt und dem Jenseits gelassen worden war, war der Gesandte selbst. Die Gefährten hatten begriffen, wen er meinte, und brachen in Tränen aus.

Als der Kalif Umar über ein riesiges Gebiet von der Westgrenze Ägyptens bis zum Hochland Zentralasiens herrschte, warf er sich eines Tages vor Gott nieder und seufzte: „Ich bin nicht mehr in der Lage, meiner Verantwortung nachzukommen. Lass mich sterben und in Deine Gegenwart gelangen!" Ein solch starkes Verlangen nach der anderen Welt, der Welt der ewigen Schönheit, und nach dem Anblick des ewig Schönen Einen bewegte sowohl den Propheten als auch Umar und zahlreiche andere Menschen dazu, den Tod dem Leben in dieser Welt vorzuziehen.

Die Welt ist ein Gemisch aus Gutem und Bösem, Richtigem und Falschem, Schönem und Hässlichem, Unterdrücker und Unterdrücktem. Viele Fälle von Unrecht bleiben (scheinbar) unbeachtet, und zahllose Menschen, denen Unrecht angetan wurde, werden dafür nicht entschädigt. Nur der Glaube an eine Wiederauferstehung in einer anderen Welt, in der absolute Gerechtigkeit herrschen wird, tröstet die ungerecht Behandelten und Unterdrückten und hält sie davon ab, Rache zu nehmen. Auch diejenigen, die in Bedrängnis geraten sind und von Schicksalsschlägen heimgesucht werden, finden im Glauben an die Wiederauferstehung Trost; denn sie glauben, dass sie durch das, was ihnen widerfährt, von ihren Sünden befreit werden und dass ihnen alles, was sie in einer Katastrophe verloren haben, im Jenseits zurückgegeben wird - ganz als hätten sie es als Almosen gespendet.

Der Glaube an die Wiederauferstehung verwandelt Häuser in Paradiesgärten. In einem Haus, in dem die Jugendlichen ihren Vergnügungen nachgehen, die Kinder sich nicht mit religiösen Gedanken und Praktiken beschäftigen, die Eltern alles mitnehmen, was das Leben für sie bereithält, und die Großeltern ins Altersheim geschickt oder sich selbst überlassen werden, um sich mit Haustieren zu trösten (Enkel, denen sie gern ihre Liebe entgegenbrächten und deren Respekt sie gerne hätten, sind nämlich nicht vorhanden.) - in so einem Haus ist das Leben eine Bürde, die nur schwer zu schultern ist. Der Glaube an die Wiederauferstehung erinnert die Menschen an ihre familiären Pflichten. Wenn sie diesen Pflichten nachkommen, wird eine Atmosphäre der Liebe und Zuneigung und des Respektes im Haus herrschen.

Der Glaube an die Wiederauferstehung sorgt auch dafür, dass Eheleute zu einer intensiveren Liebe und einem tieferen Respekt vor-

einander finden. Eine Liebe, die auf physischer Schönheit basiert, ist
flüchtig und von geringem Wert. In der Regel erlischt sie kurz nach
der Heirat. Wenn die Eheleute aber glauben, dass ihre Ehe auch in der
anderen Welt, in der sie ewig jung und schön sein werden, für immer
fortbestehen wird, dann wird ihre Liebe füreinander auch im Alter
nicht dahinschwinden, wenn die physische Schönheit längst ver-
blüht ist.

Wenn ein Familienleben auf dem Glauben an die Wiederauferstehung gründet, wird die Familie das Gefühl haben, sie lebe im Paradies. Und wenn sich die Ordnung eines ganzen Landes auf den Glauben an die Wiederauferstehung stützt, dann werden seine Bewohner ein noch wesentlich schöneres Leben genießen können als das,
was sich Plato in seinem Werk *Politeia* (Die Republik) oder Al-Farabi
(lateinisch: Alpharabius) in seinem Werk *Madina al-Fadila* (Die prächtige Stadt) ausmalten. Ein solches Land würde der Stadt Medina zu
Lebzeiten des Propheten Muhammad oder den muslimischen Ländern unter der Herrschaft des Kalifen Umar ähneln.

Um verstehen zu können, *wie* der Prophet seine Gesellschaft
errichtete, möchte ich an dieser Stelle einige Beispiele seiner Aussprüche in Bezug auf die Wiederauferstehung und das Leben nach
dem Tode anführen:

> *Ihr Menschen! Ihr werdet barfüßig, nackt und unbeschnitten auferweckt*
> *werden. Hört mir mit voller Aufmerksamkeit zu: Derjenige, der zuerst*
> *bekleidet wird, ist Abraham (Friede sei mit ihm!). Gebt Acht, was ich sagen*
> *werde: An jenem Tage werden einige aus meiner Gemeinschaft auf der lin-*
> *ken Seite ergriffen und zu mir gebracht werden. Ich werde sagen: „O Herr!*
> *Dies sind meine Gefährten." Man wird mir sagen: „Du weißt nicht, welche*
> *unerfreulichen Dinge sie nach dir taten." Dann werde ich wie der recht-*
> *schaffene Diener [d.h. Jesus] sagen: „Ich war ihr Zeuge, als ich noch unter*
> *ihnen weilte. Nachdem Du mich zu Dir genommen hast, hast Du sie im*
> *Auge behalten. Du bist der Zeuge aller Dinge. Wenn Du sie bestrafst, dann*
> *sind sie Deine Sklaven; wenn Du ihnen vergibst, bist Du ganz gewiss der*
> *Allmächtige, der Weise."*[32]

[32] Bukhari, *Anbiya'*, 8.48; Muslim, *Dschanna*, 56; Tirmidhi, *Qiyama*, 3

Seit Gott die Kinder Adams erschaffen hat, kennen sie kein schrecklicheres Ereignis als den Tod. Der Tod ist jedoch leichter als das, was nach ihm kommen wird. Sie werden einen so großen Schrecken erleiden, dass Schweiß ihre Körper bedecken wird, der schließlich ihr Kinn wie Zaumzeug einschließen und sich quasi zu einem Meer auftürmen wird, auf dem sogar Schiffe fahren könnten.[33]

Die Menschen werden in drei Gruppen auferweckt werden: Jene, die Gottesfurcht mit Erwartung verbanden [während sie die Strafe Gottes fürchteten, gaben sie niemals die Hoffnung auf Seine Barmherzigkeit und Vergebung auf], dann jene, die [weil sie in dieser Welt ständig ‚wankten‘] versuchen werden, zu zweit, zu dritt, zu viert … oder zu zehnt ‚auf einem Maultier sitzend‘ ins Paradies zu gelangen. Die übrigen aber werden im Feuer wieder auferweckt werden [weil sie unentwegt Dinge taten, die dem Höllenfeuer angemessen sind]; wenn sie am Vormittag schlafen wollen, wird die Hölle mit ihnen schlafen gehen; wenn sie die Nacht erreichen, wird die Hölle mit ihnen die Nacht erreichen; wenn sie den Morgen erreichen, wird die Hölle mit ihnen den Morgen erreichen, und wenn sie den Abend erreichen, wird die Hölle mit ihnen den Abend erreichen.[34]

Der Gesandte Gottes stellte sicher, dass seine Gefährten genau verstanden, wie die Hölle beschaffen ist. Er weckte in ihnen die Sehnsucht nach dem Paradies, indem er ihnen frohe Kunde von ihm überbrachte. Infolgedessen waren sie sich der Belohnungen und Strafen Gottes vollauf bewusst. In Bezug auf ihre religiösen Pflichten und auf die Rechte der Menschen waren sie äußerst empfindlich. Zwei von ihnen wandten sich beispielsweise einmal an den Gesandten und baten ihn, eine Meinungsverschiedenheit zwischen ihnen zu schlichten. Nachdem der Gesandte sie angehört hatte, sagte er:

Ich bin ein Mensch wie ihr; deshalb werde ich mein Urteil euren Aussagen gemäß fällen. Möglicherweise spricht einer von euch überzeugender, und ich werde zu seinen Gunsten entscheiden. Gott hingegen wird im Jenseits der Wahrheit der Angelegenheit entsprechen und gerecht urteilen. Der Sünder wird seine gerechte Strafe und der Unschuldige seinen Lohn erhalten.

Diese Worte genügten den Gefährten, um auf ihre eingeforderten Ansprüche zu verzichten. Der Gesandte gab ihnen den Rat:

---

[33]   Ahmad ibn Hanbal, *Musnad*, 3.154
[34]   Bukhari, *Riqaq*, 45; Muslim, *Dschanna*, 59; An-Nasa'i, *Dschana'iz*, 118

Geht, und teilt die in Rede stehenden Güter in zwei Teile auf, und dann lasst das Los entscheiden! Jeder von euch sollte sich mit seinem Anteil von ganzem Herzen zufrieden geben, ohne dabei Unbehagen zu empfinden.[35]

Sa'd ibn Rabi' wurde bei der Schlacht von Uhud schwer verletzt. Während er seine letzten Atemzüge tat, flüsterte er Muhammad ibn Maslama, der ihm die Grüße des Gesandten überbrachte, zu: „Übermittle dem Gesandten Gottes meine Grüße! Bei Allah, ich rieche den Duft des Paradieses hinter Uhud!"

DIE ARGUMENTE DES KORAN FÜR DIE WIEDERAUFERSTEHUNG

Obwohl wissenschaftliche Entdeckungen wie etwa das zweite Gesetz der Thermodynamik zeigen, dass sich das Sein auf dem Weg zur Zerstörung befindet, könnte schon allein die Kollision zweier Planeten das Universum vernichten. Wenn das Sein doch mit einem Urknall begann, warum sollte es dann nicht auch mit einem weiteren Urknall oder mit einer Kollision enden? Das Sein ist ein extrem ausbalancierter Organismus; es ist ein System mit Einzelteilen, die auf subtile Art und Weise voneinander abhängig sind. Der Körper des Menschen besteht aus sechzig Billionen Zellen. Und genauso wie bereits eine einzige deformierte, bösartige Zelle den Tod des ganzen menschlichen Körpers verursachen kann, könnte eine einzige ernsthafte Deformation in irgendeinem Teil des Universums dessen Untergang herbeiführen. Zuweilen sterben Menschen ganz unerwartet und ohne irgendeinen erkennbaren diagnostizierten Grund. Warum sollte also nicht auch das Universum einer plötzlich eintretenden, nicht sichtbaren ‚Krankheit' wie einem ‚Herzanfall' zum Opfer fallen und an ihr sterben können? Wer weiß, vielleicht leidet unsere alte Welt ja bereits an einem unheilbaren Krebs, weil wir sie so missbrauchen.

Der Koran beweist die Wiederauferstehung. Um unseren Herzen das Wunder dessen, was der Allmächtige im Jenseits bewirken wird, nahe zu bringen und unseren Verstand darauf vorzubereiten,

---

[35] Bukhari, *Schahada*, 27; Muslim, *Aqdiya*, 4; Abu Dawud, *Adab*, 87

dieses Wunder zu akzeptieren und zu verstehen, präsentiert uns der Koran die Wunder, die Gott hier [auf Erden] vollbringt. Er zeigt uns Beispiele für das umfassende Wirken Gottes im Makrokosmos und führt uns Seine Verfügungsgewalt über Makro-, Normo- und Mikrokosmos vor. Der folgende Koranvers z.B. unterstreicht die Macht Gottes und ruft uns dazu auf, an der Überzeugung festzuhalten, dass wir Ihn im Jenseits treffen werden:

Allah ist es, der die Himmel, die ihr sehen könnt, ohne Stützpfeiler emporgehoben hat. Dann herrschte Er über Sein Reich. Und Er machte die Sonne und den Mond dienstbar; jedes (Gestirn) läuft seine Bahn in einer vorgezeichneten Frist. Er bestimmt alle Dinge. Er macht die Zeichen deutlich, auf dass ihr an die Begegnung mit eurem Herrn fest glauben möget. (13:2)

Die erste Schöpfung des Universums und der Menschheit weist auf die zweite Schöpfung hin

Als Beweis für die Wiederauferstehung stellt uns der Koran das Phänomen der Erschaffung des Universums vor, welches er als *erste Schöpfung* (56:62) definiert, während er das Auferwecken der Toten als *zweite Schöpfung* (53:47) bezeichnet. Außerdem lenkt er unsere Aufmerksamkeit auch auf unseren eigenen Ursprung:

O ihr Menschen, wenn ihr über die Auferstehung im Zweifel seid, so (bedenkt,) dass Wir euch aus Erde erschaffen haben, dann aus einem Samentropfen, dann aus einem Blutklumpen, dann aus einem Klumpen Fleisch, teils geformt und teils ungeformt, auf dass Wir es euch deutlich machen. Und Wir lassen bis zu einem bestimmten Zeitpunkt in den Mutterschössen ruhen, was Wir wollen; dann bringen Wir euch als Kinder hervor; dann (lassen Wir euch groß werden,) auf dass ihr eure Vollkraft erreicht. Und mancher von euch wird abberufen, und mancher von euch wird zu einem hinfälligen Greisenalter geführt, sodass er, nachdem er gewusst hatte, nichts mehr weiß. Und du siehst die Erde leblos, doch wenn Wir Wasser über sie niedersenden, dann regt sie sich und schwillt und lässt alle Arten von entzückenden Paaren hervorsprießen. Dies (ist so), weil Allah die Wahrheit ist und weil Er es ist, der die Toten lebendig macht, und weil Er die Macht über alles hat. (22:5-6)

Der Koran zieht einen Vergleich zwischen der Wiederauferstehung und dem Wirken Gottes in dieser Welt. Gelegentlich spielt er in einer Art und Weise auf Seine Taten in der Zukunft und im Jenseits an, die uns auch von dem, was wir nicht genau verstehen, überzeugt. Der Koran zeigt uns entsprechende Ereignisse hier auf Erden:

Weiß der Mensch denn nicht, dass Wir ihn aus einem Samentropfen erschufen? Und siehe da, er ist ein offenkundiger Widersacher! Und er prägt Uns Gleichnisse und vergisst seine eigene Erschaffung. Er sagt: „Wer kann die Gebeine beleben, wenn sie morsch geworden sind?" Sprich: „Er, der sie das erste Mal erschuf - Er wird sie beleben; denn Er kennt jegliche Schöpfung. Er, der für euch Feuer aus den grünen Bäumen hervorbringt; und siehe, davon habt ihr dann Brennmaterial. Ist Er, der die Himmel und die Erde erschuf, nicht im Stande, ihresgleichen zu erschaffen?" Doch, und Er ist der Erschaffer, der Allwissende. (36:77-81)

Der Koran vergleicht das Universum mit einer Schriftrolle. Am Ende der Zeit wird Gott die Zerstörung des Universums genauso leicht fallen wie das Zusammenrollen einer Schriftrolle. So wie Er es zu Beginn ausgerollt hat, wird Er es wieder zusammenrollen; und durch die Manifestation Seiner absoluten Macht wird Er das Universum ohne die Vermittlung durch irgendwelche materielle Ursachen in einer weitaus besseren und ganz neuen Form wieder erschaffen:

An dem Tage, da werden Wir den Himmel zusammenrollen, wie die Schriftrollen zusammengerollt werden. (So) wie Wir die erste Schöpfung begonnen haben, werden Wir sie wiederholen - bindend für Uns ist die Verheißung; wahrlich, Wir werden (sie) erfüllen. (21:104)

Haben sie nicht gesehen, dass Allah, Der die Himmel und die Erde erschuf und bei ihrer Erschaffung nicht müde wurde, auch vermag, die Toten lebendig zu machen? Wahrlich, Er hat Macht über alle Dinge. (46:33)

Der Koran vergleicht die Wiederauferstehung mit der Wiederbelebung der Erde im Frühjahr nach ihrem Tod im Winter und beschreibt, wie Gott Sich bei der Erschaffung des Menschen in Phasen der Atome und Moleküle bedient. Wenn der Frühling kommt, erwacht die Erde zu neuem Leben, und aus vertrockneten Holzstückchen werden Blätter, Blüten und Früchte, die ihren Vorgängern ähnlich, jedoch nicht mit ihnen identisch sind. Unzählige Samen, die im letzten Herbst auf die Erde fielen, keimen dort und wachsen zu ganz und gar verschiedenartigen Pflanzen heran, ohne dass dabei auch nur das geringste Durcheinander entstünde. Die Wiederbelebung aller Toten am Tage des Jüngsten Gerichtes wird so beschrieben:

> *Und unter Seinen Zeichen ist, dass du die Erde leblos siehst, doch wenn Wir Wasser auf sie niedersenden, dann regt sie sich und schwillt. Er, Der sie belebte, wird sicher auch die Toten lebendig machen; denn Er hat Macht über alle Dinge. (41:39)*

> *Meint der Mensch etwa, er würde sich selber überlassen sein? War er nicht ein Erguss verspritzten Spermas? Dann wurde er ein Blutklumpen; dann bildete und vervollkommnete Er (ihn). Alsdann schuf Er aus ihm ein Paar, den Mann und die Frau. Ist Er denn nicht im Stande, die Toten ins Leben zu rufen? (75:36-40)*

> *Schau dann auf die Spuren von Allahs Barmherzigkeit, wie Er die Erde nach ihrem Tode belebt. Wahrlich, Derselbe wird auch die Toten erwecken; denn Er hat Macht über alle Dinge. (30:50)*

> *Und Allah hat euch wie die Pflanzen aus der Erde wachsen lassen. Dann wird Er euch wieder in sie zurückkehren lassen, und Er wird euch dann aus ihr hervorbringen. (71:17-18)*

Eine genaue Untersuchung dessen, was im Universum vor sich geht, macht deutlich, dass in ihm ein Wettstreit der Gegensätze herrscht, die sich überall verbreitet und verwurzelt haben: Diese beiden Elemente sind für Gut und Böse, Nutzen und Schaden, Vollkommenheit und Fehlerhaftigkeit, Licht und Finsternis, Rechtleitung und Irreführung, Glauben und Unglauben, Gehorsam und Aufsässigkeit oder auch Furcht und Liebe verantwortlich. Das Universum erzeugt infolge dieses permanenten Wettstreits der Gegensätze permanent Veränderungen und Verwandlungen, ganz als sollten bereits damit die Fundamente einer neuen Welt hervorgebracht werden. Dieser Wettstreit wird schließlich in die Ewigkeit münden und sich in Gestalt von Paradies und Hölle materialisieren. Die ewige Welt wird aus den essenziellen Elementen dieser vergänglichen Welt bestehen. In ihr wird den einander entgegengesetzten Elementen Dauerhaftigkeit verliehen werden.

Paradies und Hölle sind die beiden einander entgegengesetzten Früchte, die an den beiden Ästen des Baumes der Schöpfung wachsen. Man kann sie auch als Resultate der Kette der Schöpfung bezeichnen. Sie sind zwei Zisternen, die durch die beiden Ströme der Dinge und Ereignisse gefüllt werden, und zwei Pole, denen die Lebewesen in Wellen zufließen. Sie sind zwei Orte, an denen sich die Gnade und der Zorn Gottes manifestieren; und wenn die Macht Gottes das Universum erschüttern wird, werden sie vollständig besiedelt werden.

Wenn sich die Unterdrücker von dieser Welt verabschieden, befinden sie sich noch immer im Besitz ihrer Macht, während die Unterdrückten noch immer gedemütigt werden. Dieses Unrecht wird vor dem Höchsten Gerichtshof verhandelt werden; denn Gott wäre ungerecht und unvollkommen, wenn er es ignorieren würde. Manche Sünder bestraft Er aber auch schon in dieser Welt. Die von ungehorsamen und aufsässigen Völkern vergangener Jahrhunderte erduldeten Qualen lehren uns, dass der Mensch seiner Verantwortung nicht enthoben ist, sondern stets mit einer Korrektur zu rechnen hat, die die Pracht und Majestät Gottes, des Allmächtigen, ihm zukommen lässt. Der Koran verdeutlicht mit dem Vers

Und (es wird gesprochen): „Sondert euch heute ab, o ihr Schuldigen!" (36:59),

dass Gott im Jenseits die Guten von den Schlechten trennen und jeden so behandeln wird, wie er in dieser Welt gelebt hat.

ANDERE ARGUMENTE FÜR DIE WIEDERAUFERSTEHUNG

Die universelle Weisheit macht die Wiederauferstehung zwingend erforderlich

Gott handelt absolut frei; Er tut, was immer Er will, und niemand kann Ihn für das, was Er tut, zur Verantwortung ziehen. Da Er aber der Weise ist, handelt Er absolut zweckorientiert und überlegt. Er verausgabt sich niemals umsonst und tut nichts, was vergeblich oder nutzlos wäre.

Wenn wir uns selbst einmal genau betrachten, unser Wesen, unsere physische und spirituelle Identität und Struktur, dann werden wir feststellen, dass wir aus bestimmten, wichtigen Gründen erschaffen wurden. In unserem ganzen Körper existiert nicht ein einziges nutzloses Atom. Das Gleiche gilt auch für das Universum, das, wenn man so will, ein Makro-Mensch ist. Denn jeder einzelne Bestandteil des Universums manifestiert bedeutende Absichten und enthält unzählige Hinweise auf Weisheit.

Der Mensch nimmt in der Schöpfung einen einzigartigen Platz ein; denn wir tragen einen Aspekt all dessen, was im Universum existiert, in uns. Mit unseren geistigen und spirituellen Fähigkeiten repräsentieren wir engelhafte und andere spirituelle Welten wie die Welt der Symbole oder der immateriellen Formen. Darüber hinaus verfügen wir sogar auf Grund unserer angeborenen Fähigkeit zu lernen und auf Grund unseres freien Willens über das Potenzial, selbst die Engel noch zu übertreffen. Mit unserer physischen oder biologischen Existenz repräsentieren wir Pflanzen und Tiere. Obwohl wir Raum und Zeit verhaftet sind, reichen wir mit unseren spirituellen Fähigkeiten und anderen Kräften wie der Vorstellungskraft über sie hinaus. Aber trotz unseres im Vergleich zu den anderen Geschöpfen unvergleichlichen Wertes sterben einige von uns schon bei der Geburt oder in jungen Jahren.

Wir sehnen uns nach der Ewigkeit und wünschen uns ein ewiges Leben; einige unserer Sinne oder Gefühle geben sich mit weniger nicht zufrieden. Wenn wir zwischen ewigem Leben und schweren Mühen einerseits und ewiger Nichtexistenz nach einem kurzen luxuriösen Leben andererseits wählen dürften, würden wir wohl höchstwahrscheinlich das ewige Leben vorziehen. Wahrscheinlich würden wir sogar einen ewigen Aufenthalt in der Hölle der ewigen Nichtexistenz vorziehen. Gott, der Barmherzige und Weise, hat uns nicht zur ewigen Nichtexistenz verurteilt. Er hat uns die Sehnsucht nach Unsterblichkeit auch nicht verliehen, damit wir Qualen leiden, weil wir etwas anstreben, was unmöglich zu verwirklichen ist. Demnach erfordert die Weisheit Gottes die Existenz einer ewigen Welt, einer Welt, in der der Mensch ewig leben wird.

Die diesseitige Welt kann den wahren Wert des Menschen gar nicht ermessen

Obwohl wir nur über einen winzigen physischen Körper verfügen, erlauben uns unsere geistigen und spirituellen Fähigkeiten, das gesamte Universum zu umarmen. Unsere Handlungen sind sich nicht allein auf die sichtbare Welt beschränkt und daher auch nicht den Schranken von Raum und Zeit unterworfen. Der Mensch besitzt ein so universelles Wesen, dass sich die Handlungen des ersten Menschen auch noch auf den Charakter des letzten Menschen, ja sogar auf die Gesamtheit der Existenz auswirken. Den Menschen auf eine physische Einheit, auf einen sehr kurzen Zeitabschnitt oder auf einen begrenzten Bereich des Raumes zu beschränken (wie es die Materialisten tun), enthüllt eine völlige Fehleinschätzung und ein falsches Verständnis dessen, was uns ausmacht.

Die Waagen dieser Welt können weder den intellektuellen und spirituellen Wert der Propheten und deren Leistungen noch das Ausmaß der von Verbrechern wie Pharao, Nero, Hitler, Stalin und anderen verursachten Zerstörungen auswiegen. Auch das Gewicht des wahren Wertes eines aufrichtigen Glaubens und moralischer Qualitäten können sie nicht bemessen. Womit könnte man denn auch einen Märtyrer angemessen entschädigen, der alles, was er besitzt, um der Sache Gottes willen, für seine Mitmenschen oder für universelle menschliche Werte wie Gerechtigkeit und Wahrheitstreue opfert? Womit könnte man denn einen gläubigen Wissenschaftler bezahlen, dessen pflichtbewusste Forschung eine Erfindung hervorgebracht hat, aus der die ganze Menschheit bis zum letzten Tag Nutzen ziehen wird? Nur die Waagen der anderen Welt, die sogar auf das Gewicht eines Atoms an Gutem und auf das Gewicht eines Atoms an Schlechtem reagieren, sind dazu in der Lage.

Und Wir werden Waagen der Gerechtigkeit für den Tag der Auferstehung aufstellen, sodass keine Seele in irgendeiner Weise Unrecht erleiden wird. Und wäre es das Gewicht eines Senfkorns, Wir würden es hervorbringen. Und Wir genügen als Rechner. (21:47)

Selbst wenn es nichts anderes gäbe, was eine Wiederauferstehung erforderlich machen würde, würde allein die Erfordernis, dass die Taten der Menschen ausgewogen werden, ein unendlich gerechtes und sensibles Gleichgewicht hervorbringen.

Alle Handlungen Gottes dienen einem Zweck, manche auch mehreren Zwecken. Deshalb erfordert Seine universelle Weisheit die Wiederauferstehung. Wenn dies nicht so wäre, müssten wir uns u.a. mit folgenden Fragen auseinandersetzen: Der Majestätische Eine manifestiert Seine Souveränität als Herrscher in der im Universum von den Atomen bis hin zu den Galaxien bestehenden Ordnung, Zweckgebundenheit, Gerechtigkeit und Ausgeglichenheit. Wie könnte Er sich da gegenüber Gläubigen, die den Schutz Seiner Herrschaft und Souveränität suchen, die an Seine Weisheit und Gerechtigkeit glauben und Ihm gehorchen, indem sie ihn anbeten, nicht erkenntlich zeigen? Würde Er es zulassen, dass jene Unbesonnenen, die Seine Weisheit und Gerechtigkeit leugnen, sich gegen Ihn auflehnen und Ihn leugnen, ungeschoren davonkommen? Weil in dieser vergänglichen Welt kaum ein Tausendstel Seiner Weisheit und Gerechtigkeit gegenüber den Menschen etabliert ist, verlassen die meisten der Fehlgeleiteten diese Welt unbestraft; und die meisten der Rechtgeleiteten sterben, ohne belohnt worden zu sein. Die Gerechtigkeit Gottes ist notwendigerweise einem Obersten Gerichtshof übertragen worden, der jeden einzelnen Menschen belohnen oder bestrafen wird.

Natürlich wird der Eine, der unsere Welt beherrscht, unendlich weise urteilen. Man schaue sich doch nur einmal an, wie sich Nutzen und Vorzüge aller Dinge manifestieren. Jede Gliedmaße, jeder Knochen und jede Vene des Menschen, jede Gehirnzelle und jedes Zellteilchen dient vielen weisen Zwecken. Diese Tatsache bestätigt, dass alles in Übereinstimmung mit einer unendlichen Weisheit geplant und ausgeführt wird. Die absolute Ordnung, die der Gestaltung aller Dinge zu Grunde liegt, ist ein weiterer Beweis. Kurzum: Wir, die Menschen, wurden zu universellen Zwecken erschaffen. Dies unterstreicht auch der Koran:

*„Glaubtet ihr denn, Wir hätten euch in Sinnlosigkeit erschaffen, und ihr
würdet nicht zu Uns zurückgebracht?" Darum ist Allah, der Wahre König,
hoch erhaben. Es ist kein Gott außer Ihm, dem Herrn des Würdigen Throns.*
(23:115-116)

Der Mensch ist somit nicht aus bloßer Spielerei oder zum Scherz
erschaffen worden. Das Grab, die ewige Nichtexistenz, ist nicht sein
endgültiges Schicksal. Der Mensch ist für ein anderes, ewiges Leben
erschaffen worden, das aus all seinen Handlungen für ihn bereitet
wird - für eine Welt, die entweder voller ewiger Schönheiten und
Segnungen oder voller Schlechtigkeiten und Niederträchtigkeiten
stecken wird.

Die Barmherzigkeit und Großzügigkeit Gottes erfordert die Wiederauferstehung

Je bedürftiger und hilfloser ein Geschöpf ist, desto intensiver wird
es gefördert. Der Mensch z.B. wird während der ersten Phasen seines Lebens, vor und unmittelbar nach seiner Geburt, in bester
Weise versorgt. Wenn er dann zu einem Erwachsenen heranwächst
und sich seiner persönlichen Stärke und Willenskraft bewusst wird,
versucht er, oft unter großen Schwierigkeiten, seinen eigenen Lebensunterhalt und den seiner Familie zu sichern.

Tiere wie Wölfe und Füchse, die sich auf ihre Kraft und Schläue
verlassen können, können sich trotz intensiver Bemühungen oft nur
sehr dürftig ernähren, während Obstwürmer einen sehr einfachen
Zugang zur besten Nahrung haben. Auch den Pflanzen, die nicht
in der Lage sind, sich zu bewegen, wird ihre Nahrung zugeteilt, ohne
dass sie sich bemühen müssten. All diese Beispiele und viele andere
mehr zeigen ganz deutlich, dass ein absolut Barmherziges und Frei-
gebiges Wesen alle Geschöpfe ernährt und am Leben erhält.

Gottes Barmherzigkeit und Seine Freigebigkeit sind ewig

Ein ewig existierender Gott manifestiert Sich in aller Ewigkeit und
verlangt nach der Existenz ewig existierender Wesen. Seine ewige
Barmherzigkeit und Freigebigkeit erfordern ewige Manifestationen

und ewige Wesen, denen ewige Gunstbeweise zu Gute kommen. Unsere materielle Welt unterliegt jedoch der Vergänglichkeit, und Millionen von Lebewesen sterben Tag für Tag. Die Auslöschung so vieler Leben weist auf den endgültigen, allumfassenden Tod dieser Welt hin.

Weder diese materielle Welt noch die Lebewesen, die in ihrem Bemühen, sich am Leben zu erhalten, einer großen Anzahl von widrigen Umständen und Schwierigkeiten ausgesetzt sind, können die vollständige Manifestation der Namen und Attribute Gottes empfangen. Wir Menschen beispielsweise sind nicht in der Lage, all unsere Begierden und Gelüste zu befriedigen. Eigenschaften wie Jugend, Schönheit und Stärke, in die wir unsere Hoffnungen setzen, verlassen uns, ohne uns Lebewohl zu sagen, und fügen uns Leid zu. Schon wenn wir nur eine einzige Traube auf den Tisch bekommen möchten, müssen wir große Anstrengungen unternehmen. Würde es nicht einer Beleidigung und Verhöhnung gleichkommen, wenn unsere ewige Ernährung eingestellt würde, nachdem wir sie doch schon geschmeckt haben? Wahre Gunstbeweis sind immer verfügbar. Ohne ein ewiges Leben, in dem wir uns all unsere Wünsche ewig erfüllen können, verwandeln sich aber alle Wohltaten und Gunstbeweise, die Gott, der Allmächtige, uns in dieser Welt gewährt, in Schmerzen und Sorgen. Nachdem Gott diese Welt völlig zerstört hat, wird er sie deshalb in eine ewige Welt verwandeln, die in der Lage sein wird, die Manifestationen Seiner Barmherzigkeit und Freigebigkeit uneingeschränkt zu empfangen. Er wird sie in eine Welt verwandeln, in der wir uns all unsere Wünsche in alle Ewigkeit erfüllen können.

Die Barmherzigkeit und die Fürsorge Gottes erfordern die Wiederauferstehung

Die Barmherzigkeit und die Fürsorge Gottes heilen Wunden, gekränkte Herzen und verletzte Gefühle. Sie sind es, die einen Patienten gesund werden lassen, die die Leiden des Abschieds stoppen und Schmerzen und Sorgen in Freude und Heiterkeit verwandeln. Sie kommen Menschen und Tieren in allen Lebensabschnitten und insbesondere vor und nach der Geburt zu Hilfe. Die Mutterleibe der Tiere und Menschen sind behütete Aufenthaltsorte, in denen die jungen Geschöpfe ernährt werden, ohne dass sie selbst zu ihrem Lebensunterhalt beitragen müssten. Nach der Geburt stellen die Barmherzigkeit und die Fürsorge Gottes diesen jungen Geschöpfen mit der Muttermilch die beste Nahrung und die fürsorglichen Gefühle ihrer Eltern bereit. All diese Dinge sind eine einzige Manifestation der Barmherzigkeit und der Fürsorge Gottes.

Die Barmherzigkeit und die Fürsorge Gottes umfassen zwar das ganze Universum, aber in der Welt begegnen wir Wunden und verletzten Gefühlen, unheilbaren Krankheiten, Hunger, Durst und Armut. Warum? Die Antwort liegt auch hier in der Tatsache begründet, dass diese materielle Welt nicht in der Lage ist, alle Manifestationen der Barmherzigkeit und der Fürsorge Gottes zu empfangen. Unser Unvermögen, unsere Ungerechtigkeit gegenüber unseren Mitmenschen und unser Missbrauch unserer angeborenen Fähigkeiten treten zwischen uns und die Manifestationen der Barmherzigkeit und der Fürsorge Gottes. Vor allem aber müssen alle Lebewesen sterben; und unsere Trauer angesichts dieser Realität lässt sich nur mit dem Glauben an eine andere, ewige Welt überwinden.

Als der Gesandte Gottes einmal in der Moschee saß, wurden einige Kriegsgefangene zu ihm gebracht. Eine Frau, die in großer Sorge nach jemandem suchte, zog die Aufmerksamkeit des Propheten auf sich. Jeden Jungen, den sie sah, drückte sie an ihre Brust und ließ ihn dann wieder los. Als sie ihren Sohn schließlich fand, umarmte sie ihn, drückte auch ihn an ihre Brust und liebkoste ihn liebevoll. Da brach der Gesandte in Tränen aus. Er zeigte auf die Frau und fragte seine Gefährten:

> *Seht ihr die Frau? Wirft sie das Kind in ihren Armen in die Hölle?* „Nein", antworteten die Gefährten, und der Gesandte fuhr fort: *Gott ist noch mitfühlender als diese Frau. Er wirft Seine Diener nicht in die Hölle [es sei denn, die Diener verdienten es absolut nicht anders].*[36]

---

[36] Bukhari, *Adab*, 18; Muslim, *Tauba*, 22

Die Barmherzigkeit und die Fürsorge Gottes werden sich in der kommenden Welt in vollem Umfang manifestieren; denn in jener Welt gibt es keine Vermittlung, keine Trauer und keinen Schmerz.

Die Gerechtigkeit und die Ehre Gottes erfordern die Wiederauferstehung

Gottes Namen und Attribute sind absolut und ewig. Weil Gott Selbst absolut und ewig barmherzig, mitleidig und vergebend ist, ist Er auch absolut und ewig mächtig, gerecht und würdevoll. Obwohl Seine Barmherzigkeit alle Dinge umfasst (7:156) und, wie in einem Hadith berichtet wird, Seinen Zorn übersteigt, begehen einige Menschen so schwere Verbrechen und Sünden (sie glauben z.B. nicht an Gott und gesellen Ihm Partner bei), dass sie eine ewige Bestrafung verdienen. Trotz der klaren Aussage Gottes, dass jeder, der einen Menschen zu Unrecht tötet, so bewertet wird, als hätte er die ganze Menschheit getötet (siehe Koran, 5:32), werden gerade in der Welt von heute, in der das Recht des Stärkeren gilt, fast täglich Tausende unschuldiger Menschen getötet. Viele andere werden ungerecht behandelt und ihrer grundlegenden Menschenrechte beraubt. Was aber noch viel schlimmer ist: Viele der schlimmsten Sünden und Ungerechtigkeiten bleiben ungesühnt.

Der Tod macht keinen Unterschied zwischen Unterdrückten und Unterdrückern, Unschuldigen und Verbrechern oder vorbildlichen Menschen und Sündern. Das heißt, dass geringere Vergehen noch in dieser Welt geahndet werden, oder auch nicht. Größere Verbrechen hingegen werden vor dem Obersten Gerichtshof im Jenseits verhandelt, an dem Gott absolute Gerechtigkeit walten lassen wird.

Eines Tages werden diejenigen, die sich Gott gegenüber als dankbar erwiesen haben, mit Worten wie diesen willkommen geheißen werden:

Esst und trinkt und lasst es euch wohl bekommen für das, was ihr in den vergangenen Tagen gewirkt habt! (69:24)

Friede sei auf euch! Seid glücklich und geht dort ein und weilt auf ewig darin! (39:73)

An diesem Ort hat Gott Dinge für uns bereitet, die wir uns nicht einmal ansatzweise vorstellen können:

Allah hat für sie Dinge vorbereitet, die noch kein Auge zuvor gesehen hat, von denen noch kein Ohr gehört hat, und von denen kein Verstand eine Vorstellung hat.[37]

Diejenigen aber, die diese Welt mit dem Blut, das sie vergossen, und mit den Sünden und Verbrechen, die sie begingen, befleckt haben, werden mit folgendem Schrei in die Hölle geworfen werden:

Geht denn ein durch die Pforten der Hölle, und bleibt darin auf ewig! Und übel ist die Wohnstatt der Hochmütigen. (39:72)

Die Gnade und die Großzügigkeit Gottes erfordern die Wiederauferstehung

Ein frommer Mensch fragte den Abbasidenkalifen Harun Ar-Raschid einmal: „Wenn du unbedingt ein Glas Wasser bräuchtest, gäbest du dafür dein Königreich her?" „Ja, das täte ich", antwortete Harun. „Wenn du es nicht aus deiner Tasche bezahlen könntest, gäbest du auch dann dein Königreich her, um es bezahlen zu können?" „Ja, das täte ich", antwortete Harun erneut. Der fromme Mensch zog hieraus den Schluss: „Dann bestehen dein ganzer Reichtum und dein ganzes Königreich aus einem einzigen Glas Wasser."

Mit nahezu allem, was wir benötigen, werden wir versorgt, ohne eine Gegenleistung erbringen zu müssen. Je dringender wir auf etwas angewiesen sind, desto reichlicher und billiger ist es in der Natur vorhanden. Am wichtigsten für uns ist die Luft, die es gratis gibt. An zweiter Stelle folgt das Wasser, das es ebenfalls fast umsonst gibt. Gott sendet uns beide Elemente aus dem Schatz Seiner unendlichen Barmherzigkeit, ohne dass wir unsererseits einen Beitrag hierzu leisten müssten. Auch Wärme und Licht benötigen wir dringend, und erhalten sie - gleichermaßen unentgeltlich - von der Sonne. Was die weiteren Gunstbeweise Gottes betrifft, so sind sie äußerst preiswert. Und trotzdem fordern wir immer noch weitere Wunder, um

---

[37] Bukhari, *Tawhid*, 35; Muslim, *Dschanna*, 2.3.4.5; At-Tirmidhi, *Dschanna*, 5

an Gott glauben zu können. Was auch immer wir tun, um uns diese Gunstbeweise zu beschaffen, ist mit einem nur sehr geringen Aufwand verbunden. Und dennoch: Würden uns all diese Wohltaten oder Segnungen nur vorübergehend und in unvollkommener Art und Weise gewährt, würde die Furcht vor dem Tod sie in Gift verwandeln.

Weil Gott aber ewig ist, wird Er uns ewig versorgen und uns unvergängliche, immer erhabenere Formen von Gunstbeweisen bescheren, ohne dass wir dafür aufzukommen hätten. Und weil diese Gunstbeweise unvergänglich sind, wird auch unsere Furcht vor dem Tod sie nicht in Quellen des Leides verwandeln. Für die Gläubigen ist der Tod ein Transfer von einer Welt in die andere, eine Entlassung aus weltlichen Verpflichtungen, eine Einladung an den ewigen Aufenthaltsort, den Er uns bereitet hat, und ein Reisepass, der uns berechtigt, zu diesem Aufenthaltsort aufzubrechen.

Die Schönheit Gottes verlangt die Wiederauferstehung

Wenn wir einmal dem Gesang der Vögel an einem Frühlingsmorgen oder dem Rauschen eines Baches, der durch grüne Felder oder tiefe Täler fließt, lauschen und die Schönheit der unglaublich grünen Ebenen und der blühenden Bäume oder auch das Schauspiel von Sonnenauf- und Sonnenuntergang oder des Vollmondes in einer wolkenlosen, klaren Nacht betrachten, dann sollte uns etwas klar werden: Dies alles und viele weitere Phänomene, die Gott unseren Sinnen präsentiert, sind nicht mehr als ein einziger Schimmer der absoluten und ewigen Schönheit Gottes, die durch viele Schleier hindurch manifestiert wird. Wenn wir uns Manifestationen Seiner Schönheit wie diese, durch die Gott Sich uns bekannt macht, vor Augen führen, kommen wir zwangsläufig ins Schwärmen.

Gunstbeweise, die vergänglich sind, hinterlassen, sobald sie verschwinden, in unseren Herzen unerträgliche Schmerzen. Käme der Frühling im nächsten Jahr nicht wieder, würden wir bis zu unserem Tod darüber trauern. Ein wahrer Gunstbeweis muss also notwendigerweise ewig sein. Gott, der ewig Schöne Eine, präsentiert uns in dieser Welt nur die Schatten Seiner Schönheit, um in uns die Sehnsucht nach ihren ewigen und vollkommenen Manifestationen zu wecken. Und was noch wichtiger ist: Er wird uns gestatten, Ihn im Paradies ohne irgendwelche qualitativen und quantitativen Beschränkungen zu betrachten.

An jenem Tage wird es strahlende Gesichter geben, die zu ihrem Herrn schauen. (75:22-23)

Die Beziehung zwischen den Dingen und den Menschen deutet auf die Wiederauferstehung hin

Der Mensch und seine Umwelt sind untrennbar miteinander verknüpft. Wir werden in eine freundliche Welt hineingeboren und mit den erforderlichen Sinnen ausgestattet. Wir verfügen über Gefühle wie Anteilnahme, Mitleid, Fürsorge und Liebe, weil es in dieser Welt so viele Dinge gibt, die man lieben, um die man sich sorgen und für die man Mitleid empfinden kann. Wir verspüren Hunger und Durst, Kälte und Hitze. Glücklicherweise können diese Bedürfnisse und Empfindungen entweder mit dem, was schon vor unserer Geburt vorbereitet wurde, oder mit Hilfe geringer Anstrengungen unsererseits gestillt werden.

Als Beispiel soll mir ein Apfel dienen. Seine Farbe und seine Schönheit gefallen unseren Augen und sprechen unseren Sinn für Schönheit an. Mit seinem Geschmack wendet er sich an unseren Geschmackssinn, und mit seinen Vitaminen nährt er unseren Körper. Besäße er ein hässliches Äußeres und keinen angenehmen Geschmack, würden wir uns vielleicht weigern, ihn zu essen, und uns damit seiner für uns so wertvollen Nährstoffe berauben.

Dieses und viele weitere Beispiele aus der Natur beweisen klar und deutlich, dass Jemand sowohl den Menschen erschaffen als auch eine Welt für ihn vorbereitet hat. Gott kennt den Menschen mit all seinen Bedürfnissen, Fähigkeiten und Eigenschaften genauso gut, wie Er die Natur bis hin zu ihren winzigsten Bausteinen kennt.

Ein weiteres Beispiel: Die Fortpflanzung hängt von gegenseitiger Liebe und Anziehung zwischen den Geschlechtern ab. Hätte Gott, der Eine, Männern und Frauen diese Liebe und Anziehung nicht gewährt, hätte Er ihnen nicht erlaubt, beim Prozess der Fortpflanzung Freude zu empfinden, und hätte Er keine starke Liebe und Sorge um unsere Nachkommen in uns verwurzelt, dann hätten wir uns niemals fortgepflanzt. Adam und Eva wären dann wohl die ersten und einzigen Mitglieder der Spezies Mensch geblieben.

Der Tod bereitet allen Freuden ein Ende und lässt alles so zurück, als habe es nie existiert. Ohne die Wiederauferstehung wäre dieses Leben lediglich ein bedeutungsloses Spielzeug, das nichts als Leid und Schmerzen produziert. In Wirklichkeit jedoch ist diese Welt eine schemenhafte Miniatur der anderen, ewigen Welt. Die Wohltaten, die Gott uns hier bewilligt, sind nur Muster ihrer ewigen und weitaus anspruchsvolleren Formen in der ewigen Welt. Gott gewährt sie uns und legt uns gleichzeitig nahe, so zu handeln, dass wir sie uns auch verdienen. Im Koran heißt es:

> *Und verkünde die frohe Botschaft denjenigen, die glauben und Gutes tun, auf dass ihnen Gärten zuteil werden, in deren Niederungen Bäche fließen; und sooft sie eine Frucht daraus bekommen, sagen sie: „Das ist doch das, was wir schon früher zu essen bekamen." Doch ihnen wird nur Ähnliches gegeben. Und ihnen gehören darin Gattinnen vollkommener Reinheit und sie werden ewig darin bleiben. (2:25)*

Alle Freuden und Schönheiten, alle Belohnungen und alles Glück in dieser Welt weisen auf ihre vollkommenen und ewigen Gegenstücke im Paradies hin, während Schmerzen, Strafen, Hässlichkeit und Unglück auf ihre Gegenstücke in der Hölle hinweisen. Gott möchte die Trümmer, die von dieser Welt nach ihrer Zerstörung übrig bleiben, nutzen, um auf ihnen die andere Welt zu errichten. Von daher deuten die Wechselbeziehungen zwischen den Dingen in dieser Welt und zwischen dieser und der anderen Welt auf die Wiederauferstehung hin.

Protokollierung und Archivierung sprechen für die Wiederauferstehung

Es gibt absolut nichts, was vollständig aus dieser Welt verschwände. Wenn doch jedes einzelne Wort und jede einzelne Handlung des Menschen auf Bändern aufgezeichnet und archiviert werden kann, warum können wir dann akzeptieren, dass Gott die Worte und Taten der Menschheit auf irgendeine, uns bis jetzt noch nicht bekannte Weise aufzeichnet? Fortschritte in Wissenschaft und Technik erbringen jeden Tag neue Beweise für die Existenz und die Einheit Gottes und bekräftigen, genauso wie der Ursprung des Koran bei Gott die Wahrheit der islamischen Glaubensgrundsätze. Der Koran hat schon vor Jahrhunderten erklärt:

> *Wir werden sie Unsere Zeichen überall auf Erden und an ihnen selbst sehen lassen, damit ihnen deutlich wird, dass es die Wahrheit ist. Genügt es denn nicht, dass dein Herr Zeuge aller Dinge ist?* (41:53)

Wenn die Menschen aufrichtig nach der Wahrheit suchen und sich nicht von Vorurteilen, Unwissenheit, weltlichen Ambitionen und Gelüsten blenden lassen, dann manifestiert jeder neue Fortschritt die Wahrheit des Koran. Wir erkennen, dass Gott alles in so kleine Einheiten wie Samenkörner einhüllt. Der Mensch z.B. ist in einen Samen bzw. in dessen 46 Chromosomen eingewickelt. Hätten wir 44 oder 48 Chromosomen, wären wir ganz andere Wesen. Wenn wir sterben und in der Erde dahinschwinden, wird unser wesentlicher Teil, wie bereits erwähnt, erhalten bleiben; denn Gott wird uns am Tage der Wiederauferstehung aus diesem Teil neu zusammensetzen. Gott bewahrt alles und erlaubt nicht, dass irgendetwas für immer verschwindet. Auch eine Pflanze, die im Herbst oder Winter verwelkt, lebt in unzähligen Erinnerungen und in ihren Samenkörnern weiter, die sie im folgenden Frühling in nahezu identischer Form zurückbringen werden.

Gott bewahrt aber nicht nur Dinge in Samenkörnern, sondern auch Geräusche, Stimmen und Erscheinungsformen und Bilder auf ‚Bändern' oder anderen Medien, um sie in der anderen Welt zur Schau zu stellen. Eines Tages werden diese Töne und Bilder freigegeben werden.

Irgendwann einmal habe ich von einem Experiment gelesen, das von einem Wissenschaftler mit dem Ziel durchgeführt wurde, einen Mörder zu finden. Die Verdächtigten wurden einer nach dem anderen zu dem Baum gebracht, unter dem das Verbrechen begangen worden war. Der Baum zeigte keinerlei Auffälligkeiten, bis der Mörder in seine Nähe gebracht wurde. Dann jedoch ließ sich eine Reaktion feststellen. Auf irgendeine Weise hatte der Baum Stimme, Verhalten oder Gesten des Mörders während des Verbrechens aufgezeichnet. Gott wickelt den Menschen in einen Samen, die Pflanze in ein Samenkorn und die Henne in ein Ei; und indem Er uns in die Lage versetzt, Töne und Bilder zu speichern, zeigt Er uns, dass Er Selbst alles aufzeichnet. Würde Er also ausgerechnet den Menschen, das edelste und vollkommenste Wesen der Schöpfung seinen beschränkten Mitteln überlassen und Seine Aufzeichnungen einfach verschwinden lassen? Natürlich nicht. Er wird uns in einer anderen, ewigen Welt zu neuem Leben erwecken.

Die Macht Gottes beweist die Wiederauferstehung

Stellen wir uns einmal ein Atom vor. Seine Konstruktion und seine Verbindungen zu anderen Atomen sind erstaunliche Wunder. Die Erschaffung eines Sonnensystems und die eines Atoms (die ja beide über Körper verfügen, die sie umkreisen), die Abstimmung ihrer Bewegungen und das Knüpfen von Verbindungen untereinander fallen Gott gleichermaßen leicht. Zellen ähneln unabhängigen Regierungen: Sie sind in Bezirke unterteilt, die Beziehungen zu anderen Bezirken unterhalten und von einem Zentrum kontrolliert werden. Außerdem verfügen sie auch über Finanzministerien, die ihre Einnahmen und Ausgaben verwalten. Fast hat es den Anschein, als sei jede einzelne Zelle genauso intelligent wie der intelligenteste Mensch auf Erden. Darüber hinaus bestehen sehr enge und substanzielle Beziehungen zwischen den Zellen, die alle von ein und demselben Zentrum regiert werden - dem Gehirn.

Dies sind nur einige wenige Beispiele, die die Macht des Schöpfers verdeutlichen. Ihm fällt nichts schwer; die Erschaffung und Verwaltung des Universums stellt Ihn ebenso wenig vor Probleme wie die Erschaffung und Verwaltung eines Atoms. Auch wenn die gesamte Menschheit Hand in Hand arbeiten würde - sie würde nicht ein einziges Atom zu Stande bringen. Wenn also der Allmächtige Eine sagt, dass Er das Universum zerstören und in anderer Form wieder aufbauen wird, dann wird Er das auch tun. Weil Gott niemals lügen würde und ohne jeden Makel ist, dürfen wir Seinem Versprechen vertrauen. Im Koran heißt es:

> *Wahrlich, der Tag der Entscheidung ist ein fester Termin an jenem Tag, da in den Sur gestoßen wird und ihr in Scharen kommt.* (78:17-18)

Tod und Wiederbelebung weisen auf die Wiederauferstehung hin

Alljährlich wiederholt sich der Zyklus von Tod und Wiederbelebung. Im Winter bedeckt ein weißes ‚Totenhemd‘ die Erde, deren Lebenszyklus bereits im Herbst endet. Schon in jener Jahreszeit wird die Natur blass und weist immer weniger Spuren von Leben auf. Das Laub ist gefallen, die Bäume sind leblos wie harte Knochen. Das Gras ist verrottet, Blumen sind verwelkt, Zugvögel abgeflogen, und Insekten und Reptilien sind verschwunden.

Der Winter dauert jedoch nicht ewig. Ihm folgt überall auf der Erde eine Wiederbelebung. Sobald es wärmer wird, schlagen die Bäume aus und präsentieren sich in all ihrer Pracht dem Ewigen Zeugen. Der Erdboden springt auf, und allerorten beginnen Blumen und Gras zu sprießen. Samenkörner, die im vergangenen Herbst auf den Boden gefallen sind, sind gekeimt. Nachdem sie sich selbst zerstört haben, brechen sie nun wieder hervor und verwandeln sich in neue Lebensformen. Die Zugvögel kehren zurück, und die Erde wimmelt von zahllosen Insekten und Reptilien. Mit anderen Worten: Die Natur zeigt sich uns mit all ihrem Glanz und in all ihrer Pracht.

Widmen wir uns an dieser Stelle einmal dem Phänomen der Fotosynthese: Die Blätter der Bäume sind Lungen, die im Sonnenlicht Kohlendioxid in Kohlenstoff und Sauerstoff zerlegen, indem sie Sauerstoff abgeben und Kohlenstoff zurückbehalten. Diesen Kohlenstoff wiederum verbinden die Bäume mit dem Wasserstoff des Wassers, den ihre Wurzeln aus dem Erdboden ziehen. Aus dieser ‚magischen' Chemie lässt Gott Zucker, Zellstoff, zahlreiche Chemikalien, Früchte und Blumen entstehen (die sich in Geruch, Geschmack, Farbe und Aussehen voneinander unterscheiden). Dasselbe Kohlendioxid und dasselbe Wasser tragen zum Wachstum unzähliger Arten von Früchten mit unverwechselbarem Geschmack bei. Wie einfach dieser Prozess auch aussehen mag: Würden alle Menschen daran arbeiten, nur eine einzige Frucht, beispielsweise einen Apfel oder eine Kirsche, hervorzubringen - sie wären dazu nicht in der Lage.

Das Atmen kostet die Bäume sehr viel Energie, doch dafür bringt es ihnen einen umso höheren Nutzen. Nachts kehrt sich der Prozess um: Der Baum nimmt dann Sauerstoff auf und gibt Kohlendioxid ab.

Vergegenwärtigen wir uns nun noch einmal, welche wohl proportionierten Resultate diese unbewussten Aktivitäten erbringen. Und dann fragen wir uns, ob etwas, das so unwissend ist, das sich seiner eigenen Existenz so unbewusst ist und das über keinerlei Entscheidungskraft verfügt, dazu in der Lage wäre, so komplexe Dinge zu leisten, die doch augenscheinlich ein alles umfassendes Wissen, unbegrenzte Macht und verantwortungsvolle Entscheidungen erfordern. Eine Instanz, die Bäumen so bedeutende Zwecke zuweist und sie so viele gut durchdachte Resultate erbringen lässt, wird die Früchte des Schöpfungsbaumes - die Menschen - sicherlich nicht sich selbst überlassen und zu ewiger Vernichtung verdammen. Es wäre doch unlogisch, wenn Gott uns mit bestimmten Absichten erschaffen hätte und uns dann im Erdboden verrotten ließe. Er bewahrt Früchte sowohl in Erinnerungen als auch in ihren eigenen Samenkörnern und lässt Lebewesen, die ihnen ähnlich sind, im folgenden Sommer ins Leben zurückkehren, nachdem Er sie selbst im Körper eines Tieres oder eines Menschen auf eine höhere Lebensebene erhoben hat. Von daher wird Er auch den Menschen nach der totalen Zerstörung dieser Welt in einer anderen Welt auf eine höhere Lebensstufe heben.

Gott hat die Welt und den Menschen erschaffen, als noch absolut nichts existierte. Er hat die Bausteine unserer Körper aus Erde, Luft und Wasser zusammengesetzt und aus ihnen bewusste und intelligente Wesen geformt. Ist denn daran zu zweifeln, dass der Konstrukteur einer Maschine seine Maschine auseinander- und wieder zusammenbauen kann oder dass der Befehlshaber einer Armee seine in alle Himmelsrichtungen versprengten Soldaten mit einem Trompetensignal wieder zusammenrufen kann?

Auf ähnliche Weise wird Gott, der Allmächtige, unsere Atome, die sich mit der Erde vermischt haben, wieder zusammenführen und ihnen eine höhere und ewige Lebensform verleihen:

> *Sprich: „Zieht auf Erden umher und schaut, wie Er das erste Mal die Schöpfung hervorbrachte. Sodann ruft Allah die zweite Schöpfung hervor." Wahrlich, Allah hat Macht über alle Dinge. (29:20)*

> *Schau dann auf die Spuren von Allahs Barmherzigkeit, wie Er die Erde nach ihrem Tode belebt. Wahrlich, Derselbe wird auch die Toten erwecken; denn Er hat Macht über alle Dinge. (30:50)*

Viele weitere Phänomene im Universum weisen auf die Wiederauferstehung hin

Selbst den am unbedeutendsten erscheinenden Dingen auf Erden wird große Fürsorge entgegengebracht; außerdem werden ihnen zahlreiche Zwecke zugeordnet. Zellulose zum Beispiel ist das organische Gewebe, das die wesentlichen Bestandteile aller Pflanzen und Bäume formt. Ihre Elastizität erlaubt Pflanzen, sich zu neigen, und schützt sie davor zu zerbrechen. Darüber hinaus spielt sie bei der Herstellung von Papier eine wichtige Rolle.

Zellulose ist schwer verdaulich. Nur Enzyme, die von Wiederkäuern abgesondert werden, können sie auflösen. Andererseits unterstützt Zellulose aber die Ausscheidung, denn sie beschleunigt die Tätigkeit des Darms und beugt Verstopfung vor. Wiederkäuer sind wie Fabriken, die zellulosehaltige Substanzen in nützliche Materie verwandeln. Die Exkremente dieser Tiere finden als Dung Verwendung, denn unzählige Bakterien im Erdboden zehren von ihnen. Dieser Prozess erhöht die Produktivität des Bodens und befreit ihn von übel riechenden Substanzen.

Ohne Bakterien im Boden könnten Lebewesen nicht überleben. Ein Beispiel: Würden all die Fliegen, die im Frühjahr das Licht der

Welt erblicken, nicht im Erdboden verschwinden, würden sie eine dicke Schicht bilden, die den ganzen Planeten bedecken würde. Durch die Manifestation Seines Namens ‚der Reinigende' setzt Gott, der Allmächtige, Bakterien zur Säuberung der Erde ein. Haben wir uns eigentlich jemals gefragt, warum die Wälder so sauber sind, obwohl Tag für Tag viele Tiere in ihnen sterben? Sie sind deshalb so sauber, weil Fleisch fressende Tiere und Bakterien verendete Tiere auffressen und den Erdboden von ihnen reinigen. Um es zusammenzufassen: Würde Gott, der selbst den am unbedeutendsten erscheinenden Geschöpfen erlaubt, erhabenen Zwecken zu dienen, es zulassen, dass wir Menschen in der Erde verfaulen, und so unsere Existenz zu äußerster Zwecklosigkeit verdammen?

Verheilte Wunden sprechen für die Widerstandsfähigkeit des Körpers. Früchte rufen uns die Bäume, an denen sie wuchsen, ins Gedächtnis. Fußspuren deuten auf jemanden hin, der vorbeigegangen ist, und tropfendes Wasser auf eine Quelle. Gleichsam sind unser Gefühl für die Ewigkeit und unser Streben nach ihr Zeichen des Ewigen Einen und einer ewig währenden Welt.

Diese Welt und alles, was zu ihr gehört, kann uns niemals zufrieden stellen. Wir sprudeln über vor erhabenen, feinen Gefühlen und streben nach hehren Idealen, die unmöglich in der Materie und in der materiellen Welt ihren Ursprung haben können. Vielmehr sind sie Reflexionen der immateriellen Dimensionen des Seins.

Philosophen, insbesondere die muslimischen, bezeichnen das Universum als einen Makromenschen und den Menschen als einen Normo- oder Mikrokosmos. Genau wie wir Menschen ist auch das Universum eine komplette Einheit, deren Einzelteile in Wechselbeziehung zueinander stehen. Wer weiß, ob es nicht einen Engel gibt, der mit der Aufgabe betraut wurde, das Universum zu repräsentieren, einen Engel, der als Geist des Universums fungiert. Auch das Universum ist verletzlich, und in seinen entlegensten Winkeln bilden sich, wie Einstein es formuliert, neue Körper. Auch das Universum hat, genau wie wir, einen Todeszeitpunkt, der ihm bestimmt ist.

Wir wissen nur wenig über die Schöpfung. Aber je mehr Wissen wir uns aneignen, desto mehr wächst paradoxerweise unsere Unkenntnis. Die Schöpfung befindet sich in einem permanenten Fluss, und wir tun kaum mehr, als sie zu beobachten. Der Prophet Muhammad, der letzte Gesandte Gottes, pflegte zu beten: *O Gott, zeige mir die Realität der Dinge!*

Alles im Universum hat einen Sinn. Das Ökosystem des Universums ist derart komplex, und seine Bestandteile sind so ineinander verwoben, dass der Verlust oder die Entfernung eines einzigen dieser Teile bereits die Zerstörung des Universums nach sich ziehen könnte. Um diese Realität zum Ausdruck zu bringen, erklärte der Gesandte Gottes: *Würden Hunde nicht ebenso wie ihr eine Gemeinschaft bilden, würde ich euch befehlen, sie zu töten!*[38] Würden wir die Bakterien eines Baums abtöten, könnten wir keine Früchte ernten. Jede Spezies und sogar jeder Gegenstand hat in der Struktur des Universums seinen eigenen wichtigen Stellenwert. Ein so prachtvolles Universum kann nicht sinnlos sein. Es folgt einer flexiblen Zeitlinie. Sekunden zeigen auf Minuten, Minuten auf Stunden und Stunden auf das Ende des Tages und den Beginn des nächsten Tages. Tage deuten auf Wochen, Wochen auf Monate, Monate auf Jahre und Jahre auf das Ende unseres Lebens. Alle Sphären und Dimensionen der Schöpfung haben ihre eigenen Tage und ihre eigenen Lebensspannen, die irgendwann enden.

Auch die Zeit ist Zyklen unterworfen. Ein Wissenschaftler hat beispielsweise nachgewiesen, dass es alle sieben Jahre ein außergewöhnlich gutes Getreidejahr und alle vierzehn Jahre ein außergewöhnlich gutes Fischjahr gibt. Der Koran trägt dieser Tatsache in der Sure *Yusuf* Rechnung. Das ‚Leben‘ der Schöpfung folgt bestimmten Zyklen, so auch das irdische Leben und das des Grabes. Das Leben nach dem Tod, der letzte Zyklus, wiederum verfügt über viele eigene Zyklen. Der Koran bezeichnet sie als Tage, denn Tage sind die kürzesten Einheiten eines Zeitzyklus. Ein Tag entspricht dem ganzen Leben der Schöpfung. Die Spanne eines Tages erinnert uns an die Einteilungen dieser Welt von Morgendämmerung, Vormittag, Mittag, Nachmittag und Abend, die mit Zeitabschnitten unseres Lebens korrespondieren: mit

---

[38] Abu Dawud, *Adahi*, 22; At-Tirmidhi, *Said*, 16-17

der Geburt, der Kindheit, der Jugend, dem hohen Alter und dem Tod. Die Nacht wiederum ähnelt der Zwischenwelt des Grabes und dem auf sie folgenden Morgen, der Wiederauferstehung.

So gut wie alle Völker glaubten an die Wiederauferstehung

Selbst die Pharaonen des antiken Ägyptens, die für sich in Anspruch nahmen, Götter zu sein, glaubten an die Wiederauferstehung und wünschten, mit ihren wertvollsten Schätzen und Sklaven begraben zu werden. Auf den Inschriften, die man in ihren Gräbern fand, lesen wir:

„Nach ihrem Tod werden die Sünder hässliche Formen annehmen und bis in alle Ewigkeit unter der Erde bleiben; die reinen Seelen hingegen werden in die Gesellschaft der Engel eingehen und unter den Erhabenen weilen."

Auf Schriftstücken, die zusammen mit den Toten begraben wurden, finden wir auch Bittgesuche wie das folgende:

„Gegrüßt seist Du, o Du Erhabenes göttliches Wesen! Ich bin in Deine Gegenwart getreten, um Dein unendlich schönes Gesicht zu betrachten. Bitte gewähre mir diesen Anblick! Ich habe niemandem Unrecht getan und niemanden betrogen. Ich habe niemanden zum Weinen gebracht und niemanden umgebracht. Auch habe ich niemanden unterdrückt. Ich bin hier in Deiner Gegenwart, um Dir meine Situation zu schildern. Ich wünsche mir nichts anderes, als Dein Gesicht zu schauen."

Wenn wir die Gräber, Grabinschriften, Schriftstücke und Kunstwerke, die Verstorbenen mitgegeben wurden, erforschen, dann vernehmen wir in ihnen das Streben der Menschheit nach Ewigkeit, das in Form von Seufzern in der Vergangenheit widerhallt. Trotz aller Modifikationen und Verzerrungen, für die die Zeit im Laufe der Jahre gesorgt hat, lässt sich der Glaube an die Ewigkeit im antiken Indien, in China und in Griechenland ebenso leicht erkennen wie in einem Großteil der westlichen Philosophien.

So überliefert der muslimische Historiker und Theologe Schahristani zum Beispiel die Worte Zarathustras: „Der Mensch hat in der Welt Pflichten. Diejenigen, die ihren Pflichten zufrieden stellend nachkommen, werden geläutert werden und sich den Bewohnern der höheren Aufenthaltsorte anschließen. Die anderen, die bei der Erfüllung ihrer Pflichten versagen, werden jedoch dazu verdammt sein, bis in alle Ewigkeit unter der Erde zu bleiben."

Im Laufe der Geschichte hat es in Indien viele Religionen gegeben, obwohl es höchst wahrscheinlich ist, dass diese Religionen unterschiedliche verzerrte Versionen einer einzigen wahren Religion sind. Wie sehr sie auch entstellt wurden - so gut wie alle beinhalten das Prinzip des Glaubens an die Wiederauferstehung und an die Ewigkeit. In vielen dieser Religionen hat sich der Glaube an die Ewigkeit in einen Glauben an die Reinkarnation verwandelt. Buddha jedoch glaubte nicht an ewige Zyklen der Reinkarnation. Er ging vielmehr davon aus, dass die Seelen letzten Endes zum Absoluten Wesen zurückkehren und ewigen Frieden und ewige Zufriedenheit finden werden. Die Seelen, die in andere Körper schlüpfen, sind ihm zufolge böse und unterziehen sich dieser Prozedur, um in ihr geläutert zu werden. Wenn ihnen diese Läuterung gelungen ist, kehren auch sie zum Absoluten Wesen zurück und finden Frieden und Glückseligkeit.

Homer, ein griechischer Dichter der Antike, schrieb über die Zufluchtsorte der Seelen. Er war der Ansicht, dass die Seelen, die sich auf Erden in den Körpern manifestieren, an anderen Orten Zufluchtsorte haben. Der griechische Mathematiker Pythagoras glaubte an die Wiederauferstehung und erklärte, geläuterte Seelen würden sich den erhabenen Bewohnern höherer Welten anschließen, während die bösen Seelen auf der Erde gefangen bleiben sollten, die irgendwann einmal von den Flammen der Hölle umschlossen werde. Plato überlieferte uns viele Argumente, die Sokrates für die Wiederauferstehung und ein ewiges Leben vorbrachte. Einige Beispiele:

> „Der Mensch sollte tugendhaft sein. Tugend erfordert Widerstand gegen sinnliche Begierden. Dieser wiederum ist für den Menschen mit einem Verlust verbunden, für den er mit einem ewigen, glücklichen Leben entschädigt wird."

> „Die Welt ist eine Welt der Gegensätze. Licht und Dunkelheit, Frühling und Winter, Tag und Nacht folgen aufeinander. Der Tod folgt auf das

Leben, also wird ein anderes Leben dem Tod folgen. Dieses zweite Leben aber wird ewig sein."[39]

„Jeder Mensch hat manchmal das Gefühl, etwas, das gerade mit ihm geschieht, nicht zum ersten Mal erlebt zu haben. Das liegt daran, dass wir dieses Leben, noch bevor wir auf die Welt kamen, schon einmal in einer anderen Welt, der Welt des Geistes, geführt haben. Unser Leben ist also das Ergebnis eines früheren Lebens und eine ‚Generalprobe' für ein anderes Leben, das noch kommt."

Wenngleich dieses letzte Argument höchst fragwürdig ist und obwohl es einer Reinkarnation des Menschen das Wort redet, beweist es eindeutig, dass Sokrates und sein Schüler Plato an ein Leben nach dem Tod glaubten.

Aristoteles schwächte den Idealismus seines Lehrers Plato durch die eine oder andere materialistische These ab. Aber auch er glaubte an die Existenz des Geistes und dessen Unsterblichkeit. Er sagte: „Der Mensch hat neben seinem materiellen Körper auch etwas Immaterielles an sich, das unsterblich ist."

Xenophanes und Heraklit zählen ebenfalls zu den griechischen Philosophen der Antike, die an ein Leben nach dem Tode glaubten. Xenophanes war der Auffassung, der Mensch besitze neben seinem Körper eine Seele, und diese Seele werde nach dem Tod des Menschen weiterleben. Zu den Prinzipien, die er verankerte, gehörte folgendes: Es kann nicht sein, dass der Schöpfer, der das Universum aus Liebe zum Menschen so wunderschön erschaffen und geschmückt hat, den Menschen nicht wieder zum Leben erwecken wird, nachdem Er ihn hat sterben lassen. Heraklit wiederum machte geltend: Am letzten Tage werden Sterne auf die Erde fallen und sie mit einem Feuerkreis umschließen. Böse Seelen müssen zur Strafe in jenem Feuer bleiben,

---

[39] Weil diese Welt eine Arena der Prüfung für den Menschen ist, herrscht in ihr die Weisheit Gottes. Gott agiert hinter dem Schleier der Kausalität und der sogenannten ‚Naturgesetze'. Die Zyklen von Licht und Dunkelheit, Frühling und Winter, Tag und Nacht und andere sind somit wichtige Kennzeichen des irdischen Lebens. Das nächste Leben ist jedoch ein reines Leben; das heißt, in ihm wird alles belebt sein, in ihm wird die Macht Gottes uneingeschränkt herrschen und in ihm wird Gott auf Schleier verzichten. Als wesentliche Merkmale jener Welt werden dann ständige Erneuerung und immer größer werdende Schönheit und Freude an die Stelle der Zyklen treten. [Anm. d. Übers.]

während die lauteren Seelen dem Feuer entgehen und zu höheren Orten aufsteigen werden.

Mit Ausnahme einiger Materialisten wie Epikur und Demokrit glaubten die Philosophen der Antike im Westen wie auch im Osten an ein Leben nach dem Tode. Was die Rationalisten unter den westlichen Philosophen betrifft, die nach Ende des Mittelalters einer intellektuellen Aufklärung den Boden bereiteten, so waren auch die meisten von ihnen von der Wiederauferstehung und einem Leben nach dem Tode überzeugt. Descartes z.B. argumentierte sehr plausibel zu Gunsten der Unsterblichkeit der menschlichen Seele und widmete sich Fragen, die mit einem Leben nach dem Tode verbunden sind.

Auch Leibniz und Spinoza glaubten an eine Fortsetzung des Lebens. Leibniz ähnelte Plato insofern, als dass er dessen Idee der ‚Monaden‘ aufgriff (wonach die Monaden die immateriellen Komponenten der Lebewesen sind). Er behauptete, dass sich diese Monaden bis in alle Ewigkeit weiter entwickeln. Da eine solche Entwicklung in dieser Welt jedoch nicht möglich sei, weil die Zeit in ihr begrenzt ist, müsse es eine ewige Welt geben, in der die Monaden ihre unendliche Entwicklung realisieren könnten. Spinoza war ein Pantheist. Er glaubte an ein ewiges kollektives Leben der Geschöpfe.

Neben den bereits erwähnten Philosophen glaubten auch Pascal und Bergson an ein Leben nach dem Tode.

In der muslimischen Welt waren fast alle Philosophen vom ewigen Leben überzeugt. Zu den wenigen Skeptikern gehörte Abu-l-A'la al-Ma'arri, der ungläubig war. Dennoch unternahm er in seinem Werk *Risalat al-Ghufran* den Versuch, den Tag der Wiederauferstehung den Koranversen entsprechend zu beschreiben. Wahrscheinlich hat Dante seine Beschreibungen des Paradieses, der Hölle und des Fegefeuers den Schriften Ma'arris entlehnt.

Um es abschließend noch einmal zusammenzufassen: Mit Ausnahme einiger weniger Materialisten legt die lange Geschichte der Philosophie im Westen wie auch im Osten Zeugnis vom Glauben an die Wiederauferstehung und an ein Leben nach dem Tode ab.

DIE WIEDERAUFERSTEHUNG IN DEN OFFENBARUNGSSCHRIFTEN

Der Koran, die letzte der Offenbarungsschriften, hat vier Hauptthemen:

– die Existenz und Einheit Gottes,
– die Wiederauferstehung und das Leben nach dem Tode,
– die Prophetenschaft und
– Anbetung und Gerechtigkeit.

Der Koran betont die Wiederauferstehung viel stärker als die früheren Offenbarungsschriften.

Obwohl die Thora im Laufe der Geschichte an vielen Stellen verzerrt und verfälscht wurde, enthält sie auch heute noch Verse, die die Wiederauferstehung betreffen. Das Evangelium hatte die Aufgabe, die Verfälschungen in der Thora zu berichtigen und das zu bestätigen, was unverfälscht geblieben war. Aber auch das Evangelium blieb von Verfälschungen nicht verschont. Nicht lange nach dem Tod Jesu erschienen über 300 Evangelien, die in Umlauf gebracht wurden und zu verschiedenen Punkten widersprüchliche Aussagen machten. Doch obwohl in den nachfolgenden Jahrhunderten weitere Veränderungen vorgenommen wurden, finden sich in den Evangelien nach wie vor Passagen über die Wiederauferstehung und das Jenseits. Einige Beispiele:

> *Selig, die arm sind vor Gott; denn ihnen gehört das Himmelreich. Selig die Barmherzigen; denn sie werden Barmherzigkeit finden. Selig, die ein reines Herz haben; denn sie werden Gott schauen. Selig die, die um der Gerechtigkeit wegen verfolgt werden, denn ihnen gehört das Himmelreich. Freut euch und jubelt: Euer Lohn im Himmel wird groß sein! (Matthäus, 5: 3, 7, 8, 10 und 12)*

> *Wehe der Welt mit ihrer Verführung! Es muss zwar Verführung geben; doch wehe dem Menschen, der sie verschuldet! Wenn dich deine Hand oder dein Fuß zum Bösen verführt, dann hau sie ab und wirf sie weg! Es ist besser für dich, verstümmelt oder lahm in das Leben zu gelangen, als mit zwei Händen und zwei Füßen in das ewige Feuer geworfen zu werden. Und wenn dich dein Auge zum Bösen verführt, dann reiß es aus und wirf es weg! Es ist*

besser für dich, einäugig in das Leben zu gelangen, als mit zwei Augen in das Feuer der Hölle geworfen zu werden. (Matthäus, 18:7-9)

Je nach Zusammenhang erwähnt der Koran an manchen Stellen die spirituelle, an anderen wiederum die körperliche Wiederauferstehung.

O du ruhige Seele! Kehre zurück zu deinem Herrn wohlzufrieden und mit (Allahs) Wohlwollen. So schließe dich dem Kreis Meiner Diener an. Und tritt ein in Mein Paradies. (89:27-30)

Diese Verse sprechen die Rückkehr der Seele zu ihrem Herrn an. In vielen bedeutungsvollen Versen beschreibt der Koran die Wiederauferstehung und die andere Welt aber auch anhand von materiellen oder physischen Begriffen, sodass man nicht umhin kommt, die Wiederauferstehung des Körpers ebenfalls zu akzeptieren. An 120 Stellen beschäftigt sich der Koran - detailliert oder in Kürze - mit den Wahrheiten von Paradies und Hölle. Während er Paradies und Hölle und die Lage der Menschen, die das eine oder die andere verdienen, beschreibt, unterstreicht er die Verbindung von Körper und Seele. So werden beispielsweise die Gesichter der Menschen des Paradieses vor Glück erstrahlen; alles, was sie sich wünschen, werden sie vorbereitet finden. Sie werden mit ihren Ehepartnern und Familienangehörigen, die das Paradies ebenfalls verdient haben, vereint sein, und sehr hübsche Paradiesjungfrauen werden ihnen dienen. Die Frauen werden im Paradies makellos und im Jungfrauen-Zustand ‚wieder hergestellt' werden; sie werden die Paradiesjungfrauen an Schönheit noch übertreffen. Die Bewohner des Paradieses werden in prächtigen Palästen mit Gärten voller herrlicher Bäume leben, zwischen denen Flüsse aus Honig, reinem Wasser, purer Milch und anderen Getränken fließen. Die Bewohner der Hölle jedoch werden von Reue zerfressen werden und in den Flammen schmoren. Wenn ihre Haut versengt oder vollkommen verbrannt ist, wird man sie gegen eine neue austauschen. Körperteile, mit denen sie gesündigt haben, werden gegen sie aussagen.

Mit ihren Schrecken warnt die Hölle gewöhnliche Menschen davor, sich vom Unglauben und von Sünden fern zu halten; das Paradies wiederum spornt diejenigen, die über erhabene Gefühle verfügen, an, sich noch weiter zu vervollkommnen. Deshalb bezeichnet der Koran sowohl das Paradies als auch die Hölle als Gunst und Gnade für Menschen:

> *Das ist die Hölle, die die Schuldigen leugnen. Zwischen ihr und siedend heißem Wasser werden sie die Runde machen. Welche der Wohltaten eures Herrn wollt ihr beide da leugnen? Und dem aber, der sich vor der Gegenwart seines Herrn fürchtet, werden zwei Gärten zuteil sein. Welche der Wohltaten eures Herrn wollt ihr beide da leugnen?* (55:43-47)

EINE ABSCHLIESSENDE ANMERKUNG ZUM THEMA BUDDHISMUS

Der Buddhismus gilt als eine Religion ohne Gott oder eine Eschatologie. Dies ist wohl auf seine Konzentration auf die spirituelle Vervollkommnung und Läuterung des Individuums und auf ein harmonisches Gemeinschaftsleben zurückzuführen. Buddha betonte die Oberhoheit der Ethik. Seine Weltanschauung war praktisch und beruhte auf Erfahrungen. Er tolerierte keine Lehrmeinungen, die den Geist vom zentralen Problem des Leides, von der Ursache des Leides und ihrer Beseitigung und von der Bedeutung der moralischen Verpflichtung zu trennen schienen. Daher wäre es falsch zu behaupten, der Buddhismus würde ein Höchstes Wesen direkt und absolut zurückweisen.

Das Fazit Wendy Ericksons, einer kanadischen Schriftstellerin, zur ‚objektiven' Natur Gottes ist in diesem Punkt sehr aussagekräftig:

> „In seinem Buch ‚Medusa's Hair' hat uns Gananath Obeyesekeri verdeutlicht, dass buddhistische Asketen in Indien das Göttliche auch heute noch als schmerzhafte (und gleichzeitig ekstatische) Einverleibung durch ein anderes Wesen erleben, das völlig von ihren Körpern Besitz ergreift.
>
> Die Erfahrung hat die Menschen in allen religiösen Traditionen veranlasst, unterschiedliche Aussagen über die ‚objektive' Natur Gottes oder die letzte Realität zu treffen. Buddhisten haben die letzte Realität als Einheit, Kreativität oder Bewusst-Sein beschrieben. Juden, Christen und Mus-

lime haben die letzte Realität als transzendente Liebe, Macht und, ja, auch als Kreativität wahrgenommen. Monistische Hindus empfinden die letzte Realität als verborgenes Selbst oder als Atman, der mit der Gottheit Brahman identisch ist. Wenn die Liebe die vorherrschende Empfindung ist, wird die Transzendenz oft in Anbetung und Mitgefühl gegenüber den Mitmenschen gesucht. Gläubige Menschen versuchen, über ihre eigenen Grenzen hinaus zu schauen, indem sie erkennen, dass sich die Welt nicht um sie dreht. Es gibt eine letzte Realität, die jenseits ihres Selbst existiert. Diese ist viel größer, als sie selbst es sind, und in mancher Hinsicht auch viel realer. Das Gebet stellt für den Gläubigen eine Möglichkeit dar, ein Gefühl für die Gegenwart Gottes zu bekommen. Diese Realität (Gott) existiert auch in jedem Individuum."[40]

Was Buddha über seinen Glauben und seine Mission sagt, deutet darauf hin, dass sein Ziel darin bestand, eine Gesellschaft zu etablieren, die auf moralischen Werten und einer Verringerung der Leiden ihrer Individuen gründet, und nicht auf einer Zurückweisung von Glauben und transzendenter Realität:

„Unterscheidet stets zwischen dem, was ich erklärt, und dem, was ich nicht erklärt habe. Und was habe ich nicht erklärt? Ich habe nicht erklärt, dass die Welt ewig ist. Ich habe nicht erklärt, dass die Welt nicht ewig ist...Ich habe nicht erklärt, dass Seele und Körper identisch sind. Ich habe nicht erklärt, dass der Mönch, der Arahat erreicht hat [ein in Triebfreiheit Vollendeter geworden ist], nach seinem Tod existiert. Ich habe nicht erklärt, dass das Arahat nach dem Tod nicht existiert... Ich habe nicht erklärt, dass das Arahat nach dem Tod weder existiert noch nicht existiert...Und warum habe ich das nicht erklärt? Weil das der Religion nicht nützt und auch mit ihren grundlegenden Prinzipien nichts zu tun hat. Darum habe ich es nicht erklärt. Und was habe ich erklärt? Ich habe über das Leid gesprochen. Ich habe über den Ursprung des Leids gesprochen. Ich habe über die Verringerung des Leids gesprochen; und ich habe über den Weg zur Verringerung des Leids gesprochen. Und warum habe ich das erklärt? Weil das der Religion nützt, mit ihren grundlegenden Prinzipien zu tun hat und der Vermeidung von Leidenschaft, dem Wissen, der höchsten Weisheit und dem Nirvana zu Gute kommt."[41]

---

[40]   http://atheism.about.com
[41]   Warren, Henry Clarke, *Buddhism in Translation*, Harvard University Press 1922, S. 122

KAPITEL 5

Das Amt des Propheten und die Prophetenschaft Muhammads

EINLEITUNG

Gott hat jede Gemeinschaft der Lebewesen zu einem bestimmten Zweck erschaffen und jede von ihnen mit Lehrmeistern ausgestattet. Dass Gott, der Allmächtige, der den Bienen und Ameisen Königinnen und Vögeln und Fische Leittiere gegeben hat, ausgerechnet uns Menschen keine Propheten geschickt hätte, die uns zur spirituellen, intellektuellen und materiellen Vervollkommnung anleiten können, ist geradezu unvorstellbar.

Obwohl wir durchaus in der Lage sind, Gott zu finden, indem wir über die Phänomene in der Natur nachdenken, benötigen wir die Propheten, um zu erfahren, woher wir kommen, wohin wir gehen und wie wir unseren Schöpfer anbeten sollen. Gott hat die Propheten gesandt, damit sie ihren Völkern die Bedeutung der Schöpfung und die Wahrheit der Dinge vermitteln, damit sie die Rätsel hinter den historischen Ereignissen und den Geschehnissen in der Natur lösen und damit sie uns unsere Beziehung zum Universum und die Beziehung der Offenbarungsschriften zum Universum erklären.

Ohne die Propheten wäre es uns nie gelungen, irgendwelche wissenschaftlichen Fortschritte zu erzielen. Zwar neigen diejenigen, die historische Ereignisse mit einem evolutionären Ansatz deuten, dazu, alle Entwicklungen dem Zufall und einer deterministischen Evolution zuzuschreiben; in Wirklichkeit jedoch waren es die Propheten, die die Menschen auf intellektueller, und somit auch auf wissenschaftlicher Ebene aufklärten. Genau deshalb akzeptieren Bauern den Propheten Adam als ihren ersten Lehrmeister, Schneider den Propheten Enoch, Schiffbauer und Seeleute den Propheten Noah, Uhrmacher den Propheten Joseph usw.. Die Wunder der Propheten markierten außerdem die Zielpunkte des wissenschaftlichen und technologischen Fortschritts und ermunterten die Menschen, auf diese hinzuarbeiten.

Die Propheten leiteten die Menschen durch ihr persönliches Auftreten und mit Hilfe der Religionen und Offenbarungsschriften, deren Überbringer sie waren, dazu an, ihre angeborenen Fähigkeiten zu entfalten und dem Zweck ihres Daseins auf Erden gerecht zu werden. Ohne die Propheten wäre die Menschheit - die Frucht des Schöpfungsbaums - dem Untergang geweiht gewesen.

Weil der Mensch soziale Gerechtigkeit ebenso dringend benötigt wie inneren Frieden, haben uns die Propheten die Gesetze des Lebens gelehrt und Regeln für ein vollkommenes Gemeinschaftsleben auf der Grundlage von Gerechtigkeit aufgestellt.

Immer wenn die Menschheit nach einem Propheten in die Finsternis zurückfiel, sandte Gott ihr weitere Propheten, um sie zum Licht zurück zu führen. Dieser Lauf der Dinge endete mit dem Erscheinen des letzten Propheten Muhammad. Der gleiche Grund, aus dem uns Moses und Jesus gesandt wurden, lag auch der Mission Muhammads zu Grunde. Da seine Botschaft aber für alle Menschen unabhängig von Raum und Zeit bestimmt war, ist er der Letzte gewesen, der das Amt der Prophetenschaft ausübte.

Bedingt durch diverse soziologische und historische Fakten, die eine ausführliche Erörterung erfordern würden, wurde der Prophet Muhammad ‚als eine Barmherzigkeit für alle Welten‘ gesandt. Die Muslime glauben jedoch an alle Propheten, ohne zwischen ihnen einen Unterschied zu machen:

> *Der Gesandte glaubt an das, was ihm von seinem Herrn herabgesandt worden ist, ebenso die Gläubigen; sie alle glauben an Allah und an Seine Engel und an Seine Bücher und an Seine Gesandten. Wir machen keinen Unterschied zwischen Seinen Gesandten. Und sie sagen: „Wir hören und gehorchen. Gewähre uns Deine Vergebung, unser Herr, und zu Dir ist die Heimkehr.“* (2:285)

Aus diesem Grunde ist der Islam, der uns von Gott offenbart und von Muhammad übermittelt wurde, universell und ewig gültig.

Die Geschichte der Prophetenschaft zu beschreiben und die Geschichten aller Propheten zu erzählen, würde den Rahmen dieses Buchs sprengen. Dadurch dass ich mich auf die Prophetenschaft des Siegels der Propheten konzentriere, der uns von den anderen Propheten und Offenbarungsschriften berichtete und uns unseren Herrn vorstellte, werden wir auch etwas über die anderen Propheten erfahren und ihre Prophetenschaft beweisen.

Wer an Gott, die Quelle aller Glückseligkeit, glaubt und dem letzten Propheten und Gesandten Gottes folgt, hält die Schlüssel zum Wohlergehen in beiden Welten in der Hand. Wenn wir uns vom Elend in allen Lebensbereichen befreien und intellektuelle, spirituelle und materielle Vollkommenheit erlangen möchten, müssen wir mit ganzem Herzen glauben, dass Muhammad der Gesandte Gottes ist, und seiner Rechtleitung Folge leisten.

DER PROPHET MUHAMMAD IN DER BIBEL

So gut wie alle früheren Propheten sagten das Kommen des Propheten Muhammad voraus. Trotz aller verzerrten Darstellungen, die im Laufe der Zeit Einzug in Thora, Psalmen und Evangelien gehalten haben, weisen noch immer einige Passagen auf die Ankunft Muhammads hin.

Die Thora z.B. verspricht:

> *Damals sagte der Herr zu mir: „Einen Propheten wie dich will Ich ihnen mitten unter ihren Brüdern erstehen lassen. Ich will ihm Meine Worte in den Mund legen, und er wird ihnen alles sagen, was Ich ihm auftrage. Einen Mann aber, der nicht auf Meine Worte hört, die der Prophet in Meinem Namen verkünden wird, ziehe Ich Selbst zur Rechenschaft"* (Deuteronomium, 18:17-19)

Die Worte *einen Propheten wie dich unter ihren Brüdern* beziehen sich ganz eindeutig auf einen Propheten, der von İsmail, dem Bruder Isaaks und Ahnherr des Volkes von Moses (der Kinder Israel) abstammt. Der einzige Prophet, der nach Moses von İsmail abstammte und ihm in vielerlei Hinsicht ähnelte (auch er brachte z.B. ein neues Gesetz und führte Krieg gegen seine Feinde), war der Prophet Muhammad. Der folgende Vers besagt, dass die Israeliten keinen Propheten wie Moses hervorbrachten:

Niemals wieder ist in Israel ein Prophet wie Moses aufgetreten. Ihn hat der Herr Auge in Auge berufen. (Deuteronomium, 34:10)

Der Koran weist auf dieselbe Tatsache hin:

Wahrlich, Wir haben euch einen Gesandten geschickt, der euer Zeuge ist, wie Wir zu Pharao einen Gesandten geschickt hatten. (73:15)

Der Satz *Ich will ihm meine Worte in den Mund legen, und er wird ihnen alles sagen, was Ich ihm auftrage* in Vers Deuteronomium, 18:17-19 (s.o.) weist darauf hin, dass der angekündigte Prophet ein Analphabet sein und all das aussprechen würde, was ihm offenbart wurde. Dasselbe bekräftigt Gott auch im Koran:

...noch spricht er aus Begierde. Vielmehr ist es eine Offenbarung, die (ihm) eingegeben wird. (53:3-4)

Der folgende Vers bezieht sich auf die Prophetenschaften von Moses, Jesus und Muhammad:

Er sprach: Der Herr kam hervor aus dem Sinai, Er leuchtete vor ihnen auf aus Seïr; Er strahlte aus dem Gebirge Paran... (Deuteronomium, 33:2)

Der Prophet Moses sprach am Sinai zu Gott und erhielt dort die Thora überreicht. Der Prophet Jesus empfing die Offenbarung Gottes in Seïr, einem Ort in Palästina. Ein letztes Mal manifestierte Sich Gott der Menschheit in Paran, einer Bergkette nahe Mekka in Seiner Offenbarung an den Propheten Muhammad.

Die Bergkette Paran findet schon in der Thora Erwähnung. (Genesis, 21:19-21) Dort wird sie als ein Ödland beschrieben, in dem Hagar und ihr Sohn Ismail von ihrem Ehemann Abraham zurückgelassen wurden. In jenem Ödland entsprang auch die Quelle Zamzam. Im Koran (14:35-37) heißt es, dass Abraham Hagar und Ismail im Tal von Mekka zurückließ, das seinerzeit ein unbewohntes Gebiet innerhalb der Bergkette von Paran war. Der oben zitierte Vers fährt fort:

...Er trat heraus aus Tausenden von Heiligen; ihm zur Rechten flammte vor ihnen das Feuer des Gesetzes.

Dieser Vers bezieht sich auf den angekündigten Propheten Muhammad, der zahllose absolut rechtschaffene Gefährten haben würde. Die Worte *Feuer des Gesetzes* spielen auf die Tatsache an, dass ihm erlaubt und sogar befohlen werden würde, gegen seine Feinde zu kämpfen. Jesus sagte:

> *Habt ihr nie in der Schrift gelesen: „Der Stein, den die Bauleute verworfen haben, er ist zum Eckstein geworden; das hat der Herr vollbracht, vor unseren Augen geschah dieses Wunder"? Und wer auf diesen Stein fällt, der wird zerschellen; auf wen der Stein aber fällt, den wird er zermalmen. Darum sage ich euch: Das Reich Gottes wird euch weggenommen und einem Volke gegeben werden, das die erwarteten Früchte bringt. (Matthäus, 21:42-44)*

Der *Eckstein*, von dem in diesem Vers die Rede ist, kann nicht der Prophet Jesus sein; denn die Verse beziehen sich auf die vernichtenden Niederlagen, die die Anhänger des *Ecksteins* ihren Feinden zufügen würden. Kein Volk aber wurde vernichtet, weil es das Christentum ablehnte. Das Christentum gewann gegenüber dem Römischen Imperium erst an Boden, nachdem es seine ursprüngliche Identität verloren und sich mit den römischen Religionen versöhnt hatte. Die Herrschaft des Westens über die Welt aber war auf den Triumph wissenschaftlichen Denkens über die Kirche des Mittelalters zurückzuführen und nahm die Gestalt eines rücksichtslosen Kolonialismus an.

Der Islam hingegen beherrschte über viele Jahrhunderte hinweg fast die Hälfte der ‚alten' Welt. Seine ursprüngliche Reinheit wurde nie verwässert, seine Feinde mussten viele Niederlagen einstecken, und er verteidigte sich mit Erfolg gegen das Christentum. Zurzeit erlebt der Islam eine ‚Wiedergeburt' in seinen Eigenschaften als reine, authentische Religion, als Lebensweg und als Hoffnung auf Erlösung für die Menschheit. Abgesehen davon erklärt der Prophet Jesus selbst, das Königreich Gottes werde seinen Anhängern genommen und einem Volk gegeben werden, das eine eigene Frucht hervorbringen werde.

Außerdem beschreibt sich der Prophet Muhammad in einer aufschlussreichen Passage in einem Hadith, der sowohl in der Sammlung *Sahih al-Bukhari* als auch im *Sahih al-Muslim* aufgezeichnet

wurde, selbst als *Eckstein*, der das Gebäude des Prophetenschaft ver-
vollständigt.

Im Evangelium des Johannes verkündet Jesus das Kommen des
letzten Propheten:

> *Doch ich sage euch die Wahrheit: Es ist gut für euch, dass ich fortgehe. Denn*
> *wenn ich nicht weggehe, wird der Paraklit nicht zu euch kommen. Gehe ich*
> *aber, so werde ich ihn zu euch senden. Und wenn er kommt, wird er die Welt*
> *überführen (und aufdecken), was Sünde, Gerechtigkeit und Gericht ist.* (Johan-
> nes, 16:7-8)

In diesen Versen wird der Prophet Muhammad als *Paraklit*
bezeichnet. Dieses Wort ist griechischen Ursprungs und bedeutet
soviel wie der, der zwischen Wahrheit und Unwahrheit unterscheidet.
Christliche Interpreten übersetzten es jedoch mit ‚Berater‘ (Gideon's
International), ‚Helfer‘ (American Bible Society) oder ‚Tröster‘ (The
Company of the Holy Bible) und behaupteten, es beziehe sich auf
den Heiligen Geist. Den Beweis dafür, dass der Heilige Geist kam und
tat, was Jesus vorausgesagt hatte, blieben sie jedoch schuldig.

Wenn der Heilige Geist, wie die Christen behaupten, der Erzengel Gabriel ist, dann kam er viele Male zum Propheten Muhammad,
um ihm die Offenbarungen Gottes zu übermitteln. Jesus kündigte das
Kommen des *Paraklits* an mehreren Stellen an. Dabei bediente er sich
zwar verschiedener Namen; die Funktion dieses *Paraklits* stellte er
jedoch immer gleich dar, z.B.:

> *Wenn aber der Paraklit kommt, den ich euch vom Vater aus senden werde,*
> *der Geist der Wahrheit, der vom Vater ausgeht, dann wird er Zeugnis für*
> *mich ablegen.* (Johannes, 15:26)

> *Noch viel habe ich euch zu sagen; aber ihr könnt es jetzt nicht tragen. Wenn*
> *aber jener kommt, der Geist der Wahrheit, wird er euch in die ganze Wahr-*
> *heit führen. Denn er wird nicht aus sich selbst heraus reden, sondern er wird*
> *sagen, was er hört, und euch verkünden, was kommen wird. Er wird mich*
> *verherrlichen; denn er wird von dem, was mein ist, nehmen und es euch ver-*
> *künden.* (Johannes, 16:12-14)

Dies sind nur einige wenige Anspielungen, die die Bibel auf den Propheten Muhammad macht. 114 solcher Anspielungen listete der verstorbene Hussain Dschisri in seinem Werk *Risalat al-Hamidiya* auf.

DAS LEBEN DES PROPHETEN MUHAMMAD

Schon das Leben des Propheten Muhammad vor seiner Prophetenschaft beweist, dass er der von Gott Gesandte ist, und kündigt seine Prophetenschaft an:

- Die außergewöhnlichen Dinge, die sich in der Nacht seiner Geburt ereigneten, sein besonderer Charakter, der sich bereits in seiner Kindheit abzeichnete, und die bedeutungsvollen Zeichen, die Menschen mit Einsicht an ihm beobachteten - sie alle wiesen darauf hin, dass Muhammad in Zukunft eine wichtige Mission zu erfüllen haben würde.[42]
- Schon vor seiner Prophetenschaft setzte er sich gegen Ungerechtigkeiten zur Wehr und schloss sich Organisationen wie dem *Hilf al-Fudul* (Bündnis der Neugierde) an, die die Hilfsbedürftigen unterstützten und ihnen zu ihrem Recht verhalfen.
- Trotz seiner edlen Abstammung schwelgte er nie im Luxus. Er wuchs als Waisenkind unter dem Schutz zunächst seines Großvaters und später seines Onkels auf. Mit dem Geld, das er durch den Handel, den er vor und nach seiner Heirat trieb, verdiente, unterstützte er Waisen, Witwen und mittellose Menschen. Deshalb häufte er auch keine Reichtümer an und hatte keine einflussreichen Förderer hinter sich.
- Obwohl sein Volk moralisch verkümmert war, führte er ein außerordentlich keusches, diszipliniertes und tugendhaftes Leben. In seiner Kindheit beabsichtigte er nur zwei Mal, an Hochzeitsfeiern teilzunehmen. Aber bei beiden Anlässen wurde er vom Schlaf

---

[42] In der Nacht seiner Geburt kippten beispielsweise die meisten Götzenbilder in der Kaaba um. Der Palast des sassanidischen Herrschers wackelte und bekam Risse, und seine vierzehn Spitztürme stürzten ein. Der kleine See von Sawa in Persien versickerte im Boden, und das Feuer, das von den Magiern in Istakhrabad angebetet wurde und 1.000 Jahre lang ständig gebrannt hatte, erlosch. [Anm. d. Übers.]

übermannt. (Also fiel sein Blick bei diesen Gelegenheiten auch nicht auf unschickliche Dinge und Bräuche, die der Islam später verbot.) Im Alter von 25 Jahren heiratete er Khadidscha, eine angesehene Witwe, die 15 Jahre älter war als er. Erst nach ihrem Tod, 25 Jahre später, heiratete er erneut. Diejenigen, die ihn kannten, sagten, dass er so schüchtern wie ein junges Mädchen war, wenn man ihm Heiratsangebote unterbreitete.

- Muhammads Kindheit und Jugend waren ein Prolog seiner Prophetenschaft. Sogar seine erbittertsten Feinde nannten ihn ‚der Vertrauenswürdige‘, denn niemand konnte abstreiten, dass er absolut aufrichtig und vertrauenswürdig wahr. Die Leute erzählten sich über ihn: „Wenn du dich auf eine Reise begibst, kannst du Muhammad ohne zu zögern deine Familie und deinen Besitz anvertrauen." Als die Kaaba einmal durch Regen und daraus resultierende Überschwemmungen teilweise zerstört worden war, bauten die Quraysch sie wieder auf. Der Augenblick nahte, an dem der Schwarze Stein an seinen Platz zurückgelegt werden musste. Der Person oder dem Stamm, der diese Aufgabe übernehmen würde, würde eine große Ehre zuteil werden; denn der Schwarze Stein wurde als heilig verehrt. Um eine Auseinandersetzung um diese Ehre zu vermeiden, erklärten sich alle damit einverstanden, Muhammad entscheiden zu lassen, wem sie gebühre. Er bat sie, ein Stück Tuch herbeizubringen, das er auf dem Boden ausbreitete. Dann legte er den Schwarzen Stein darauf und befahl den Anführern der Stämme, jeweils einen Zipfel des Tuchs in die Hand zu nehmen. Auf diese Weise hoben sie den Stein auf die erforderliche Höhe. Dort nahm ihn der künftige Gesandte Gottes selbst in die Hand und legte ihn an seinen Platz.

- Muhammad war Analphabet. Zeit seines Lebens nahm er bei niemandem Unterricht, und keine Schriftkultur übte Einfluss auf ihn aus. Um sein vierzigstes Lebensjahr herum begann er, sich gelegentlich in die Höhle Hira zurückzuziehen. Eines Tages kam er mit einer neuen, vollkommen authentischen Botschaft als Heilmittel für die Wunden der Menschheit wieder hervor, und forderte alle literarischen Genies heraus, etwas Ähnliches zu Wege zu bringen.

- Niemand unter seinen Feinden wagte es, ihn der Lüge oder des Betrugs zu bezichtigen. Um die Verbreitung seiner Botschaft zu behindern, bezeichneten sie ihn als Dichter, als Zauberer oder als Verrückten. Gelegentlich rechtfertigten sie ihre Ablehnung seiner Botschaft mit falschen Ausreden wie dieser: „Wäre dieser Koran doch nur einem der bedeutenden Männer der beiden Städte (Mekka und Ta'if) offenbart worden!"

- Wie hätte ein 40-jähriger Mann, den seine Gemeinschaft für absolut aufrichtig und ehrenhaft hielt und der zu keiner Zeit irgendwelche moralischen oder intellektuellen Mängel hatte erkennen lassen, plötzlich und unerwartet zu einem Lügner werden sollen, der sein Volk mit böser Absicht betrügt, ohne jemals dabei ertappt zu werden. Selbst seine erbittertsten Feinde, die ihn schon jahrelang kannten, warfen ihm das nicht vor. Sie konnten ihm nie eine Lüge nachweisen, kamen seiner Forderung, ein dem Koran ähnelndes Dokument hervorzubringen, nicht nach und konnten ihn nicht in Misskredit bringen. Nach Jahren vergeblichen Widerstandes, der von niederen und selbstsüchtigen Motiven gesteuert war, akzeptierten schließlich sogar seine ärgsten Feinde wie Safwan ibn Umayya, Abu Sufyan ibn Harb, Amr ibn Al-As, Ikrima ibn Abi Dschahl und andere die Wahrheit seiner Botschaft.

Auch nachdem Muhammad das Amt des Propheten angetragen worden war, änderte er sein Leben nicht:

- Wenn der Prophet Muhammad selbstsüchtige Vorstellungen und Absichten gehegt hätte, warum hätte er dann bis zu seinem 40. Lebensjahr warten sollen, um seinen Anspruch, ein Prophet zu sein, zu verkünden?

- Bis zu seinem 40. Lebensjahr hatte niemand von ihm je eine rhetorisch anspruchsvolle Rede, Gespräche über religiöse und metaphysische Themen oder Formulierungen irgendwelcher Gesetze gehört. Auch hatte niemand je gesehen, dass er ein Schwert führte. Wie hätte sich dieser zurückhaltende ruhige und völlig unpolitische Mann so plötzlich in den größten Reformer, den die Welt jemals gekannt hat, verwandeln können? Er deutete die kompliziertesten Probleme der Metaphysik und der Theologie, hielt Reden über die Prinzipien des Niedergangs und Falls von Nationen und gab ethische Grundregeln vor. Er formulierte Gesetze für soziale Kultur, ökonomische Organisation, Gruppenverhalten und internationale Beziehungen. Er verwandelte sich mit einem Mal in einen so mutigen Soldaten, dass er sich auch in den heftigsten Kämpfen nie zurückzog. Er veränderte die Denkweise, Weltsicht, Glaubensauffassungen, Gewohnheiten und Moralbegriffe der Menschen.

- In der einzigartigen Persönlichkeit des Propheten Muhammad verschmelzen viele unterschiedliche Rollen mit seiner eigenen Vortrefflichkeit. Er ist ein Mann der Weisheit und der Voraussicht, eine lebende Verkörperung seiner eigenen Lehren. Er ist ein hervorragender Staatsmann und ein militärisches Genie. Er ist ein Gesetzgeber und ein Lehrer moralischer Werte. Er ist eine schillernde spirituelle Persönlichkeit und ein religiöser Lehrmeister. Seine Vision schließt alle Aspekte des Lebens mit ein; und alles, was er berührt, wird besser und schöner. Seine Lehren regeln internationale Beziehungen ebenso wie die Gewohnheiten des täglichen Lebens: Essen, Trinken, Schlafen und Körperhygiene. Auf der Grundlage seiner Lehren gründete er eine Zivilisation und eine Kultur, die ein unglaublich feines, sensibles und vollkommenes Gleichgewicht in allen Aspekten des Lebens schufen, das nicht die geringste Spur irgendeines Makels, irgendeines Mangels oder irgendeiner Unvollständigkeit aufweist. Welche Fehler und Unzulänglichkeiten wirft man ihm vor, dass man seinen rechtmäßigen Rang als Prophet und Gesandter Gottes leugnet?

- Muhammad lebte wie die Ärmsten seines Volkes. Alles, was er besaß, gab er für die Verbreitung seiner Botschaft hin. Trotz seiner Größe war sein Verhalten das eines bescheidenen und ganz gewöhnlichen Menschen. Er strebte nie nach materiellem Reichtum oder nach Profit und hinterließ seinen Erben kein Vermögen. Er bat seine Gefährten auch nicht darum, ihm oder seinen

Nachkommen irgendwelche Reichtümer beiseite zu schaffen; ja, er untersagte seiner Familie und seiner Nachkommenschaft sogar, die *Zakat* (Sozialabgaben) anderer Menschen für sich in Anspruch zu nehmen.

- Muhammad war überaus barmherzig. In Mekka zwang ihn die ständige Schikanierung, nach Medina zu emigrieren. Als er aber nach 5 Jahren Krieg Mekka schließlich ohne Blutvergießen eroberte, verzieh er all seinen Feinden, sogar den Heuchlern und den Ungläubigen. Zwar wusste er, wer die Heuchler waren, ihre Identität gab er jedoch nie preis; daher kamen auch sie in den Genuss der vollen bürgerlichen Rechte, zu denen das Glaubensbekenntnis und das Praktizieren des Glaubens ihnen einen Zugang verschafften.

- Kindern gegenüber war der Prophet Muhammad besonders liebevoll. Immer wenn er Kinder weinen sah, setzte er sich an ihre Seite und nahm an ihren Gefühlen Anteil. Er empfand die Sorge der Mütter um ihre Kinder stärker, als die Mütter selbst es taten. Einmal sagte er: *Ich stehe im Gebet und möchte es verlängern. Als ich aber ein Kind weinen höre, kürze ich das Gebet um seiner Mutter willen, die in der Gemeinschaft betet, ab.* Er pflegte Kinder in den Arm zu nehmen und an sich zu drücken. Manchmal trug er sie auf der Schulter. Was Tiere betrifft, so erwähnte er einmal, dass eine Prostituierte von Gott zur Wahrheit geleitet wurde und schließlich ins Paradies kam, weil sie einem armen, vor Durst sterbenden Hund Wasser gegeben hatte; eine andere Frau hingegen sei zu Höllenqualen verdammt worden, weil sie eine Katze hatte verhungern lassen.

- Der Prophet Muhammad war ein sehr sanfter Mensch, der nie etwas persönlich nahm. Er war niemals wütend auf jemanden, der ihm etwas angetan hatte. Als einige Leute seine Frau Aischa einmal verleumdeten, verzichtete er auf ihre Bestrafung, nachdem Aischa entlastet wurde. Oft kamen Beduinen zu ihm und benahmen sich unmanierlich; er aber runzelte noch nicht einmal die Stirn.

- Der Prophet war auch ein sehr großzügiger Mensch, dem es gefiel, alles, was er besaß, zu verteilen. Nachdem ihm die Prophetenschaft übertragen worden war, stifteten er und seine wohlhabende Frau Khadidscha all ihre Besitztümer für die Sache Gottes. Als Khadidscha starb, hatten sie noch nicht einmal genug Geld, um ein Leichentuch zu kaufen; und der Gesandte Gottes musste sich Geld leihen, um den ersten Menschen, der sich zum Islam bekannt hatte, seinen ersten Anhänger, begraben zu können.

- Dem Propheten zufolge ist die Welt wie ein Baum, unter dem Menschen sitzen, die auf einer langen Reise Schatten suchen. Niemand kann ewig in dieser Welt leben, und deshalb müssen die Menschen in ihr die notwendigen Vorbereitungen für den zweiten Teil der Reise treffen, der sie entweder ins Paradies oder in die Hölle führen wird. Die Aufgabe des Gesandten Gottes bestand darin, die Menschen mit allen ihm zur Verfügung stehenden Mitteln zur Wahrheit zu führen; und diese Aufgabe erfüllte er. Umar sah ihn einmal auf einer rauen Matte liegen, worauf er weinte und sagte:

> „O Gesandter Gottes! Während Könige in weichen Federbetten schlafen, liegst du auf einer harten Matte. Du bist der Gesandte Gottes und verdienst es mehr als jeder andere Mensch, ein angenehmes Leben zu führen. Der Gesandte Gottes entgegnete: Bist du nicht damit einverstanden, dass der Prunk dieser Welt ihnen gehört, der der nächsten Welt aber uns?"

Der Islam empfiehlt kein mönchisches Leben. Er kam, um Gerechtigkeit und das Wohlergehen der Menschheit zu gewährleisten, warnt die Menschen andererseits aber auch vor übermäßigem Luxus. Aus diesem Grund haben sich viele Muslime für eine asketische Lebensweise entschieden. Obwohl die Mehrheit der Muslime nach dem Tod des Gesandten zu Wohlstand kam, wählten einige von ihnen wie z.B. die Kalifen Abu Bakr, Umar und Ali ein karges Leben; zum einen, weil sie dies selbst für richtig hielten, und zum anderen, um dem Vorbild des Propheten zu folgen.

• Der Prophet Muhammad war ein sehr bescheidener Mensch.
Mit jedem höheren Rang, den er erklomm, wuchsen auch seine
Demut und Dienstbereitschaft gegenüber Gott. Er war lieber
ein Diener-Prophet als ein König-Prophet.
Beim Bau der Moschee in Medina trug er je zwei von der Sonne
getrocknete Ziegelsteine, als alle anderen nur einen trugen. Beim
Ausheben eines Grabens um Medina, der während des Graben-
krieges der Verteidigung der Stadt diente, banden sich die Gefährten, um den Hunger nicht zu spüren, einen Stein um den Bauch;
der Gesandte jedoch band sich zwei um, weil er noch viel hung-
riger als alle anderen war. Als ein Mann einmal auf Grund des
Ehrfurcht gebietenden Erscheinungsbilds Muhammads zu zit-
tern begann, beruhigte ihn der Gesandte: *Bruder! Hab keine Angst!*
Ich bin ein Mensch wie du, dessen Mutter trockenes Brot zu essen
pflegte. Einmal zog ihn eine geistesgestörte Frau an der Hand
mit sich und sagte: „Komm mit mir und erledige meine Hausarbeit!" Der Gesandte Gottes kam ihrem Wunsch nach. Seine Frau
Aischa berichtete, dass der Gesandte seine Kleidung selbst flickte,
seine Schuhe ausbesserte und den Frauen bei der Hausarbeit half.
Ali, der vierte Kalif beschreibt den Propheten wie folgt:

> „Der Gesandte Gottes war, was das Geben betrifft, der großzügigste
> Mensch. In puncto Geduld und Ausdauer war er der Beharrlichste. Er
> führte das aufrichtigste Wort, war ein zuverlässiger Kamerad und opferte
> sich für die Familie auf. Wer ihn zum ersten Mal sieht, wird von Ehr-
> furcht vor ihm ergriffen, wer ihn aber sehr gut kennt, fühlt sich von ihm
> angezogen, und wer den Versuch unternimmt ihn zu beschreiben, sagt:
> ‚Ich habe weder vor ihm noch nach ihm jemals jemanden wie ihn gese-
> hen.'"

Was sonst, wenn nicht die Übermittlung der Botschaft Gottes
und die Übernahme des Amtes der Prophetenschaft hätte ihn
dazu veranlassen können, ein so karges Leben zu führen? Welches überzeugende Argument ließe sich gegen seine Prophetenschaft vorbringen?

DER CHARAKTER DES PROPHETEN MUHAMMAD
UND SEINE MORALISCHE INTEGRITÄT

- Wenn ein Mensch große Leistungen vollbringt oder sich Reichtum und Ruhm erarbeitet und sich dabei trotzdem nicht verändert, wenn er so demütig bleibt, wie er es zu Beginn seines Aufstiegs war, dann zeigt dies die Stärke seines Charakters, seiner Moral und seiner Tugendhaftigkeit. Trotz der unvergleichlichen Leistungen des Propheten Muhammad, die sogar seine Gegner dazu zwingen, ihn an die oberste Stelle der Liste der bedeutendsten Menschen in der Geschichte zu setzen, war der Gesandte Gottes bei seinem siegreichen Einzug in Mekka ärmer und demütiger als noch zu Beginn seiner Prophetenschaft.

- Das Gesicht enthüllt die innere Welt und den Charakter des Menschen. Diejenigen, die den Propheten Muhammad mit eigenen Augen sahen, mussten seine Erscheinung ganz einfach bewundern und, jedenfalls wenn sie unvoreingenommen waren, seine Vertrauenswürdigkeit anerkennen. Abdullah ibn Salam, der berühmteste jüdische Gelehrte seiner Zeit, glaubte bereits an ihn, als er ihn zum ersten Mal sah, und sagte: „Jemand mit einem solchen Gesicht kann nicht lügen!"

- Würde ein Glühwürmchen behaupten, es sei die Sonne, hätte seine Lüge nur bis Sonnenaufgang Bestand. Im Türkischen sagt man, dass die Kerze eines Lügners nur bis zur Zeit des Nachtgebets brennt (soll heißen: Lügen sind kurzlebig.). Ein Betrüger, der vorgibt, ein Prophet zu sein, wird deshalb rasch überführt werden, und niemand wird ihn als einen wahren Propheten akzeptieren.

- Gewöhnliche Menschen können schon in einer kleinen Gruppe nicht schamlos und unverhohlen lügen, ohne sich zu verraten. Der Prophet Muhammad aber forderte gleich alle Menschen bis zum Jüngsten Tag heraus. Er hielt viele Reden vor großem Publikum. Dies tat er gelassen und ungezwungen, sehr aufrichtig und feierlich und so ernst und erhaben, dass er damit seine Feinde provozierte. Zaudern oder Angst waren ihm hingegen fremd.

- Kein Analphabet kann über Themen reden, die Fachwissen erfordern - erst recht nicht mit Spezialisten. Der Prophet Muhammad sprach jedoch über Theologie und Metaphysik ebenso wie über Medizin, Geschichte, Physik und Biologie, und nie wurde ihm widersprochen. Er forderte alle seine Gegner dazu auf, auch nur eine einzige Sure von der Qualität des Koran hervorzubringen, aber niemand war dazu in der Lage.

- Niemand, der nicht nach mehr Reichtum oder Ansehen strebt, würde sein Leben, seinen Wohlstand und seinen Ruf aufs Spiel setzen oder große Unannehmlichkeiten und Verfolgungen in Kauf nehmen. Der Prophet Muhammad aber war, schon bevor er die Prophetenschaft für sich beanspruchte, wohlhabend und respektiert. Während seiner Prophetenschaft sah er sich mit allen Arten von Unannehmlichkeiten und Verfolgungen konfrontiert und stellte alles, was er besaß, in den Dienst seiner Aufgabe. Seine Feinde verleumdeten ihn, verspotteten ihn und schlugen ihn. Schließlich vertrieben sie ihn aus seiner Heimat und erhoben die Waffen gegen ihn. All das ertrug er ohne zu klagen und bat Gott, den Allmächtigen, seinen Feinden zu vergeben. Sein Ziel war einzig und allein, dass alle Menschen an Gott glaubten, Ihn anbeteten und somit in beiden Welten Erfolg haben und von den Qualen der Hölle verschont würden.

- Die Geschichte hat viele führende Persönlichkeiten kommen und gehen sehen, die über keine große ergebene Anhängerschaft verfügten, weil sie selbst nicht das praktizierten, was sie predigten oder propagierten. Ihre Ideen hinterließen keinen bleibenden Einfluss auf die Menschen, und die Systeme, die sie errichteten, waren nicht von Dauer. Der Prophet Muhammad hingegen praktizierte das, was er andere lehrte, auch selbst absolut aufrichtig und ehrlich. Er war der gehorsamste Verehrer des Schöpfers, und er beachtete die religiösen Gebote strikt. Er war also ganz und gar von seiner Mission überzeugt. Er ist der Bote Gottes, der der Menschheit gesandt wurde, um sie auf den Weg der Wahrheit zu führen.

- Der Charakter des Menschen wird normalerweise bis zu seinem 30. Lebensjahr geprägt, danach verändert er sich nicht mehr

besonders stark. Seinen Charakter nach dem 40. Lebensjahr
grundlegend zu verändern, ist praktisch unmöglich. Wenn der
Charakter Muhammads irgendeine Unvollkommenheit oder
irgendeinen Makel aufgewiesen hätte - Gott bewahre vor einem
solchen Gedanken! -, dann hätte sich das mit Sicherheit schon
vor seiner Prophetenschaft bemerkbar gemacht. Wäre es denn
tatsächlich logisch, dass jemand, der vor seinem 40. Lebensjahr
als ein absolut aufrichtiges und ehrenhaftes Mitglied der Gemeinschaft anerkannt war, sich plötzlich, im Alter von 40 Jahren, in
einen Lügner und Betrüger an seinem eigenen Volk verwandelt?

- Lügner und Betrüger sind nicht dazu in der Lage, eine ergebene Gefolgschaft um sich zu scharen, die bereit wäre, sich für
sie aufzuopfern. Selbst Moses und Jesus besaßen keine so treue
Anhängerschaft. Die Juden hintergingen ihren Propheten, als er
sie 40 Tage lang sich selbst überließ, um auf dem Berg Sinai die
Thora in Empfang zu nehmen. Zu jener Zeit beteten sie ein gol-
denes Kalb an, das Samiri für sie gebaut hatte. Selbst nach so vielen Jahren der intellektuellen und spirituellen Ausbildung in der
Wüste befolgten lediglich zwei gottesfürchtige Männer Moses
Befehl, gegen die Amalekiter, das Volk Goliaths, zu kämpfen. Und
was Jesus betrifft, so verriet ihn einer seiner ihm so ergebenen
12 Jünger und lieferte ihn seinen Feinden aus.

Die Gefährten Muhammads waren jedoch so loyal, dass sie ihm
zuliebe alles andere aufgaben. Obwohl sie unter einem primitiven Volk und in einer Atmosphäre der Unwissenheit aufgewach-
sen waren, obwohl sie keinerlei positive Vorstellungen von einem
gesellschaftlichen Leben, von Verwaltung oder von einer Offen-
barungsschrift besaßen und obwohl sie in spiritueller und intellektueller Finsternis versunken waren, formte der Prophet Muhammad sie in kürzester Zeit zu Lehrmeistern und gerechten Herrschern der zivilisiertesten und auf sozialer und politischer Ebene
fortschrittlichsten Völker und Staaten. Die Herrschaft dieser Menschen wurde seitdem immer wieder bewundert - selbst von jenen,
die dem Islam und den Muslimen ansonsten negativ gesinnt sind.

Die Generationen, die den Gefährten folgten, brachten außerdem unzählige auf der ganzen Welt anerkannte Gelehrte, weltberühmte Wissenschaftler und erhabene spirituelle Meister hervor. Wie hätten sie denn nicht nur die großartigste Zivilisation jener Zeit, sondern die großartigste Zivilisation aller Zeiten begründen können, wenn sie einem Lügner gefolgt wären? Gott bewahre uns vor einem solchen Gedanken!

• Der Prophet Muhammad bot in puncto moralisches Handeln und Tugendhaftigkeit ein vollkommenes Vorbild. Er ging aus einem Wüstenvolk hervor, das auf der untersten Stufe der Zivilisation stand und sich der Unmoral verschrieben hatte. Wer soll aus ihm denn einen so tugendhaften Menschen gemacht haben? Sein Vater starb noch vor seiner Geburt und seine Mutter, als er gerade sechs Jahre alt war. Danach übernahmen sein Großvater und sein Onkel seine Erziehung. Aber wie hätten sie ihm eine Vollkommenheit vermitteln können, die sie doch selbst in diesem Maße gar nicht besaßen? Sein Lehrer war Gott, wie er selbst sagte:

> *Mein Herr hat mich erzogen und mich gute Umgangsformen gelehrt. Wie gut Er mich doch erzogen und wie wunderschön hat Er mich gute Umgangsformen gelehrt hat!*

• Die Menschheitsgeschichte hat schon viele tugendhafte Persönlichkeiten erlebt. Niemand jedoch vereinte alle Tugenden und guten Eigenschaften auf so vollkommene Weise in einer Person wie der Prophet Muhammad. Viele großzügige Menschen haben nicht genug Mut bewiesen, wenn es angebracht gewesen wäre. Und viele mutige Menschen waren nicht nachsichtig und großzügig genug. Der Prophet Muhammad hingegen vereint in seiner Person alle Tugenden und lobenswerten Eigenschaften. Tugendhaftigkeit und gute Moral erfordern darüber hinaus Ausgeglichenheit. Wenn Großzügigkeit zum Beispiel ihre Grenzen überschreitet, wird sie zu Extravaganz. Sparsamkeit verwandelt sich dann in Geiz; aus Mut wird Unbesonnenheit, und Intelligenz wird zuweilen mit Dialektik oder Demagogie verwechselt. Tugendhaftigkeit braucht das Wissen, wie man sich in bestimmten Situationen zu verhalten hat. Selbstachtung, die sich ein schwacher Mensch gegenüber einem starken Menschen auferlegt, wird zu Eigendünkel, wenn der Starke sie sich anmaßt. Bescheidenheit, die ein starker Mensch vor einem schwachen Menschen an den Tag legt, verkommt bei einem schwachen Menschen zu Selbsterniedrigung. Geduld und der freiwillige Verzicht auf eigene Rechte sind Tugenden; geduldig zu sein und zu verzichten, wenn man im Namen anderer auftritt, grenzt hingegen an Verrat. Ein Mensch mag bei allem, was ihm persönlich angetan wird, nachsichtig sein; unentschuldbar wäre jedoch, als Repräsentant einer Nation Nachsicht zu üben. Stolz und Empörung im Namen einer Nation sind lobenswert, für uns selbst aber ziemen sie sich nicht.

Der Prophet Muhammad war in seinen Tugenden und guten moralischen Eigenschaften völlig ausgeglichen. Er war überall dort mutig, wo es angebracht war, während er unter den Menschen sanft, verzeihend und bescheiden auftrat. Er war ausgesprochen würdevoll, aber auch ein sehr liebenswürdiger Mensch. Niemand war großzügiger als er. Aber er war auch sparsam und verurteilte Verschwendungssucht. Kurzum: In seiner Person spiegelte sich ein perfektes Gleichgewicht aller Tugenden und guten Eigenschaften.

- Muslimischen Theologen zufolge gibt es sechs Punkte, die einen Propheten auszeichnen: Wahrheitsliebe, Vertrauenswürdigkeit, Übermittlung der Anweisungen Gottes, Intelligenz, Unfehlbarkeit und Nichtvorhandensein von körperlichen und mentalen Mängeln. Dem Propheten Muhammad waren alle diese sechs grundlegenden Eigenschaften in vollkommener Weise eigen.

- Jeder Mensch muss in seinem Leben schnell Entscheidungen treffen, die in der Zukunft Probleme nach sich ziehen können. Die Leistungen, die der Prophet Muhammad in nur 23 Jahren vollbrachte, sind in der gesamten Menschheitsgeschichte ohne Parallele. Er handelte niemals zögerlich, und all seine Entscheidungen erwiesen sich im Nachhinein als richtig.

Alles, was er tat und sagte, zielte nicht nur auf seine eigene Zeit, sondern betraf sowohl sein eigenes Volk als auch alle zukünfti-

gen Generationen unabhängig von Zeit und Raum. Weil nicht
ein einziger seiner Aussprüche bis zum heutigen Tag entkräftet
wurde, steht es auch niemandem zu, seine Handlungen, Aussprüche und Entscheidungen zu kritisieren. Kann denn jemand,
der kein von Gott, dem Allmächtigen, unterwiesener Prophet ist,
wirklich so viel Intelligenz, Voraussicht, Einsicht, Weisheit und
einen so gesunden Menschenverstand besitzen?

DIE LEISTUNGEN DES PROPHETEN MUHAMMAD

- Der Mensch neigt dazu, seinen eigenen Beruf (für das Gemein-
wohl) für wichtiger, notwendiger und schwieriger zu halten als
die Berufe anderer. Obwohl jeder Beruf seine eigenen Probleme und seinen eigenen Nutzen hat, ist die Erziehung und
Ausbildung von Menschen für ein gesundes soziales Leben mit
Sicherheit sehr schwierig und nicht zu vernachlässigen. Um wirklich gebildete Menschen hervorzubringen, bedarf es aufrichti-
ger Lehrer mit klar definierten Zielen. Damit diese Lehrer aber
überhaupt erfolgreich sein können, müssen sie das, was sie ihre
Schüler lehren und ihnen raten, auch selbst praktizieren. Sie müssen Charakter, Potenzial, Wünsche und Ambitionen ihrer Schüler
ebenso gut kennen wie deren Mängel, Stärken, Schwächen und
Lern- und Verständnisfähigkeit. Darüber hinaus sollten sie wissen, wie sie ihre Schüler in den unterschiedlichen Situationen zu
behandeln haben, wie sie sich mit ihren Problemen vertraut machen
und wie sie ihre schlechten Eigenschaften in lobenswerte und
gute verwandeln.

Viele Menschen leben nicht so, wie es ihr vermeintlich ‚starker‘
Glaube vermuten ließe; viele verfügen nur oberflächlich betrachtet über moralische Eigenschaften oder haben eine Reihe von
Schwächen (sind z.B. anfällig für Bestechung, Unaufrichtigkeit
oder Geiz). Wie würde man wohl einen Lehrer einschätzen, der
seine Schüler in neue Menschen verwandelt, indem er ihnen ihre
tief verwurzelten schlechten Eigenschaften nimmt und ihnen gute
Eigenschaften einpflanzt, der obendrein eine Gemeinschaft formt,

welche künftigen Generationen als Modell dient, und in dessen Händen aus Felsgestein, Kupfer, Eisen und Kohle Silber, Gold, Brillanten und Diamanten werden? Müsste man einen solchen Lehrer nicht zwangsläufig als absolut außergewöhnlich bezeichnen? Was der Prophet Muhammad als Lehrmeister seines Volkes in nur 23 Jahren geleistet hat, ist jedoch noch weit mehr als das.

- Eine weiterer wichtiger Faktor einer guten Erziehung ist, dass sie ohne jeden Zwang auskommt. Strafaktionen, Gewalt und militärische oder polizeiliche Maßnahmen können die Menschen nur kurzzeitig ‚lenken‘. Soll eine Veränderung aber von Dauer sein, müssen sich die Betreffenden ihr freiwillig unterziehen, d.h., sie müssen von der Rechtmäßigkeit dieser Veränderungen überzeugt sein. Niemand war jemals in der Lage, die Menschen so umfassend zu verstehen wie der Prophet Muhammad. Kein Zweiter hat es jemals geschafft, ein mitleidsloses, grausames, kriegslüsternes, unwissendes und unerbittliches Volk zu einer Gemeinschaft zu formen, die ein vollkommenes Leben führt und allen zukünftigen Generationen ein vollkommenes Vorbild liefert.

- Niemand kann den Menschen in allen Lebensbereichen Orientierung bieten. Egal wie fähig und klug ein Mensch auch sein mag - ein fähiger Staatsmann und Befehlshaber und gleichzeitig auch ein brillanter Wissenschaftler und erfolgreicher Erzieher zu sein, ist äußerst schwierig. Der Prophet Muhammad war ein vollkommener spiritueller und intellektueller Lehrmeister und dabei der fähigste Staatsmann und Befehlshaber, der effizienteste Erzieher und der bedeutendste Gelehrte, den die Geschichte je gesehen hat.

- Der Prophet Muhammad praktizierte alle Formen der islamischen Anbetung am sorgfältigsten. Daneben war er der gottesfürchtigste Muslim. Selbst in brenzligen Situationen hielt er sich noch an die winzigsten Details der Anbetung Gottes. Er ahmte nie jemanden nach und verkörperte perfekt Anfang und Ende der spirituellen Entwicklung. Sein Wissen um Gott und seine Gebete zu Gott sind beispiellos. In den Gebeten zu seinem Herrn offenbart sich ein Wissensschatz, den kein anderer Muslim je erreicht hat.

- Sein Glauben war so außerordentlich stark, gewiss, wunderbar, erhaben und erlaucht, dass keine der damals herrschenden Ideen, Glaubensvorstellungen, Philosophien und Lehren ihn jemals zweifeln oder zögern ließen. Alle rechtschaffenen Menschen aller Zeiten, an erster Stelle aber seine Gefährten, profitierten von seinem Glauben, dem sie zubilligten, von höchster Güte zu sein. Diese Tatsache beweist, dass sein Glaube beispiellos war.

- Die Anerkennung der Propheten ist einerseits ein sehr glaubhafter Beweis für die Existenz und die Einheit Gottes, andererseits aber auch eine Bestätigung der Vertrauenswürdigkeit und der Prophetenschaft Muhammads. Die Geschichte bezeugt, dass all die heiligen Eigenschaften, Wunder und Funktionen, die auf die Vertrauenswürdigkeit und Prophetenschaft von Propheten hindeuten, bei Muhammad in höchstem Maße vorhanden waren. Die Propheten sagten sein Erscheinen voraus, indem sie diese frohe Kunde in der Thora, in den Evangelien, in den Psalmen und in den weiteren Offenbarungsschriften verbreiteten (die im Koran ‚Seiten' genannt werden). Durch ihre Missionen und ihre Wunder bestätigten und ‚besiegelten' sie das Wirken Muhammads, des vornehmsten und vollkommensten Propheten.

Tausende von rechtschaffenen Menschen verstanden die Wahrheit, erlangten Vollkommenheit, erwarben sich Einsicht in die Realität der Dinge und machten spirituelle Entdeckungen, indem sie dem Beispiel des Propheten Muhammad folgten. Sie alle bezeugen die Einheit Gottes genauso wie die Vertrauenswürdigkeit und die Prophetenschaft Muhammads. Ihr Zeugnis unterstreicht seine Aufrichtigkeit, denn durch das Licht des Glaubens und durch die Sicherheit, die sie aus ihrem Wissen und ihrer Erfahrung zogen, bestätigten sie die Wahrheit.

Tausende von strengen Gelehrten, die auf Unverfälschtheit größten Wert legen, akribische Gelehrte, für die Vertrauenswürdigkeit höchste Priorität hat, und gläubige weise Menschen haben durch die Wahrheiten, die dieser ungebildete Mann ihnen gebracht hat, die höchste Stufe der Gelehrsamkeit erklommen. Die Zahl derer, die ihren Erfolg diesen Wahrheiten zuschreiben, beweist ganz eindeutig die Einheit Gottes, den Ursprung der Mission Muhammads und die Vertrauenswürdigkeit des Propheten, des bedeutendsten und höchsten Lehrmeisters.

Seine Familie und seine Gefährten, die mit ihrer Einsicht, ihrer Weisheit und ihren spirituellen Fähigkeiten die berühmtesten, geachtetsten, gefeiertsten, frömmsten und scharfsinnigsten Menschen nach den Propheten waren, erklärten, dass er der aufrichtigste, erhabenste und ehrenhafteste Mensch war. Diesen Schluss zogen sie, nachdem sie all seine - verborgenen wie offenen - Gedanken und Zustände mit größter Sorgfalt geprüft hatten.

- Während er predigte und die Menschen zur Wahrheit rief, legte er eine so große Standhaftigkeit, Entschlossenheit und Furchtlosigkeit an den Tag, dass er - trotz aller Feindseligkeiten von Seiten der Großmächte und der bedeutenden Religionen jener Zeit, seines eigenen Stammes und Volkes, ja sogar seines Onkels - niemals zauderte, Bedenken hatte oder sich fürchtete. Mit Erfolg forderte er die Welt heraus und ließ den Islam über alle anderen Religionen und Systeme triumphieren.

- Begeben wir uns doch einmal auf die Arabische Halbinsel in jene Zeit der Glückseligkeit. Dieser Mann ohne Schulbildung, der weder eine Militärakademie oder ein Institut für Staatsbedienstete noch eine Lehranstalt des Rechts oder eine wissenschaftliche Schule besucht hatte, präsentierte eine Religion und ein Gesetz, die Glückseligkeit in beiden Welten versprachen, wenn man ihnen nur folgte. Menschen aller Zeitalter hörten auf seine Worte. Alle sozialen, politischen und ökonomischen Probleme löste er mit Leichtigkeit, und er begründete eine Ordnung, die überall unauslöschliche Fingerabdrücke hinterließ. Einen beträchtlichen Teil seines Lebens verbrachte er auf Schlachtfeldern und erwies sich dort als der fähigste Befehlshaber aller Zeiten. Darüber hinaus weist ihn sein Handeln als den besten Ehemann, den angesehensten und doch am stärksten mitfühlenden Vater und als den liebenswertesten und treuesten Freund aus. Um eine derart große Anerkennung zu finden, genügten ihm 23 Jahre.

• Eine Führungspersönlichkeit muss sein Volk sehr gut kennen, um es erziehen und zur Verwirklichung eines großen Zieles anspornen zu können. Alexis Carrel, ein bedeutender französischer Wissenschaftler und Philosoph des 20. Jahrhunderts, beschreibt den Menschen als ein immer noch unbekanntes Wesen und als das komplexeste und komplizierteste aller Geschöpfe. Der Prophet Muhammad besaß jedoch ein unglaubliches Maß an Menschenkenntnis; daher konnte er seine Anhänger so unterweisen, dass sie unaufgefordert zu anderen Menschen wurden, die seine Anliegen gern verwirklichten. Er wusste ganz genau, wie er zu handeln hatte; seine Urteile und seine Personalentscheidungen mussten nicht ein einziges Mal korrigiert werden. Niemals musste er eine seiner Ernennungen zurücknehmen. Es gelang ihm, aus einem extrem rückständigen, unzivilisierten Volk die erhabenste, anständigste und zivilisierteste aller Gesellschaften zu formen.

• Er räumte nicht nur mit den primitiven Gewohnheiten und den unmoralischen Eigenschaften, denen sein Volk so fanatisch verbunden war, auf, sondern stattete dieses hoffnungslose, wilde und unerbittliche Volk auch mit allen lobenswerten Tugenden aus und machte es zu Lehrmeistern der ganzen Welt einschließlich der zivilisierten Nationen. Seine Herrschaft war nicht nach außen gerichtet; vielmehr eroberte er Gedanken, Geist, Herzen und Seelen der Menschen.

Trotz aller bahnbrechenden neuen Techniken und Verfahren haben es die modernen Gesellschaften nicht geschafft, auch nur ein so kleines Laster wie das Rauchen erfolgreich zu bekämpfen. Der Prophet Muhammad hingegen beseitigte zahlreiche tief verwurzelte schlechte Angewohnheiten völlig mühelos und ersetzte sie durch erhabene Eigenschaften, die fortan zum Wesen der Menschen gehörten. Wenn einige Menschen dies nicht glauben, mögen sie doch mit Hunderten von Philosophen, Soziologen, Psychologen und Pädagogen hingehen und schauen, ob sie in 100 Jahren auch nur einen Teil dessen verwirklichen, was der Prophet Muhammad in einem Jahr erreichte.

• Der Prophet begegnete all seinen Kritikern mit einem Lächeln.
   Als die Führer der Quraysch einmal Abu Talib, den Onkel des
   Propheten, dazu aufforderten, er solle seinen Neffen davon über-
   zeugen, seine Botschaft nicht weiter zu verkünden, antwortete der
   Prophet:

> *Selbst wenn sie die Sonne in meine rechte Hand und den Mond in meine
> linke legten, damit ich meine Mission verleugne, werde ich dies nicht tun.
> Ich werde niemals aufgeben; entweder wird es Gott gefallen, sie zu einem
> Erfolg werden zu lassen, oder ich werde bei meinen Bemühungen sterben.*

Bei einer anderen Gelegenheit bot ihm eine Abordnung der führenden Quraysch alle nur erdenkliche weltliche Pracht, wenn er
nur seine Mission abbräche. Man erklärte ihm: „Wenn du es auf
Reichtum abgesehen hast, werden wir dir so viel du möchtest
davon anhäufen; wenn du nach Ruhm und Ehre strebst, sind
wir bereit, dir als Oberbefehlshaber und König Treue zu schwören;
wenn dir der Sinn nach Schönheit steht, sollst du das schönste
Mädchen deiner Wahl zur Braut nehmen."
Ihre Bedingungen waren für einen normalen Menschen extrem
verlockend, in den Augen des Großen Propheten besaßen sie indes
keinerlei Signifikanz. Er erwiderte:

> *Ich will weder Geld noch Macht. Ich bin von Gott beauftragt worden, die
> Menschheit zu warnen. Ich überbringe euch Seine Botschaft. Nehmt ihr sie
> an, wird euch Glück und Freude in diesem Leben und im Jenseits zuteil
> werden; lehnt ihr das Wort Gottes jedoch ab, wird Gott mit Sicherheit zwi-
> schen euch und mir unterscheiden.*

Der Glaube, die Beharrlichkeit und die Entschlossenheit, mit
der er seine Mission zum Erfolg führte, ist ein beredter Beweis
für die erhabene Wahrheit seiner Sache. Hätte es in seinem Herzen auch nur den geringsten Zweifel oder die kleinste Unsicher-
heit gegeben, wäre er niemals in der Lage gewesen, dem 21
Jahre währenden Widerstand etwas entgegen zu setzen.

• Bedeutende Führungspersönlichkeiten haben den Lauf der
   Geschichte entweder mit ihren Staaten, Reichen oder mit ihren

Revolutionen verändert. Nichtsdestoweniger war niemand von ihnen in der Lage, aus den Reihen seiner Anhänger eine so starke Einheit des Glaubens, des Denkens und der Ideale hervorzubringen wie der Prophet Muhammad. Nachdem er 40 Jahre lang ein völlig unpolitisches Leben geführt hatte, betrat er plötzlich und gänzlich unerwartet die Bühne der Welt als bedeutender politischer Reformer und Staatsmann, der ohne Unterstützung durch Presse oder moderne Massenkommunikationsmittel die verstreuten Bewohner der Wüsten Arabiens einte. Aus unterschiedlichen Stämmen eines kriegerischen, unwissenden, aufsässigen und unzivilisierten Volkes formte er eine Nation unter dem Banner von Recht, Religion, Kultur, Zivilisation und einer Regierung.

- Eine Führungspersönlichkeit muss ihr Volk sehr gut kennen, um es für ihre Ziele zu gewinnen. Die meisten dieser Persönlichkeiten versprechen Macht, Reichtum, Positionen oder eine leuchtende Zukunft. Der Prophet Muhammad hingegen eroberte Verstand und Herz der Menschen und sicherte seinen Anhängern ‚lediglich' Gottes Wohlgefallen und das Paradies zu. Seine Anhänger opferten sich freiwillig für ihn auf und zogen es vor, ein ärmliches Leben zu führen, um dafür Gottes Wohlgefallen und das Paradies zu erlangen. Stets versuchte Muhammad, seine Familie und seine Gefährten auf den ewigen Frieden und die ewige Glückseligkeit vorzubereiten. Dabei ging er selbst mit gutem Beispiel voran.

Seine Tochter Fatima, die er von allen Familienmitgliedern am meisten liebte, kam einmal mit einem Armreif zu ihm. Der Prophet sagte zu ihr: *O meine Tochter! Wünschst du, dass die Leute von der Tochter des Gesandten Gottes sagen, dass sie einen Ring des Höllenfeuers trägt?* Diese Worte überzeugten Fatima, denn sie kamen aus dem Munde eines Mannes, dessen Thron Herz und Geist der Menschen erobert hatte. Fatima berichtete weiter:

„Sofort verkaufte ich den Armreif und erstand dafür einen Sklaven, dem ich die Freiheit schenkte. Dann ging ich zum Gesandten Gottes. Als ich ihm erzählte, was ich getan hatte, freute er sich. Er öffnete seine Hände und dankte Gott mit den Worten: *Gepriesen sei Gott, der (meine Tochter) Fatima vor der Hölle bewahrte!*

Stellen wir uns einmal vor, Lehrer an einer Schule oder Leiter einer Institution zu sein. Wenn wir den Schülern bzw. Angestellten unsere Ideale nahe bringen möchten, müssen wir darauf vorbereitet sein, mit allen möglichen Unannehmlichkeiten konfrontiert zu werden. Wenn uns jemand im Vorübergehen ins Gesicht spucken oder uns beim Gebet den Leib eines Tieres über den Kopf stülpen würde, wenn uns jemand ins Gesicht schlagen, mit Steinen bewerfen oder auf unserem Weg dornige Pflanzen ausstreuen würde, wenn uns jemand mit dem Dolch auflauern oder im Beisein anderer verspotten würde, wenn jemand unsere Frauen verleumden, unsere Angehörigen töten und ihre Körper verstümmeln würde, wenn jemand uns aus der Heimat vertreiben würde - was würden wir dann tun? Wären wir trotzdem in der Lage, all diese Grausamkeiten zu ertragen und unseren Weg ohne zu zögern fortzusetzen? Könnten wir dann etwa obendrein denjenigen, die uns das angetan haben, verzeihen, sie bemitleiden und für sie beten: *O Gott! Vergib ihnen, und führe sie zur Wahrheit, denn sie sind unwissend!* Wenn wir zu einem paradiesähnlichen Ort geführt würden und frei wählen dürften, ob wir dort leben wollen oder unsere Aufgabe trotz aller Unannehmlichkeiten erfüllen und zurückkehren möchten, würden wir uns dann wirklich für die Rückkehr entscheiden? Der Prophet nahm all diese Unannehmlichkeiten auf sich. Er kehrte aus freien Stücken zu seinem Volk zurück und formte aus ihm die beste Gemeinschaft, die die Geschichte je gekannt hat. Hätten wir wirklich das Gleiche getan?

- Der Prophet Muhammad schickte eine Gruppe von Abgesandten zu den Stämmen Adal und Al-Qara, um diese den Islam zu lehren. Auf halbem Wege jedoch griffen Stammesangehörige der Hudhayl die Abgesandten an. Einige von ihnen wurden getötet, während man die übrigen den Quraysch auslieferte. Zu den überlebenden Abgesandten gehörte auch Zayd ibn Dasina. Bevor die

Götzenanbeter unter den Quraysch ihn töteten, fragte ihn Abu Sufyan, der sich damals noch nicht zum Islam bekannt hatte:

> „Ich beschwöre dich bei Gott, Zayd, würdest du es nicht vorziehen, wenn der Prophet jetzt an deiner Stelle hier bei uns wäre und wir ihm den Kopf abschnitten?" „Bei Gott!", antwortete Zayd, „Geschweige denn, dass ich mir wünschen würde, Muhammad sei hier an meiner Stelle und ich bei meiner Familie, wünsche ich ihm nicht einmal, dass ein Dorn seinen Fuß verletzt."

Daraufhin sagte Abu Sufyan: „Bei Gott, noch nie habe ich jemanden gesehen, der so geliebt wurde, wie Muhammad von seinen Gefährten geliebt wird." Diese Worte besitzen auch heute noch Gültigkeit; denn die Geschichte hat nie einen anderen Menschen hervorgebracht, der von seinen Anhängern so innig geliebt wurde (bzw. geliebt wird) wie der Prophet Muhammad.

- Der Prophet Muhammad musste unzählige, ihm sowohl von den Wüstenbewohnern Arabiens als auch von den Juden und Christen seiner Zeit vorgelegte Fragen, die nicht nur die Religion, sondern auch viele andere Themen wie Geschichte, Metaphysik, Astronomie, Medizin usw. betrafen, beantworten. Auf all diese Fragen reagierte er, ohne zu zögern, und seine Antworten erwiesen sich in keinem Fall als falsch.

- Der Prophet Muhammad brachte ein Gesetz, eine Religion, eine Lebensweise, einen Kodex für die Anbetung, eine neue Art zu beten, eine Botschaft und einen Glauben, der in der Geschichte einzigartig war (und es bis heute geblieben ist). Das Gesetz, das dieser Mensch ohne Schulbildung uns brachte, ist insofern beispiellos, als dass es seit 1400 Jahren ca. ein Fünftel der Menschheit gerecht und unmissverständlich ‚verwaltet'. Die tägliche Praxis des Islam, die im Koran und in den Aussprüchen Muhammads, seinen Prinzipien und seinem Vorbild wurzelt, fungiert seit Jahrhunderten als einzigartiger Wegweiser für Hunderte von Millionen Menschen. Sie hat Verstand und Seele dieser Menschen geschult und geläutert, ihre Herzen erleuchtet und gereinigt und ihren Geist vervollkommnet.

Auf die Gefährten, die der ganzen Menschheit in Lebensbereichen wie der Wissenschaft, der Politik, der Soziologie, der Verwaltung und der Ökonomie ein gutes Beispiel gaben, folgten
unzählige weitere achtbare Gelehrte. Ich möchte an dieser Stelle
nur einige wenige beim Namen nennen: aufrichtige Menschen
und geläuterte Gelehrte wie Abu Hanifa, Asch-Schafi'i, Bayazid
al-Bistami, Abd al-Qadir al-Dschilani, Imam Ghazzali, Imam
Rabbani und Bediuzzaman Said Nursi, Wissenschaftler wie Al-
Biruni, Az-Zahrawi, Ibn Sina (Avicenna), Ibn Haytham. Sie bereiteten den Boden für Hunderttausende von literarischen Genies,
Befehlshabern und Staatsmännern und für weitere hochrangige
Persönlichkeiten der Menschheit. Sie alle folgten den Spuren des Propheten Muhammad.

Außerdem haben auch viele Intellektuelle und Staatsmänner der
westlichen Welt wie z.B. Lamartine, William Muir, Edward Gib-
bon, John Davenport, L. A. Sedillot, Goethe, P. Bayle, Stanley
Lane-Poole, A. J. Arberry, Thomas Carlyle, Rosenthal, Elisee
Reclus, Andrew Miller, Bismarck, Leopold Weis, Marmaduke
Pickthall, Martin Lings und Roger Garaudy erkannt, dass der
Prophet Muhammad der bedeutendste Mensch ist, der jemals
auf Erden gelebt hat. Einige von ihnen sind sogar zum Islam
übergetreten. Darin liegt ein weiterer Beweis für die Prophetenschaft Muhammads.

DAS WISSEN DES PROPHETEN UM DIE VERGANGENHEIT

- Die Geschichtswissenschaft ist eine wichtige Disziplin. Im Gegensatz zu den meisten anderen Wissenschaften stützt sie sich in
  erster Linie auf historische Dokumente und Artefakte. Obwohl
  wir uns ein gewisses Maß an Wissen über die Vergangenheit
  aneignen können, ist es oft sehr schwierig, die den Geschehnissen zu Grunde liegenden Tatsachen, Absichten und Motive zu
  bewerten; denn ein sorgfältiges Wissen muss auf vertrauenswürdigen Dokumenten basieren. Vertrauenswürdige Dokumente
  finden sich jedoch selten, weil zumeist persönliche Neigungen

und Interessen, Vorurteile und andere Motive die tatsächlichen Ereignisse verzerren. Wenn der Koran beispielsweise nicht offenbart worden wäre, hätten wir nie die Wahrheit über die israelitischen Propheten, insbesondere über den Propheten Jesus und die ursprüngliche Identität des Christentums und Judentums erfahren. Dann würden wir lediglich die Übersetzungen des Alten und Neuen Testaments kennen, in denen so viele Veränderungen vorgenommen wurden, dass wir kaum noch irgendwelche historische Wahrheiten aus ihnen ableiten können.

- Der Prophet Muhammad lieferte uns viele Informationen über Völker und Ereignisse der Vergangenheit. Die meisten dieser Informationen finden sich im Koran, der uns von verloschenen Zivilisationen (der Ad und der Thamud, Irams, Sodom und Gomorrhas und des Ägypten des Altertums) und von den Völkern Noahs, Abrahams und Schu'aybs berichtet. Außerdem verschafft uns der Koran einen Überblick über die Geschichte des jüdischen Volkes von seinen Anfängen bis zur Zeit Jesu und insbesondere über die Zeit der Propheten Moses, David und Salomo. Viele dieser Informationen wurden offenbart, als der Prophet in Mekka weilte und keinerlei Kontakt mit Juden oder Christen pflegte. Nach seiner Emigration nach Medina stellten ihm jüdische und christliche Gelehrte Fragen zu verschiedenen Themenbereichen und konnten seine Antworten nie entkräften.

- Einige dieser historischen Informationen finden sich in den Hadithsammlungen *Sahih al-Bukhari*, *Sahih al-Muslim*, *Sunan at-Tirmidhi* und anderen. Der Koran und die Hadithsammlungen sind in ihrem ursprünglichen unverfälschten Zustand erhalten geblieben; keine Information, die dort gegeben wird, wurde jemals widerlegt. Viele von ihnen sind vielmehr bestätigt worden, und weitere Bestätigungen sind für die Zukunft zu erwarten. Hierin liegt ein uneingeschränkter, unleugbarer Beweis für die Prophetenschaft Muhammads.

- Der Prophet Muhammad analysierte die Ursachen und Resultate der Zivilisationen und Völker der Vergangenheit. Seine historischen Darstellungen präsentieren uns Gesetze der Geschichte und umfangreiche psychologische, soziale und ökonomische Prinzipien, die für das individuelle und gemeinschaftliche Leben des Menschen eine bedeutende Rolle spielen. Darüber hinaus sind diese Darstellungen Meisterwerke literarischen Stils und literarischer Beredsamkeit, die Ihresgleichen suchen.

DIE PROPHEZEIUNGEN DES PROPHETEN MUHAMMAD

Eigentlich kann niemand genau wissen, was die Zukunft bringen wird. Wissenschaftler sind sich selbst jener Naturereignisse, die angeblich so genannten deterministischen Gesetzen folgen, nicht sicher. Sie erklären, dass sie nicht mit letzter Gewissheit sagen können, dass sich die Welt fünf Sekunden später noch in dem gleichen Zustand befinden wird wie jetzt. Soziologen und Historiker sprechen von historischen Gesetzen, die angeblich auf historischen Ereignissen oder dem Fluss der Geschichte basieren sollen. Die Geschichte hat jedoch die meisten von ihnen, und u.a. auch Historiker und Verfechter von unterschiedlichen Konzepten für einen kontinuierlichen historischen Fortschritt wie Karl Marx, Max Weber, Johann Fichte, Georg Hegel oder Johann Herder widerlegt.

Nur Gott, der Allmächtige, kennt die Zukunft. Allerdings kann Er jenen, bei denen Er es für angebracht hält, einige Seiner Kenntnisse enthüllen. Menschen, die von den Neuigkeiten, die sie in Bezug auf die Zukunft überbringen, überzeugt sind, können nur Gesandte Gottes sein. Der Prophet Muhammad hat viele Dinge vorhergesagt, die entweder bereits von der Geschichte bestätigt wurden oder noch auf ihre Bestätigung warten. Auch sie finden sich im Koran und in den Hadithsammlungen.

- Das byzantinische und das persische Reich waren die Supermächte der Zeit des Propheten. Während die Mekkaner die kleine Gemeinschaft der Muslime grausam verfolgten, fügten die Perser den Byzantinern eine vernichtende Niederlage zu und eroberten Aleppo, Antioch und die wichtigsten syrischen Provinzen einschließlich Damaskus. Jerusalem fiel 614-615. Die Christen

wurden massakriert, ihre Kirchen brannten. Die Flut der per-
sischen Eroberungen schwappte nach Ägypten über und erreichte
sogar Tripolis in Nordafrika. Eine andere persische Armee suchte
Kleinasien bis zu den Toren Konstantinopels heim.

Die mekkanischen Heiden freuten sich über alle Maßen darüber und verschärften ihren Widerstand gegen den Propheten, dessen Botschaft eine Erneuerung der von Jesus in Palästina gepre-
digten Botschaft darstellte. Die folgenden Koranverse, die zu
eben jener Zeit offenbart wurden, verhießen jedoch einen sehr
nahen Sieg der Byzantiner über die Perser:

> *Alif Lam Mim. Besiegt sind die Byzantiner in dem nahe gelegenen Land,*
> *doch sie werden nach ihrer Niederlage siegen, in wenigen Jahren - Allahs ist*
> *die Herrschaft - vorher und nachher -, und an jenem Tage werden sich die*
> *Gläubigen freuen über Allahs Hilfe. Er hilft, wem Er will. Und Er ist der*
> *Allmächtige, der Barmherzige. (30:1-5)*

Niemand hätte zu jener Zeit eine solche Wendung der Ereignisse vorhersehen können. Aber der Prophet Muhammad übermittelte seinen Anhängern diese Offenbarungen Gottes. Abu Bakr
wettete sofort mit den mekkanischen Götzenanbetern, dass die
Byzantiner in neun Jahren siegen würden. Herakleios, der byzantinische Kaiser, griff die Perser im Jahre 622 (dem Jahr der Aus-
wanderung des Propheten von Mekka nach Medina) zunächst
auf dem Meer an; und nach einigen entscheidenden Schlachten
und drei aufeinander folgenden Kriegszügen schlug er sie wenige
Jahre später in die Flucht. Damit hatten sich die Prophezeiungen der Verse als wahr erwiesen.

• Sechs Jahre, nachdem der Prophet Muhammad nach Medina
emigriert war, machte er sich auf den Weg nach Mekka, um die
kleine Pilgerfahrt durchzuführen. Die Mekkaner hielten ihn jedoch
bei Hudaibiya auf, und es wurde ein Friedensabkommen geschlossen. Einige Muslime waren mit diesem Abkommen nicht glücklich. Aber die Koranverse, die nach Abschluss des Abkommens
offenbart wurden, beschrieben es als einen augenscheinlichen

Triumph und verkündeten den Gläubigen die folgende entscheidende frohe Kunde:

> *Wahrlich, Allah hat Seinem Gesandten das Traumgesicht zu Wirklichkeit*
> *gemacht. Ihr werdet gewiss - denn Allah wollte (es so) - in Sicherheit in die*
> *heilige Moschee mit geschorenem Haupt oder kurz geschnittenem Haar ein-*
> *treten; ihr werdet keine Furcht haben. Und Er wusste, was ihr nicht wus-*
> *stet, und Er hat (euch) außer diesem (Sieg) einen nahen Sieg bestimmt. Er*
> *ist es, der Seinen Gesandten mit der Führung und der wahren Religion*
> *geschickt hat, auf dass Er sie über jede andere Religion siegen lasse. Und*
> *Allah genügt als Zeuge.* (48:27-28)

Ein Jahr später vollzogen die Muslime die kleine Pilgerfahrt,
und ein weiteres Jahr später nahmen sie Mekka ein. Jahrhunderte lang hat sich der Islam gegenüber allen anderen Religionen behauptet, und wenn Gott will, wird er in naher Zukunft
wieder eine führende Rolle in der Welt spielen.

• Der Pharao versklavte die Kinder Israels. Daher sandte Gott
den Propheten Moses mit dem Auftrag zu ihm, ihn aufzufordern, an den Einen Gott zu glauben und allen Israeliten zu erlauben, zusammen mit Moses Ägypten zu verlassen. Der Pharao
lehnte dies ab, und der Kampf zwischen ihnen setzte sich eine
ganze Weile fort. Eines Nachts gelang es Moses jedoch, mit seinem Volk in Richtung Grenze zu marschieren. Als der Pharao
den Fluchtversuch bemerkte, brach er auf, um sie zu verfolgen.
Als Moses das Rote Meer erreichte, berührte er es mit seinem
Stock, und vor ihm öffnete sich eine Furt durch das Meer. Der
Pharao verfolgte ihn, wurde aber mit seinen Streitkräften von
den Fluten verschlungen. Im Rahmen seiner Darstellung dieses
Ereignisses macht der Koran eine sehr interessante Prophezeiung:

> *Nun wollen Wir dich heute dem Leibe nach erretten, auf dass du ein Beweis*
> *für diejenigen seist, die nach dir kommen. Und es gibt sicher viele Menschen,*
> *die Unseren Zeichen keine Beachtung schenken.* (10:92)

Und so wurde der Leichnam des Pharaos später an der Westküste
der Sinai-Halbinsel treibend aufgefunden. Die Bewohner jener
Region kennen diese Stelle, die inzwischen Dschabal Fir'awn

(Berg des Pharaos) genannt wird, auch heute noch. Einige Kilometer von diesem Berg entfernt befindet sich eine heiße Quelle namens Hammam Fir'awn (Bad des Pharaos).

● Ein beträchtlicher Teil des Koran ist den Ereignissen des Jüngsten Tages gewidmet. Der Koran beschreibt, wie die Welt zerstört und neu errichtet werden wird, wie die Toten auferweckt, am Ort der Versammlung zusammengerufen und nach dem Urteilsspruch entweder ins Paradies oder in die Hölle eingehen werden. Darüber hinaus liefert uns der Koran eine lebendige Beschreibung des Lebens in Paradies und Hölle.

Einige Beispiele für Prophezeiungen des Propheten, die sich in den Hadithsammlungen finden:

● Umar berichtet in einer Darstellung, die im *Sahih al-Muslim* festgehalten ist:

> „Bevor die Schlacht bei Badr begann, ging der Gesandte Gottes auf dem Schlachtfeld herum und zeigte auf einige Stellen, wobei er sagte: *Abu Dschahl wird hier getötet werden, Utba hier, Schayba hier, Walid hier usw.*. Bei Allah, nach dem Kampf fanden wir die leblosen Körper all jener Männer an genau den Stellen, auf die der Gesandte Gottes gezeigt hatte."[43]

● Bukhari und Abu Dawud zitieren Habbab ibn Arat, der erzählte:

> „Während der Zeit der Schwierigkeiten und Qualen in Mekka ging ich eines Tages zum Gesandten Gottes, der im Schatten der Kaaba saß. Damals befand ich mich noch als Sklave in den Händen der Mekkaner, die mich schlimm folterten. Als ich nicht länger in der Lage war, diese Quälereien zu ertragen, bat ich Gottes Gesandten, bei Gott um Hilfe und Erlösung zu beten. Er wandte sich mir jedoch zu und sagte:
>
> *Bei Gott, vorangegangene Gemeinschaften hatten noch grausamere Torturen auszuhalten. Einige von ihnen wurden gezwungen, in Gräben zu liegen und mit Sägen zweigeteilt zu werden; aber sie schworen deshalb nicht ihrem Glauben ab. Ihnen wurde bei lebendigem Leib die Haut abgezogen; aber sie wurden gegenüber ihrem Feind niemals schwach. Gott wird diese Religion gewiss vervollkommnen, aber du zeigst unan-*

---

[43] Muslim, *Dschanna*, 76,77

gebrachte Hast. Es wird der Tag kommen, an dem eine Frau ganz allein von San'a nach Hadramaut reisen und nichts außer wilde Tiere fürchten wird. Du jedoch bist ungeduldig."[44]

Habbab schloss mit den Worten: „Bei Gott, was der Gesandte Gottes an jenem Tag prophezeit hat, ist alles genau so eingetroffen. Ich selbst habe es erlebt."

- Bukhari, Muslim und Ahmad ibn Hanbal berichten:

  „Während des Baus der Propheten-Moschee in Medina sagte der Gesandte zu Ammar: *O Ammar, das ist bedauerlich! O Ammar, eine Gruppe von Rebellen wird dich töten!*[45] Ammar wurde in der Schlacht von Siffin von Anhängern Mu'awiyas, der sich gegen den Kalifen Ali erhoben hatte, getötet.

- Vor seinem Tod rief der Gesandte seine Tochter zu sich ans Sterbebett und teilte ihr mit, sie werde die Erste aus seiner Familie sein, die nach seinem Tod wieder mit ihm vereint sein werde. Sie starb sechs Monate später.[46]

- Der Prophet Muhammad sagte die Invasion der Mongolen mit den Worten voraus:

  Die Letzte Stunde wird nicht kommen, bevor ihr nicht gegen ein Volk mit roten Gesichtern, kleinen Schlitzaugen und flachen Nasen gekämpft habt. Sie tragen behaarte Lederstiefel.[47]

- Hakim, At-Tirmidhi, Ibn Hanbal und Ibn Madscha überliefern, dass der Prophet Muhammad mit dem Satz *Nach meinem Tod solltet ihr dem Weg Abu Bakrs und Umars folgen*[48] andeutete, dass Abu Bakr und Umar ihm als Kalifen nachfolgen würden. Außerdem kündigte er an, dass Abu Bakrs Herrschaft nur von kurzer Dauer sein werde, während Umar länger an der Macht bleiben und zahlreiche Eroberungen machen werde.

---

[44]   Bukhari, *Manaqib*, 22; Abu Dawud, *Dschihad*, 97

[45]   Bukhari, *Salat*, 63; Muslim, *Fitan*, 70,72,73; Ibn Hanbal, 12.161,164

[46]   Ibn Madscha, *Dschana'iz*, 65; Muslim, *Fada'il as-Sahaba*, 15; Ibn Hanbal, *Musnad*, 3.197

[47]   Bukhari, *Dschihad*, 95, 96; Abu Dawud, *Malahim*, 10; Ibn Madscha, *Fitan*, 36

[48]   Hakim, *Mustadrak*, 3.75

- Authentischen Berichten zufolge übermittelte der Prophet seiner Gemeinschaft die frohe Kunde, dass sie Damaskus, Jerusalem, den Irak, Persien, Istanbul (Konstantinopel) und Zypern erobern werde und dass der Islam auch die entlegensten Winkel der Erde im Westen und im Osten erreichen werde.[49]

- Der Prophet Muhammad erklärte: *Diese Angelegenheit begann mit der Prophetenschaft und als eine Barmherzigkeit; dann wird sie Barmherzigkeit und Kalifat sein; danach wird sie sich in eine grausame Monarchie und schließlich in eine Ungerechtigkeit und Tyrannei verwandeln.* Weiter prophezeite er: *Gewiss, das Kalifat nach mir wird dreißig Jahre währen, danach wird es eine Monarchie geben.*[50] Alles, was der Prophet hier ankündigte, erwies sich als wahr.

- Einem authentischen Hadith zufolge sagte der Prophet: *Uthman wird getötet werden, während er den Koran liest. Allah wird ihn in ein Hemd kleiden, aber sie werden es ihm abnehmen wollen.*[51] Gemeint ist hier, Uthman werde Kalif werden, man werde jedoch seine Absetzung betreiben und er werde den Märtyrertod sterben, während er im Koran liest. Es geschah genau das, was der Prophet vorhergesagt hatte.

- In einem anderen authentischen Hadith sagt der erhabene Prophet Gottes zu dem schwer erkrankten Sa'd ibn Abi Waqqas: *Es besteht Hoffnung, dass du verschont wirst, sodass einige Leute durch dich Vorteile erlangen und andere durch dich Nachteile erleiden werden.*[52] Mit diesen Worten spielte er darauf an, dass Sa'd ein bedeutender Befehlshaber werden und viele Eroberungen machen würde. Einerseits würden viele Völker durch ihn Vorteile erlangen, weil sie den Islam annähmen, und andererseits würden viele andere Völker infolge des Zusammenbruchs ihrer Staaten Nachteile durch ihn erleiden. Während des Kalifats Umars übernahm Sa'd, wie vom Propheten vorausgesagt, den Oberbefehl über die

---

[49] Hakim, 4.445; Ibn Hanbal, 4.303; auch bei Muslim und At-Tirmidhi
[50] Abu Dawud, *Sunna*, 8; At-Tirmidhi, *Fitan*, 48; Ibn Hanbal, 4.273
[51] Hakim, 3.100; Ibn Hanbal, 6.114; Ibn Madscha, 5.188; auch bei At-Tirmidhi
[52] Abu Nu'aym, *Hilyat al-Awliya'*, 1,94; auch bei Bukhari und Muslim

muslimischen Armeen. Er zerstörte das persische Sassanidenreich im Iran und Irak und führte viele Völker zum Islam.

- Als der Prophet einmal im Hause von Umm Haram, der Tante von Anas ibn Malik (der dem Gesandten zehn Jahre lang in Medina diente) aus dem Schlaf erwachte, sagte er lächelnd: *Ich habe geträumt, dass meine Gemeinschaft wie Könige auf Thronen sitzend auf dem Meer kämpfte.* Umm Haram bat ihn: „Bete, dass auch ich zu ihnen gehören werde!" Er entgegnete ihr entschieden: *Das wirst du!*[53] 40 Jahre später bewahrheitete sich diese Prophezeiung. Umm Haram, die ihren Ehemann begleitete, starb bei der Eroberung Zyperns und wurde dort beigesetzt. Ihr Grab wird auch heute noch besucht.

- Einem authentischen Hadith zufolge erklärte der Prophet: *Aus dem Stamm der Thaqif werden ein Lügner, der die Prophetenschaft beansprucht, und ein blutdürstiger Tyrann hervorgehen.*[54] Hier spielt er auf den verabscheuungswürdigen Mukhtar, der die Prophetenschaft für sich beanspruchte, und auf Hadschadsch an, einen Kriminellen, der Zehntausende tötete.

- In einem weiteren authentischen Hadith heißt es: *Konstantinopel wird erobert werden. Gesegnet sei der Befehlshaber, der es einnehmen wird, und gesegnet seien seine Truppen.*[55] Damit prophezeite Muhammad die Eroberung Istanbuls durch die Muslime und wies sowohl auf den hohen spirituellen Rang Sultan Mehmeds, des Eroberers, als auch auf die Tugendhaftigkeit seiner Armee hin. Was er vorausgesagt hatte, traf Jahrhunderte später ein.

- Der Gesandte Gottes machte insgesamt ca. 300 Prophezeiungen. Die meisten von ihnen haben sich bereits als wahr erwiesen, die anderen warten noch auf ihre Bestätigung. Interessant ist, dass einige seiner Voraussagen Fortschritte in Wissenschaft und Technik betreffen. Uns liegen zum Beispiel zwei Hadithe aus den zuverlässigen Sammlungen *Sahih al-Muslim*[56] bzw. *Sunan*

---

[53] As-Suyuti, *Dschami' as-Saghrir*, 6.24; Bukhari, Muslim und At-Tirmidhi
[54] Hakim, 3.453; auch bei Muslim, Ibn Hanbal und At-Tirmidhi
[55] Hakim, 4.422; Bukhari, *Tarikh as-Saghrir*, 139; Ibn Hanbal, 4.335
[56] Fitan, 110

at-Tirmidhi[57] vor, in denen der Prophet voraussagt, es werde der Tag kommen, an dem ein einziger Granatapfel ausreichen wird, um mit seiner Schale 20 Menschen Schatten zu spenden. Er prophezeite außerdem, dass der Weizen, der auf einer so kleinen Fläche wie dem Balkon eines Hauses gezüchtet wird, einmal ausreichen werde, um den Jahresbedarf einer ganzen Familie zu decken. Mit diesen Prophezeiungen wies er auf die großen Fortschritte der Menschheit in der Gentechnik hin.

In seinen Prophezeiungen verwandte der Prophet Muhammad nie Ausdrücke wie „Ich glaube...", „Ich vermute...", „Es könnte sein..." oder „Vielleicht geschieht es...", die ja Zweifel ausdrücken. Stattdessen sprach er, als sähe er Vergangenheit und Zukunft auf einem Fernsehbildschirm. Dies bedeutet, dass er entweder einen sehr scharfen und weiten Blick besaß, der Vergangenheit und Zukunft gleichermaßen durchdrang - was für einen Sterblichen unmöglich ist -, oder dass er ein Prophet war, der vom Allwissenden, von dem Einen, für den der gesamte und Raum und die gesamte Zeit nichts weiter als ein einziger Punkt sind, instruiert wurde.

DIE WUNDER DES PROPHETEN MUHAMMAD

Ein Wunder ist ein außergewöhnliches Ereignis, das Gott, der Allmächtige, durch die Hand eines Propheten hervorbringt, um dessen Prophetenschaft zu beweisen, den Glauben der Gläubigen zu stärken und den Starrsinn der Ungläubigen zu brechen.

Das Universum folgt den Gesetzen, die Gott festgelegt hat. Ohne diese Gesetze und ohne die konstante Beschaffenheit von Naturereignissen befände sich alles ständig im Fluss. In diesem Fall hätten wir Gottes Naturgesetze nicht entdecken und auch keine Fortschritte in der Wissenschaft erzielen können. Obwohl jüngste Entdeckungen in der Atomphysik zu Tage gebracht haben, dass alles, was existiert, sich in einer Welle ständiger Bewegung befindet, gelten an der Oberfläche die Prinzipien, die die klassische oder die Newton'sche

---

[57] Fitan, 59

Physik etabliert hat. Die Wissenschaftler mussten deshalb eingestehen, nicht mit letzter Gewissheit behaupten zu können, dass sich die Dinge eine Sekunde später noch im gleichen Zustand befinden wie zuvor.

Das Leben hat seine eigenen Gesetze, denen wir Folge leisten. Wir benötigen Lebensmittel und Wasser, mit denen wir unseren Hunger und Durst stillen können, und wir gehen zu einem Arzt, wenn wir krank sind. Wir benutzen Tiere, damit sie bestimmte Arbeiten für uns verrichten, aber wir können uns nicht mit ihnen unterhalten. Bäume bewegen sich nicht von der Stelle, und weder sie noch Steine oder Berge entbieten uns ihren Gruß. Wir handeln in Übereinstimmung mit den Gesetzen der Anziehung und der Abstoßung, und wir versuchen nicht, den Himmel zu erobern, ohne zuvor Berechnungen auf der Grundlage dieser Gesetze vorgenommen zu haben.

All diese und weitere Gesetze mehr machen das Leben des Menschen erst möglich. Da Gott diese Gesetze erlassen hat, ist Er nicht an sie gebunden. Er kann jedes einzelne Gesetz außer Kraft setzen oder den eigentlichen Lauf der Dinge ändern, um einen Propheten das, was wir Wunder nennen, wirken zu lassen oder um zu zeigen, dass Er in der Lage ist, jederzeit was immer Er will zu tun. Das in der islamischen Literatur für Wunder verwendete arabische Wort lautet *Mu'dschiza*, was wörtlich übersetzt so viel heißt wie: das, was kein anderer tun kann. Wenn Gott einem rechtschaffenen Menschen erlaubt, ein solches Wunder hervorzubringen, dann spricht man von einer *Karama* (pl. *Karamat*), einem außergewöhnlichen Gunstbeweis. Gunstbeweise dieser Art sind weitere Belege für die Prophetenschaft Muhammads und für die Wahrheit des Islam.

Es gibt unzählige *Karamat*, die Gott besonders rechtschaffenen Muslimen gewährte: z.B. die Gabe, zukünftige Ereignisse vorauszusagen. Muhyi Ad-Din ibn Al-Arabi etwa schrieb bereits ca. 50 Jahre vor der Gründung des Osmanischen Reichs in seinem Werk *Schadscharat an-Nu'maniya* über die Osmanen und kündigte ihre Eroberung von Damaskus und Ägypten an. Außerdem sagte er voraus, dass Murad IV. gegen Bagdad marschieren und die Stadt nach einer Belagerungszeit von 41 Tagen einnehmen würde oder dass Sultan Abdülaziz daran sterben würde, dass man ihm die Pulsadern aufschnitt. Weiterhin schreibt er im selben Buch: „Wenn ‚S‘ in ‚Sch‘ eintritt, wird die Begräbnisstätte von Muhyi Ad-Din entdeckt werden." In dieser Buchstabenfolge steht ‚S‘ für Selim und ‚Sch‘ für *Scham* (arab.: Damaskus). Genauso wie seine anderen Voraussagen erfüllte sich auch diese; denn als der osmanische Sultan Selim I. Damaskus eroberte, entdeckte er die Begräbnisstätte Ibn al-Arabis und ordnete an, auf ihr ein Grabmal zu errichten.

Muschtaq Dada aus Bitlis, einer östlichen Provinz der Türkei, prophezeite schon 71 Jahre vor dem tatsächlichen Ereignis in einigen seiner Verse, dass nach vielen Kriegen und Erschütterungen Ankara einst die Hauptstadt der Türkei sein werde. Interessant ist auch, dass Muschtaq Dada den Namen desjenigen angibt, der die Hauptstadt von Istanbul nach Ankara verlegen würde. Wenn man jeweils die ersten Buchstaben seiner Verse verbindet, erhält man den Namen Kamal.

Gott, der Allmächtige, erlaubte all Seinen Propheten, Wunder zu vollbringen. Weil jedoch alle Propheten vor Muhammad zu einem bestimmten Volk gesandt worden waren und sich ihre Prophetenschaft auf eine bestimmte Zeit und auf ein bestimmtes Volk beschränkte, bezogen sich ihre Wunder auf Künste und handwerklich Fähigkeiten ihrer Zeit. Da zur Zeit Mose beispielsweise die Zauberei in Ägypten großes Ansehen genoss, sorgte Gott, der Allmächtige, dafür, dass sich sein Stab in eine Schlange verwandelte, die die Schlangen der Zauberer verschlang. Zu Lebzeiten Jesu stand die Heilkunst hoch im Kurs. Deshalb hatten die meisten seiner Wunder mit ihr zu tun. Die Wunder des Propheten Muhammad sind hingegen sehr vielseitig und mit nahezu allen Bereichen der Schöpfung verknüpft. Denn seine Prophetenschaft ist universell gültig, und er ist der letzte Prophet.

Wenn der Adjutant eines geachteten Herrschers eine Stadt betritt und verschiedene Geschenke vom Herrscher mitbringt, wird er von den Repräsentanten der einzelnen Volksgruppen, Berufsstände, Gesellschaften oder Verbände der Stadt willkommen geheißen. Als der oberste Gesandte des Ewigen Souveräns das Universum als ein Gesandter für die Erdbewohner beehrte und diesem das Licht der Wahrheit und spirituelle Geschenke, die sich auf die Wahrheiten des gesamten Universums beziehen, vom Schöpfer überbrachte, hieß ihn jede einzelne Einheit - von den anorganischen Elementen bis hin zu den Pflanzen, Tieren und Menschen, dem Mond, der Sonne und den Sternen - in der ihr eigenen Art und Weise und Sprache willkommen. So wurde jede einzelne Einheit zu einem Instrument einer Art Wunder.

Jedes Wort, jede Handlung und jeder Zustand des erhabenen Propheten zeugt von seiner Prophetenschaft und seinem festen Glauben; deshalb sind sie aber noch lange nicht alle als Wunder zu betrachten. Denn der Allmächtige sandte Muhammad ja in Gestalt eines Menschen, damit er die Menschen in all ihren individuellen und gemeinschaftlichen Belangen zur Glückseligkeit in beiden Welten führen konnte. Die Menschen sollten die Wunder der Kunst Gottes und das Wirken Seiner Macht sehen können. Denn Sein ganzes Wirken ist in der Tat ein Wunder, das uns allerdings oft allzu alltäglich erscheint.

Wenn alles, was der Prophet jemals getan hat, außergewöhnlich gewesen wäre, dann hätte er den Menschen kein Vorbild sein und sie nicht lehren und anleiten können. Gott erlaubte ihm jedoch, einige außerordentliche Taten zu vollbringen, um Ungläubigen seine Prophetenschaft zu beweisen; daher wirkte er gelegentlich auch Wunder. Dies geschah allerdings nie so, dass es die Menschen zum Glauben gezwungen hätte; denn sonst wäre der Zweck unseres Daseins - uns auf die Probe zu stellen und unseren freien Willen zu testen - außer Kraft gesetzt worden. Wenn Wunder den Menschen keine andere Wahl lassen würden, als zu glauben, und sie damit ihres freien Willens berauben würden, wären unsere ganze Existenz und der Sinn unseres Daseins hinfällig.

Die meisten der ca. 1.000 Wunder des Propheten Muhammad wurden zunächst von Gefährten, dann von zahlreichen verlässlichen Überlieferern und Autoritäten weitergegeben, bevor sie schließlich in authentischen Hadithsammlungen festgehalten wurden. Die übrigen Wunder wurden zwar nur von einem oder zwei Gefährten überliefert; doch auch sie müssen als unanfechtbar gelten, da sie später von allen vertrauenswürdigen Experten als wahr anerkannt und anhand von mindestens zwei Überliefererketten belegt wurden. Hinzu kommt, dass die Mehrzahl der Wunder in Gegenwart vieler Menschen (d.h., auf Feldzügen, bei Hochzeitsfeierlichkeiten oder anderen Festen) gewirkt wurde, wobei jeweils einer oder mehrere der Anwesenden über das Wunder berichteten und die anderen es bestätigten, indem sie schwiegen. Deshalb stehen die in den authentischen Hadithsammlungen aufgezeichneten Wunder nicht zur Diskussion und dürfen nicht als unrichtig bezeichnet werden.

EINIGE BEISPIELE FÜR WUNDER DES PROPHETEN

Im Koran heißt es:

> *Gepriesen sei der, der bei Nacht Seinen Diener von der heiligen Moschee zu der fernen Moschee, deren Umgebung Wir gesegnet haben, hinführte, auf dass Wir ihm einige Unserer Zeichen zeigten. Wahrlich, Er ist der Hörende, der Sehende.* (17:1)

> *Hierauf näherte er sich; kam dann nach unten, bis er eine Entfernung von zwei Bogenlängen erreicht hatte oder noch näher. Und er offenbarte Seinem Diener, was er offenbarte. (Und) dessen Herz hielt es nicht für gelogen, was er sah.* (53:8-11)

Die nächtliche Himmelsreise ist eines der größten Wunder des Propheten Muhammad. Gott erhob ihn, dem sein Glauben und seine Anbetung spirituelle Vollkommenheit und völlige Läuterung geschenkt hatten, in Seine heilige Gegenwart. Indem der Prophet aus dem Gefängnis der ‚Naturgesetze' und der materiellen Ursachen ausbrach und die Grenzen der körperlichen Existenz überwand, legte er in kürzester Zeit größte Entfernungen zurück und durchdrang alle Dimensionen der materiellen Welt, bis er schließlich in die heilige Gegenwart Gottes gelangte.

Die Atomphysik hat viele Vorstellungen in der Physik verändert und herausgefunden, dass die materielle Welt nur eine von vielen Dimensionen bzw. Erscheinungsformen des Seins darstellt, die alle über ihre eigenen Eigenheiten verfügen. Einstein hat die Theorie aufgestellt, dass die Zeit nur eine Dimension des Seins ist. Noch hat die Wissenschaft keine endgültigen Aussagen über das Sein treffen können, denn neue Entdeckungen und Entwicklungen ändern unsere Vorstellungen immer wieder aufs Neue. Wie können wir also die nächtliche Himmelsreise in Frage stellen? Man kann sich nur schwer ausmalen, wie ein Mensch in einem einzigen Moment in einem einzigen Punkt die Zeit in ihrer Gesamtheit durchdringen kann. Eine Analogie mag uns aber dabei helfen, diesen schwierigen Sachverhalt zu verstehen:

Stellen wir uns einmal vor, wir würden einen Spiegel in der Hand halten, in dem auf der rechten Seite all das, was die Vergangenheit betrifft, und auf der linken Seite all das, was die Zukunft betrifft, gespiegelt wird. Der Spiegel kann, während wir ihn in der Hand halten, aber nur eine Richtung zeigen. Wenn wir beide Seiten gleichzeitig einsehen wollen, müssen wir uns so hoch über unsere ursprüngliche Position hinaus erheben, dass die linke und die rechte Seite miteinander verschmelzen und nichts mehr bleibt, was Anfang oder Ende genannt werden könnte.

Bei seiner nächtlichen Himmelsreise muss sich der Prophet mit der Geschwindigkeit des Geistes bewegt haben, weil er in kürzester Zeit durch Zeit, Raum und alle Dimensionen reiste. Auf ihr traf er mit früheren Propheten zusammen, sah Engel und erblickte die Schönheiten des Paradieses und die Schrecken der Hölle. Er entdeckte die essenziellen Realitäten aller im Koran angesprochenen Themen und die Bedeutungen und die Weisheit aller Akte der Anbetung. Er erreichte Sphären, die selbst der bedeutendste Engel, Gabriel, nicht zu erreichen vermag, und ihm wurde ein Anblick des ‚Gesichtes‘ Gottes gewährt, der frei war von allen qualitativen und quantitativen Dimensionen und Beschränkungen. Um die Menschen aus der Dunkelheit der materiellen Existenz in das erleuchtete Reich des Glaubens und der Anbetung zu führen, um ihnen zu ermöglichen, ihre eigene ‚spirituelle‘ Himmelsreise zu machen, kehrte er dann in die Welt zurück.

Ein anderes Wunder, das der Spaltung des Mondes, wurde vor den Augen von Menschen gewirkt, die die Prophetenschaft Muhammads beharrlich leugneten. Wie von Abdullah ibn Mas'ud berichtet wird, spaltete der Prophet, als sie eines Nachts in Mina waren, durch eine Geste seines Zeigefingers den Mond in zwei Teile. Die eine Hälfte des Mondes erschien vor, die andere hinter dem Berg. Dann wandte sich der Prophet ihnen zu und sagte: *Seid Zeugen!*[58]

Der Koran berichtet in den folgenden Versen von diesem Wunder:

> *Die Stunde ist nahe gekommen, und der Mond hat sich gespalten. Doch wenn sie ein Zeichen sehen, wenden sie sich ab und sagen: „(Dies ist) ein ewiges Zauberwerk."* (54:1-2)

Kommen wir nun zu einigen weiteren Wundern, die alle in der islamischen Literatur hinreichend dokumentiert sind:

- Anas Ibn Malik berichtet, dass Abu Talha den Gesandten Gottes, als er ihn hungrig sah, zu einem Mahl einlud. Der Gesandte kam mit einer ganzen Schar von Leuten. Abu Talha hatte lediglich einen Laib Roggenbrot im Haus. Umm Sulaim, die Frau von Abu Talha, strich etwas Butter darauf. Der Gesandte betete um eine Vermehrung des Brots, und mindestens 70 bis 80 Leute aßen, bevor sie davon gingen, so viel sie wollten.[59]

- Abd ar-Rahman ibn Abi Bakr erzählt, dass 130 Gefährten mit dem Gesandten Gottes einen Feldzug führten. Der Gesandte fragte sie, ob sie etwas zu essen hätten. Einer von ihnen hatte einen oder zwei Säcke Mehl dabei. Damit bereitete man einen Teig vor, außerdem kaufte man von einem Götzenanbeter, der gerade mit seiner Herde vorbeikam, ein Schaf. Die Leber des Schafs wurde gebraten und anschließend vom Gesandten unter den Anwesenden verteilt. Jeder bekam ein Stück davon, und denjenigen, die nicht anwesend waren, wurde ebenfalls ein Stück zur Seite gelegt. Das Fleisch wurde in zwei Schüsseln gekocht, und jeder aß von ihm. Nach dem Essen war jedoch immer noch genauso viel Fleisch übrig wie vor dem Essen.[60]

Es existieren noch viele weitere Beispiele für diese Art von Wundern. Sie alle wurden durch verschiedene - zum Teil nicht weniger als 16 - Kanäle überliefert. Die meisten dieser Wunder fanden in Anwe-

---

[58] Bukhari, *Manaqib*, 27; Muslim, *Kitab Sifat al-Munafiqin wa Ahkamihim*, 44
[59] Bukhari, *Ayman*, 22; Muslim, *Aschriba*, 142
[60] Bukhari, *At'ima*, 6; Muslim, *Aschriba*, 175

senheit großer Ansammlungen von Menschen statt und wurden von vielen wahrheitsliebenden Menschen mit gutem Leumund weitererzählt.

Gott, der das Universum erschuf und es von bestimmten von Ihm festgelegten Gesetzen abhängig machte, ist mit Sicherheit auch dazu in der Lage, diese Gesetze für Seinen innig geliebten Diener und Gesandten außer Kraft zu setzen. Insbesondere in der Gegenwart, da Wissenschaftler die mechanistische Vorstellung vom Universum zu Gunsten der Relativität aufgegeben haben, kann es weder als rational noch als wissenschaftlich gelten, Wunder auf der Grundlage eines absoluten Determinismus oder absoluter Kausalität zu leugnen.

Darüber hinaus gibt es keine Wunder, bei denen materielle Ursachen, so geringfügig und unbedeutend sie auch sein mögen, überhaupt keine Rolle spielen würden. Wenn Gott, der Allmächtige, doch selbst die kleinsten Dinge dazu veranlasst, gewaltige Einheiten zu formen, wie kommen wir dann dazu, zu bezweifeln, dass es Wunder gibt? Der Mensch, der so schwach ist, dass ihn selbst eine Mikrobe besiegen kann, ist andererseits so intelligent, Computer herzustellen, deren Speicher Wissen fassen, das ganze Bibliotheken fülle würde. Ist dieser Umstand nicht ein ebenso großes Wunder wie einem Diener zu erlauben, Speisen oder Getränke zu vermehren? Ist nicht jedes Ereignis im Universum, jede Handlung Gottes ein Wunder, das wir Menschen niemals nachahmen könnten?

Viele Wunder des Propheten stehen in irgendeinem Bezug zum Wasser. Auch von diesen Wundern berichten zahlreiche Gefährten; auch sie werden durch verlässliche Kanäle überliefert. Zwei dieser Wunder möchte ich hier anführen:

- Als die Gefährten sich einmal an einem Ort namens Zarwa aufhielten, hatten sie nicht genug Wasser, um den *Wudu'*, die rituelle Waschung vor dem Gebet, durchzuführen. Der Gesandte Gottes wies sie an, ihm eine Schüssel Wasser zu bringen. Er tauchte seine Hände in die Schüssel, und aus seinen Fingern begann, wie aus einer Quelle, Wasser zu fließen. Anas ibn Malik sagt, dass an jenem Tag 300 Menschen anwesend waren, und berichtet folglich im Namen dieser 300 Menschen.[61] Hätte er hier gelogen, wäre es dann nicht logisch, dass ihm zumindest einer der 300 widersprochen hätte?

- Während des Feldzuges von Hudaibiya beklagten sich die Gefährten beim Gesandten Gottes darüber, es gebe kein Wasser. Daraufhin zog der Gesandte einen Pfeil aus seinem Köcher und befahl ihnen, ihn in den Brunnen von Samad zu tauchen. Als sie dies taten, schoss Wasser aus dem Brunnen hervor. Während des Feldzugs tranken alle Gefährten von ihm und vollzogen mit ihm ihren *Wudu'*.[62]

Authentische Hadithsammlungen wie z.B. die *Sahih al-Bukhari* und *Sahih al-Muslim* berichten von vielen Wundern, im Rahmen derer kranke und verwundete Menschen geheilt wurden:

- Während der Schlacht von Khaybar fragte der Gesandte Gottes, wo Ali sei. Als man ihm antwortete, Ali leide unter wunden Augen, ließ der Gesandte ihn zu sich kommen und strich ihm seinen heilenden Speichel auf die Augen. Im selben Augenblick flauten die Schmerzen ab, und Ali konnte besser sehen als je zuvor.[63]
- Uthman ibn Hunayf berichtet:

> „Ein blinder Mann kam zum Gesandten Gottes und bat ihn darum, zu Gott zu beten, damit er sein Sehvermögen wiedererlangte. Der Gesandte erklärte ihm: *Wenn du es wünschst, werde ich nicht beten - die Blindheit könnte für dein Leben nach dem Tode besser sein -, und wenn du es wünschst, werde ich beten.* Der Mann entschied sich dafür, von seiner Blindheit befreit zu werden, und der Gesandte befahl ihm:
>
> > *Geh und vollziehe die Gebetswaschung! Danach bete zwei Rak'at und sprich: ,O Gott! Dir gilt mein Gebet, und an Dich wende ich mich durch den Propheten Muhammad, den Propheten der Barmherzigkeit. O Muhammad! Durch dich wende ich mich an Gott, auf dass Er mir mein Augenlicht wiedergebe. O Gott! Mache ihn zu meinem Fürsprecher!'"*

---

[61] An-Nasa'i, 1.60; Bukhari, 4,233; Muslim, Hadith Nr. 2279
[62] Bukhari, *Schurut*, 15
[63] Bukhari, *Fada'il as-Sahaba*, 9; Muslim, *Fada'il as-Sahaba*, 34

Der Mann tat, wie der Gesandte ihn geheißen hatte und konnte fortan wieder sehen.[64]

Das Tierreich bestätigte den Gesandten Gottes an und half ihm dabei, Wunder zu wirken. Auch wenn viele Beispiele von dieser Tatsache künden, sollen hier nur einige wenige Erwähnung finden, die besonders bekannt geworden und von anspruchsvollen Gelehrten anerkannt worden sind:

- Als der Gesandte Gottes einmal während der Hidschra in der Höhle Thawr Zuflucht vor der Verfolgung durch die Ungläubigen suchte, bewachten zwei Tauben (wie zwei Wachposten) den Eingang der Höhle, und eine Spinne verdeckte (wie ein Pförtner) den Höhleneingang mit einem dicken Netz. Als Ubayy ibn Khalaf, einer der Stammesführer der Quraysch, die Höhle untersuchte, forderten ihn seine Freunde auf, er solle in die Höhle hineingehen, woraufhin er ihnen jedoch entgegnete: „Hier hängt ein dickes Spinnennetz, das schon vor der Geburt Muhammads gesponnen zu sein scheint." Die anderen fügten hinzu: „Würden etwa diese Tauben hier noch verweilen, wenn sich jemand in der Höhle befände?"[65]

- Dschabir berichtet:

  > „Ich begleitete den Gesandten Gottes auf einem Feldzug. Als mein Kamel erschöpft war und zurückblieb, stupste der Gesandte Gottes es leicht an. Dadurch wurde das Kamel so schnell, dass ich die Zügel anziehen musste, damit es langsamer wurde und ich dem Gesandten zuhören könnte; aber ich war nicht in der Lage [es langsamer laufen zu lassen]."[66]

- Anas Ibn Malik schildert:

  > „Nach der Eroberung Khaybars bot eine Jüdin dem Gesandten Gottes gebratenes Schaf an. Der Gesandte aß ein Stück davon, hielt jedoch einem Bericht Abu Dawuds zufolge sofort inne und bemerkte: *Dieses Schaf sagt, es sei vergiftet worden.* Dann wandte er sich an die Frau und fragte sie,

---

[64] At-Tirmidhi, *Da'wat*, 119; Ibn Hanbal, 4.138; Ibn Madscha, *Iqama*, 189
[65] Ibn Hanbal, 1.348
[66] Bukhari, *Nikah*, 10,22

warum sie ihm das vergiftete Schaf angeboten habe. Als die Frau erwiderte, dass sie ihn habe töten wollen, erwiderte der Gesandte: *Gott wird nicht zulassen, dass du mich angreifst und belästigst.*"[67]

- Aischa erzählt:

  „Wir hatten in unserem Haus eine Taube. Solange der Gesandte Gottes zu Hause war, verhielt sie sich ruhig; aber sobald er das Haus verlassen hatte, lief sie hin und her."[68]

- Anas Ibn Malik berichtet:

  „Der Gesandte Gottes war der anmutigste, großzügigste und mutigste aller Menschen. Eines Nachts hörten die Einwohner Medinas Stimmen und machten sich ängstlich daran nachzuschauen, was los war. Da sahen sie einen Mann, der ihnen entgegenkam und sich schließlich als Muhammad entpuppte. Er sagte zu ihnen: *Es gibt nichts, um das man sich Sorgen machen müsste.* Er hatte Abu Talhas Pferd bestiegen und die Angelegenheit noch vor allen anderen untersucht. Er wandte sich an Abu Talha und teilte ihm mit: *Ich fand dein Pferd schnell und angenehm.* Dabei war dieses Pferd doch zuvor immer sehr langsam gewesen. Nach dieser Nacht konnte es kein anderes Pferd mehr mit diesem Pferd aufnehmen.“[69]

Vielen Darstellungen in den Hadithsammlungen zufolge bediente sich der Prophet bei seinen Wundern auch unbelebter Objekte:

- Dschabir ibn Samura erwähnt:

  „Der Gesandte Gottes sagte einmal: *Vor meiner Prophetenschaft pflegte mir ein Felsen in Mekka seinen Gruß zu entbieten. Ich erkenne ihn noch immer wieder.*"[70]

- Abdullah ibn Mas'ud führt aus:

  „Wir hörten Nahrungsmittel Gott preisen, während wir mit dem Gesandten Gottes aßen.“[71]

---

[67] Muslim, *Salam*, 45; Abu Dawud, *Diyat*, 6

[68] Ibn Hanbal, *Musnad*, 4,112

[69] Bukhari, *Adab*, 39; Muslim, *Fada'il*, 48; Ibn Hanbal, 3.147

[70] Muslim, *Fada'il*, 2; Darimi, *Muqaddima*, 4

[71] Bukhari, *Manaqib*, 25; Ibn Hanbal, 1.460

- Überlieferer berichten übereinstimmend von Anas, Abu Hurayra, Uthman und Sa'id ibn Zayd, die sagten:

> „Der Gesandte Gottes stieg in Begleitung von Abu Bakr, Umar und Uthman auf den Berg Uhud. Der Berg erzitterte - entweder vor Ehrfurcht vor ihnen oder vor Freude. Der Gesandte Gottes befahl ihm: *Beruhige dich, Uhud! Denn auf dir stehen ein Prophet, ein Wahrheitsliebender und zwei Märtyrer.*"[72]

Mit diesem Ausspruch sagte der Gesandte den Märtyrertod Umars und Uthmans voraus.

- Authentische Darstellungen von Ali, Dschabir und Aischa konnten den Nachweis erbringen, dass Felsen und Berge zum Gesandten Gottes sprachen: „Friede sei mit dir, Gesandter Gottes!" Ali sagte: „Immer wenn wir in den ersten Tagen seiner Prophetenschaft in den Vororten Mekkas spazieren gingen, erklärten Bäume und Felsen, wenn wir an ihnen vorbeigingen: ‚Friede sei mit dir, Gesandter Gottes!'"[73]
- Verschiedene Kanäle überliefern folgendes Ereignis:

> Während des Feldzugs gegen die Ghatfan und die Anmar tauchte an der Seite des Gesandten Gottes, der gerade unter einem Baum lag, ganz unerwartet ein mutiger Stammesführer namens Ghowras auf. Er zog sein Schwert aus der Scheide und fragte Gottes Gesandten: „Wer wird dich nun vor mir schützen?" *Gott!*, antwortete der Gesandte. Dann betete er: *O Gott, schütze mich so vor ihm, wie Du es für richtig hältst!* Im selben Moment ging Ghowras zu Boden, und sein Schwert fiel ihm aus der Hand. Der Gesandte Gottes nahm das Schwert an sich und fragte ihn: *Und wer wird dich nun vor mir schützen?* Ghowras begann zu zittern und flehte den Gesandten Gottes an, er möge sein Leben verschonen: „Du bist ein edler, nachsichtiger Mann. Nichts anderes als Barmherzigkeit ist von dir zu erwarten." Der Gesandte Gottes verzieh ihm, und als Ghowras zu seinem Stamm zurückkehrte, sagte er zu seinen Leuten: „Ich komme gerade vom besten aller Menschen."[74]

---

[72] Muslim, *Fada'il*, 50
[73] At-Tirmidhi, Hadith Nr. 3630; Hakim, 2.607
[74] Bukhari, *Maghazi*, 31,33; Muslim, *Fada'il*, 13

- Abu Hurayra berichtet:

> „Abu Dschahl fragte diejenigen, die um ihn waren, einmal: ‚Reibt
> Muhammad sein Gesicht immer noch an der Erde [d.h., vollführt er
> immer noch seine Niederwerfungen im Gebet]?‘ Man antwortete ihm:
> ‚Ja, das tut er immer noch.‘ Abu Dschahl fuhr fort: ‚Bei Lat und Uzza!
> Wenn ich ihn noch einmal dabei sehe, werde ich auf seinen Nacken tre-
> ten oder sein Gesicht im Erdboden vergraben.‘ Kurze Zeit später kam
> der Gesandte Gottes und begann, sein Gebet zu verrichten. Als er sich
> im Gebet niederwarf, näherte sich ihm Abu Dschahl, wich aber plötz-
> lich erstaunt zurück und versuchte, sich mit seinen Händen zu schüt-
> zen. Als er gefragt wurde, warum, antwortete er: ‚Zwischen ihm und
> mir tut sich ein Graben auf, in dem ein Feuer brennt und etwas Schreck-
> liches und einige Flügel sind.‘ Gottes Gesandter kommentierte diesen
> Vorfall so: Wenn er sich mir genähert hätte, hätten ihn die Engel in Stücke
> gerissen.“[75]

Gott hatte versprochen, ihn vor den Menschen zu schützen:

> *O du Gesandter! Verkünde, was zu dir von deinem Herrn herabgesandt*
> *wurde; und wenn du es nicht tust, so hast du Seine Botschaft nicht verkün-*
> *digt. Und Allah wird dich vor den Menschen schützen. Wahrlich, Allah*
> *weist den ungläubigen Leuten nicht den Weg.* (5:67)

Auch die Akzeptanz der Gebete Muhammads ist ein Wunder, wie
die folgenden Beispiele belegen:

- Die Hadithgelehrten und insbesondere Imam Bukhari und Imam
  Muslim berichten übereinstimmend, dass die Gebete des Gesandten Gottes um Regen stets umgehend von Gott erhört wurden.
  Es kam sogar vor, dass es, noch während er auf der Kanzel ste-
  hend seine Hände senkte, unverhofft zu regnen begann. Wann
  immer den Soldaten des Propheten Muhammad das Wasser aus-
  gegangen war, erschienen Regenwolken und spendeten ihnen
  Wasser. Schon in seiner Kindheit hatte Muhammads Großvater Abd al-Muttalib mit seinem Enkel um Regen gebetet, der auf
  Grund der Liebe Gottes zu Muhammad dann auch einsetzte.
  Diesen Umstand verewigte Abd al-Muttalib in einem Gedicht.

---

[75] Muslim, *Sifat al-Munafiqin*, 38

Nach dem Tod des Propheten berief sich Umar in seinem Gebet um Regen einmal auf Abbas als Vermittler und sagte: „O Gott! Er ist der Onkel Deines geliebten Propheten. Schenke uns um seinetwillen Regen!" Danach regnete es.[76]

• Anas ibn Malik erwähnt, dass eines Tages, als der Gesandte Gottes an einem Freitag gerade die Predigt hielt, ein Mann in die Moschee kam und sagte: „O Gesandter Gottes! Es herrscht Dürre. Bitte bete zu Gott, damit Er uns Regen schicke!" Der Gesandte betete, und es regnete bis zum darauf folgenden Freitag. Der Regen dauerte also eine Woche an. Am Freitag, als der Gesandte Gottes wieder auf der Kanzel stand und die Predigt hielt, erhob sich ein Mann und sprach: „O Gesandter Gottes! Bitte bete zu Gott, damit Er den Regen von uns abwende!" Der Gesandte betete: *O Gott! Schicke den umliegenden Gebieten Regen, uns aber nicht!* Anas, der diesen Vorfall überliefert, merkt an: „Bei Gott! Ich sah, wie die Wolken auseinander trieben und der Regen auf andere Gebiete niederging; so waren die Einwohner Medinas dem Regen nicht länger ausgesetzt.[77]

• Abdullah ibn Umar berichtet:

> „Als die Anzahl der Gefährten auf ca. 40 gestiegen war, betete der Gesandte Gottes: *O Gott! Verleihe dem Islam Stärke durch denjenigen der beiden, nämlich Umar ibn al-Khattab oder Amr ibn al-Hischam, der Dich eher zufrieden stellt!* Am nächsten Morgen kam Umar zum Gesandten und nahm den Islam an."[78]

• Abdullah ibn Abbas überliefert:

> „Als der Gesandte einmal auf der Toilette war, brachte ich ihm Wasser für die Gebetswaschung. Als er herauskam, fragte er, wer das Wasser dorthin gestellt habe. Ich antwortete: ‚Das war ich.' Daraufhin betete er: *O Gott! Lasse ihn ein tiefes Wissen in religiösen Fragen erlangen, und lehre ihn die Bedeutung des Koran!*"[79]

---

[76] Bukhari, 2.35; Bayhaqi, *Sunan*, 6.147
[77] Bukhari, *Istisqaʿ*, 7; Muslim, *Istisqaʿ*, 1
[78] At-Tirmidhi, *Manaqib*, 18; Ibn Hanbal, *Musnad*, 2.95
[79] Bukhari, *Ilm*, 17; Muslim, *Fadaʾil*, 137

Dieses Gebet des Gesandten für Ibn Abbas bewirkte, dass jener später ‚der profunde Gelehrte der *Umma*‘ und ‚der Exeget des Koran‘ genannt wurde. Schon in jungen Jahren berief ihn Umar in die beratende Versammlung, die sich sonst aus hochrangigen Gelehrten und den ältesten Gefährten zusammensetzte.

- Anas ibn Malik schreibt:

> „Meine Mutter brachte mich zum Gesandten Gottes und sagte zu ihm: ‚Gesandter Gottes! Dies ist mein Sohn Anas. Lass ihn dir dienen! Bitte bete für ihn!‘ Der Gesandte betete: *O Gott! Schenke ihm reichlich Wohlstand und Nachkommen!*“

Im hohen Alter schwor Anas bei Gott: „Ihr seht meinen Reichtum, und die Kinder und Enkelkinder, die ich habe, zählen an die 100.“[80]

- Abu Hurayra beklagte sich einmal beim Gesandten Gottes über seine Vergesslichkeit. Der Gesandte sagte ihm, er solle ein Stück Tuch auf dem Boden ausbreiten. Dann vollführte er einige Bewegungen, als ob er seine Hände mit unsichtbaren Dingen füllte und sie über dem Stück Tuch wieder ausleerte. Nachdem er diese Prozedur drei- oder viermal wiederholt hatte, forderte er Abu Hurayra auf, er solle das Tuch aufheben. Dieser schwor später bei Gott, dass er danach niemals wieder irgendetwas vergaß. Auch diese Begebenheit gehört zu den weithin bekannten Ereignissen, die in Zusammenhang mit den Gefährten stehen.[81]

Außerdem traf der Prophet mit Engeln und Dschinn zusammen und sprach mit ihnen.

- Umar führt aus:

> „Wir saßen mit dem Gesandten Gottes zusammen, als neben uns ein Mann erschien. Er hatte pechschwarzes Haar und trug ein weißes Gewand. Nichts an ihm ließ darauf schließen, dass es sich bei ihm um einen Reisenden handelte. Er setzte sich vor dem Gesandten nieder, ließ seine Knie die des Gesandten berühren und stellte ihm Fragen zum

---

[80] Muslim, *Fada’il*, 143
[81] Muslim, *Fada’il*, 159

Glauben, zum Islam, zur Vervollkommnung der Tugend (*Ihsan*) und zum Jüngsten Tag. Anschließend ging der Mann fort und verschwand. Der Gesandte Gottes wandte sich an mich und fragte mich, wer dieser Mann gewesen sei. Ich antwortete ihm: ‚Gott und Sein Gesandter wissen es besser.' Der Gesandte stellte fest: *Das war Gabriel. Er kam, um euch eure Religion zu lehren.*"[82]

- Sa'd ibn Abi Waqqas erzählt:

  „Bei der Schlacht von Uhud sah ich rechts und links neben dem Gesandten Gottes zwei in Weiß gekleidete Männer (die Erzengel Gabriel und Michael), die für seine Sache kämpften. Ich hatte sie nie zuvor gesehen und sah sie auch danach nie wieder."[83]

- Rifa'a ibn Rafi' schildert:

  „Gabriel fragte den Gesandten Gottes nach seinem Urteil über die Gefährten, die an der Schlacht von Badr teilgenommen hatten. Der Gesandte antwortete ihm: *Wir zählen sie zu den tugendhaftesten der Muslime.* Gabriel erwiderte: ‚Das trifft auch auf uns zu; wir betrachten die Engel, die dort anwesend waren, als die tugendhaftesten Engel.'"[84]

- In seinem Werk *Musnad* überliefert Ahmad ibn Hanbal von Abdullah ibn Mas'ud, dass der Gesandte Gottes Dschinn dazu einlud, den Islam anzunehmen, und sie den Koran lehrte.[85]

Darüber hinaus vollbrachte der Prophet auch Wunder, bei denen das Erscheinen von unsichtbaren Objekten und Sphären vor dem Propheten eine Rolle spielte.

- Aischa berichtet:

  „Eines Tages hatte sich die Sonne verfinstert. Der Gesandte Gottes verrichtete das Gebet der Sonnenfinsternis und erklärte dann:

  Die Sonne und der Mond sind zwei der Zeichen Gottes . Wenn ihr Zeuge einer Finsternis werdet, dann betet, bis sie beendet ist. Bei Gott! Dort,

---

[82]   Bukhari, *Iman*, 37
[83]   Bukhari, *Maghazi*, 18; Muslim, *Fada'il*, 46-47
[84]   Bukhari, *Maghazi*, 11
[85]   Ibn Hanbal, 1.455

wo ich das Gebet verrichtet habe, habe ich alles, was mir verheißen wurde, gesehen. Als ihr mich während des Gebets nach vorn bewegen saht, tat ich dies, um nach Trauben zu greifen, die aus dem Paradies vor mir auftauchten. Und bei Gott! Als ihr mich rückwärts bewegen saht, da tat ich dies, weil ich die Hölle sah, wie sie brüllte und sich mit ihren Teilen eines über das andere stapelte."[86]

• Abdullah ibn Abbas berichtet:

„Der Gesandte Gottes ging an zwei Gräbern vorbei und sagte: *Gebt Acht, was ich euch sagen werde! Diejenigen, die in diesen Gräbern liegen, leiden Qualen. Sie leiden Qualen, weil sie zwei schwere Sünden begangen haben. Einer von ihnen pflegte andere überall zu verleumden. Der andere ließ keine Sorgfalt [hinsichtlich seines Schutzes] vor Urinflecken walten.*"[87]

Selbst unbelebte Objekte wie Bäume und Zweige bezeugen die Prophetenschaft Muhammads.

• Dschabir ibn Abdullah führt aus:

„Wir gingen mit dem Gesandten Gottes spazieren. Wir wanderten in ein großes Tal hinab. Der Gesandte suchte nach einem Platz, um sich auszuruhen. Als er sah, dass es nicht einen einzigen geschützten Platz gab, ging er zu den beiden Bäumen, die er im Tal gesehen hatte. Er zog einen der beiden an einem Zweig, der zum anderen Baum hinüber wuchs. Der Baum reagierte wie ein folgsames Kamel, das an seinen Zügeln geführt wird. Dann wandte er sich mit den Worten an die Bäume: *Verbindet euch mit Gottes Erlaubnis über mir!* Die Bäume schoben ihre Äste ineinander und bildeten einen Sonnenschirm."[88]

• Abdullah ibn Umar berichtet:

„Der Gesandte Gottes pflegte sich bei seinen Reden an einen ‚Dattelpalmstamm' genannten Pfahl zu lehnen. Als man später eine Kanzel baute und der Prophet dazu überging, seine Reden auf dieser Kanzel zu halten, stöhnte der Pfahl auf Grund seiner Trennung vom Propheten. Da stieg der Gesandte hinab und streichelte ihn. Der Pfahl hörte auf zu stöhnen."[89]

---

[86] Bukhari, *Abwab al-Amal fi-s-Salat*, 2; Muslim, *Kusuf*, 3
[87] Bukhari, *Adab*, 46; Muslim, *Tahara*, 3
[88] Muslim, *Zuhd*, 74 Muslim, *Zuhd*, 74
[89] Bukhari, *Manaqib*, 25; At-Tirmidhi, *Manaqib*, 6; An-Nasa'i, *Dschumu'a*, 17

• Abu Sa'id al-Khudri berichtet:

> „In einer finsteren Nacht überreichte der Gesandte Gottes Qatada ibn
> Nu'man einen Stock und sagte: *Dieser Stock wird deine Umgebung im
> Umkreis von sieben Metern erhellen. Wenn du nach Hause kommst, wirst
> du einen schwarzen Schatten sehen. Schlage ihn mit diesem Stock, ohne ihm
> die Gelegenheit zu geben, dir irgendetwas mitzuteilen!* Qatada tat, wie ihn
> der Gesandte Allahs geheißen hatte."[90]

AN WUNDERN DARF NICHT GEZWEIFELT WERDEN

• Der erhabene Prophet erklärte, er sei ein Prophet. Um seine
Prophetenschaft zu beweisen, präsentierte er den prächtigen
Koran und an die 1.000 Wunder. Dass diese Wunder wirklich
so vollbracht wurden, ist nicht zu bestreiten, denn selbst die
hartnäckigsten Ungläubigen bezichtigten ihn der Hexerei. In
ihrem Unvermögen, die Wunder zu verleugnen, bezeichneten sie
sie als Zauberwerk. So konnten sie ihren Unglauben weiterhin
rechtfertigen und damit fortfahren, ihre Anhänger in die Irre
zu führen.

• Die Wunder des Propheten Muhammad sind von den Hadithgelehrten einmütig bestätigt und überliefert worden. Ein Wunder ist auch die Bestätigung der Prophetenschaft Muhammads
durch den Schöpfer, denn Er unterstrich: *Du hast die Wahrheit
gesprochen.* Wenn ein Mensch in Gegenwart eines Herrschers für
sich in Anspruch nimmt, der Herrscher habe ihn auf einen
bestimmten Posten berufen, dann genügt das Wort ,Ja!' aus dem
Munde des Herrschers, um seine Behauptung als wahr zu bestätigen. Wenn der Herrscher darüber hinaus auf das Bitten dieses
Menschen hin seine sonst übliche Praxis und Vorgehensweise
ändert, dann bekräftigt dies die Behauptung des Menschen noch
zusätzlich. Der erhabene Gesandte nahm analog zu diesem Beispiel für sich in Anspruch, der Gesandte des Schöpfers des Universums zu sein. Jener nahm im Gegenzug bestimmte notwen-

---

[90] Ibn Hanbal, *Musnad*, 3.65

dige Veränderungen an Seinen Gesetzen vor, sodass der Prophet Wunder wirken und die Richtigkeit seines Anspruchs beweisen konnte.

• Das Leugnen von Wundern läuft auf das Leugnen der Existenz Gottes, der Prophetenschaft Muhammads und auch der göttlichen Urheberschaft des Koran hinaus. Ein solches Leugnen ist vollkommen absurd und sinnlos; denn während ein einziger Beweis für die Bestätigung einer Behauptung ausreicht, erfordert das Leugnen einer Behauptung eine umfassende Recherche in Zeit und Raum. Wenn zum Beispiel jemand behauptet, es gebe auch schwarze Schwäne, braucht er nur einen einzigen schwarzen Schwan zu präsentieren. Wer hingegen behauptet, es gebe keine schwarzen Schwäne, müsste alle Schwäne vom Beginn bis zum Ende der Zeit untersuchen. Somit ist die Nichtexistenz einer Sache kaum zu beweisen. Diejenigen, die es wagen, Wunder zu leugnen, die Milliarden von Gläubigen und Hunderttausende von rechtschaffenen Menschen, Gelehrten und Wissenschaftlern seit dem Anspruch des Propheten Muhammad auf Prophetenschaft bestätigt haben, gleichen einem Menschen, der behauptet, dass es unmöglich sei, einen prächtigen Palast mit 1.000 Toren zu betreten, nur weil ein eines dieser Tore geschlossen ist.

• So gut wie alle Propheten haben Wunder vollbracht. Über Jahrhunderte hinweg haben Millionen von Juden und Milliarden von Christen die Wunder Mose bzw. Jesu bestätigt. Doch welche Schwächen entdecken sie beim Propheten Muhammad, die sie an seinen Wundern zweifeln lassen?

• Die Erschaffung Adams, Evas und Jesu ist ein Wunder, denn sie wurden nicht dem Gesetz Gottes gemäß geboren. Auch wenn die Wissenschaft gegenwärtig noch in materialistische Vorstellungen verstrickt ist, wird sie den Ursprung des Lebens doch eines Tages einem Wunder Gottes zuschreiben müssen. Abgesehen davon ist es höchst fragwürdig, ob es überhaupt wissenschaftlich korrekt ist, Glaubensvorstellungen, Konzepten oder Ereignissen, die die Wissenschaft nicht zu erklären vermag, das Etikett eines Mythos anzuheften.

Die Wissenschaft stützt sich auf Theorien und entwickelt sich durch die Überprüfung dieser Theorien auf der Basis von ‚Versuch und Irrtum' weiter. Eine ganze Reihe von heute anerkannten Tatsachen wurden von der Wissenschaft früher einmal für falsch gehalten, und viele früher anerkannte Sachverhalte wurden längst als Irrtümer entlarvt. Darüber hinaus akzeptieren wir viele weitere Dinge ganz selbstverständlich, deren Existenz wir rein wissenschaftlich nicht begründen können. Das Leugnen von Wundern ist insofern unwissenschaftlich, als dass es auf keinem konkreten Beweis gründet. Aber ob mit oder ohne Unterstützung der Wissenschaft - die Wunder des Propheten Muhammad kann niemand leugnen.

• Einige mögen Wunder vielleicht als irrational und unlogisch betrachten. Verstand und Intellekt des Menschen besitzen jedoch überhaupt nicht die Fähigkeit, alles, was existiert, zu begreifen. Außerdem gibt es in der Welt keine zwei Menschen, die über exakt die gleiche intellektuelle Auffassungsgabe verfügen. Wessen Intellekt sollte also als Richter fungieren, wenn es darum geht, etwas als vernunftgemäß oder auch nicht zu klassifizieren? Der Koran erklärt:

> *Wir erhöhen um Rangstufen, wen Wir wollen; und über jedem, der Wissen hat, ist der Eine, der noch mehr weiß. (12:76)*

Die prächtige Ordnung, Harmonie und Zweckmäßigkeit der Schöpfung weisen eindeutig auf einen Einzigen Gott hin, der über absolutes Wissen, einen absoluten Willen und absolute Macht verfügt. Dieser Eine, der Schöpfergott, tut das, was Er für richtig hält, denn Er unterliegt keiner Beschränkung durch die Gesetze, die er dem Universum auferlegt hat. Wenn Er es wünscht, kann Er diese Gesetze ändern oder sogar ohne Rücksicht auf diese Gesetze handeln und erschaffen. Von daher besteht unsere Aufgabe darin, die Gesetze Gottes zu erforschen. Genau dafür hat Gott uns unseren Verstand gegeben, und nicht, damit wir Seine Handlungen beurteilen. Der Verstand des Menschen ist beschränkt; und wir alle wissen, dass etwas, was beschränkt ist, nicht über etwas anderes, was nicht beschränkt ist, urteilen darf.

- Die Zeit verändert sich entsprechend den Dimensionen von Daseinsformen und Orten. So unterscheiden sich zum Beispiel die Maßeinheiten der Zeit von Planet zu Planet. Je feiner Stoffe sind, desto schneller bewegen sie sich fort. Unser Geist beispielsweise reist wesentlich schneller als unser Körper. Auch die Vorstellungskraft kann innerhalb weniger Sekunden durch alle Sphären hindurch reisen.

Genau wie jeder Mensch über ein individuelles Maß an Kraft verfügt, existieren auch zwischen den Fähigkeiten der einzelnen Spezies große Unterschiede. Der Mensch ist wesentlich kräftiger als eine Ameise oder eine Biene, aber es gibt einige Dinge, die diese Tiere können, und der Mensch nicht. Auch unsichtbare Dinge oder Wesen wie Engel und Dschinn, ja sogar Stürme sind unter Umständen wesentlich stärker als der Mensch. Es gibt jedoch eine Einzige, Absolute Macht, die alle physischen und intellektuellen Kräfte und Fähigkeiten in sich vereint. Und wenn diese Macht doch in der Lage ist, alles zu tun, was Sie für richtig hält, warum sollten wir dann nicht an Wunder glauben?

- Da das Gesetz der Kausalität nicht alles erklären kann, werden wir Zeuge von bestimmten, von uns als Wunder bezeichneten Geschehnissen, die wir möglicherweise sogar am eigenen Leib erfahren. Die moderne Physik bestätigt, dass alles, was existiert, sich in einer Woge ständiger Bewegung befindet und es deshalb unmöglich ist zu sagen, ob es eine Sekunde später noch im selben Zustand existiert wie zuvor. Das Gesetz der Kausalität ist daher nichts weiter als ein Schleier, der das Wirken Gottes verhüllt und verhindern soll, dass die Menschen bestimmte unangenehme Dinge und Ereignisse Gott zuschreiben. In Wahrheit ist also die Anerkennung, und nicht das Leugnen von Wundern vernunftgemäß und wissenschaftlich.

WARUM DER PROPHET MUHAMMAD GLEICH MEHRERE FRAUEN HEIRATETE

Einige Kritiker des Islam haben dem Propheten, entweder weil sie nicht genau wussten, was es mit seinen Ehen auf sich hatte, oder weil sie ihn als einen zügellosen Wüstling verunglimpfen wollten, Charakterschwächen vorgeworfen, die schon mit einer durchschnittlichen Tugendhaftigkeit kaum vereinbar sind, geschweige denn mit der eines Propheten und des letzten Gesandten Gottes, dem besten aller Vorbilder, dem die ganze Menschheit folgen soll. Die Fakten, die den vielen Biografien und den authentischen Aufzeichnungen der Aussagen und Handlungen des Propheten zu entnehmen sind, verdeutlichen jedoch, dass seine Ehen Bestandteile eines äußerst diszipliniert geführten Leben waren und sogar eine große Belastung für ihn darstellten.

Es gibt viele Gründe dafür, dass der Prophet gleich mehrere Frauen heiratete. Alle diese Gründe hatten, selbst wenn man den privaten Charakter einiger von ihnen berücksichtigt, mit seiner Rolle als Oberhaupt der neuen islamischen Gemeinschaft zu tun, mit seinem Wunsch also, seiner Anhängerschaft die Normen und Werten des Islam nahe zu bringen.

Der Prophet heiratete erstmals im Alter von 25 Jahren - 15 Jahre, bevor er zum Propheten berufen wurde. Unter Berücksichtigung seines kulturellen Umfelds oder auch anderer Gesichtspunkte wie seiner Jugend, ist es durchaus als bemerkenswert einzustufen, dass er auf Grund seiner Keuschheit, aber auch auf Grund seiner Integrität und Zuverlässigkeit in allen anderen Bereichen einen überaus guten Ruf genoss. Als ihm das Amt des Propheten übertragen wurde, machte er sich sehr schnell Feinde, die sich nicht scheuten, Verleumdungen über ihn zu verbreiten. Doch nicht ein einziges Mal wagte es einer von ihnen, dem Propheten etwas anzudichten, was niemand hätte glauben können. Man muss sich ganz bewusst machen, dass sein Leben von Anfang an auf Keuschheit und Selbstdisziplin gründete und dass dies auch immer so blieb.

Im Alter von 25 Jahren, in der Blüte seines Lebens, heiratete Muhammad Khadidscha, eine Frau, die 15 Jahre älter war als er. Diese Ehe war in den Augen des Propheten und Gottes etwas sehr Außergewöhnliches. 23 Jahre lang war sein Leben mit Khadidscha von immer während Freude und vollkommener Treue geprägt. Selbst seine Gegner gaben zu, dass während der langen Jahre seiner Ehe kein einziger Makel seine Moral trübte. Zu Lebzeiten Khadidschas nahm der Prophet keine andere Frau, obwohl die öffentliche Meinung ihm dies durchaus zugestanden hätte. Im achten Jahr seiner Prophetenschaft jedoch starb Khadidscha, und der Prophet war wieder genauso allein, wie er es bis zu seinem 25. Lebensjahr gewesen war, nur dass er jetzt Kinder hatte. Nach ihrem Tod blieb Muhammad vier oder fünf Jahre lang unverheiratet. All seine anderen Eheschließungen erfolgten erst nach seinem 53. Lebensjahr, in einem Alter also, in dem der Mensch normalerweise nur noch ein sehr geringes Interesse an einer Heirat verspürt. Der Vorwurf, diese Ehen seien ein Beweis für seine Lüsternheit und Maßlosigkeit, entbehrt nicht nur jeder Grundlage, sondern ist auch bösartig.

Oft wird gefragt: Wie kann ein Prophet mehr als eine Frau ehelichen? Für die Beantwortung dieser Frage sind drei Punkte entscheidend. Zunächst aber sollte festgestellt werden, wer diese Frage eigentlich stellt, nämlich zumeist Christen und Juden (Buchbesitzer) oder Atheisten. Diese Menschen wissen naturgemäß nicht viel über den Islam. Sie fragen entweder aus echter Unwissenheit oder aus dem Wunsch heraus, andere zu täuschen und Zweifel unter den Gläubigen zu verbreiten.

Weiterhin wird oft vergessen, dass auch die bedeutenden jüdischen Patriarchen, die in Bibel und Koran als Propheten bezeichnet und von den Anhängern der drei Religionen Judentum, Christentum und Islam als Vorbilder in Sachen moralischer Stärke verehrt werden, alle die Polygamie praktizierten.

Die Polygamie ist keine Erfindung der Muslime. Was den Propheten des Islam betrifft, so werden wir sehen, dass seine Ehen für seine Mission eine weitaus größere Bedeutung hatten, als die Menschen gemeinhin glauben.

Dass der Prophet mehrere Frauen ehelichte, war in gewisser Hinsicht sogar eine Notwendigkeit, durch deren Praxis (oder Sunna) die Statuten und Normen des muslimischen Gesetzes etabliert werden sollten. Die Religion darf nicht von den privaten Beziehungen zwischen Eheleuten und von Angelegenheiten, die nur die Partner voneinander wissen können, ausgeschlossen werden. Deshalb sollten Frauen mit klaren Anweisungen und Ratschlägen Rechtleitung geben können, ohne auf Anspielungen und Andeutungen zurückgreifen zu müssen, die das, was sie mitzuteilen haben, unklar und unverständlich erscheinen lassen. Die keuschen und tugendhaften Frauen des Propheten waren Lehrmeisterinnen, die dafür verantwortlich waren, den Menschen die Normen und Regeln, die das Verhalten der Muslime in ihrem Privatleben betreffen, zu vermitteln und weiterzugeben.

Einige Ehen des Propheten Muhammad wurden aus ganz bestimmten Gründen geschlossen:

- Da sich unter ihnen Frauen jüngeren, mittleren und gesetzten Alters befanden, konnten die Erfordernisse und Normen des islamischen Gesetzes vor dem Hintergrund verschiedener Lebensabschnitte und Erfahrungen dargestellt werden. Die einzelnen Bestimmungen dieses Gesetzes wurden zunächst in der Familie des Propheten erlernt und angewandt, bevor sie dann über die Unterweisung der Frauen des Propheten an andere Muslime weitergegeben wurden.

- Die Tatsache, dass seine Frauen aus unterschiedlichen Familien und Stämmen kamen, ermöglichte dem Propheten, Bande der Verwandtschaft und Verbundenheit zu knüpfen, die sich durch ganz Arabien zogen. So gelang es ihm, unter den Menschen der neuen muslimischen Gemeinschaft eine tiefe Verbundenheit zu ihm zu herzustellen. Er schaffte es auf äußerst praktische Art und Weise, Gleichheit und Brüderlichkeit auf der Grundlage der Religion unter ihnen zu schaffen und zu bewahren.

- Jede einzelne seiner Frauen aus den verschiedenen Stämmen erwies sich zu Lebzeiten des Propheten und auch nach seinem

Tod als großer Gewinn für die Sache des Islam. Sie alle übermittelten ihren Stämmen seine Botschaft und verdeutlichten ihnen wichtige Punkte: äußerliche und innerliche Erfahrungen, die Qualitäten, die Verhaltensweisen und den Glauben ihres Mannes, dessen Leben in allen - öffentlichen wie privaten - Einzelheiten die Verkörperung des Koran darstellte, und den Islam in der Praxis. So erfuhren alle Stammesangehörigen, Männer wie Frauen, vom Koran, von den Hadithen, vom *Tafsir* (Interpretation und Kommentar des Koran) und vom *Fiqh* (Gesetzeswissenschaft des Islam) und lernten so die Essenz und den Geist des Islam kennen.

• Durch seine Ehen knüpfte der Prophet Muhammad ein Netz von verwandtschaftlichen Beziehungen, das die gesamte Arabische Halbinsel umspannte. Dies bedeutete, dass er sich frei bewegen konnte und in jeder Familie als Familienmitglied betrachtet wurde. Alle hatten das Gefühl, persönlich zu ihm gehen und ihn zu allen möglichen Themen befragen zu können. Aber nicht nur die einzelnen Menschen, sondern auch die Stämme profitierten von ihrer Nähe zum Propheten. Sie schätzen sich glücklich und waren stolz auf die Frauen, die mit ihm verheiratet waren - die Ummayaden etwa auf Umm Habiba, die Haschemiten auf Zaynab bint Dschahsch und die Banu Makhzum auf Umm Salama.

Was bis zu diesem Punkt gesagt wurde, war sehr allgemein gehalten und lässt sich teilweise auch auf andere Propheten übertragen. Doch nun wollen wir uns den Lebensläufen der *Ummahat al-Mu'minin* (der Mütter der Gläubigen) zuwenden, und zwar nicht in der Reihenfolge ihrer Eheschließungen mit dem Propheten, sondern aus einer anderen Perspektive:

Khadidscha war die erste Frau des Propheten. Als sie heirateten, war sie 40, Muhammad 25 Jahre alt. Sie war die Mutter aller seiner Kinder mit Ausnahme seines Sohnes Ibrahim, der nicht lange lebte. Khadidscha war ihrem Mann nicht nur Ehefrau, sondern auch Freundin. Sie teilte seine Interessen und Ideale auf bemerkenswerte Art und Weise. Ihre Ehe war sehr glücklich. 23 Jahre lang lebten

sie in vollkommener Harmonie zusammen. Bei jeder von den Göt-
zendienern vorgebrachten Beleidigung und Schmähung gegen den
Propheten stand Khadidscha ihm als seine liebste Gefährtin und
Helferin zur Seite. Er liebte sie von ganzem Herzen und heiratete
zu ihren Lebzeiten keine andere Frau.

Diese Ehe ist allen anderen Ehen ein Vorbild an Vertrautheit,
Freundschaft, gegenseitigem Respekt, Unterstützung und Trost. So
wie sich der Prophet Muhammad all seinen Frauen gegenüber aufrichtig und treu verhielt, vergaß er Khadidscha auch nach ihrem Tod
niemals. Bei vielen Gelegenheiten sprach er ausführlich über ihre
Tugenden und Verdienste. Der Prophet heiratete erst vier oder fünf
Jahre nach ihrem Tod erneut. Er sorgte für seine Kinder, und indem
er sich darum kümmerte, dass sie genug zu essen bekamen, und sich
mit ihren Sorgen und Nöten auseinander setzte, nahm er die Pflichten von Mutter und Vater gleichzeitig wahr. Diesem Mann vorzuwerfen, er sei ein Genussmensch oder gar ein Schürzenjäger gewesen, ist die abscheulichste und dümmste Lüge, die man sich vorstellen kann: Denn wenn auch nur ein einziges Fünkchen Wahrheit in
dieser Behauptung läge, hätte er nach dem Tod seiner Frau nicht so
leben können, wie er es tat.

Aischa war Muhammads zweite Frau, wenn auch nicht in der
Reihenfolge seiner Trauungen. Sie war die Tochter seines engsten
Freundes und ergebensten Anhängers Abu Bakr. Als einer der Ersten,
die zum Islam übergetreten waren, hatte Abu Bakr lange Zeit gehofft,
die tiefe Zuneigung zwischen ihm und dem Propheten dadurch zemen-
tieren zu können, dass er ihm seine Tochter zur Frau gibt. Dadurch,
dass der Prophet Aischa heiratete, zeichnete er einen Mann aus, der
während seiner gesamten Mission als Prophet gute wie schlechte Zeiten mit ihm teilte.

Aischa, die sich als eine überaus intelligente und weise Frau
erwies, verfügte außerdem über die Persönlichkeit und das Tempe-
rament, die Mission des Propheten weiterzuführen. Ihre Ehe war ihr
eine Lehrzeit, in der sie auf ihre Rolle als spirituelle Führerin und
Lehrerin für alle Frauen dieser Welt vorbereitet wurde. Sie wurde
eine der wichtigsten Schülerinnen und Mitstreiterinnen des Pro-

pheten. In seiner Obhut reiften ihre Fähigkeiten und Talente - wie die von so vielen anderen Muslimen jener gesegneten Zeit - heran und vervollkommneten sich, sodass sie an einem Ort der Freude als Ehefrau und Schülerin mit ihm zusammenlebte.

Ihr Leben und ihre Verdienste um den Islam nach ihrer Heirat bewiesen, dass sie es wert war, die Frau des Propheten zu sein. Im Laufe der Zeit bewährte sie sich als eine der angesehensten Hadith-Autoritäten, als ausgezeichnete Koran-Exegetin und als hervorragende und kenntnisreiche Expertin des islamischen Rechts. Mit ihrer einzigartigen Intelligenz repräsentierte sie in der Tat die inneren und äußeren Qualitäten und Erfahrungen des Propheten Muhammad.

Umm Salama stammte aus dem Stamm der Makhzum und war zunächst mit ihrem Cousin verheiratet. Das Ehepaar hatte den Islam gleich in den Anfangstagen angenommen und war nach Abessinien geflüchtet, um den Nachstellungen der Quraysch zu entgehen. Nach der Rückkehr aus Abessinien emigrierten beide mit ihren vier Kindern nach Medina. Ihr Ehemann nahm an vielen Kriegszügen teil und erlitt bei der Schlacht von Uhud schwere Verletzungen, an denen er später starb. Abu Bakr und Umar machten Umm Salama einen Heiratsantrag, da sie um ihr schweres Schicksal als mittellose Witwe, die ihre Kinder versorgen musste, dies aber kaum allein schaffte, wussten. Sie lehnte ihre Anträge jedoch ab, da sie der Meinung war, niemand könne ihr den verstorbenen Gatten ersetzen.

Einige Zeit später machte ihr der Prophet selbst einen Antrag, was nur recht und anständig war. Denn diese großartige Frau, die sich nie gescheut hatte, für ihren Glauben an den Islam Opfer zu bringen und zu leiden, war nun ganz auf sich allein gestellt, nachdem sie viele Jahre lang im edelsten Stamm Arabiens gelebt hatte. Sie durfte nicht hängen gelassen und zum Betteln gezwungen werden.

Auf Grund ihrer Frömmigkeit, ihrer Aufrichtigkeit und allen Leids, das sie ertragen musste, verdiente sie es zweifellos, Unterstützung zu erhalten. Als der Prophet sie in seine Familie aufnahm, tat er nur das, was er schon seit seiner Jugendzeit getan hatte: Er war denen ein Freund, die keine Freunde hatten, versorgte diejenigen, die ohne Unterstützung dastanden, und beschützte jene, die schutzlos waren. In der Situation, in der sich Umm Salama befand, hätte man ihr das, woran es ihr mangelte, nicht liebenswerter oder barmherziger zukommen lassen können.

Umm Salama war ähnlich intelligent wie Aischa. Auch sie besaß eine schnelle Auffassungsgabe und brachte alle Fähigkeiten und Talente mit, um eine spirituelle Führerin und Lehrerin zu werden. Als der großzügige und mitfühlende Prophet sie unter seinen Schutz stellte, erhielt die Schule des Wissens und der Rechtleitung damit gleichzeitig eine neue Schülerin, der später alle Frauen dieser Welt zu Dank verpflichtet sein sollten. Wir wollen uns an dieser Stelle in Erinnerung rufen, dass der Prophet zu jener Zeit auf das Alter von 60 Jahren zuging. Dass er eine Witwe mit mehreren Kindern zur Frau nahm und die damit verbundenen Verpflichtungen und finanziellen Belastungen auf sich nahm, kann nur mit demütiger Bewunderung für die unerschöpflichen Reserven seiner Menschlichkeit und seines Mitgefühls zur Kenntnis genommen werden.

Umm Habiba war die Tochter von Abu Sufyan, der lange Zeit der entschlossenste Feind der Mission des Propheten sowie der entschlossenste Unterstützter des Unglaubens war. Dennoch gehörte seine Tochter zu den Ersten, die den Islam annahmen. Sie wanderte nach Abessinien aus, weil sie von den Ungläubigen verfolgt wurde. Dort starb ihr Mann und ließ sie ganz allein und völlig verzweifelt im Exil zurück.

Welche Optionen blieben Umm Habiba angesichts dessen? Sie hätte zum Christentum übertreten und auf die Unterstützung der Christen hoffen können. Das aber erschien ihr undenkbar. Sie hätte in das Haus ihres Vaters zurückkehren können, das inzwischen zu einer Art Kommandozentrale im Krieg gegen den Islam geworden war. Aber auch das konnte sie sich nicht vorstellen. Sie hätte als Bettlerin von Haus zu Haus ziehen können. Für jemanden, der zu einer der wohlhabendsten und edelsten arabischen Familien gehört hatte, schied aber auch diese Option aus, da sie Schande über den Namen der Familie gebracht hätte.

Gott jedoch entschädigte Umm Habiba für alles, was sie verloren oder für den Islam geopfert hatte: Sie hatte ein einsames Exil in

einer unsicheren Umgebung unter Menschen, die einem anderen
Volk und einer anderen Religion als der ihren angehörten, erdulden
müssen. Als der Prophet von ihrer misslichen Lage erfuhr, ließ er ihr
durch den Negus einen Heiratsantrag übermitteln; und das zu einer
Zeit, da er erst sehr wenige Gefährten um sich geschart hatte. Materielle Mittel, um sich selbst geschweige denn andere zu versorgen, standen ihm kaum zur Verfügung. Damit handelte er ebenso ehrenhaft
wie großzügig und erbrachte den praktischen Beweis für den Vers:
Und Wir entsandten dich nur aus Barmherzigkeit für alle Welten.
(21:107)

Durch diese Heirat verknüpfte der Prophet sich und seine Familie mit der mächtigen Familie Abu Sufyans, was diese dazu veranlasste, ihre Haltung zum Islam zu überdenken. Der Einfluss dieser
Heirat ging fortan weit über die Familie Abu Sufyans hinaus und
erstreckte sich bis auf die Dynastie der Umayyaden, die fast 100
Jahre lang an der Spitze der Muslime standen. Dieser Stamm, dessen Angehörige den Islam mit so fanatischem Hass bekämpft hatten, brachte einige der berühmtesten Kämpfer, Verwalter und Befehlshaber der Frühzeit des Islam hervor. Der entscheidende Umschwung
kam zweifelsohne mit der Heirat von Muhammad und Umm Habiba.
Das Ausmaß der Großzügigkeit und des Edelmuts des Propheten
überwältigte ihre Angehörigen.

Zaynab bint Dschahsch war ebenfalls edler Abstammung und
dazu eine nahe Verwandte des Propheten. Darüber hinaus war sie
eine äußerst fromme Frau, die viel fastete, lange Nachtwachen hielt
und großzügig für die Armen spendete. Als der Prophet für Zayd um
Zaynabs Hand anhielt, waren Zaynab und ihre Familie zunächst nicht
einverstanden. Die Familie hatte gehofft, ihre Tochter dem Propheten zur Frau zu geben. Als sie aber erkannten, dass die Heirat Zaynabs und Zayds dem Wunsch des Propheten entsprach, willigten sie ein,
weil sie den Propheten liebten und seine Autorität respektierten.

Wie bereits erwähnt schloss der Gesandte Gottes die Ehe zwischen den beiden, weil er mit ihr heidnische Bräuche außer Kraft setzen wollte: Ein freigelassener ehemaliger Sklave konnte damals keine
in Freiheit geborene Frau heiraten. Auch Rassenvorurteile verboten

eine solche Heirat (Zayd war schwarz, Zaynab nicht), und außerdem durfte ein Adoptivvater nicht die Exfrau oder Witwe seines Sohnes heiraten. Muhammad bestand darauf, dass Zayd Zaynab heiraten sollte, weil er ein Ideal verwirklichen und unter den Muslimen Gleichheit schaffen und etablieren wollte.

Die Ehe war aber weder für Zaynab noch für Zayd glücklich. Zaynab, eine Frau edler Abstammung, war eine gute und sehr fromme Muslimin mit außergewöhnlichen Eigenschaften. Zayd, der freigelassene ehemalige Sklave, gehörte zu den Ersten, die den Islam angenommen hatten, und auch er war ein guter Muslim. Beide liebten den Propheten und gehorchten ihm, aber ihre Ehe war für beide Seiten unerträglich, da die Ehepartner einfach nicht zueinander passten. Zayd brachte bei mehreren Gelegenheiten den Wunsch vor, die Ehe scheiden zu lassen. Der Prophet jedoch bestand darauf, Zayd sollte an ihr festhalten und sich nicht von Zaynab trennen. Eines Tages aber, Muhammad führte gerade ein Gespräch, kam der Erzengel Gabriel und überbrachte ihm eine Offenbarung Gottes.[91] In dem betreffenden Vers wurde die Heirat des Propheten mit Zaynab verkündet und als eine Verbindung dargestellt, die bereits bestand: ...*verbanden Wir sie ehelich mit dir ...* (33:37)

Diese Heirat hatte nichts mit Lust und Leidenschaft zu tun, sondern war eine sehr harte Prüfungen, der der Prophet unterzogen wurde. Aischa berichtete später: „Hätte der Gesandte Gottes jemals den Wunsch gehabt, etwas von dem, was ihm offenbart wurde, zu verschweigen, dann hätte er mit Sicherheit diesen Vers verschwiegen."[92]

Dschuwayriya bint Harith, die Tochter von Harith, dem Oberhaupt des Stammes der Banu Mustaliq, geriet in muslimische Kriegsgefangenschaft, als die Muslime gegen ihren Stamm kämpften. Sie wurde, ebenso wie die übrigen Mitglieder ihrer stolzen Familie, zusammen mit den ‚gewöhnlichen' Leuten ihres Stammes eingesperrt. Als Dschuwayriya zum Propheten gebracht wurde, war sie, nicht zuletzt deshalb, weil ihre Verwandten alles verloren hatten, völlig verzwei-

---

[91] Bukhari, *Tawhid*, 22
[92] Bukhari und Muslim

felt. Gegenüber den Muslimen empfand sie einen tief sitzenden Hass und Feindseligkeit. Der Prophet konnte den verletzten Stolz, die gekränkte Würde und das Leiden dieser Frau gut nachvollziehen. Er wusste, wie er sie wieder aufrichten konnte. Er erklärte sich damit einverstanden, das Lösegeld für sie zu zahlen, schenkte ihr die Freiheit und machte ihr einen Heiratsantrag. Wie gern Dschuwairiya dieses Angebot annahm, kann man sich leicht vorstellen.

Als die Ansar (die medinensischen Anhänger des Propheten Muhammad) und die *Muhadschirun* (die Emigranten) erfuhren, dass die Banu Mustaliq durch die Heirat nun zu Verwandten des Propheten geworden waren, schenkte sie etwa 100 weiteren Familien, die noch nicht freigekauft worden waren, die Freiheit. Ein Stamm, dem eine so große Ehre zuteil geworden war, durfte nicht länger in der Sklaverei verbleiben.[93] Auf diese Weise gewann der Gesandte Gottes die Herzen von Dschuwayriya und ihrem ganzen Stamm.

Safiya war die Tochter von Huyayy, einem der Oberhäupter des jüdischen Stammes von Khaybar, der die Banu Qurayza überredet hatte, ihren Vertrag mit dem Propheten zu brechen. Von Kindheit an wurde sie Zeuge einer tiefen Feindseligkeit, die ihre Familie und ihre Verwandten dem Propheten gegenüber hegten. Vater, Bruder und Ehemann verlor sie durch die Hand der Muslime, sie selbst geriet in Gefangenschaft.

Die Haltung und das Handeln ihrer Familie und ihrer Verwandten hätten sie eigentlich einen tiefen Hass auf die Muslime und ein großes Verlangen nach Rache verspüren lassen sollen. Drei Tage vor der Ankunft des Propheten in Khaybar und ihrer Gefangennahme während des Kampfes sah sie jedoch im Traum einen schimmernden Mond, der von Medina kam, sich in Richtung Khaybar bewegte und ihr schließlich in den Schoß fiel.

Später berichtete sie: „Als ich gefangen genommen wurde, begann ich zu hoffen, dass sich mein Traum erfüllen werde." Als sie als Gefangene zum Propheten gebracht wurde, ließ dieser sie großzügig frei und bot ihr an, entweder Jüdin zu bleiben und zu ihren Leu-

---

[93] Ibn Hanbal, *Musnad*, 6, 277

ten zurückzukehren oder den Islam anzunehmen und seine Frau zu werden. „Ich wählte Gott und Seinen Gesandten", erzählte Safiya. Kurz darauf heirateten sie.

Nachdem sie in die Familie des Propheten aufgenommen worden war, erhielt auch Safiya den Titel ‚Mutter der Gläubigen'. Die Gefährten des Propheten verehrten und respektierten sie als ‚Mutter'. Sie wiederum sah mit eigenen Augen die Kultiviertheit und die aufrichtige Höflichkeit jener Männer und Frauen, deren Herzen und Gedanken sich Gott unterwarfen. Nun bewertete sie ihre früheren Erfahrungen neu. Sie wusste die große Ehre, eine Ehefrau des Propheten zu sein, zu schätzen. Infolge dieser Heirat änderte sich auch die Haltung vieler Juden, da sie nun den Propheten aus der Nähe betrachten und kennen lernen konnten.

Sawda bint Zam'a war die Witwe eines gewissen Sakran. Sakran und Sawda hatten ebenfalls zu den Ersten gehört, die den Islam annahmen und nach Abessinien fliehen mussten, um der Verfolgung durch die Götzendiener zu entgehen. Sakran starb im Exil und hinterließ seine Frau vollkommen mittellos. Der Prophet Muhammad hatte zwar selbst Probleme, seinen Lebensunterhalt zu bestreiten, sah aber nur eine einzige Möglichkeit, Sawda zu helfen. Er heiratete sie. Die Hochzeit fand einige Zeit nach dem Tod Khadidschas statt.

Hafsa war die Tochter von Umar ibn al-Khattab, dem späteren zweiten Kalifen des Islam. Ihr Mann, mit dem sie erst nach Abessinien und später nach Medina ausgewandert war, war an den Wunden gestorben, die er in einem Kampf für die Sache Gottes erlitten hatte. Daraufhin blieb sie eine Zeit lang allein. Doch wie schon Abu Bakr sehnte sich auch Umar nach der Ehre und der Gnade, dem Propheten in dieser Welt und im Jenseits nahe zu sein. So nahm der Prophet Hafsa schließlich zu seiner Frau, um die Tochter seines treuen Anhängers zu beschützen und zu unterstützen.

Diese Umstände und Motive lagen also den verschiedenen Ehen des Propheten Muhammad zu Grunde. Wir sehen, dass diese Ehen zum Ziel hatten, hilfsbedürftigen oder verwitweten mittellosen Frauen ein würdiges Dasein zu ermöglichen. Sie dienten dem Zweck, aufgebrachte oder verfeindete Angehörige von Stämmen zu beschwichtigen und ihnen Ehre zuteil werden zu lassen bzw. denjenigen, die einst Feinde gewesen waren, ein gewisses Maß an verwandtschaftlicher Verbundenheit und Harmonie zu schenken. Diese Ehen sollten zuverlässige und ungewöhnlich begabte Menschen, insbesondere einige außergewöhnlich fähige Frauen, für den Islam gewinnen. Sie zielten darauf ab, innerhalb des einenden Bandes des Glaubens an Gott neue Normen für die Beziehungen zwischen den verschiedenen Völkern zu etablieren und diejenigen Männer durch Familienbande zu ehren, die einst die ersten Führer der muslimischen *Umma* (der Gemeinschaft der Gläubigen) nach dem Tod des Propheten sein sollten.

Diese Ehen hatten überhaupt nichts mit Zügellosigkeit, körperlicher Begierde, Triebhaftigkeit oder mit irgendwelchen anderen der absurden und abscheulichen Anschuldigungen zu tun, die die erbitterten Feinde des Islam gegen den Propheten erhoben haben. Mit Ausnahme von Aischa waren alle Frauen des Propheten Witwen. All seine Ehen (abgesehen von seiner Ehe mit Khadidscha) wurden geschlossen, als er schon in fortgeschrittenem Alter war. Sie waren alles andere als Akte der Zügellosigkeit, sondern unterstrichen vielmehr die Selbstdisziplin Muhammads.

Ein letzter Punkt ist an dieser Stelle noch zu erwähnen: Die Vielzahl der Frauen, die dem Propheten gestattet wurde, stellte eine Ausnahme innerhalb des islamischen Gesetzes dar, die ihm allein vorbehalten war. Kein anderer Muslim darf mit mehr als vier Frauen gleichzeitig verheiratet sein. Als die Offenbarung, die die Polygamie beschränkte, kam, waren die Ehen des Propheten schon alle vollzogen. Danach war es auch dem Propheten untersagt, ein weiteres Mal zu heiraten.

KAPITEL 6

Der Heilige Koran

Hätten Wir diesen Koran auf einen Berg herabgesandt, hättest du gesehen,
wie er sich gedemütigt und aus Furcht vor Allah gespalten hätte. (59:21)

D er Koran ist das Wort oder die Rede Gottes. Er wurde dem
Menschen, dem vollkommenen Musterstück der Schöpfung, der als Einziger die Fähigkeit besitzt, dieses Buch
auch entgegen zu nehmen, von Gott gesandt. Trotz des Gewichtes
und der Schwere des Koran können die meisten Menschen seine
Bedeutung weder adäquat wahrnehmen noch wertschätzen, weil
sie ihre Sinne und Fähigkeiten vor ihm versperren. Wer sich selbst
und sein Innenleben dem Koran gegenüber verschließt, wird keine
Botschaften von ihm empfangen.

Für einen guten ‚Taucher‘
ist der Koran ein Ozean voller Perlen;
wer ihm gegenüber aber gleichgültig ist,
hat nichts von ihm zu erwarten.

Der Koran, der uns von Gott offenbart wurde, um all unsere
Bedürfnisse zu befriedigen, ist ein Buch, das Segen ausstrahlt. Seine
Erhabenheit und Würde sind beispiellos. Ein Mensch, der seinen
Anordnungen Folge leistet, führt ein glückliches Leben und ist anderen (auf spiritueller Ebene) überlegen. Der Koran verwandelt die Welt
eines solchen Menschen in eine Art Paradies, in dem die Gunstbeweise des Koran wie Blumen blühen. Um von diesen Gunstbeweisen profitieren zu können, müssen wir den Weisungen des Koran
Folge leisten, immer wieder über seine Verse nachsinnen und versuchen, die Antworten auf all unsere Fragen und die Lösungen für
all unsere Probleme aus ihnen abzuleiten. Der Koran ist die Essenz
des Lebens: Je konsequenter wir ihm unser Leben widmen, desto

segensreicher und fruchtbarer wird es sich entwickeln. Dies gilt
aber auch für das Gegenteil.

Der Gesandte Gottes erklärte:

> *Der Beste unter euch ist derjenige, der den Koran (mit all seinen Wahrhei-
> ten) studiert und ihn anschließend anderen weiter vermittelt.*[94]

Wenn wir selbst zu den Besten gehören wollen, müssen wir die
Wahrheiten des Koran aufspüren und sie dann andere Menschen lehren. Der Koran ist ein Brief Gottes, der an uns adressiert ist und der
alle Prinzipien enthält, denen gemäß wir unser Leben gestalten sollten.

Unser Schöpfer hat uns mit Seinem Wort eine Ehre erwiesen.
Je respektvoller und gehorsamer wir uns diesem Wort gegenüber
erweisen, desto mehr wird Er uns respektieren und wertschätzen.

Von dem Gesandten Gottes stammen auch folgende Worte:

> *Wer (die Wahrheiten des) Koran in der Öffentlichkeit verkündet und ihn
> rezitiert, damit er von allen Leuten gehört werde, ist mit jemandem zu ver-
> gleichen, der großmütig Almosen gibt. Wer den Koran im Verborgenen rezi-
> tiert, ist wie jemand, der seine Almosen stillschweigend gibt.*[95]

Manche Menschen geben ihre Almosen in aller Öffentlichkeit, um
andere damit aufzufordern, es ihnen gleich zu tun. Wer den Koran
vor allen Augen rezitiert, ermahnt andere durch sein Beispiel. Wer
den Koran hingegen im Verborgenen rezitiert, sollte sich selbst in
ihm suchen und sich vergegenwärtigen, dass er der Adressat dieses
Buches ist. Wie Umar ibn Abd al-Aziz, Muhammad ibn Ka'b al-Qurazi
und andere sollten auch wir in Erwägung ziehen, dass alle Weisungen und Verbote ebenso wie alle Verheißungen und Warnungen des
Koran uns persönlich betreffen. Dann werden wir den Koran besser
verstehen und unser Leben nach ihm ausrichten.

Wenn wir den Koran aufrichtig und in dem Bewusstsein der
Tatsache, dass er Gottes offenbartes Wort ist, rezitieren, werden wir
uns ermutigt fühlen. Wenn möglich sollten wir den Koran so rezitie-

---

[94] Bukhari, *Fada'il al-Qur'an*, 21; Abu Dawud, *Witr*, 14; At-Tirmidhi, *Bab al-Qur'an*, 15
[95] Ibn Hanbal, *Musnad*, 4.201

ren oder seiner Rezitation so lauschen, als würde der Gesandte Gottes selbst ihn rezitieren, oder besser: als würde Gabriel ihn vor dem Gesandten Gottes rezitieren. Am allerbesten wäre jedoch, wir würden ihn hören, als würde Gott Selbst ihn rezitieren.

ARGUMENTE, DIE BEWEISEN, DASS GOTT DER URHEBER DES KORAN IST

- Selbst wenn wir Wortwahl, Stil und Bedeutung des Koran nur oberflächlich studieren, wird uns sofort auffallen, dass er ganz und gar einzigartig ist. In puncto Rang und Wert steht er entweder unter allen anderen Büchern - was selbst der Satan nicht behaupten kann oder sich auch nur vorstellt - oder über allen anderen. Weil er über allen anderen steht, muss es sich bei ihm um das Wort Gottes handeln.
- Der Koran erklärt offen:

  Und nie zuvor hast du in einem Buch gelesen, noch konntest du eines mit deiner Rechten schreiben; sonst hätten die Verleugner daran gezweifelt. (29:48)

  Es ist zweifelsfrei bewiesen, dass der Prophet Muhammad ein Analphabet war. Der Koran jedoch hat der Menschheit eine Aufgabe gestellt, der keine zeitlichen Grenzen gesteckt sind:

  Und wenn ihr im Zweifel seid über das, was Wir auf Unseren Diener herabgesandt haben, so bringt doch eine Sure gleicher Art herbei. (2:23)

  Niemand hat es je geschafft, diese Herausforderung anzunehmen.
- Der Koran wurde über 23 Jahre hinweg offenbart. Wie könnte ein solches Buch, das sich mit der Wahrheit Gottes, der Metaphysik, religiösen Glaubensinhalten und Anbetungsformen, Gebeten, Gesetz und Moral, dem Leben nach dem Tode, Psychologie, Soziologie, Erkenntnislehre, Geschichte, wissenschaftlichen Fakten und den Grundbausteinen eines glücklichen Lebens beschäftigt, frei von allen Widersprüchen sein? Tatsächlich erklärt der Koran selbst, dass er keinerlei Widersprüche aufweist und deshalb ein Buch Gottes ist:

Sie machen sich keine Gedanken über den Koran. Wäre er von einem anderen als Allah, so würden sie darin gewiss viel Widerspruch finden. (4:82)

Der Koran ist ein literarisches Meisterwerk, das sich nicht kopieren lässt. Sein Stil und seine Beredsamkeit, ja sogar seine einzelnen Sätze, Wörter und Buchstaben schaffen eine wunderbare Harmonie. Sie alle befinden sich in Hinblick auf Rhythmus, Sprachmelodie, geometrische Proportionen, mathematische Maßeinheiten und Wiederholungen an genau der richtigen Stelle. Sie alle sind auf perfekte Art und Weise ineinander verwoben und miteinander verknüpft.

- Im vorislamischen Arabien genossen Dicht- und Redekunst überaus großes Ansehen. Es wurden Dichterwettstreite abgehalten, bei denen die Gedichte der Gewinner in Gold verewigt und an der Mauer der Kaaba aufgehängt wurden. Niemand hatte den ungebildeten Propheten Muhammad zuvor auch nur einige wenige Vers sprechen hören. Und nichtsdestotrotz veranlasste der Koran, den er brachte, selbst die bekanntesten Spezialisten auf diesem Gebiet zu kapitulieren.

  Selbst die Ungläubigen waren vom Koran fasziniert. Um aber die Ausbreitung des Islam zu verhindern, bezeichneten sie ihn als Hokuspokus, auf den man nicht hören solle. Als dann aber Dichter wie Hansa und Lebid konvertierten und ihre eigene Poesie aus Respekt und Ehrfurcht vor dem Stil und der Beredsamkeit des Koran aufgaben, mussten die Ungläubigen eingestehen: „Wenn wir ihn ein Stück Dichtkunst nennen, dann stimmt dies nicht. Wenn wir ihn als Reimprosa bezeichnen, dann ist dies ebenfalls unzutreffend. Aber auch als Worte eines Wahrsagers ist er nicht zu beschreiben." Zuweilen konnten sie nicht anders, als heimlich der nächtlichen Rezitation des Propheten zu lauschen; jedoch vermochten sie nicht, ihre Arroganz zu überwinden und an den göttlichen Ursprung des Koran zu glauben.

- Trotz des hohen Niveaus der Dichtkunst der damaligen Zeit war das Vokabular des Arabischen noch nicht so hoch entwickelt, als dass man mit dieser Sprache metaphysische Vorstellungen oder wissenschaftliche, religiöse und philosophische Konzepte hätte adäquat ausdrücken können. Der Islam, der sich der Worte und Ausdrücke eines einfachen Wüstenvolks bediente, formte das Arabische zu einer sehr reichen und komplexen Sprache, zu einer Sprache der vorzüglichsten Zivilisation der Weltgeschichte, zu einer Sprache, die ihren eigenen produktiven Beitrag zu wissenschaftlichen, religiösen, metaphysischen, literarischen, ökonomischen, juristischen, sozialen und politischen Themenbereichen leistete. Wie hätte ein Mensch, der weder lesen noch schreiben kann, eine philologische Revolution einleiten können, die in der Menschheitsgeschichte ohne Beispiel ist?

• Trotz seiner offensichtlichen Einfachheit verfügt der Koran über viele unterschiedliche Bedeutungsebenen. Er weist Dichtern, Musikern und Rednern ebenso den Weg wie Soziologen, Psychologen, Wissenschaftlern, Ökonomen und Juristen. Die Gründer aller wahren spirituellen Orden und Rechtsschulen fanden in ihm alle Prinzipien, die sie benötigten, um ihre Anhänger zu schulen. Der Koran zeigt jedem, wie er seine Probleme lösen und sein spirituelles Streben befriedigen kann. Wäre irgendein anderes Buch wohl hierzu in der Lage?

• Egal wie schön und interessant ein Buch auch sein mag - wir lesen es höchstens zwei- oder dreimal und legen es dann für immer beiseite. Auf der anderen Seite haben Milliarden Muslime Teile des Koran in ihren täglichen fünf Gebeten rezitiert; die meisten von ihnen rezitieren ihn mindestens einmal im Jahr von Anfang bis Ende, viele sogar ein- oder zweimal pro Monat. Je öfter wir den Koran lesen, desto mehr profitieren wir von ihm und desto stärker wird unser Wunsch, ihn zu lesen. Die Menschen werden seiner Worte, seiner Bedeutung und seines Inhalts nicht müde, und der Koran verliert nichts von seiner Originalität und Frische. Im Laufe der Zeit haucht er den Gedanken und Seelen neue Wahrheiten und Bedeutungen ein und erhöht ihre Aktivität und Lebhaftigkeit.

• Der Koran geht auf all unsere physischen und spirituellen Aspekte ein und beinhaltet Prinzipien, die das Potenzial besitzen, alle sozialen, ökonomischen, juristischen, politischen und administrativen Probleme unabhängig von Zeit und Ort zu lösen. Er befriedigt Verstand und Geist gleichermaßen und garantiert uns Glückseligkeit in beiden Welten.

Kein Mensch, und mag er auch noch so intelligent sein, kann Regeln aufstellen, die alle Arten von Problemen lösen. Selbst die besten Systeme, die ihren Ursprung nicht im Koran oder in der Offenbarung Gottes haben, müssen mindestens alle 50 Jahre überarbeitet werden. Was aber noch wichtiger ist: Keines dieser Systeme kann dem Menschen ewige Glückseligkeit versprechen. Denn die Prinzipien all dieser Systeme beschränken sich allein auf das irdische Leben, das vergänglich und im Vergleich zum Leben im Jenseits unendlich kurz ist.

Im Gegensatz dazu hat sich keines der koranischen Prinzipien im Laufe der Zeit abgenutzt, und keines müsste nachgebessert werden. Zum Beispiel ermahnt der Koran ausdrücklich, dass Reichtum *...nicht nur bei den Reichen unter euch umläuft* (59:7), dass Regierungsämter kompetenten und qualifizierten Menschen anvertraut werden sollen und dass absolute Gerechtigkeit die Devise in der öffentlichen Verwaltung und in der Rechtsprechung unter den Menschen sein soll (siehe Sure 4:58). Er legt ferner fest, dass die Menschen nur das erhalten sollen, worum sie sich bemühen (siehe Sure 53:39), und dass jemand, der einen Menschen ungerechtfertigt tötet, mit jemandem auf einer Stufe steht, der die ganze Menschheit getötet hat (siehe Sure 5:32). Diese und viele andere Prinzipien wie das Verbot von Wucher, Glücksspiel, Alkohol und außerehelichem Geschlechtsverkehr sowie die Anweisungen, die das Beten, das Fasten, das Geben von Almosen und statthaftes Verhalten betreffen, werden durch die Liebe zu und die Ehrfurcht vor Gott, durch die Verheißung eines ewigen glückseligen Lebens und durch die Furcht vor der Bestrafung in der Hölle gestärkt.

Der Koran enthüllt die Geheimnisse des Menschen, der Schöpfung und des Universums. Der Mensch, der Koran und das Universum sind die drei ,Bücher', die uns den Schöpfer bekannt machen. Sie sind drei Ausdrucksformen einer einzigen Wahrheit. Deshalb ist der Eine, der den Menschen und das Universum erschaffen hat auch Derselbe, der den Koran offenbart hat.

- Es wird uns nicht gelingen, jemanden zu finden, der genau das tut, was er von anderen verlangt, oder dessen Inneres sich genau in seinen Taten widerspiegelt. Der Koran bildet jedoch eine Einheit mit dem Propheten Muhammad; er ist ebenso die Verkörperung Muhammads in Worten, wie Muhammad die Verkörperung des Koran in Glauben und Handeln ist. Beide sind zwei Ausdrücke ein und derselben Wahrheit. Wenn Aischa zum Wirken Muhammads befragt wurde, pflegte sie zu antworten: „Lest ihr denn nicht den Koran? Sein Verhalten ist die Verkörperung des Koran." Dies zeigt deutlich, dass sowohl der Koran als auch Muhammad die Werke Gottes, des Allmächtigen, sind.

- Schriftsteller sind im Allgemeinen so von ihrem Umfeld beeinflusst, dass sie sich ihm nicht entziehen können. Der Koran hingegen wurde zwar abschnittsweise zu bestimmten Anlässen offenbart, ist aber nichtsdestotrotz universell und objektiv, wenn er bestimmte Themen abhandelt, und exakt und präzise, wenn er sich universellen Angelegenheiten widmet. Wenn er den Beginn der Schöpfung, das Ende der Zeit oder die Erschaffung des Menschen und dessen zukünftiges Leben in der anderen Welt beschreibt, verwendet er präzise Ausdrücke. So wie er an einigen Stellen allgemein gültige Schlüsse aus konkreten Ereignissen zieht, schließt er an anderer Stelle auch von allgemein gültigen Prinzipien auf konkrete Ereignisse. Dieser für den Koran typische Stil findet sich in keinem einzigen Werk von Menschenhand. Auch er ist ein deutlicher Hinweis auf den göttlichen Ursprung dieses Buchs.

- Kein Autor hat in seinem Spezialgebiet ein Buch geschrieben, das auch nur annähernd so präzise ist wie der Koran in ganz unterschiedlichen Bereichen wie Religion, Recht, Soziologie, Psychologie, Eschatologie, Moral, Geschichte, Literatur usw.. Der Koran enthält, entweder in gestraffter oder detaillierter Form, nicht weniger als die Prinzipien aller Wissenszweige; und nicht einem einzigen Punkt dieses Wissens wurde jemals widerspro-

chen. Was braucht es mehr, um den göttlichen Ursprung des
Koran zu beweisen?

- Welcher Schriftsteller kann für sich in Anspruch nehmen, dass
  alles, was er schreibt, absolut korrekt ist und bis zum Jüngsten
  Tag Gültigkeit behält? Schlussfolgerungen der Wissenschaft
  sind schnell überholt. Die früheren Offenbarungsschriften wie
  die Thora und die Evangelien erfahren ständige Veränderungen.
  Selbst ein oberflächliches Studium der zu verschiedenen Zeiten
  und in verschiedenen Sprachen veröffentlichen Ausgaben reicht
  aus, um diese Veränderungen zu erkennen. Die Wahrheiten des
  Koran jedoch haben sich, wie Said Nursi es ausdrückt, ihre Frische bewahrt: „Während die Zeit immer älter wird, wird der
  Koran immer jünger." Trotz aller seit Beginn der Offenbarung des
  Koran unternommenen Bemühungen, Fehler und Widersprüche
  in ihm zu finden, ist er unverändert geblieben - eine Tatsache, die
  seine Einzigartigkeit widerspiegelt. Auch heute noch erobert er
  täglich neue Herzen, enthüllt ihnen seine verborgenen unendlich großen Schätze und erblüht wie eine paradiesische Rose mit
  zahllosen Blütenblättern.

- Egal wie groß unser Wissen und wie gut unser Ruf auch sein
  mögen - wären wir etwa dazu in der Lage, im Namen des Präsidenten, des Premierministers und aller Minister, im Namen aller
  Vereinigungen von Schriftstellern, Rechtsanwälten, Handwerkern,
  aller Dozenten und Wissenschaftler einer Universität zu sprechen?
  Und selbst wenn ja - dürften wir dann für uns in Anspruch nehmen, sie alle genau so zu repräsentieren, wie sie es wünschen?
  Und wenn wir auch das dürften - würden wir es dann obendrein
  tatsächlich auch schaffen, alle Angelegenheiten unseres Landes
  zu leiten? Genau das ist es, was dem Prophet mit dem Koran
  gelungen ist. Wie kann man nun behaupten, dass ein Analphabet,
  der bis zu seinem 40. Lebensjahr völlig unpolitisch war, dies ohne
  die Inspiration und Unterstützung Gottes verwirklicht hätte?

- Der Prophet wird im Koran auch getadelt. Wäre er selbst der
  Autor, hätte er dann einer schwer wiegenden Verleumdung gegen
  seine Ehefrau so viel Platz eingeräumt? Hätte er nicht die Offen-

barung, die ihm auftrug, Zaynab zu heiraten (siehe an anderer Stelle) unterschlagen, anstatt sie öffentlich zu machen? Aischa, die Frau des Propheten, sagte später aus, dass der Prophet, wenn er denn einen Teil des Koran hätte verheimlichen dürfen, diesen verschwiegen hätte.

Abu Talib, der Onkel des Propheten, der die Erziehung Muhammads übernahm, als dieser acht Jahre alt war, und ihn auch noch 10 Jahre nach seiner Verkündigung der Prophetenschaft beschützte, konvertierte nicht zum Islam. Der Prophet liebte seinen Onkel innig und wünschte sich sehnlichst, er möge sich doch zum Islam bekennen. Da wurde ihm folgender Vers offenbart:

> *Wahrlich, du kannst dem den Weg nicht weisen, den du liebst; Allah aber weist dem den Weg, dem Er will; und Er kennt jene am besten, die die Führung annehmen.* (28:56)

Wenn Muhammad der Autor des Koran gewesen wäre, hätte er doch einfach behaupten können, sein Onkel habe den Islam angenommen.

- Viele Verse im Koran beginnen mit den Worten *Sie fragen dich:*, und fahren dann - als Antwort - mit der Aufforderung *Sprich!* fort. Verse dieser Art wurden offenbart, um die Fragen zu beantworten, die dem Propheten von Muslimen und Nichtmuslimen, insbesondere von den Juden Medinas gestellt wurden. Diese Fragen drehten sich darum, welche Dinge rechtmäßig und welche unrechtmäßig seien, um die Verteilung der Kriegsbeute, die Laufbahn des Mondes, das Jüngste Gericht, den Dhu-l-Qarnayn,[96] den Geist des Menschen usw.. Jemand, der kein allumfassendes Wissen besitzt, kann solche Fragen nicht beantworten. Die Antworten des Propheten hingegen stellten alle gleichermaßen zufrieden. Dies zeigt, dass er von Gott, dem Allwissenden, unterrichtet wurde.

- Der Prophet führte ein sehr enthaltsames Leben und mied weltliche Ziele wie Ruhm, Herrschaft, Reichtum oder schöne Frauen.

---

[96] Ein gläubiger König der Antike, der viele Eroberungen in Asien und Afrika machte.

Außerdem musste er sich Widrigkeiten und Verfolgungen übelster Art erwehren. Zu behaupten, Muhammad habe den Koran frei erfunden, bedeutet, ihn, der in der Öffentlichkeit als Muhammad, der Vertrauenswürdige bekannt war, als den größten Lügner und Betrüger abzustempeln, den die Geschichte jemals gekannt hat. Warum hätte er denn fälschlicherweise die Prophetenschaft für sich beanspruchen sollen, wenn er doch genau damit sich selbst und seine Familie all diesen Widrigkeiten und Verfolgungen aussetzte? Eine solche Behauptung oder auch die Aussage, er selbst habe den Koran verfasst, entbehren jeder Grundlage.

- Der Prophet Muhammad sah sich intensivem Widerstand seitens der Juden und Christen ausgesetzt. Schließlich musste er mehrmals gegen die Juden Medinas antreten und sie aus der Stadt vertreiben. Trotzdem erwähnt der Koran den zu den Israeliten gesandten Propheten Moses etwa 50-mal, und auch der Name Jesus wird mehrmals genannt. Der Name Muhammad hingegen fällt lediglich 4-mal. Warum sollte jemand, der zu Unrecht die Prophetenschaft für sich beansprucht, ausgerechnet die Propheten seiner Widersacher erwähnen? Kann es überhaupt einen anderen Grund als Neid, Vorurteile, Egoismus und andere negative Gefühle dafür geben, dass die Prophetenschaft Muhammads bestritten wird?

- Der Koran birgt auch bestimmte Fakten der Schöpfung, die erst in jüngster Zeit durch moderne wissenschaftliche Methoden nachgewiesen wurden. Wie hätte der Koran, wenn er keine Offenbarung Gottes wäre, bei Sachverhalten exakt die Wahrheit sagen können, von denen die Leute zur Zeit seiner Offenbarung nicht die leiseste Ahnung hatten? Wäre der Koran ein ganz konventionelles Buch, hätte er doch wohl kaum einen Vers wie den folgenden enthalten können:

> *Haben die Ungläubigen nicht gesehen, dass die Himmel und die Erde eine Einheit waren, die Wir dann zerteilten? Und Wir machten aus dem Wasser alles Lebendige. Wollen sie denn nicht glauben?* (21:30)

Die Frage, ob der Koran explizit oder implizit auf wissenschaftliche Fakten verweist, und die Problematik der Beziehung zwischen Koran und moderner Wissenschaft sind Themen, die unter muslimischen Intellektuellen kontrovers diskutiert werden; daher möchte ich diesen Punkt etwas ausführlicher behandeln.

WISSENSCHAFT UND RELIGION

Die Wissenschaft betrachtet solche Fakten als ‚wissenschaftlich‘, die durch empirische Methoden bewiesen wurden. Vermutungen, die noch nicht durch Beobachtungen oder Experimente untermauert wurden, können daher nur als Theorien oder Hypothesen gelten.

Die Wissenschaft kann keine gesicherten Vorhersagen über die Zukunft treffen, sie macht keine unumstößlichen Voraussagen. Die Grundlage wissenschaftlicher Forschung ist der Zweifel. Der Prophet Muhammad aber, der von Gott dem Allwissenden unterwiesen wurde, verkündete Dinge, von denen sich die meisten inzwischen als wahr herausstellten, andere noch auf ihren Beweis warten. Im Koran lassen sich viele Verse finden, die sich auf Fakten beziehen, die die Wissenschaft in jüngster Zeit ‚entdecken‘ konnte. Der Koran erwähnt viele wichtige Gegebenheiten in der Schöpfung und eine große Anzahl von natürlichen Phänomenen, die vor 14 Jahrhunderten nicht einmal die größten Wissenschaftler, von einem Analphabeten ganz zu schweigen, hätten kennen können. Darüber hinaus bedient sich der Koran der Wunder der Propheten, um Hinweise auf die entlegensten Punkte der Wissenschaft zu geben, denn der Allwissende Selbst schenkte dem Koran Sein Wissen.

Beinhaltet der Koran wirklich alles Wissen?

Als Buch, das den Menschen und das Universum beschreibt, beteuert der Koran:

> *Bei Ihm befinden sich die Schlüssel zum Verborgenen; nur Er kennt sie. Und Er weiß, was auf dem Lande ist und was im Meer. Und nicht ein Blatt fällt nieder, ohne dass Er es weiß; und kein Körnchen ist in der Finsternis der*

Erde und nichts Feuchtes und nichts Trockenes, das nicht in einem deutlichen Buch (verzeichnet) wäre. (6:59)

Ibn Mas'ud sagte, der Koran biete zwar Informationen zu allen Themenbereichen, wir jedoch seien nicht immer in der Lage, diese Informationen auch abzurufen. Ibn Abbas, der als Koraninterpret und Gelehrter der *Umma* bekannt ist, behauptete, er könne mit Hilfe des Koran sogar die Kontrolle über sein Kamel zurück gewinnen, sollte er sie einmal verlieren. Dschalal ad-Din as-Suyuti, ein prominenter Gelehrter aus dem Ägypten des 15. Jahrhunderts, war ebenfalls der Auffassung, dass der Koran alles Wissen beinhaltet.

Wie kann der Koran, ein Buch von mittlerem Umfang, das zudem häufig Gebrauch von Wiederholungen macht, alles beinhalten, was wir über das Leben, die Wissenschaft, das soziale Verhalten, die Schöpfung, Zukunft, Vergangenheit usw. wissen müssen?

Bevor wir uns an die Aufgabe machen, diese so wichtige Frage zu klären, sollten wir uns vorbereiten, um überhaupt vom Koran profitieren zu können. Wir sollten uns in Erinnerung rufen, dass der Koran Zeit und Raum transzendiert, alle Ebenen des Wissens gleichsam anspricht und nicht an ein bestimmtes intellektuelles Level gebunden ist. Jemand, der den Koran studiert, sollte zu allererst über einen starken Glauben an den Koran verfügen und sein Bestes tun, ihn in seinem täglichen Leben zu praktizieren. Zweitens sollte er sich bemühen, so weit es geht, allen Sünden zu widerstehen. Drittens erklärt der Koran, dass *dem Menschen nichts anderes zuteil wird als das, wonach er strebt.* (53:39) Daher sollte sich jemand, der vom Koran profitieren will, wie ein erfahrener Korallentaucher oder Tiefseeforscher in den ‚Ozean' des Koran stürzen und sich ohne müde zu werden und Langeweile zu empfinden bis ans Lebensende seiner Erforschung widmen. Viertens erfordert das Verstehen des Koran eine gute Beherrschung der arabischen Sprache und eine hinreichende Kenntnis der Natur- wie auch der religiösen Wissenschaften. Eine angemessene Interpretation des Koran setzt also eine Kooperation der Wissenschaftler aller Bereiche der Natur- und Sozialwissenschaften und der religiösen Gelehrten (der Experten für die Bereiche Koran, Hadith, islamisches Recht, Theologie und spirituelle Wissenschaften) voraus. Fünftens sollte sich ein Student des Koran während der Rezitation und des Studiums als exklusiv vom Koran Angesprochener verstehen. Er sollte sich darüber bewusst sein, dass der Koran direkt das Wort an seine Studenten richtet. Wenn wir also zum Beispiel die Verse, die von vergangenen Ereignissen oder den Berichten über die Propheten und ihre Völker handeln, so betrachten, als handele es sich dabei um etwas, was weit zurück liegt und uns nichts mehr zu sagen hat, können wir nicht vom Koran profitieren. Wir sollten uns immer wieder klar machen, dass der Koran uns direkt persönlich anspricht und uns dabei hilft, uns selbst näher zu kommen.

Alle Themen erhalten im Koran genau den Platz, der ihrer Natur, Bedeutung und Stellung innerhalb der Schöpfung entspricht

Der Koran enthält alles, aber nicht alles in gleichem Maße. Der Koran dient vier unterschiedlichen Zwecken: Er soll die Schöpfung und die Einheit Gottes, die Prophetenschaft und die körperliche Auferstehung beweisen und konzentriert sich auf die Anbetung Gottes und die Gerechtigkeit. Um seine Ziele zu erreichen, lenkt der Koran unsere Aufmerksamkeit auf das Handeln Gottes im Universum, auf Seine unvergleichliche Kunstfertigkeit, die sich in der Schöpfung widerspiegelt, auf die Manifestationen Seiner Namen und Attribute und auf die großartige vollkommene Ordnung und Harmonie in der Schöpfung. Außerdem erwähnt der Koran bestimmte historische Ereignisse, legt die Regeln für ein einwandfreies Verhalten und eine gute Moral im persönlichen und gesellschaftlichen Bereich fest und benennt Prinzipien für ein glückliches und harmonisches Gemeinschaftsleben. Der Koran erklärt uns, wie wir unseren Schöpfer anbeten sollen und sagt uns, was wir tun müssen, um Sein Wohlgefallen zu finden. An vielen Stellen behandelt der Koran darüber hinaus auch das Leben nach dem Tode und erläutert, wie wir ewige Glückseligkeit erlangen und uns vor ewiger Verdammnis schützen können.

Tatsächlich ist alles ihm Koran enthalten, jedoch kann nicht jeder alles in ihm erkennen, weil verschiedene Dinge auf verschiedenen Ebenen dargestellt werden. Die Hauptaufgabe des Koran besteht, wie oben erläutert, darin, uns die Fertigkeiten, besonderen Qualitäten und Handlungen Gottes sowie die Pflichten, den Status und die Angelegenheiten zu vermitteln, die zur Sphäre des Dienstes an Gott gehören. Er beinhaltet daher zwar alle Dinge, jedoch in der Form von Samen, Kernen oder Übersichten, als Prinzipien oder Zeichen. Diese werden entweder explizit oder implizit dargestellt, kommen mitunter vage als Andeutung oder Anspielung daher. Jedes Thema hat seine eigene Form, wobei im Vordergrund steht, dass den Zwecken des Koran gedient wird. Des Weiteren spielt auch der Kontext eine wichtige Rolle. Ein Beispiel:

Als Resultat des menschlichen Fortschritts auf den Gebieten Wissenschaft und Industrie wurden einige wissenschaftliche und technische Wunder wie Flugzeuge, Elektrizität, Autos, Radio und Telekommunikation Wirklichkeit und spielten fortan im materiellen Leben der Menschheit eine sehr wichtige Rolle. Da diese Entwicklung die ganze Menschheit umfasst, hat der Koran sie nicht ignoriert und geht auf zweierlei Art und Weise auf sie ein: Erstens durch die Wunder der Propheten, worauf im Folgenden noch näher einzugehen sein wird. Zweitens in Verbindung mit bestimmten historischen Ereignissen.

Die Wunder menschlicher Zivilisation können kein Recht auf eine Benennung im Koran für sich in Anspruch nehmen, die über flüchtige Andeutungen oder unausgesprochene Hinweise und Angaben hinausgeht.

Wenn sich zum Beispiel ein von Menschenhand geschaffenes Flugzeug an den Koran wenden würde und ein Recht zu sprechen sowie einen Platz in seinen Versen beantragen würde, würde die Antwort der Flugzeuge der Sphäre Gottes - Mond, Erde und andere Planeten - im Auftrag des Koran sicherlich lauten: „Du wirst einen Platz bekommen, der deiner Größe entspricht." Wenn ein Unterseeboot nach einem Platz im Koran fragen würde, würden die Unterseeboote der Sphäre Gottes - die Himmelskörper, die im weiten ‚Ozean' der Atmosphäre ‚schwimmen', sicherlich antworten: „Dein Platz neben uns ist zu klein, um sichtbar werden zu können." Würden die den leuchtenden Sternen gleichenden Lichter ihr Recht, in den Versen erwähnt zu werden, einfordern, würden ihnen die Sternschnuppen und die Sterne, die die Himmelssilhouette schmücken, entgegnen: „Ihr habt das Recht, entsprechend eurem Licht im Koran Erwähnung zu finden." Würden die Wunder menschlicher Zivilisation einen Platz in den Versen des Koran für sich beanspruchen, weil sie glauben, ein hohes Maß an Kunstfertigkeit unter Beweis zu stellen, würde ihnen wohl eine ordinäre Fliege antworten: „Seid bitte ruhig! Ihr habt nicht mehr Recht zu sprechen als mein rechter Flügel. Denn wenn alle Künste und Werkzeuge, die die Menschen jemals erfunden haben, zusammengenommen würden, wären diese doch nicht so vorzüglich wie die Kunst und die Einzelteile, die sich in meinem winzigen Körper manifestieren. Der Koranvers *Gewiss, jene, die ihr an Allahs Statt anruft, werden in keiner Weise vermögen, eine Fliege zu erschaffen, auch dann nicht, wenn sie sich dazu zusammentäten* (22:73) wird euch zum Schweigen bringen."

Die Sichtweise des Koran hinsichtlich des Lebens und der Welt unterscheidet sich vollkommen von der modernen. Dem Koran zufolge ist die Welt ein Gästehaus. Der Mensch ist demnach ein Gast, der viele Pflichten hat und nur für eine kurze Zeit verweilt. Seine Aufgabe hier auf Erden ist es, sich auf das ewige Leben vorzubereiten; die Prioritäten des Menschen sollten den dringendsten und wichtigsten seiner Pflichten gelten. Da das, was vorwiegend für weltliche Zwecke geschaffen wurde und in erster Linie für diese verwendet wird, nur einen geringen Anteil am Dienst an Gott und an der Verehrung Gottes hat (bei denen ja Wahrheitsliebe und Außerweltlichkeit im Vordergrund stehen), wird es im Koran nur dann erwähnt, wenn es einen besonderen Stellenwert besitzt.

Ein weiterer Grund dafür, dass der Koran nicht alles, was dem Glück des Menschen in dieser und der nächsten Welt dient (wie z.B. Wissenschaft und Technik), ausdrücklich erwähnt, ist folgender:

Die Religion ist eine Prüfung, bei der die erhabenen von den primitiven Geistern getrennt werden. Wie Rohmaterialien, die ins Feuer geworfen werden, damit sich Diamant und Kohle oder Gold und Erde voneinander trennen, so dienen auch auf dieser Wettkampfbühne die Pflichten dem Zweck, die bewussten Wesen zu testen und

in einem Wettbewerb zusammenzuführen, damit das wertvolle ‚Erz'
in der ‚Mine' des menschlichen Potenzials von der Schlacke getrennt
wird. Weil der Koran dem Menschen geschickt wurde, damit er sich
in dieser Prüfung vervollkommnen kann, spielt er auf diejenigen
zukünftigen Ereignisse in der Welt, die jeder Mensch in einem angemessenen Zeitrahmen mit eigenen Augen bezeugen kann, nur an. Der
Koran öffnet sich dem Verstand nur so weit, dass der Mensch die
aufgestellten Behauptungen überprüfen kann. Würden die erklärten Phänomene explizit benannt, käme dem ‚Testen' der Menschen
keine Bedeutung mehr zu. Unsere Pflichten Gott gegenüber wären
dann so klar ersichtlich, als wäre sie mit Sternen ans Himmelsge-
wölbe geschrieben worden. Niemand würde vor die Alternative
gestellt, sie zu akzeptieren oder zu leugnen. Es gäbe keinen Wettbewerb, die Prüfung würde ihre Bedeutung verlieren. Eine ‚Kohle-Seele'
sähe wie eine ‚Diamant-Seele' aus und wäre nicht von ihr zu unterscheiden.

Der Koran richtet sich an alle Menschen, alle Zeiten und alle Ebenen des Wissens. In jeder Gemeinschaft und zu allen Zeiten ist es
das gemeine Volk, was die Mehrheit des Volkes stellt. Darum folgt
der Koran, um jeden zu seiner Wahrheit und zu seinen grundlegenden Zeilen zu führen, einem Stil und einer Sprache, die allseits verständlich ist. So wie ein normaler Mensch auf dem niedrigsten erdenk-
lichen intellektuellen Niveau vom Koran profitieren kann, kann auch
der größte Wissenschaftler seinen Nutzen aus diesem Buch ziehen,
egal welchem Wissenschaftszweig er angehört. Aus diesem Grunde
bedient sich der Koran auch normalerweise einer symbolischen Sprache und greift häufig zu Metaphern, Allegorien, Vergleichen und Parabeln. *Diejenigen aber, die ein tiefbegründetes Wissen haben* (3:7) sind
sich ihrerseits darüber im Klaren, wie sie sich dem Koran am besten
nähern und von ihm profitieren können. Sie gelangen zu dem Schluss,
dass der Koran das Wort Gottes ist.

Hätte der Koran moderne wissenschaftliche und technische Entdeckungen vorweggenommen, hätten die Menschen vorangegan-
gener Zeitalter diese nicht verstehen können. Sie wären vom Ertrag
von Versen, die sich auf diese Entdeckungen beziehen, ausgenom-

men gewesen. Außerdem entwickeln sich die Wissenschaften kontinuierlich weiter. Was heute noch als wahr hingestellt wird, kann schon morgen überholt sein; was wir heute noch für falsch halten, kann sich schon morgen als wahr erweisen.

Gott, der Allmächtige, hat den Menschen mit intellektuellen Fähigkeiten ausgestattet; in vielen seiner Verse drängt der Koran den Menschen, von diesen Fähigkeiten Gebrauch zu machen und Natur und Begebenheiten zu studieren. Hätte der Koran aber zum Beispiel moderne wissenschaftliche und technische Entdeckungen oder auch alles andere, was sich auf Leben, Natur, Geschichte und den Menschen selbst bezieht, genau beschrieben, würde es doch gar keinen Sinn ergeben, dass der Mensch als Muster der Schöpfung erschaffen und mit vielen intellektuellen Fähigkeiten ausgestattet wurde. Er hätte ja sonst diese Fähigkeiten gar nicht nutzen und verbessern können.

Hätte der Koran all das erwähnt, von dem wir uns wünschen, er hätte es erwähnt, wäre er ein Buch mit Hunderttausenden von Seiten. Wir wären gar nicht in der Lage, ihn vollständig zu rezitieren, um von seiner spirituellen Aufklärung profitieren zu können. Überhaupt hätten wir mit Sicherheit größte Probleme bei der Rezitation. Dies aber würde der Offenbarung des Koran und dem Zweck, den er verfolgt, widersprechen.

DAS KONZEPT VON WISSENSCHAFT UND TECHNIK

Trotz aller Katastrophen, die Wissenschaft und Technik über die Menschheit gebracht haben, trotz ihrer Fehler auf der Suche nach der Wahrheit und trotz ihres Versagens beim Versuch den Menschen glücklich zu machen, dürfen wir sie nicht grundsätzlich verdammen und einen rein idealistischen Standpunkt einnehmen. Wissenschaft und Technik sind nicht allein daran schuld, dass die Menschheit an Wert verloren hat, dass die menschlichen Gefühle sich zurück entwickelt haben und dass bestimmte Tugenden, aber auch die Gesundheit und die Fähigkeit zu denken gelitten haben. Der Fehler liegt eher bei den Wissenschaftlern, die ihre Verantwortlichkeit zurückweisen, und bei jenen Wissenschaften, die sich in einer materialistischen und rein wissenschaftlichen Atmosphäre entwickelt haben und so von einer unverantwortlichen Minderheit ausgebeutet wurden. Viele Probleme wären wahrscheinlich gar nicht erst aufgetreten, wenn die Wissenschaftler ein Bewusstsein für ihre soziale Verantwortung entwickelt und sich die Wissenschaften nicht - auf Grund der Versäumnisse des Christentums - als Gegenpol zur Religion positioniert hätten.

Einer unglaublichen Flut aus Energie und Vitalität gleichend fließt die natürliche Welt der Zukunft entgegen. Manchmal nimmt sie auch die Gestalt eines schönen Gartens an. Sie ist wie ein Buch, das dem Menschen zum Studium gegeben wurde, wie eine Ausstellung, die wir betrachten können, wie ein Pfand, das uns anvertraut wurde und von dem wir profitieren dürfen. Wir Menschen stehen in der Pflicht, Bedeutung und Inhalt dieses Pfand zu studieren und es so zu verwenden, dass nicht nur wir und unsere Mitmenschen, sondern auch Menschen zukünftiger Generationen ihren Nutzen daraus ziehen können. Diese Beziehung zwischen dem Menschen und seiner Umwelt können wir, wenn wir so wollen, Wissenschaft nennen.

Andere Definition von Wissenschaft lauten: Wissenschaft ist der Versuch zu verstehen, was Dinge und Vorgänge uns sagen wollen und was Gottes Gesetze des Universums uns enthüllen. Oder: Wissenschaft bedeutet, sich darum zu bemühen, die Absichten des Schöpfers zu begreifen.

Der Mensch, der erschaffen wurde um über alle Dinge zu herrschen, muss beobachten, lesen, wahrnehmen und erfassen, was um ihn herum geschieht. Danach sollte er nach einem Weg suchen, seinen Einfluss bei diesen Vorgängen geltend und sie sich untertan machen. In diesem Punkt gilt per Dekret des Schöpfers, dass sich alles dem Menschen fügen wird, solange dieser sich Gott fügt.

Es besteht kein Grund, sich vor der Wissenschaft zu fürchten. Die Gefahr liegt nicht innerhalb der Wissenschaft selbst und in der Gründung einer neuen Welt, die sich auf die Wissenschaft stützt, sondern in der Ignoranz und der Verantwortungslosigkeit der Wissenschaftler und derer, die die Wissenschaft für ihre egoistischen Interessen ausnutzen.

Wenn wahre Wissenschaft darin besteht, dass man seine Intelligenz auf die Ewigkeit richtet, ohne materiellen Gewinn zu erwarten, dass man unermüdlich seine Umwelt studiert, um die allem zu Grunde liegende absolute Wahrheit herauszufinden, und dass man den Methoden folgt, die gebraucht werden, um dieses Ziel durchzusetzen, kann sie nicht das vollbringen, was wir von ihr erwarten, solange sie diese grundlegenden Punkte vollkommen vernachlässigt. Auch wenn die Konflikte im Zeitalter der Renaissance zumeist als Konflikt zwischen Christentum und Wissenschaft dargestellt werden, waren sie doch eher Konflikte zwischen der Katholischen Kirche und Wissenschaftlern. Weder Kopernikus noch Galileo noch Bacon waren anti-religiös. Man kann sogar davon sprechen, dass ihre religiöse Verpflichtung sie dazu anspornte, die Wahrheit zu finden. Der Islam - das religiöse Denken, das seinen Ursprung in der Ewigkeit hat, die Liebe und der Eifer, die aus jenem Denken entspringen, begleitet vom Gefühl der Hilflosigkeit und Schwäche vor dem Ewigen Allmächtigen Schöpfer des Kosmos - ist das Geheimnis, das hinter dem großen, über 500 Jahre währenden wissenschaftlichen Vorsprung der islamischen Welt ab Ende des 12. Jahrhunderts steht.

Das Konzept einer Wissenschaft, die auf der Offenbarung Gottes basierte, wurde von den großartigen Personlichkeiten jener Zeit, die ihr Augenmerk auf die Ewigkeit richteten und so ihre Umwelt aufmerksam studierten, um der Ewigkeit näher zu kommen, nahezu perfekt repräsentiert. Ihre Hingabe an die Offenbarung Gottes entzündete in den Seelen der Menschen ein Licht, das ein ganz neues Konzept der Wissenschaft hervorbrachte. Wäre dieses Konzept, das von allen Bevölkerungsschichten geschätzt und als Teil der Botschaft Gottes betrachtet wurde, nicht den entsetzlichen Invasionen der Mongolen und der erbarmungslosen Kreuzzüge zum Opfer gefallen, sähe die Welt heute ganz anders aus. Sie wäre aufgeklärter, ihr intellektuelles Leben reicher, ihre Technologien ganzheitlicher und ihre Wissenschaften viel versprechender. Das Konzept, das der Islam hervorbrachte, war eingebettet in die Hoffnung auf ewiges Leben.

Es verfolgte das Ideal, dem Wohl der Menschheit zu dienen und die Dinge verantwortungsbewusst zu handhaben, um das Wohlgefallen Gottes zu erlangen.

Die Wahrheitsliebe ist es, die die Richtung wissenschaftlicher Studien vorgibt. Unter Wahrheitsliebe verstehen wir, unsere Umwelt ohne Interesse an materiellem und weltlichem Gewinn zu betrachten und sie als das zu erkennen, was sie wirklich ist. Wer mit Liebe ans Werk geht, kann die Ziele seiner Studien immer erreichen; wer jedoch von weltlichen Neigungen, materiellen Wünschen, ideologischen Vorurteilen und Fanatismus infiziert ist und keine Wahrheitsliebe aufbringen kann, wird seine Ziele verfehlen oder - schlimmer noch - die Anliegen der Wissenschaft ins Gegenteil wenden und diese zu einer tödlichen Waffe machen, die sich gegen das Potenzial der Menschlichkeit richtet. Wenn also Intellektuelle, Institutionen des Bildungswesens und Massenmedien die Aufgabe haben, dem Wohl der Menschheit zu dienen, dann sollten sie die wissenschaftlichen Studien aus der tödlich vergifteten Atmosphäre von materiellen Hoffnungen und ideologischem Fanatismus hinausführen und sie in den Dienst höherer menschlicher Werte stellen. Der erste Schritt dorthin besteht in der Befreiung der Köpfe von ideologischem Aberglauben und Fanatismus. Die Menschen müssen davor bewahrt werden, weltliche Gewinne und Vorteile als Lebenssinn zu betrachten. Nur so kann auch wahre Gedankenfreiheit erreicht werden, nur so kann eine ‚gute Wissenschaft‘ ins Leben gerufen werden. Die Wissenschaftler selbst sollten alles daran setzen, nicht ins Fadenkreuz berechtigter Anschuldigungen zu geraten, waren sie es doch, die über Jahrhunderte hinweg den Krieg gegen den Klerus und gegen im Namen der Religion entworfene korrupte Konzepte geführt haben und die religiöse Menschen als rückschrittlich, engstirnig und fanatisch verurteilt gemacht haben.

Es existiert kein Unterschied zwischen intellektuellem und wissenschaftlichem Despotismus, deren Triebkräfte Gewinn- oder Machtstreben oder ideologischer und ‚wissenschaftlicher‘ Fanatismus sind, und restriktiver Vernunft, die sich aus korrupten und verzerrten religiösen Konzepten und der Herrschaft eines Klerus ableitet. Der Islam drängt - wie zahlreichen Versen des Koran entnommen werden kann - auf das Studium der Natur, die als eine Ausstellung der Werke Gottes betrachtet wird. Der Islam besteht auf einer Reflexion über die Schöpfung und das Erschaffene; dabei soll verantwortungsvoll vorgegangen und kein Unheil in der Welt angerichtet werden. Wer sich dem Koran vorbehaltlos ohne vorgefasste Meinung nähert und ihn studiert, wird in den Genuss seiner Wahrheiten kommen; er wird erkennen, dass der Koran die Liebe zur Wissenschaft, Menschlichkeit, Gerechtigkeit und Ordnung fördert. Mit dem Koran als Grundlage hat der Islam Wissen und die Nachfrage nach Wissen begründet. Mit ihnen bezweckt er, die Bedeutung der Schöpfung zu entdecken, um dem Schöpfer näher zu kommen und dem Wohl der ganzen Menschheit und der ganzen Schöpfung zu dienen. Das so entstandene und immer neu entstehende Wissen kombiniert der Islam mit dem Glauben, mit Liebe und Uneigennützigkeit. Dies beschreibt nicht nur der Koran, sondern wir erfahren es auch durch das beispielhafte Leben des Propheten und durch das vorbildliche Verhalten vieler Menschen, die den Islam mit ihren Gedanken und Taten repräsentieren.

Aus all diesen Gründen besteht überhaupt kein Grund, sich vor der Wissenschaft zu fürchten. Dass einige schlecht geplante, auf Wissen basierende Schritte *gelegentlich* schlechte Resultate erbringen, ist klar; klar ist aber auch, dass Unwissenheit und Unordnung *immer* schlechte Resultate erbringen. Anstatt sich über Wissenschaft und Technik zu beschweren, sollte man diese daher lieber so nutzen, dass sie dem Menschen nützen. In diesem simplen Satz liegt die Essenz des größten Problems der Menschheit. Es ist schlicht und einfach unmöglich, das Know-how zur Herstellung von Atom- oder Wasserstoffbomben aus den Köpfen aller Menschen zu verbannen.

In den Händen einer unverantwortlichen Minderheit kann sich die Wissenschaft unter Umständen als tödliche Waffe erweisen; trotzdem sollten wir sie mit all ihren Konsequenzen fördern, damit sie zum Aufbau einer Gesellschaft beiträgt, in der der Mensch sein Glück in dieser und in der kommenden Welt verwirklichen kann. Es wäre sinnlos, Maschinen und Fabriken zu verfluchen, denn die Maschinen werden auch weiterhin laufen und die Fabriken weiterhin in Betrieb sein.

Auch Wissenschaft und Technik werden dem Menschen solange Schaden zufügen, bis Menschen, die der Wahrheit und dem Glauben verpflichtet sind, die Dinge in den Griff bekommen.

Noch erlitt die Menschheit durch die Waffe eines Engels irgendeinen Schaden. Alles, was sie je erleiden musste, ging von Menschen aus, die glaubten, Macht sei gleichbedeutend mit Recht. Diese Situation wird sich auch in Zukunft erst dann verändern, wenn der Mensch eine Welt hervorbringt, in der Glaube und Wissenschaft gleichberechtigt kooperieren.

Enthält der Koran Hinweise auf wissenschaftliche Errungenschaften?

Bevor wir diese Frage beantworten, sollten wir Folgendes betonen: Wie falsch es auch sein mag, Religion und Wissenschaft als einander entgegengesetzt zu betrachten und die wissenschaftliche Forschung für unabhängig und getrennt vom Koran zu halten, ist es doch genauso abwegig, den Koran als rein wissenschaftliches Buch zu bezeichnen und jede neue wissenschaftliche Theorie als mit diesem Buch kompatibel zu bezeichnen.

Einige Muslime vor allem in der Türkei haben jüngst die *Dabbat al-Ard*, die Kriechtiere der Erde, von denen in Sure 27:82 des Koran die Rede ist, als das Virus identifiziert, das die tödliche Immunschwäche AIDS verursacht. Diese Diagnose kommt jedoch ein wenig verfrüht: Zunächst einmal schweigt sich der Koran über die Beschaffenheit der *Dabbat* aus. Wenn wir aber davon ausgehen, dass mit den *Dabbat* wirklich das AIDS-Virus gemeint ist, dann könnten wir genauso gut die Bakterien oder Viren, die tödliche Krankheiten wie z.B. die Syphilis hervorrufen, als *Dabbat* akzeptieren. Außerdem wissen wir nicht, ob nicht in Zukunft neue durch Viren ausgelöste, vielleicht noch tödlichere Krankheiten als AIDS auf den Plan treten werden. Der Kontext, in dem die *Dabbat al-Ard* im Koran erwähnt werden, legt nahe, dass diese ‚Kriechtiere' erst dann auftauchen werden, wenn die Welt kurz vor ihrer endgültige Zerstörung steht und kaum noch jemand an Gott glaubt. Wir sollten also nicht überhastet nach Übereinstimmungen zwischen Koranversen und neuen Entdeckungen im Bereich Wissenschaft und Technik suchen.

Wissenschaftliche Theorien ähneln oft Kleidungsstücken, die, nachdem sie eine Zeit lang getragen wurden, abgetragen sind und ausrangiert werden. Jedes wissenschaftliche Faktum daraufhin abzuklopfen, ob es vom Koran vorausgesagt wurde, deutet auf einen Minderwertigkeitskomplex hin und heißt, der Wissenschaft eine größere Priorität einzuräumen als dem Koran. Jeder Vers und jeder Ausdruck im Koran steht in einem universellen Kontext und spricht - für alle Zeiten gültig - jede Lernebene der Menschheit an: Jede Interpretation, die in der Geschichte der Menschheit getätigt wurde, zeigt nur einen einzigen Aspekt jenes universellen Kontexts. Jeder, der sich um eine Deutung des Koran bemüht, jeder Wissenschaftler und jeder Gnostiker, der sich auf seine spirituellen Erkenntnisse oder auf Intuition, auf Beweise, die er erhält, oder auf seine natürliche Begabung beruft, bevorzugt einen anderen Aspekt. Daneben akzeptieren wir die Physik Newtons und die Physik Einsteins als wissenschaftlich und damit als wahr.

Obwohl beide falsch sein könnten, befindet sich in beiden mit Sicherheit ein Stückchen Wahrheit. Die Ursächlichkeit ist ein Schleier, den Gott, der Allmächtige, über den schnellen Fluss des Seins geworfen hat, damit wir unser Leben bis zu einem gewissen Maße planen können. Daher sind sowohl die Physik Newtons als auch die Physik Einsteins als ‚relativ' wahr einzustufen. Während wir also über die Verse des Koran nachdenken, sollten wir die relativen Wahrheiten in der Schöpfung und in unserem Leben berücksichtigen. Diese sind nämlich viel zahlreicher als die absoluten Wahrheiten.

Die im Koran verwandten Ausdrücke haben unterschiedliche Bedeutungen. Ein gutes Beispiel hierfür bieten folgende Verse:

> *Er hat den beiden Gewässern, die einander begegnen, freien Lauf gelassen. Zwischen ihnen steht eine Scheidewand, sodass sie nicht ineinander übergreifen.* (55:19-20)

Hier findet sich ein Hinweis auf alle Paare von ‚Gewässern' oder Sphären - spirituelle und materielle, symbolische und wirkliche, von

den Sphären der Herrschaft und der Dienerschaft bis zu den Sphären
der Notwendigkeit und der Zufälligkeit, von dieser Welt bis zum Jenseits. Darin enthalten sind die sichtbare körperliche Welt und die
Welt des Unsichtbaren, der Pazifik und der Atlantik, das Mittelmeer
und das Rote Meer, Salzwasser und Süßwasser in den Meeren und
unter der Erde, große Süßwasserflüsse wie Euphrat und Tigris und
die salzigen Meere, in die sie münden. All diese und andere, die ich
hier nicht alle aufzählen kann, stehen entweder im wörtlichen oder
im bildlichen Sinne im Kontext des oben erwähnten Koranverses.
Selbst wenn wir also der Auffassung sind, dass ein Vers oder ein
Ausdruck des Koran eindeutig auf eine bewiesene wissenschaftliche
Tatsache hinweist, sollten wir deren Bedeutung nicht auf jene Tatsache beschränken, sondern alle möglichen Bedeutungen und Inter-
pretationsmöglichkeiten in Betracht ziehen.

Wie dem auch sei, dies heißt natürlich nicht, dass der Koran
überhaupt nicht auf wissenschaftliche Fortschritte und Fakten verweist. Da der Koran die Offenbarung Gottes ist, die alles - ob zu Wasser oder zu Land (6:59) - beinhaltet, wird er auch wissenschaftliche Fortschritte und Fakten ganz bestimmt nicht ausklammern.
Der Koran wird mit Sicherheit direkt oder indirekt auf solche Entwicklungen hindeuten, allerdings nicht so, wie es die Wissenschaft
und die materialistische oder die naturalistische Philosophie tun. Er
ist kein wissenschaftliches Buch, das in aller Ausführlichkeit von kos-
mologischen oder wissenschaftlichen Dingen spricht. Er stellt die ewige
Interpretation des Buches des Universums dar. Er ist ein Deuter der
Wissenschaften, der sich mit den Erscheinungen der Schöpfung
beschäftigt. Er kommentiert die sichtbaren und die unsichtbaren Welten und enthüllt uns die Schätze der Namen Gottes in den Himmeln und auf der Erde. Der Koran ist der Schlüssel, mit dem sich
versteckte Wirklichkeiten hinter den Vorgängen, die sich in der Umwelt
und im Leben des Menschen abspielen, erschließen lassen. Er ist die
Zunge der verborgenen Welt, die in der manifesten Welt spricht. Er
ist die Sonne, die am spirituellen und intellektuellen Himmel des Islam
scheint. Er ist die heilige Landkarte der kommenden Welt. Er erklärt
uns die Eigenschaften, Namen und Handlungen Gottes und erzieht

uns, indem er uns zur Wahrheit und zur Rechtschaffenheit führt. Der Koran ist ein Buch der Gerechtigkeit und der Weisheit, ein Buch der Gebote und der Verbote Gottes, ein Buch, das alles enthält, was der Mensch benötigt, um seine spirituellen und intellektuellen Bedürfnisse zu befriedigen. In der ganzen Welt der Theologie, der Sozialwissenschaften, der Politik und auch der Naturwissenschaft existiert kein Problem, mit dem der Koran sich nicht kurz oder im Detail, direkt oder andeutungsweise beschäftigt.

Der Koran betrachtet die Schöpfung nicht aus einem Selbstzweck heraus, sondern im Auftrag seines Schöpfers. Die Wissenschaft dagegen wendet sich vor allem an diejenigen, die Spezialisten auf dem jeweiligen Gebiet sind, ganz davon abgesehen, dass sie die Schöpfung nur für ihre eigenen Zwecke vereinnahmt. Der Koran wendet sich an die ganze Menschheit und benutzt deshalb die Schöpfung als Beweis, um die Menschheit zu leiten. Da die gewöhnlichen Menschen auf der Welt in der Mehrzahl sind, sollten Beweise manifest und gut erkennbar sein, damit sie auch für einfache Menschen leicht verständlich sind. Eine Orientierung für solche Menschen verlangt, dass unwichtigere Dinge nur kurz angesprochen werden und wichtige Punkte in Form von Parabeln und Vergleichen erläutert werden. Um die Menschen nicht zu verwirren, sollten Dinge, die ganz offensichtlich niemandem nutzen oder schaden, so belassen werden, wie sie sind.

Wie für alle andcren Dinge in der Schöpfung auch, liegen die Quellen der Wissenschaften in einem der ausgezeichneten Namen Gottes, des Allmächtigen. Der Name ‚der Heilende‘ erhellt die Medizin; Geometrie und Technik basieren auf den Namen ‚der Gerechte‘, ‚der Gestaltende‘ und ‚der Versöhnende‘; die Philosophie spiegelt den Namen ‚der Weise‘ wider usw.. Wie bereits erwähnt wurde, hat der Schöpfer in Seinem Buch über alles, was Er dem Menschen zu lernen erlaubt hat, Auskunft erteilt. Mit dem Heiligen Koran hat Gott dem Menschen ein Werkzeug für spirituellen und materiellen Fortschritt in die Hand gegeben. Weil es zu den Hauptanliegen des Koran gehört, Gott dem Menschen vorzustellen und bekannt zu machen, den Weg zu Glauben und Verehrung zu ebnen, das individuelle und soziale Leben der Menschen zu organisieren und ihnen so vollkommenes Glück in dieser und der kommenden Welt zu bescheren, finden die wissenschaftlichen Fakten in dem Buch genau wie alle anderen Dinge und Vorgänge Erwähnung entsprechend ihrer Bedeutung. Mit anderen Worten: Je wichtiger etwas für den Menschen ist, desto ausführlicher wird es besprochen. Den Säulen des Glaubens, den Fundamenten der Religion, den Grundlagen des menschlichen Lebens und den Geboten zur Anbetung Gottes wird viel Platz eingeräumt, andere unwichtigere Dinge werden dagegen nur am Rande erwähnt. Die Bedeutung eines Koranverses lässt sich mit einer Rosenknospe vergleichen: Sie liegt unter übereinander liegenden Schichten von Blättern verborgen. Mit jeder Schicht, die abfällt, enthüllt sich uns eine neue Bedeutung. Jeder Mensch erkennt je nach seinen Fähigkeiten eine oder mehrere dieser Bedeutungen und ist mit dem, was er erhält, zufrieden.

Beispiele für Hinweise des Koran auf wissenschaftliche Fakten und Entwicklungen

Der Koran verweist auf technologische Fortschritte und markiert das Ende der Entwicklung, indem er die Wunder der Propheten auflistet. Daneben hält er jedoch auch noch viele weitere Methoden bereit, um bestimmte Dinge anzusprechen. Er ermutigt den Menschen zu fliegen und spielt implizit auf den Umstand an, dass der Mensch irgendwann in der Lage sein wird, Flugzeuge und Raumschiffe zu bauen:

> *Und Salomo (machten Wir) den Wind (dienstbar); sein Herweg dauerte einen Monat, und sein Hinweg dauerte einen Monat.* (34:12)

Er lädt den Menschen außerdem dazu ein, ein Heilmittel für alle existierenden Krankheiten zu finden:

> *...und ich heile den Blindgeborenen und den Aussätzigen und mache die Toten mit Allahs Erlaubnis lebendig.* (3:49)

Er gibt uns die Hoffnung, dass wir, die Menschen, eines Tages alle Krankheiten besiegen können und lässt uns glauben, dass wir nicht mehr länger dem Tod ausgeliefert sind. Mit dem Vers

Da sprach einer, der Kenntnis von der Schrift besaß: „Ich bringe ihn (den Thron der Königin des Jemens) dir (Salomo in Jerusalem) innerhalb eines Augenzwinkerns von dir" (27:40)

nimmt der Koran vorweg, dass Bilder oder sogar Körper in der Zukunft durch das Wissen des Heiligen Buches des Universums innerhalb eines Augenblicks von einem Ort zum anderen geschickt werden können. Auch wird ein Mensch, der das Wissen des Buches der Offenbarung Gottes besitzt, in extrem kurzer Zeit Dinge aus einer großen Entfernung herbeischaffen können. Weiterhin informiert uns der Koran mit Hilfe von Symbolen darüber, dass es möglich sein wird, einen Mörder anhand einer Zellprobe, die dem von ihm Getöteten entnommen wird, zu überführen, indem er uns berichtet, dass der Mörder einer Person zu Zeiten des Propheten Moses mit einem Körperteil einer Kuh, die das Volk Israel auf Befehl Gottes schlachten musste, geschlagen und so entlarvt wurde. (2:67-73)

Und es lassen sich durchaus zahlreiche weitere Beispiele für Hinweise des Koran auf wissenschaftliche Fakten und Entwicklungen finden:

- Der Schöpfer, der vom Beginn bis über das Ende der Zeit hinaus alles sieht und alles weiß, macht uns darauf aufmerksam, dass die Zukunft im allgemeinen Sinne dem Wissen und der Information gehören wird. Als natürliche Konsequenz daraus ergibt sich, dass auch ein Zeitalter des Glaubens anbrechen wird.

Wir werden sie Unsere Zeichen überall auf Erden und an ihnen selbst sehen lassen, damit ihnen deutlich wird, dass es die Wahrheit ist. Genügt es denn nicht, dass dein Herr Zeuge aller Dinge ist? (41:53)

Seit der Frühzeit des Islam haben die Sufis die Botschaft dieses Verses akzeptiert und sie als ein Zeichen und eine Bestätigung der spirituellen Weisheit, für die sie kämpften, rezitiert. Liest man den Vers aber, während man sich gleichzeitig den wissenschaftlichen Fortschritt seit der Offenbarung des Koran vor Augen hält, wird man das bloße Vorhandensein dieses Verses als ein Wunder empfinden. Dabei sollte man auch nicht vergessen, dass der Prozess der wissenschaftlichen Entwicklung von muslimischen Gelehrten und Wissenschaftlern initiiert und vorangetrieben wurde.

Alles, was innerhalb des Bereiches menschlichen Denkens und menschlicher Forschung liegt, muss zwangsläufig die Existenz und die Einheit des Schöpfers umso mehr bestätigen, je weiter die wahre Beschaffenheit und die Beziehungen des Mikro- und des Makrokosmos untereinander erforscht und je besser diese Dinge verstanden werden. Schauen wir uns die unzähligen Bücher zu diesem Thema an, kommen wir zu dem Schluss, dass das, was Gott uns offenbart hat, so gut wie als wahr bewiesen wurde. Auch heute schon fühlen wir, dass wir in Kürze Stimmen vernehmen und verstehen werden, die Gott, den Allmächtigen, den Einzigartigen Schöpfer und Lenker des Universums, mit Tausenden von Zungen preisen werden:

> *Die sieben Himmel und die Erde und alle darin lobpreisen Ihn; und es gibt nichts, was Seine Herrlichkeit nicht preist; ihr aber versteht deren Lobpreisung nicht. Wahrlich, Er ist nachsichtig, verzeihend.* (17:44)

Schon das, was wir heute von der Bedeutung dieses Verses verstehen, ist nicht zu leugnen. Die kleinsten Atome sprechen genauso zu uns wie die Nebel im Weltraum in der Sprache ihres Seins von der Unterwerfung unter den Einen Gott, den sie verehren. Die Zahl der Menschen, die in der Lage sind, diesen universellen Lobpreis Gottes zu hören und zu verstehen, ist jedoch noch gering.

· Auch was der Koran uns über die Entstehung und die Entwicklungsphasen des Embryos im Uterus sagt, ist bemerkenswert:

> *O ihr Menschen, wenn ihr über die Auferstehung im Zweifel seid, so (bedenkt,) dass Wir euch aus Erde erschaffen haben, dann aus einem Samentropfen, dann aus einem Blutklumpen, dann aus einem Klumpen Fleisch, teils geformt und teils ungeformt, auf dass Wir es euch deutlich machen.* (22:5)

In einem anderen Vers wird die Entwicklung noch ausführlicher beschrieben und die einzelnen Phasen werden noch deutlicher hervorgehoben:

Und wahrlich, Wir erschufen den Menschen aus einer Substanz aus Lehm.
Alsdann setzten Wir ihn als Samentropfen an eine sichere Ruhestätte. Dann
bildeten Wir den Tropfen zu einem Blutklumpen; dann bildeten Wir den
Blutklumpen zu einem Fleischklumpen; dann bildeten Wir aus dem Fleisch-
klumpen Knochen; dann bekleideten Wir die Knochen mit Fleisch; dann
entwickelten Wir es zu einer anderen Schöpfung. (23:12-14)

- Was der Koran über die Milch und den Prozess der Gewinnung
  von Milch gesagt hat, ist genauso brillant und erstaunlich wie
  das Getränk selbst:

  Wahrlich, auch am Vieh habt ihr eine Lehre. Wir geben euch von dem zu
  trinken, was in ihren Leibern (ist): Zwischen Kot und Blut (ist) in der Mitte
  Milch, die denen lauter (und) angenehm ist, die sie trinken. (16:66)

Der Koran beschreibt den Prozess in erstaunlicher Detailfreude:
die teilweise Verdauung der aufgenommenen Nahrung, ihre
Absorption; anschließend ein zweiter Prozess und ihre Verede-
lung in den Drüsen. Milch ist eine rundum positive Nahrung für
den Menschen. Und doch scheidet ihr Lieferant sie als nutzlose
Substanz aus.

- Der Koran hat uns offenbart, dass alle Dinge in der Natur paarweise geschaffen werden:

  Preis (sei) Ihm, der die Arten alle paarweise geschaffen hat, von dem, was die
  Erde sprießen lässt, und von ihnen selber und von dem, was sie nicht kennen.
  (36:36)

Alle Körper treten in Paaren auf. Jeder Körper hat sein Gegenstück, das ihm entweder entgegengesetzt ist oder ihn ergänzt.
Das ergänzende Wesen der Geschlechter sowohl bei Mensch und
Tier als auch bei bestimmten Pflanzen ist uns seit langem bekannt,
was aber gilt für die Paare in allen Körpern, *von dem, was sie nicht*
kennen? Dies könnte auf eine ganze Reihe von Einheiten - lebenden wie auch leblosen - verweisen. In den feinen Kräften und
Prinzipien in der Natur gibt es viele Arten von lebenden und leblosen Paaren. Alle Körper von den Atomen bis zu den Wolken

kommen, wie uns unsere modernsten Instrumente bestätigen können, paarweise vor.

- Der Koran erzählt in seiner einzigartigen Ausdrucksweise von der Erschaffung der Welt und ihrer Lebensformen:

> *Haben die Ungläubigen nicht gesehen, dass die Himmel und die Erde eine Einheit waren, die Wir dann zerteilten? Und Wir machten aus dem Wasser alles Lebendige. Wollen sie denn nicht glauben?* (21:30)

Die Schilderung im Koran ist unzweideutig und klar und sollte nicht mit den unterschiedlichen Hypothesen verwechselt werden, die sich um die Frage ranken, ob das erste in der Schöpfung vorkommende Material ein Äther, eine große Wolke, ein riesiger Nebel, eine Masse heißen Gases oder etwas anderes war. Der Koran hat außerdem erläutert, dass jedes lebende Wesen aus Wasser erschaffen wurde. Die Schrift beschäftigt sich aber nicht mit der Frage, ob diese einzige Quelle des Lebens ein Resultat von Gasen ist, die zunächst aus der Erde hochstiegen, später kondensierten, als Regen zu ihr zurückkehrten und Seen bildeten, die wiederum einen geeigneten Nährboden für die Bildung menschlichen Lebens darstellten, oder ob die Entstehung des Lebens auf andere Weise stattfand. Der Koranvers präsentiert uns das Universum ausdrücklich und unmissverständlich als ein Wunder der Schöpfung. Alles, was sich im Universum befindet, ist ein integraler Teil jenes Wunders und trägt Zeichen in sich, die dies überprüfen lassen. Alles ist miteinander verwoben wie die Blätter in massiven Bäumen, die unterschiedlich aber doch gleich sind und alle auf eine gemeinsame Wurzel zurückgehen. Der Vers betont natürlich auch die Vitalität und die Bedeutung des Wassers, das drei Viertel der Masse der meisten Lebewesen ausmacht.

- Die Sonne besitzt in der Schöpfung einen bestimmten wichtigen Platz. Der Koran enthüllt den wichtigsten Aspekt dieser Tatsache in nur vier Worten der arabischen Sprache, deren volle Bedeutung nicht so einfach wiederzugeben ist:

Und die Sonne eilt dem ihr gesetzten Ziel zu. Das ist die Anordnung des Erhabenen, des Allwissenden. (36:38)

Das arabische Wort *mustaqarr* könnte hier eine feststehende Bahn im Weltraum bezeichnen, genauso wäre aber auch denkbar, es mit ‚fester Ruheplatz‘ oder ‚Wohnort‘ oder ‚bestimmte Zeitroute‘ zu übersetzen. Wir lernen mit diesem Vers nicht nur, dass sich die Sonne auf einer bestimmten Bahn bewegt, sondern auch, dass sie einen bestimmten Punkt im Universum anstrebt. Das Sonnensystem (die Sonne und die von ihr abhängigen Planeten und Satelliten) wie wir es kennen, bewegt sich mit atemberaubender Geschwindigkeit auf das Sternbild Lyra zu. Mit jeder Sekunde nähern wir uns jenem Sternbild mit ca. 10 Meilen pro Sekunde, d.h. mit ca. einer Million Meilen pro Tag.[97] Wir erfahren auch, dass sich die Sonne, wenn sie erst einmal ihren Bestimmungsort erreicht hat, dort festsetzen und zur Ruhe kommen wird.

Der Reichtum des Koran ist so groß, dass mit nur wenigen Worten unendlich viele Wahrheiten verkündet werden. Hier werden mit nur vier Worten viele Dinge erläutert, die uns bislang nur vage bekannt sind. Dies alles offenbarte uns der Koran vor 14 Jahrhunderten, zu einer Zeit also, als die Menschen noch glaubten, die Sonne kreise täglich einmal um die Erde.

• Eine andere inspirierende und ausdrucksstarke Äußerung im Koran betrifft die Ausdehnung oder Expansion des Universums im Raum. Auch hier benutzt das arabische Original des Koran vier Worte:

Und den Himmel haben Wir mit (Unserer) Kraft erbaut; und siehe, wie Wir ihn reichlich geweitet haben. (51:47-48)

Dieser Vers enthüllt uns, dass die Distanz (der Raum) zwischen den Himmelskörpern größer wird, dass sich das Universum ausdehnt. 1922 behauptete der Astronom Hubble, dass sich alle Galaxien außer den fünf der Erde am nächsten liegenden mit einer

---

[97] 1 Meile = 1,6093 km

Geschwindigkeit, die direkt proportional zu ihrer Distanz zur Erde ist, in den Raum hinein bewegen. Hubble zufolge wandert eine Galaxie in einer Entfernung von einer Million Lichtjahren mit einer Geschwindigkeit von 168 km/Jahr, eine zwei Millionen Lichtjahre entfernte Galaxie mit der doppelten Geschwindigkeit usw.. Le Maitre, ein belgischer Mathematiker und Priester verfocht und entwickelte später die These, dass sich das Universum ausdehnt. Wie auch immer die Menschen diese Wirklichkeit ausdrücken mögen, ob durch den Koeffizienten Hubbles oder (in der Zukunft) durch ein andere Theorie, die Offenbarung ist unmissverständlich klar, da sie die Wirklichkeit selbst berücksichtigt.

- Wir bekommen im Koran einige Hinweise auf die unsichtbare Arbeitsweise der - wie wir sie nennen - Gesetze der Physik: Anziehung und Abstoßung, Umdrehung und Umwälzung:

> *Allah ist es, der die Himmel, die ihr sehen könnt, ohne Stützpfeiler emporgehoben hat.* (13:2)

Die Himmelskörper von den individuellen Satelliten bis hin zu vollständigen Sonnensystemen bewegen sich in Gleichmäßigkeit und Harmonie. In dieser Anordnung gehalten und unterstützt werden sie durch Säulen, die wir Menschen aber nicht sehen können. Einige dieser Säulen sind Abstoßung und Zentrifugalkraft:

> *Und Er hält den Himmel zurück, damit er nicht auf die Erde fällt, es sei denn mit Seiner Erlaubnis.* (22:65)

Diesem Vers können wir entnehmen, dass die Himmelskörper jederzeit über der Erde zusammenbrechen könnten, wenn der Allmächtige das nicht verhindern würde. Außerdem finden wir hier ein gutes Beispiel für den Gehorsam, den das Universum Gottes Worten erweist. Genau dieser Gehorsam wird in der modernen Wissenschaft als Balance zwischen zentripetalen und zentrifugalen Kräften bezeichnet. Wichtiger als die Frage, ob wir nun der Theorie Einsteins oder Newtons zur Erklärung dieses

Gehorsams Glauben schenken, ist aber, dass wir unsere Aufmerksamkeit auf den Gehorsam und auf die Gnade Gottes selbst richten, durch die das Universum in seiner verlässlichen Bewegung gehalten wird.

• Im Koran gibt es einen Vers, den einige Kommentatoren als eine Referenz an die Raumfahrt zum Mond bezeichnet haben. Zur Zeit der Offenbarung des Koran lag diese Option noch in sehr weiter Ferne. Erst vor vergleichsweise kurzer Zeit gewann sie an Aktualität.

> *...und bei dem Mond, wenn er voll wird, dass ihr sicherlich von einem Zustand (der Not) in den anderen versetzt werdet.* (84:18-19)

Frühere Kommentatoren verstanden diesen Vers noch ganz anders. Sie deuteten ihn als Bild, welches auf das spirituelle Leben des Menschen verweist, und als Aufstieg von einer Stufe zur nächst höheren, von einem Himmel zum nächsten. Andere interpretierten den Vers ganz allgemein als Hinweis auf den Wechsel von einer Stufe auf eine andere. Im Laufe der Zeit suchten spätere Koraninterpreten den Sinn in weitschweifigen Umschreibungen, denn die wörtliche Bedeutung des Verses stimmte nicht mit ihren gesicherten Erfahrungen bezüglich der Überwindung von Distanzen so großen Ausmaßes überein. Je näher man jedoch dem direkten Wortsinn dieses Eides („Ich schwöre bei dem Mond!") folgt, desto näher kommt man - ob wörtlich oder bildlich - der Reise zum Mond.

• Die Stellen im Koran zur geographischen Gestalt der Erde und zur Veränderung dieser Gestalt sind besonders interessant:

> *Sehen sie denn nicht, dass Wir über das Land kommen und es an seinen Enden schmälern? Können sie denn siegen?* (21:44)

Der Hinweis auf das Schrumpfen ihrer Grenzen könnte sich auf die heute bekannte Tatsache beziehen, dass die Erde an den Polen zusammengepresst ist, und nicht auf die Erosion der Berge durch Wind und Regen oder auf die Meeresküsten oder auf die

Beeinträchtigung der vom Menschen kultivierten Ländereien durch die Wüste.

In einer Zeit, in der die Menschen glaubten, die Erde sei flach und unveränderlich, teilte uns der Koran gleich in mehreren Versen klar und deutlich oder durch versteckte Hinweise mit, dass sie in Wirklichkeit rund ist. Unerwarteter als diese Aussage kommt für uns heute aber die These, die Erde gleiche eher einem Straußenei als einer Kugel:

> *Und danach gab Er der Erde das Aussehen eines Eies. Aus ihr brachte Er*
> *ihr Wasser und ihr Weideland hervor.* (79:30-32)

Das arabische Verb *daha* bedeutet ‚die Gestalt eines Eies verleihen‘, die daraus abgeleitete substantivische Form *dahia* wird auch heute noch zur Bezeichnung eines Eies gebraucht. Weil der wissenschaftliche Stand damals der wörtlichen Bedeutung des Verses zu widersprechen schien, haben einige Koraninterpreten diesen falsch gedeutet und das Wort als ‚ausbreiten‘ interpretiert.[98] Als Grund dafür darf man geltend machen, dass in früheren Zeiten der wörtliche Sinn nicht akzeptabel erschien und die Koraninterpreten fürchteten, der Vers könne missverstanden werden. Natürlich haben moderne Instrumente in jüngster Zeit den Beweis erbracht, dass die Erde wirklich eher einem Ei ähnelt, weil es um die Pole herum eine leichte Abflachung und um den Äquator eine leichte Krümmung gibt.

• Schauen wir uns zuletzt noch einmal an, was der Koran über die Sonne und den Mond aussagt:

> *Und Wir machten die Nacht und den Tag zu zwei Zeichen, indem Wir das*
> *Zeichen der Nacht gelöscht haben, und das Zeichen des Tages haben Wir*
> *sichtbar gemacht.* (17:12)

Ibn Abbas zufolge weist *das Zeichen der Nacht* auf den Mond, *das Zeichen des Tages* auf die Sonne hin. Den Worten *Und Wir löschten das Zeichen der Nacht aus* entnehmen wir, dass der Mond einst ebenso helles Licht wie die Sonne ausstrahlte, dass Gott ihm dann aber das Licht genommen und ihn dazu verurteilt hat, sein Licht zu verdunkeln. Während der Vers die Vergangenheit des Mondes wiedergibt, trifft er auch eine Vorhersage über das zukünftige Schicksal anderer Himmelskörper.

Im Koran stehen noch viele weitere Verse wie diese, die sich auf wissenschaftliche Fakten beziehen. Die Existenz dieser Verse gibt uns darüber Aufschluss, dass die Suche der Menschheit nach Erkenntnis ein Teil der Gnade ist, die uns der Schöpfer gewährt. ‚Gnade Gottes‘ ist einer der Namen, die sich der Koran selbst verleiht; alles, was er an Weisheit und Wissen beinhaltet, liegt jenseits dessen, was der Mensch zu lernen im Stande ist. Trotz allem dürfen wir nicht vergessen, dass der Koran zwar Hinweise auf viele wissenschaftliche Fakten enthält, aber dennoch nicht als ein Buch der Wissenschaft oder der wissenschaftlichen Erklärungen missverstanden werden darf. Er ist - und wurde auch in allen Epochen als solches verstanden - ein Buch der Orientierung, das der Menschheit den Weg zum richtigen Glauben und zum rechtmäßigen Handeln weist, damit wir uns der Gnade und Barmherzigkeit Gottes würdig zeigen können. In den Verantwortungsbereich der Muslime fällt es sicherzustellen, dass die Beschäftigung mit Wissen, Wissenschaft und ähnlichen Disziplinen im Licht des Koran erfolgt, der diese Disziplinen dann auch anerkennt und unterstützt, und nicht im Licht der Arroganz, der Überheblichkeit und der Wichtigtuerei. Denn Eigenschaften wie diese entwürdigen nicht nur den Menschen und seinen Geist, sondern auch die Erde, die wir doch nur mit der Genehmigung Gottes vorübergehend bewohnen und als Treuhandgut verwalten dürfen.

WARUM GREIFEN WIR BEI DER INTERPRETATION DES ISLAM UND DER ISLAMISCHEN WAHRHEITEN ÜBERHAUPT AUF DIE WISSENSCHAFT UND AUF WISSENSCHAFTLICHE FAKTEN ZURÜCK?

Wenn wir auf die Wissenschaft und auf wissenschaftliche Fakten zurückgreifen, um unsere Religion zu erklären, dann geschieht das deshalb, weil einige Menschen ohne die Absicherung durch wissenschaftliche Fakten rein gar nichts akzeptieren. Materialisten und antireligiöse Menschen versuchen immer wieder, die Wissenschaft als ein Werkzeug zu benutzen, mit dem sich die Religion verspotten lässt. Um ihre Auffassungen zu verbreiten, bedienen sie sich des Prestiges der Wissenschaft und verunsichern und korrumpieren dadurch viele Menschen. Wenn ich nun die gleichen Werkzeuge verwende, hoffe ich zeigen zu können, dass Wissenschaft und Technik dem Islam nicht widersprechen. Im Gegensatz zu den Materialisten, die die Wissenschaft missbraucht haben und so auf Abwege gerieten, sollten wir sie wertschätzen und die Menschen so auf den richtigen Weg führen. Ich persönlich missbillige die wissenschaftliche Beweisführung nicht. Ich vertrete die Auffassung, dass die Gläubigen die wissenschaftlichen Fakten gut kennen sollten, um sich gegen Materialismus und Atheismus zur Wehr setzen zu können. Die Verse des Koran ermutigen uns, nachzudenken und zu studieren. Sie regen uns an, die Sterne und Galaxien zu beobachten. Sie erfüllen uns mit der Großartigkeit des Schöpfers. Sie ermahnen uns auch, uns unter Menschen aufzuhalten und der wunderbaren Beschaffenheit unserer Organe und der physischen Schöpfung Aufmerksamkeit zu schenken. Von der Welt der Atome bis zu den größten Lebewesen, von der ersten Anwesenheit des Menschen auf der Erde bis zu seinem letzten Schritt auf ihr führt uns der Koran die ganze Schöpfung vor Augen. Er schneidet eine Vielzahl von Fakten an und erklärt uns: Wahrlich, nur die Wissenden unter Seinen Dienern fürchten Allah. (35:28) So ermutigt er uns, uns Wissen anzueignen, zu reflektieren und Forschung zu betreiben. Man sollte jedoch immer im Gedächtnis behalten, dass Denken und Forschung im Einklang mit dem Geist des Koran stehen sollten. Sonst besteht die Gefahr, dass wir uns immer weiter vom Koran entfernen, auch wenn wir behaupten, dass wir seinem Rat und seinen Geboten Folge leisten.

Die Wissenschaft und die von ihr präsentierten Fakten können und sollen auch dazu genutzt werden, islamische Fakten zu untermauern. Wenn wir diese aber einsetzen, um mit unserer Gelehrsamkeit zu glänzen und anderen mit unserer Autorität zu imponieren, dann wird das, was wir von uns geben, unsere Zuhörer - wenn überhaupt - nicht auf positive Art und Weise beeinflussen. Worte und Argumente, die klar und überzeugend sein mögen, verlieren möglicherweise ihre Wirkung und erreichen die Herzen unserer Zuhörer nicht: Sie dringen höchstens bis zum Trommelfell vor und nicht weiter. Wenn unsere Argumente lediglich darauf abzielen, unsere Zuhörer zu beruhigen, nicht aber darauf, sie zu überzeugen, dann haben wir es selbst zu verantworten, wenn man unseren Worten kein Vertrauen schenkt und wir bei der Verfechtung unserer Anliegen scheitern. Wenn wir dagegen versuchen, mit glaubwürdiger Rechtschaffenheit zu überzeugen, werden diejenigen, die eine solche Argumentation brauchen, zufrieden gestellt, auch wenn wir selbst gar nicht bemerken, dass und wie dies geschieht. Manchmal ist ein aufrichtig eingesetztes Argument weit effektiver als ein Argument, das mit Nachdruck und sehr emotional vertreten wurde, auch wenn man es zunächst gar nicht so empfindet. Unser vorrangiges Ziel im Umgang mit der Wissenschaft und wissenschaftlichen Fakten muss sein, das Wohlgefallen Gottes zu erlangen. Wir müssen weiterhin vor allem darauf achten, dass wir uns mit unserer Argumentation auf den Wissensstand unserer Zuhörer begeben.

Die Wissenschaft ist der Religion keineswegs überlegen. Grundlegende islamische Sachverhalte benötigen keine Rechtfertigung durch moderne wissenschaftliche Fakten, um glaubwürdig zu sein. Wer etwas anderes behauptet, liefert sich der Wissenschaft aus und gibt damit zu, dass er Zweifel an den Wahrheiten des Islam hegt. Genauso falsch wäre es, die Wissenschaft oder wissenschaftliche Fakten als entscheidende Kriterien für die Authentizität und den göttlichen Ursprung des Koran zu akzeptieren und sie so dem Koran überzuordnen. So eine Einordnung wäre nicht nur absurd, sondern auch verabscheuungswürdig und auf keinen Fall zu tolerieren. Argumente für und Hinweise auf die Wissenschaft haben im Idealfall einen sekundären, unterstützenden Charakter und können uns vor allem dabei helfen, die Tür zu einem Weg zu öffnen, von dessen Existenz einige Menschen sonst gar nichts erfahren würden.

Die Wissenschaft sollte daher als Instrument eingesetzt werden, um Menschen wachzurütteln, die sonst weiterschlafen oder sich nicht von der Stelle bewegen würden. Stellen wir sie uns doch einfach als

eine Art Bürste vor, mit der wir die Wahrheit und das Verlangen nach
Wahrheit, die regungslos und wie erstarrt im Bewusstsein so vieler
Menschen verborgen liegen, von Staub befreien können. Wenn wir
dagegen die Wissenschaft als absolute Wahrheit betrachten, werden
wir letztendlich immer nur versuchen, Koran und Hadith dieser anzu-
passen. An Stellen aber, wo die Wissenschaft nach heutigem Stand
noch nicht mit Koran und Hadith in Einklang zu bringen ist, werden wir mit einer solchen Haltung nur Zweifel und Skepsis säen.

Unsere Position muss vielmehr klar und eindeutig sein: Koran
und Hadith sind uneingeschränkt wahr. Wissenschaft und wissenschaftliche Fakten sind solange wahr, wie sie sich mit Koran und
Hadith vereinbaren lassen. Sobald sie aber von diesen abweichen, müssen sie als unwahr gelten. Selbst unstrittige wissenschaftliche Fakten
können nicht als Säulen fungieren, die die Wahrheiten des Glaubens
tragen. Sie können und sollen nur als Werkzeuge akzeptiert werden,
die unsere Gedanken anregen und uns zum Nachdenken anregen.
Denn Gott ist Derjenige, der die Wahrheiten des Glaubens in unserem Bewusstsein begründet. Wenn man meint, die Wissenschaft könne
diesen Prozess leisten, unterliegt man einem schweren Irrtum. Der
Glaube entsteht ausschließlich durch die Rechtleitung Gottes. Wer
dies nicht begreift, begeht einen Fehler, der nur schwer wieder gut-
zumachen ist. Während ein solcher Mensch nämlich das Universum
auf Beweise hin abklopft und versucht, es im Namen Gottes sprechen zu lassen, wird er immer ein Diener und Anbeter der Natur bleiben, obwohl er sich dieser Tatsache gar nicht bewusst ist. Er wird die
Pflanzen beobachten und studieren und sich über die Unfertigkeit
und die Entstehung von Pflanzen auslassen, aber nicht das kleinste
Grün oder der winzigste Keim des Glaubens wird in seinem Bewusstsein sprießen. In seinem ganzen Leben wird er niemals die Existenz
Gottes innerhalb seines Bewusstseins spüren. Rein äußerlich wird
man ihm nicht ansehen, dass er die Natur anbetet, in Wirklichkeit
jedoch wird er sein ganzes Leben lang nichts anderes tun.

Ein Mensch kann so lange als Gläubiger (*Mu'min*) gelten, wie er
den Glauben (*Iman*) in seinem Herzen trägt. Dies ist viel entschei-
dender als die Anhäufung von Wissen in seinem Kopf. Ist ein Mensch

bei der Anhäufung von Wissen durch objektive oder subjektive Beweise schon weiter fortgeschritten, muss er seine Abhängigkeit von den äußeren Umständen sowie von den Eigenschaften und Bedingungen jener Beweise über Bord werfen und versuchen, seine spirituelle Entwicklung voranzutreiben. Gelingt es ihm mit Hilfe des Lichts und der Orientierung des Koran, alle Abhängigkeiten abzuschütteln und dem Weg seines Herzens und seines Bewusstseins zu folgen, wird er, so Gott will, die Erkenntnis finden, nach der er sich sehnt. Der deutsche Philosoph Immanuel Kant drückte dies einmal so aus: „Ich fühlte das Bedürfnis, alle Bücher, die ich gelesen habe, hinter mir zu lassen, um an Gott zu glauben."

Zweifellos besitzen das große Buch des Universums, das Buch der wahren Natur des Menschen und all die Bücher, die diese zu interpretieren versuchen, ihren angemessenen Platz und ihre eigene Bedeutung. Aber nachdem der Mensch sie studiert und von ihnen profitiert hat, sollte er sich von ihnen frei machen und von Angesicht zu Angesicht mit seinem Glauben leben. All das, was hier zur Sprache kam, mag Menschen, die noch nicht weit in die Erfahrung von Glauben und Bewusstsein eingedrungen sind, reichlich abstrakt erscheinen. Jene aber, die ihre Nächte dem Gebet widmen und denen durch die Hoffnung Gott näher zu kommen, Flügel wachsen, werden es verstehen.

EINE ABSCHLIEẞENDE ANMERKUNG: DIE KORANISCHE ANNÄHERUNG AN DIE WISSENSCHAFT

Dem Islam zufolge ist das Universum mit einem von Gott geschriebenen Buch oder mit einem Palast zu vergleichen, den Er gebaut hat, um sich den Lebewesen, die ein Bewusstsein besitzen - allen voran den Menschen -, zu zeigen. Ursprünglich existierte das Universum als Bedeutung im Wissen Gottes. In der Schöpfung verlieh Gott, der Allmächtige, dieser Bedeutung durch Seinen Willen einen besonderen Charakter und eine eigene Form, die sich in Arten, Rassen, Familien oder Individuen niederschlugen. Diese kleidete er durch Seine Macht in Materie und sorgte dafür, dass sie in der materiellen Sphäre zwischen Raum und Zeit überleben konnten. Der Wille Gottes bestimmt und gestaltet, die Macht Gottes füllt das Gewollte mit Inhalt und lässt es sichtbar werden. Wenn ein Ding aufhört zu existieren, lebt es im Wissen Gottes, in der Erinnerung und durch seine Nachkommen - sofern es welche besitzt - weiter. Stirbt zum Beispiel eine Pflanze, lebt sie im Wissen Gottes, in der Erinnerung und in ihren Samen weiter.

Jedes Wesen hat fünf Existenzstufen: Zunächst existiert es als Bedeutung im Wissen des Schöpfers. Selbst wenn Gott, der Allmächtige, es nicht erschaffen würde, wäre es doch als Bedeutung dort vorhanden. Die Bedeutung bildet also die Essenz aller Dinge. Auf der zweiten Existenzstufe existiert ein Wesen im Willen Gottes als Form oder ‚Plan'. Auf der dritten Stufe steht die materielle Existenz in der materiellen Sphäre. Danach folgt die Existenz in den Erinnerungen und - sofern vorhanden - in den Nachkommen. Auf der fünften Stufe schließlich existiert ein Wesen in der anderen Welt für immer. Gott, der Allmächtige, wird die Trümmer dieser Welt zur Errichtung der kommenden Welt nutzen. Alle Tiere werden dort weiter existieren (jede Spezies vertreten durch ein Exemplar ihrer Art), und allen Menschen wird das ewige Leben verliehen, dessen Qualität sich nach dem Verhalten des Einzelnen in dieser Welt richtet.

Ich hoffe, es ist klar geworden, in welcher Beziehung Wissenschaft und Islam bzw. Koran zueinander stehen. Das Universum, dessen Erforschung im Zentrum der Wissenschaft steht, ist die Sphäre, in der sich die Namen Gottes manifestieren; es besitzt gewissermaßen einen heiligen Charakter. Alles, was sich in ihm befindet, entspricht einem Buchstaben Gottes. Gott Selbst lädt uns ein, diese Buchstaben zu studieren, damit wir Ihm näher kommen. Das Universum stellt also eine Sammlung jener Buchstaben oder, wie muslimische Gelehrte es ausdrücken, ein göttliches Buch der Schöpfung dar, das in erster Linie von Gottes Attributen Wille und Macht verfasst wurde. Der Koran, dessen Niederlegung Gottes Willen zu sprechen entsprang, ist das verbale Gegenstück zum Universum. So wie es keinen Konflikt gibt zwischen einem Palast und dem Papier, auf dem er beschrieben wird, gibt es auch keinen Konflikt zwischen dem Universum und dem Koran. Beide sind Ausdruck ein und derselben Wahrheit.

Ähnliches gilt auch für den Menschen. Auch er ist ein Heiliges Buch, das in Übereinstimmung mit dem Universum und dem Koran verfasst wurde. Aus diesem Grunde besitzt der arabische Ausdruck *Aya* (pl. *Ayat*), der die einzelnen Verse des Koran bezeichnet, auch eine zweite und eine dritte Bedeutung: Er bezeichnet die Vorgänge in den Seelen der Menschen ebenso wie die Ereignisse in der Natur.

Die Bedeutung des ersten koranischen Gebotes *Lies!*

Lies im Namen deines Herrn, der erschuf. Er erschuf den Menschen aus einem Blutklumpen. Lies; denn dein Herr ist gütig, der mit dem Schreibrohr lehrt, lehrt den Menschen, was er nicht wusste! (96:1-5)

Der Koran befahl den Menschen bereits zu lesen, als es noch gar nichts zu lesen gab. D.h., er ermunterte den Menschen, das Buch der Schöpfung (das Universum) und dessen Gegenstück in Worten und Buchstaben (den Koran) zu lesen und zu studieren. Der Mensch soll das Universum beobachten und seine Bedeutungen und seinen Inhalt entdecken. Je besser ihm dies gelingt, desto tiefer wird er die Schönheit und die Pracht des Systems des Schöpfers empfinden und Seine unendliche Macht wahrnehmen. Daher ist der Mensch verpflichtet, die vielfältigen Bedeutungen des Universums zu ergründen, die Gesetze Gottes für die Natur zu entdecken und eine Welt aufzubauen, in der Wissenschaft und Glaube einander ergänzen. Nur so wird der Mensch in der Lage sein, seiner Rolle als Statthalter Gottes auf Erden gerecht zu werden und Glückseligkeit in beiden Welten zu erlangen.

Gott kennt zwei Arten von Gesetzen: Zum einen die Scharia; sie umfasst die Gesetze Gottes, die das religiöse Leben des Menschen regeln und ihren Ursprung in Seiner Eigenschaft zu sprechen haben. Sie dient als Basis für Lohn und Strafe, die zumeist erst in der Welt des Jenseits gewährt bzw. verhängt werden. Zum anderen die Gesetze, die für die Schöpfung und das Leben als Ganzes verantwortlich sind. Diese entspringen Seinem Willen und werden üblicherweise (aber fälschlich) ‚Gesetze der Natur und des Lebens' genannt. Lohn und Strafe für ihre Befolgung bzw. für Verstöße gegen sie werden uns meistens noch in dieser Welt zuteil. Für Ausdauer und Geduld zum Beispiel werden wir mit Erfolg belohnt; die Strafe für Trägheit ist Mittellosigkeit. Eifer bringt Wohlstand, Standhaftigkeit Gelingen.

Der Koran lenkt unsere Aufmerksamkeit wiederholt auf die Phänomene in der Natur, die Gegenstand der Wissenschaft sind, und fordert uns auf, sie zu studieren. In den ersten fünf Jahrhunderten des Islam verknüpften die Muslime Wissenschaft erfolgreich mit Religion, Intellekt mit Herz und Materielles mit Spirituellem. In späteren Jahrhunderten jedoch war es der Westen, der in diesem Bereich die Initiative ergriff und so, wenn auch unbewusst, Gottes ‚Naturgesetzen' gehorchte. Dadurch eroberte er sich eine Dominanz über die islamische Welt. In den letzten zwei bis drei Jahrhunderten hat diese es nicht mehr verstanden, den Islam auf richtige Art und Weise zu im Alltag zu praktizieren. Wissenschaftliche Forschungen und das Studium der Natur wurden vernachlässigt und die Gesetze Gottes in der Natur somit missachtet.

INDEX